权威·前沿·原创

皮书系列为
"十二五""十三五"国家重点图书出版规划项目

BLUE BOOK

智库成果出版与传播平台

上海蓝皮书

BLUE BOOK OF SHANGHAI

上海奉贤经济发展分析与研判 (2021~2022)

ECONOMY OF SHANGHAI FENGXIAN: ANALYSIS AND FORECAST (2021-2022)

主　编／张兆安　朱平芳
副主编／张　淼　邸俊鹏

社会科学文献出版社
SOCIAL SCIENCES ACADEMIC PRESS (CHINA)

图书在版编目(CIP)数据

上海奉贤经济发展分析与研判.2021~2022 / 张兆安，朱平芳主编. -- 北京：社会科学文献出版社，2021.12
　（上海蓝皮书）
　ISBN 978-7-5201-9438-9

Ⅰ.①上… Ⅱ.①张…②朱… Ⅲ.①区域经济发展-经济分析-研究报告-奉贤区-2021-2022②区域经济发展-经济预测-研究报告-奉贤区-2021-2022 Ⅳ.①F127.513

中国版本图书馆CIP数据核字(2021)第247309号

上海蓝皮书
上海奉贤经济发展分析与研判（2021~2022）

主　　编 / 张兆安　朱平芳
副 主 编 / 张　淼　邸俊鹏

出 版 人 / 王利民
责任编辑 / 李明锋　胡庆英
责任印制 / 王京美

出　　　版 / 社会科学文献出版社·群学出版分社 (010) 59366453
　　　　　　 地址：北京市北三环中路甲29号院华龙大厦　邮编：100029
　　　　　　 网址：www.ssap.com.cn
发　　　行 / 市场营销中心 (010) 59367081　59367083
印　　　装 / 天津千鹤文化传播有限公司

规　　　格 / 开　本：787mm×1092mm　1/16
　　　　　　 印　张：22.25　字　数：338千字
版　　　次 / 2021年12月第1版　2021年12月第1次印刷
书　　　号 / ISBN 978-7-5201-9438-9
定　　　价 / 158.00元

本书如有印装质量问题，请与读者服务中心 (010-59367028) 联系

▲ 版权所有 翻印必究

编委会名单

主　　任　　权　衡　　王德忠　　王　战　　庄木弟　　袁　泉
副 主 任　　张兆安　　朱平芳　　徐乃毅　　吕　将
编委会成员　（按姓氏笔画排序）
　　　　　　王东辉　　王秋萍　　王　震　　方　卫　　石志红
　　　　　　史　明　　朱传锋　　刘卫东　　汤　民　　李　亿
　　　　　　李永杰　　李秋弟　　吴红梅　　岑文忠　　张　英
　　　　　　张　贤　　陈世嘉　　周　华　　周如意　　聂　琦
　　　　　　唐　瑛　　陶建兴　　曹　栋　　鲁　瑛　　戴明华
主　　编　　张兆安　　朱平芳
副 主 编　　张　淼　　邱俊鹏
撰 稿 人　　（按姓氏笔画排序）
　　　　　　丁波涛　　于云云　　马艺瑗　　马鹏晴　　王永水
　　　　　　申昊舒　　冯树辉　　邢子怡　　朱平芳　　朱嘉梅
　　　　　　伏开宝　　孙　彦　　纪园园　　杜学峰　　李世奇
　　　　　　吴康军　　何雄就　　邱俊鹏　　沈鹏远　　张　淼
　　　　　　张美星　　张鹏飞　　谢骏鸣　　谢婼青　　谢越姑
　　　　　　廖　辉
编 辑 人　　陈世嘉　　侯伟东　　答　浩　　王　晶

主要编撰者简介

张兆安 男，1959年1月出生，汉族，博士学位，研究员，博士生导师，全国人大代表，上海社会科学院原副院长，上海社会科学院区县研究中心主任，上海国际经济交流中心副理事长，《中国宏观经济运行研究》创新团队首席专家。兼任中国民主建国会中央委员会委员、民建中央经济委员会副主任、民建上海市委副主委。曾经长期担任上海市政府发展研究中心咨询部主任，《上海经济年鉴》主编，民建上海市委专职副主委。还是第十届上海市政协委员，第十一、第十二、第十三届全国人大代表，以及上海交通大学、上海市委党校、上海对外经贸大学、华东政法大学、上海海洋大学等高校的兼职教授等。长期以来，一直在上海社会科学院、上海市政府发展研究中心以及民建上海市委从事经济理论、决策咨询、新闻出版、参政议政等工作，个人和合作出版著作20部，个人译著1部，发表论文和文章300余篇；自1997年起连续主编过18年的《上海经济年鉴》，并主持了120余项国家及省市级的重大决策咨询课题，荣获了20多项各类奖项。曾经分别在2015年3月5日和2017年3月5日，就上海自贸区建设和崇明世界级生态岛建设两大主题，面对面向习近平总书记提出一些意见建议。

朱平芳 男，1961年9月出生，汉族，博士学位，研究员，博士生导师，上海社会科学院研究生院院长，数量经济研究中心主任。享受政府特殊津贴，"上海市领军人才"。从事计量经济学教学工作，主要研究方向为计量经济学理论与方法、宏观经济预测分析与政策评价等。目前，研究专长为计量经济学、宏观经济预测分析与政策评价、科技进步评价与分析。在国内外经济学权威学术刊物《经济研究》、《统计研究》和 Journal of Business & Economic Statistics 等经济学权威杂志上发表论文20多篇。主持多年上海市政府发展研究中心和上海市科学技术委员会软科学项目，对2007~2016年上海主要经济指标的预测与分析取得了较好的预测效果。

张　淼　女，1976年4月出生，汉族，硕士学位，副教授、会计师、经济师，中共上海市奉贤区委党校经济与区域发展研究中心副主任。长期从事经济领域的教学和科研工作，主要研究方向为区域经济学、金融学。先后在国家、省级刊物公开发表论文20余篇；参编教材、论著4部，20余万字；主持、参与多项省部级、市级科研课题，获不同层次奖励，并形成咨政成果。

邸俊鹏　女，1980年8月出生，汉族，博士学位，上海社会科学院经济研究所、数量经济研究中心副研究员。主要研究方向为计量经济学理论及其在政策评估中的应用。曾主持国家自然科学基金青年项目、上海市哲学社会科学一般项目、上海市科学技术委员会软科学项目等，在权威期刊《统计研究》《数量经济技术经济研究》《教育研究》等刊物上发表学术论文10余篇。

摘　要

　　2021年是"十四五"开局之年，虽然今年外部环境更趋复杂严峻，但得益于我国科学统筹疫情防控，国民经济持续恢复发展。一系列在教育、环保、数字经济等方面的新政策、新举措，给我国实现中长期经济增长带来了无穷潜力。奉贤区按照"产城融合、功能完备、职住平衡、生态宜居、交通便利、治理高效"的要求，立足"新片区西部门户、南上海城市中心、长三角活力新城"定位，找准奉贤新城之"新"，"围棋式"布局、"动车式"推进，在产业发展、经济活力、乡村振兴、新城建设、生态环境等方面展现出蓬勃活力，保持了高质、高速、高位发展，走在了全市前列。本书分别从农业、工业、服务业、固定资产投资、消费品市场、对外经济形势、财政形势、房地产发展形势等角度对奉贤经济进行深入研究，同时还对"东方美谷"产业集聚发展、"未来空间"在奉贤新城建设中的功能作用、国有资本助力奉贤乡村振兴、迈向"合作型政府"、农业数字化转型、"数字江海"引领城市数字转型、奉贤生态商务区建设以及奉贤打造文化创意之都等特色经济做了详尽的专题分析。全书共有总报告1篇，分析研判8篇，专题研究8篇，分别从不同角度对奉贤经济运行情况进行了回顾与总结，并提出了相应的分析与研判。

　　首先，本书对奉贤区2021年前三季度经济运行的总体情况进行解读。随着国内疫情的稳定控制，各类市场活动逐渐恢复正常，2021年开局就呈现经济逐渐反弹的趋势，进一步彰显奉贤区经济增长的韧性。"十四五"开局，立足新发展阶段，贯彻新发展理念，构建新发展格局，奉贤正行稳致远迈向高质量发展。前三季度，奉贤区经济持续稳定恢复，主要经济指标保持在合理区间，产业发展基础进一步夯实，呈现稳中加固、稳中有进、稳中向好的态势，经济基本面得到稳固夯实。2021年奉贤经济发展总体呈现经济持续恢复、韧性增强，经济效益不断提高，产业结构不断优化的特征；结合国际国内经济形势，预计2022年奉贤地区生产总值将保持持续增长的态势，增速有望超过全市平均水平。在紧抓奉贤新城建设、"东方美谷"、文化创意、乡村振兴等机遇加快发展的同时，仍需密切关注经济运行中的不确定不稳定因素，持续优化营商环境，加快推进城市经济、生活、治理的数字化转型。

其次，本书分别从生产、支出、收入的角度出发，对奉贤区的经济发展情况进行了分析与研判。研究表明：从生产的角度来看，农业发展持续提质增效，全力推进乡村振兴建设，工业经济加速恢复，盈利水平回升明显，服务业占比持续上升，各项数据增长显著；从支出的角度来看，消费复苏痕迹明显，消费增幅明显，固定资产投资保持稳健，行业投入结构进一步合理化，净出口近七年首次反弹，跨境电商迅速发展；从收入的角度来看，财政收入迎来较快增长，财政支出增长较为温和，房地产销售市场逐渐趋于理性，奉贤新城加快推进建设，保障房建设进入快车道，供应品类逐步丰富。

最后，本书对奉贤区经济发展亮点与特色进行回顾与展望。"东方美谷"产业集聚持续发力，深耕美丽健康产业，产业生态圈逐步扩大。奉贤新城建设助力奉贤高质量发展，新城建设势头迅猛，硕果累累。文化创意产业集聚区初具形态，已逐步成长为奉贤经济的重要组成部分。乡村振兴建设具备先发优势，国有资本助力乡村振兴，加速城乡产业融合发展，生态商务区绿核引领，宜居宜业水平日益提升。但数字化转型基础较为薄弱，奉贤农业数字化转型仍处于起步阶段，"数字江海"发展有较大提升空间。建议抢抓城市数字化转型契机，打造数字时代文化创意之都，持续扩大"东方美谷"影响力，助力上海国际消费中心城市建设，扎实推进乡村振兴建设，打造生态文化品牌，深化"放管服"改革，优化营商环境，向合作型政府迈进。

关键词： 奉贤经济　高质量发展　乡村振兴

目　录

Ⅰ　总报告

B.1 2022年上海奉贤经济形势分析与预测
　　………………………………………… 朱平芳　邱俊鹏 / 001
　　一　2021年奉贤经济发展状况 ……………………………… / 002
　　二　2022年奉贤经济运行展望 ……………………………… / 008
　　三　对策建议 ………………………………………………… / 015

Ⅱ　分析研判篇

B.2 2021~2022年奉贤区农业经济形势分析与研判
　　……………………………………………… 张鹏飞　孙　彦 / 019
B.3 2021~2022年奉贤工业形势分析与研判 …… 王永水　邢子怡 / 033
B.4 2021~2022年奉贤服务业形势分析与研判 ………… 马鹏晴 / 071
B.5 2021~2022年奉贤固定资产投资形势分析与研判
　　……………………………………………… 何雄就　伏开宝 / 093

001

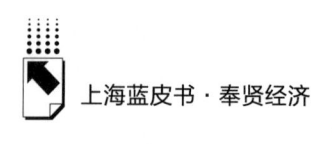

B.6　2021~2022年奉贤消费品市场形势分析与研判
　　……………………………………… 邱俊鹏　宋敏兰 / 119
B.7　2021~2022年奉贤对外经济形势分析与研判
　　……………………………………… 李世奇　谢骏鸣 / 142
B.8　2021~2022年奉贤财政形势分析与研判 ………… 马鹏晴 / 162
B.9　2021~2022年奉贤房地产发展形势分析与研判 …… 谢婼青 / 179

Ⅲ　专题研究篇

B.10　奉贤"东方美谷"产业集聚中心发展研究 ………… 谢越姑 / 200
B.11　"未来空间"在奉贤新城建设中的功能研究
　　……………………………………… 马艺瑗　张　淼 / 215
B.12　国有资本助力奉贤乡村振兴研究
　　……………………………………… 吴康军　冯树辉 / 229
B.13　持续优化奉贤营商环境，向"合作型政府"迈进研究
　　……………………………………… 张美星　沈鹏远 / 249
B.14　奉贤农业数字化转型发展的研究 …………………… 张鹏飞 / 263
B.15　以"数字江海"为引领　加快奉贤城市数字化转型研究
　　……………………………………… 丁波涛　申昊舒 / 274
B.16　奉贤生态商务区建设研究 ………… 于云云　纪园园　朱嘉梅 / 292
B.17　数字时代奉贤打造文化创意之都研究 …… 廖　辉　杜学峰 / 307

Abstract ………………………………………………………………… / 322
Contents ………………………………………………………………… / 325

总 报 告
General Report

B.1
2022年上海奉贤经济形势分析与预测

朱平芳　邸俊鹏*

摘　要： 2021年是"十四五"开局之年，奉贤区紧抓国际国内双循环的重要机遇，积极应对全球疫情反复带来的影响，经济得到了持续复苏，经济基本面逐步夯实。具体来看，农业发展持续提质增效，正在全力推动乡村振兴；工业经济加速反弹，盈利水平回升明显；服务业占区域经济的比重持续上升，消费品市场加速复苏；净出口近七年首次反弹，跨境电商迅速发展；财政收入反弹，房地产销售市场趋于理性。结合国际国内经济形势及奉贤区经济发展趋势，预计2022年奉贤经济总量将持续复苏，经济增长速度有望超过全市平均水平。但受全球疫情反复的影响，全球供应链出现危机，经济运行中的不确定性因素此消彼长，给未来奉贤经济持续向好发展带来了诸多不确定性。建议奉贤抢抓城市数字化转型契机，打造数字时代

---

* 朱平芳，上海社会科学院研究生院院长，博士生导师，主要研究方向为计量经济学理论与方法、宏观经济预测分析与政策评价等；邸俊鹏，经济学博士，上海社会科学院经济研究所、数量经济研究中心副研究员，主要研究方向为计量经济学理论及其在政策评估中的应用。

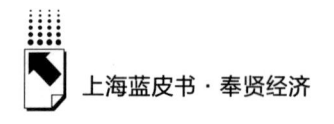

文化创意之都；持续扩大东方美谷影响力，助力上海国际消费中心城市建设；扎实推进乡村振兴建设，打造生态文化品牌；持续优化营商环境，为奉贤经济的高质量发展营造良好的环境。

关键词： 奉贤经济　反弹　高质量发展

一　2021年奉贤经济发展状况

"十四五"时期，我国进入全面建设社会主义现代化国家、向第二个百年奋斗目标进军的新发展阶段。2021年是"十四五"开局之年，虽然今年外部环境更趋复杂严峻，但得益于我国科学统筹疫情防控，国民经济持续恢复发展。一系列在教育、环保、数字经济等方面的新政策、新举措，给我国实现中长期经济增长带来了无穷潜力。奉贤区按照"产城融合、功能完备、职住平衡、生态宜居、交通便利、治理高效"要求，立足"新片区西部门户、南上海城市中心、长三角活力新城"定位，找准奉贤新城之"新"，"围棋式"布局、"动车式"推进，在产业发展、经济活力、乡村振兴、新城建设、生态环境等方面展现出蓬勃活力，保持了高质、高速、高位发展，走在了全市前列。

（一）经济持续恢复，经济基本面夯实

经济持续恢复、韧性增强，经济效益不断提高。2021年上半年，奉贤实现地区生产总值607.1亿元，同比增长16.1%，增速排名全市第三。随着国内疫情的稳定控制，各类市场活动逐渐恢复正常，2021年开局就呈现经济逐渐反弹的趋势，进一步彰显奉贤经济增长的韧性。"十四五"开局，立足新发展阶段，贯彻新发展理念，构建新发展格局，奉贤正行稳致远迈向高质量发展阶段。从表1中主要经济指标的情况来看，前三季度，奉贤区经济持续稳定恢复，主要经济指标保持在合理区间，产业发展基础进一步夯实，呈现稳中加

固、稳中有进、稳中向好的态势，经济基本面得到稳固夯实。

具体来看：2021年1~9月，奉贤区实现工业总产值2090.5亿元，同比上升22.7%，超过2018年全年水平；其中，规模以上工业总产值增速与工业总产值增速持平，东方美谷规模以上工业总产值基本接近2019年全年水平；固定资产投资总额增速有所放缓，其中工业投资增长较为迅猛（19.1%），房地产投资出现负增长（-8.7%）；得益于我国产业链的完整性、韧性和弹性，在全球供应链"梗阻"的背景下，中国外贸表现出了强大韧性，奉贤进出口总额也迎来了较快的增长；前三季度实现财政收入574.7亿元，增长35.5%，显著高于前三年全年水平；城乡居民人均可支配收入持续增长，为奉贤区消费品市场的活跃奠定了经济基础。

表1 奉贤区年主要经济指标对比

社会主要经济指标	单位	2021年 1~9月	增长（%）	2020年	2019年
全区工业总产值	亿元	2090.5	22.7	2333.1	2287.8
其中:规模以上工业总产值	亿元	1703.7	22.7	1901.5	1864.5
东方美谷规模以上工业总产值	亿元	359.9	18.9	396.6	363.0
战略性新兴产业工业总产值（规模以上）	亿元	598.0	17.9	633.6	583.2
固定资产投资总额	亿元	402.9	1.4	527.3	466.4
其中:工业投资	亿元	98.5	19.1	114.0	91.0
房地产投资	亿元	217.8	-8.7	300.2	278.7
商品销售额	亿元	1093.6	21.1	1273.9	1327.9
社会消费品零售总额	亿元	425.1	14.3	516.7	531.5
进出口总额	亿元	712.7（1~8月）	27.0	883.2	851.7
其中:出口总额	亿元	397.1（1~8月）	41.6	442.3	457.8
进口总额	亿元	315.6（1~8月）	12.4	440.9	393.9

续表

社会主要经济指标	单位	2021年1~9月	增长（%）	2020年	2019年
财政收入	亿元	574.7	35.5	491.1	484.6
区级地方财政收入	亿元	187.6	33.8	161.6	155.0
财政支出	亿元	216.4	5.4	427.1	432.5
城乡居民人均可支配收入	元	28628.0（上半年）	36.5	49439.0	47396.0

数据来源：历年《奉贤区统计年鉴》，奉贤统计月报。

产业结构持续调整，三产占比持续增长。2020年，奉贤区服务业蓬勃发展，继续保持优势，增加值为430.1亿元，同比增长3.1%，在三产中增速最大，均高于工业增加值增速（1.7%）和农业增加值增速（13.3%）。从各行业占比来看，农业增加值比重为0.9%，比2019年下降0.13个百分点；工业增加值比重为63.0%，比2019年下降0.75个百分点；服务业增加值比重依然保持上升趋势，占地区生产总值比例为36.1%，比2019年上升0.8个百分点；三次产业结构比重为0.9∶63.0∶36.1。奉贤区服务业的优势在三产中越来越明显，服务业增加值比重从26.8%上升到36.1%，同期工业增加值比重从70.4%下降到63.0%，表明奉贤区产业结构持续优化，经济由高速增长进入高质量增长阶段。

农业发展持续提质增效，全力推进乡村振兴建设。2021年1~9月，奉贤区实现农业总产值13.0亿元，同比下降5.1%。奉贤区农业生产总产值持续收窄，其中夏粮总产量为149吨，同比下降41.4%。主要统计的农副产品产量中，油菜籽总产量、生猪出栏数量以及家禽出栏数量有较大降幅，其余农副产品均实现正增长；其中鲜蛋产量为3792吨，实现了22.3%的增长，增长较快。在奋力实现乡村振兴的实践中，奉贤区扎实推进"美丽家园""绿色田园"工程，全面实现农业提质增效。以"三区划定"为目标，以"菜篮子"为前提，调整粮经比例，调优品种结构。优先向蔬菜、经济作物和稻米产业化等农业结构转型升级的农田建设项目聚焦，提升农田基础设施水平。通过农业基础设施建设，重点推进设施粮田、设施菜田、经济作物区域、绿色生态区域等建设，其中设施作物生产规模在200亩以上；持续深化数字化农业信息平台建设，推进"一图""一库""一网"建设，推动农业大数据、物联网等信息技术在农业生产、管理、服务等方面的应用。

工业经济加速恢复，盈利水平回升明显。2021年1~9月，全区规模以上工业企业总数达到1080家，总资产增长8.4%，达到2848.05亿元，负债1243.79亿元，营业收入提高21.5%，达到1601.09亿元，利润总额为149.75亿元，增长16.3%。规模以上工业累计完成总产值1703.72亿元，同比增长22.7%。其中，东方美谷规模以上工业总产值增长18.9%，至359.90亿元；战略性新兴产业规模以上工业总产值增长17.9%，至598亿元；工业综合能源消费量增长16.1%，达到82.23万吨标准煤；规模以上工业累计销售产值增长22.2%，达1693.42亿元，产销率99.4%；累计出口交货值增长21.7%，至238.84亿元。在疫情防控常态化下，市场需求逐渐恢复，奉贤区工业经济快速恢复。此外，在"双碳"目标背景下，奉贤区对于工业能耗控制效果显著，总体上坚持着以绿色环保、创新驱动实现高质量发展的理念。

服务业占比持续上升，各项数据均增长显著。2021年，奉贤区服务业持续保持优势，在三产中的优势越来越明显，为奉贤区经济发展发挥了举足轻重的作用。总体来看，2021年1~6月，奉贤区服务业增加值213.98亿元，同比增长8.4%，占全区增加值比重为35.2%。从投资来看，奉贤区服务业固定资产投资在三产中占比依旧最大。2021年1~9月，全区服务业固定资产投资为287.88亿元，同比降低4.2%，占全产业固定资产投资比重为74.37%。从税收来看，2021年1~9月，服务业税收收入大幅上涨，在三产中贡献率持续上升，实现税收收入312.40亿元，比上一年增长51.4%，占全产业比重为58.08%，在三产中贡献率最高。服务业固定资产投资为287.88亿元，同比下降4.2%，占全产业固定资产投资比重为74.37%。从服务业分行业来看，批发零售业持续回暖，房地产业表现活跃，金融业稳步上升。

（二）消费提质升级，净出口大幅回升

消费复苏迹象显著，升级类消费增幅明显。2021年1~9月全区实现商品销售额1093.6亿元，同比增长21.1%，同比增速相较2020年全年有较大程度反弹；全区累计实现社会消费品零售总额425.1亿元，较2020年同期的372.0亿元有较大提升。通过公共网络实现的商品销售零售额（限额以上）为58.0亿元，同比增长14.8%。因疫情形成的消费习惯为网络类消费的稳定增长奠定了坚实基础。通过举办线上线下融合、新潮划算的购物盛宴，奉贤区实现聚人气、汇商流、促消费。基地直采、社区团购、社群消费、直播带货等新兴的商业模式，带动了在线经济的持续扩张，线上反哺线下也促成了消费体验的融合、供应链效率的提升以及消费场景的延伸。首届"五五购物节"刺激效应最大的门类主要包括母婴用品、电子产品、家居建材等家居生活类产品，而2021年珠宝饰品的刺激作用表现突出，更体现了消费提质升级。

固定资产投资保持稳健，行业投入结构进一步合理化。2021年1~9月奉贤区固定资产投资呈现工业投资快速增长、房地产投资前低后高、城市基建投资持续投入等特点。2021年1~9月，完成固定资产投资402.9亿元，同比增长1.4%。在房地产税出台预期、房地产企业融资收紧等因素的影响下，房地产开发投资受到一定的影响。工业投资与房地产投资占比结构持续优化，房地产投资占比为54.1%，比2020年同期下降6.9个百分点，工业投资占比为24.4%，比2020年同期增加3.6个百分点，行业投入结构进一步合理化。

净出口近七年首次反弹，跨境电商迅速发展。2021年奉贤充分抓住国际国内双循环的重要机遇，积极应对全球疫情反复带来的影响，2021年1~8月奉贤进出口总值为712.7亿元，同比增长27.0%，相比于2020年同期下降1.0%，呈现大幅回升的态势。其中出口总值为397.1亿元，同比增长41.6%，进口总值为315.6亿元，同比增长12.4%，出口重新成为奉贤对外贸易增长的主力军。2021年奉贤的净出口将出现反弹，贸易顺差的规模

有望扩大，净出口对奉贤经济增长的推动力将更加强劲。奉贤综合保税区依托政策红利，跨境电商迅速发展，成功打开奉贤跨境贸易新局面。奉贤在吸引外资上表现不俗，2021年1~8月吸引外商直接投资合同金额为10.2亿美元，同比增长23.1%，落实外资波动有所加大，实际到位金额为2.57亿美元，同比下降2.0%，中外合作投资服务业项目成为外资增长的新动力。

（三）财政收入反弹，房地产销售趋于理性

财政收入迎来较大增长，财政支出增长较为温和。随着2021年奉贤经济的全面复苏，财政收入也迎来较大增长。2021年上半年奉贤区实现财政总收入436.2亿元，同比增长39.3%，其中区级财政收入140.4亿元，同比增长36%，增速排名全市第一。2021年1~9月，奉贤区累计实现财政总收入574.7亿元，同比增长35.5%。其中，税务收入为537.0亿元，同比增长34.2%，占财政收入的比重为93.4%。区级地方财政收入也迎来较快增长（33.8%）。税收收入中个人所得税的增长最为迅猛（69.7%），增值税仍为税收收入贡献的主力军。分产业来看，第三产业对税收增长的贡献最大，而其中又以金融业180.2%的增长表现最为突出。财政支出方面，2021年1~9月，奉贤区财政（预算）支出为216.4亿元，累计增长5.4%，财政支出的增长相较于收入较为温和。受2020年疫情影响，上海各级政府对财政支出的管控趋严，2021年前三年季度，奉贤区在一般公共服务、国防、教育、节能环保等方面的财政支出有所下降，而在城乡社区事务方面的财政支出增长较为突出。

房地产销售市场逐渐趋于理性，奉贤新城加快推进建设。随着房地产健康发展的新政出台，2021年奉贤区房地产销售市场逐渐趋于理性，不断加快配套设施建设，打造上海未来发展的战略空间和重要增长极，从而发挥奉贤的节点性链接作用。2021年奉贤区纳入促投范围的房地产项目共106个，比2020年增加32个，全年计划总投资额261.1亿元，同比增长16.6%，上半年已经完成投资额126.03亿元，占全年目标任务的48.27%。前三季度，

奉贤区房地产开发经营情况逐渐步入正轨，完成投资额同比下降8.7%，房屋施工面积同比下降8.2%。随着新城规划的逐步落实和自贸区新片区的加快建设，奉贤区房地产市场逐渐放量上涨，奉贤区按照"产城融合、功能完备、职住平衡、生态宜居、交通便利"的要求和独立的综合性节点城市定位，加快配套设施建设，建设优质一流的综合环境，打造上海未来发展的战略空间和重要增长极，结合长三角城市群的建设，发挥奉贤的节点性链接作用。

保障房建设进入快车道，供应品类逐步丰富。2021年保障性租赁住房在建项目共计29个，包含1890套房源，预计整个"十四五"期间将有2500套公租房对外供应；2021年全年计划推动安置房项目18个，共计1.59万套，面积达到172.02万平方米；租赁住房建设方面，奉贤全区社会租赁住房共有50个项目，合计16169套房屋，总建筑面积达到91.14万平方米；公共租赁房方面，奉贤全区由区公租房公司持有的公租房房源有3766套，建筑面积达到29.09万平方米，可对外供应的住房有3121套，建筑面积24.93万平方米，已经对外供应的房屋有2847套，建筑面积22.57万平方米；随着五个新城建设的加快推进，奉贤新城的保障房建设进入快车道。奉贤新城范围内的租赁住房项目共有17个，总计5851套，规划建筑面积达到34.78万平方米；园区配建的宿舍类租赁房有6个项目，目前，1245套房屋已全部入住。

二 2022年奉贤经济运行展望

（一）重要机遇

1.新城建设助力奉贤高质量发展

新城建设势头迅猛，硕果累累。奉贤新城是上海2035年城市总体规划中的五个新城之一，也是上海"十四五"规划中上海南部滨江沿海发展走廊上具有鲜明产业特色和独特生态禀赋的节点城市。2021年4月《奉贤新城"十四五"规划建设行动方案》正式发布,描绘了奉贤新城到"十四五"末的建设发展蓝图:立足"新片区西部门户、南上海城市中心、长三角活力新城"定位,打造成为环杭州湾发展廊道上具有鲜明产业特色和独特生态禀赋的综合性节点城市,形成创新之城、公园之城、数字之城、消费之城、文化创意之都的"四城一都"基本框架。截至2021年三季度,奉贤新城建设成果颇丰,发展势头迅猛。具体来看:"九棵树未来艺术中心""上海之鱼"、轨交5号线、BRT等一批重大项目相继建成;"南桥源""东方美谷大道"等城市更新顺利推进;国妇婴、新华医院、复旦儿科医院等三甲医院扎堆落户;上海中学国际部奉贤分校、世外学校、中福会幼儿园等一批教育资源纷至沓来,教育质量成为"郊区王";东方美谷品牌价值110多亿元,成为"中国化妆品产业之都";"长安杯"三连冠;全国文明城区三连创;被评为"2021最具生态竞争力城市";"满天星""四叶草""种草""妈妈式服务""项目引领、规划服务"等创新举措精彩纷呈。奉贤新城建设的快速推进,给奉贤区经济高质量发展带来了新的增长点、新亮点、爆发点,未来奉贤也将立足"新片区西部门户、南上海城市中心、长三角活力新城"定位,形成更多新空间、新名片、新超越。

2. "东方美谷"产业集聚持续发力

深耕美丽健康产业,"东方美谷"产业生态圈逐步扩大。东方美谷产业集聚中心一直致力于发展美丽健康产业,其中,化妆品行业已成为东方美谷的特色品牌,吸引了大批海内外优质企业入驻园区。截至2021年9月,东方美谷核心区已入驻167家企业,包含商标13829个,其中第三类商标约占13%,专利总数达5838个,东方美谷将引领上海美丽健康产业发展,建成全国甚至全球美丽健康产业标杆。截至2021年8月底,东方美谷化妆品行业销售额已超过75.1亿元,相当于2020年全年零售额的87%。

生物医药产业发展迅速,打通"东方美谷"产业链。上海东方美谷生物科技园区,一直以生物医药、美丽健康为产业发展导向,不仅是上海国家生物产业基地,还是国际科技兴贸创新基地。东方美谷生物科技园区运用专业化、现代化、国际化的产业扶持体系，培育了国内规模较大的生物医药产业集群和具有行业引领作用的发展高地。2019~2020年，东方美谷规模以上生物医药企业产值上升趋势明显，占全区产值比重迅速上升。2020年，东方美谷规模以上生物医药企业产值占全区产值比重高达87%。截至2021年8月，东方美谷规模以上生物医药企业产值已超122亿元，东方美谷生物医药行业正迅速发展，已成为东方美谷产业集聚中心的中坚力量。

3. 文化创意产业集聚区初具形态

奉贤文化创意产业已逐步成长为奉贤经济的重要组成部分。2020年，全区规模以上文化企业实现营业收入107.7亿元，较2018年同期增长22.2亿元，增幅为25.96%；截至2020年底，文创产业规模以上企业71家。奉贤已建成了一批业态集聚、功能融合的文创载体。新认定市区两级重点文创载体14家，包括市级文创园区2家、区级文创园区7家，文创示范楼宇和示范空间5个。全区各级各类文化地标加快建设，国家A类标准的人文生态综合剧院——九棵树（上海）未来艺术中心盛装迎客，成为南上海文化新地标，并成立了上海九棵树艺术基金会、九棵树艺术家委员会，多领域支持、资助各类文化项目；奉贤博物馆和规划展示馆相继落成并开馆运营，青年艺术公园、雕塑艺术公园、泡泡公园等主题公园建成开放，成为市民休闲的网红打卡地；传悦坊、山金中澳城等大型文化综合体项目正在有序推进。奉贤打造了一批文化品牌，持续推进"文化基因"工程，集聚了一批创意引领、创意丰富的文化创意人才，提升了区域文化软实力。目前，奉贤的城市规划日益完善，基础设施日新月异，公建配套日渐成熟，生态优势日益凸显。构建奉贤文创产业高质量发展的新格局，未来将发展成为奉贤新城新型产业体系的新增长点、城市竞争力的重要增长极。

4. 乡村振兴建设具备先发优势

国有资本助力乡村振兴，加速城乡产业融合发展。上海百村实业有限公司，是全国首个农村综合帮扶"造血"平台。百村实业将一次性"输血"转化为可持续的"造血"，把经济相对薄弱的乡村集体经济统筹到区级层面，开辟了一条村集体经济综合帮扶的新路子；安信农保通过"保险+"

信贷、土地和集体资产等不同部分相互合作的模式，构建了"三农"风险保障的新体系，为农民带来了实惠的保障。奉贤、安信农保双方搭建合作平台，通过政府引导和市场运作，规范了区域性农业保险的制度安排，实现了长期稳定的合作；国盛集团参与建设了奉贤区青村镇吴房村市级乡村振兴示范村，在吴房村打造了三产融合、三区联动的产业一体化样板。不以"乡村旅游"为主导产业，突出"产业社区"作用，打造了乡村产业的孵化器和加速器，为吴房村的关键产业提供了发源地和生产温床。

生态商务区绿核引领，宜居宜业水平日益提升。奉贤区一直以改善乡村居住环境为目标，并且积极探索新模式，敢于尝试，勇于创新，希望能够打造吸引人的优美环境、服务人的良好设施、留住人的优质产业，塑造一个适合居住、旅游、创业的高品质城乡人居环境，提升乡村地区吸引力。通过为"空心村"引入城市工商资本，形成了宜商宜农、宜工宜居的特色生态商务经济带。2020年，奉贤区累计落户企业总部565家，并已完成合景泰富、英科中心、弘正新能源等一批重点总部项目建设，合计实现税收约5.09亿元。"三园一总部"发展模式通过唤醒沉睡的农村"三块地"资源，将奉贤丰富的生态资源与城区的产业资本相融合，在为产业发展注入新动力的同时，也为乡村振兴提供了庞大助力，提高了政府的税收收入和农民的可支配收入，从而形成生态效益、社会效益、经济效益循环促进的发展新格局。

（二）风险挑战

1. 经济运行中的不确定、不稳定因素此起彼伏

全球供应链短缺危机凸显。 2021年以来，随着全球疫情形势好转，世界经济逐步复苏，但呈现显著的分化和不均衡态势。国际贸易、投资以及制造业等加速恢复，发达国家的货币宽松政策及转向预期给全球金融市场带来一定波动，新兴市场和发展中国家内外经济环境更加脆弱，全球供应链短缺危机也愈发突出。目前，全球无论是铜、铁矿石、钢铁等原材料还是化工、橡胶和塑料制品、半导体、汽车、消费电子等中下游行业，均出现了价格上涨、供应短缺问题。最早遭受冲击的芯片行业，"抢芯大战"正愈演愈烈。

根据咨询公司Alixpartners测算，受供应链问题拖累，全球汽车制造商2021年可能损失2100亿美元的收入，几乎是年初预测损失规模1100亿美元的两倍。"缺芯"危机给我国汽车产业也造成了较大影响。截至2021年8月，我国汽车产量已连续5个月出现环比下滑，连续4个月出现同比下滑，部分车型出现停产，严重制约了自主企业优势产品进一步的向上突破和市场推广。尽管奉贤区2021年前三季度的工业总产值较去年同期有较大幅度的增长，但未来要想进一步的发展仍需警惕供应链短缺风险，提早谋划。

由外需恢复带动的经济增长要高于内需。虽然目前的经济表现是乐观喜人的，但从长远看，未来依旧充满不确定性。2021年上半年的地方财政盘点，仅上海一地收支处于"盈余"状态，其他地方省市都出现了不同程度的财政缺口，这也从侧面证明了上海经济恢复要好于绝大多数地区，而全国整体的经济形势依旧不容过分乐观。外需层面，虽然出口增长恢复较快，但是该增长包含短期冲击成分，由于世界其他经济体依旧处于新冠肺炎疫情的影响之下，订单回流促进了国内的外需扩张。但从长远来看，随着疫苗的铺开以及各国逐渐采取放任自流的防疫政策，经济生产将很快得到恢复。除去因疫情冲击的回流订单，目前复杂多变的中外关系使得长期的外需增长蒙上了一层不确定的阴影。全球能源价格波动，国内限电停产也给未来的经济增长带来了不确定性。

2. 营商环境仍有一定提升空间

营商环境持续优化，市场主体实力日益雄厚。2021年奉贤区持续打造包容开放的营商环境，积极发挥政府作用，逐渐由"命令—服从"向"服务—赋能"转变，力争打响属于奉贤营商环境的主题和品牌，推动政府角色从"审批型政府"向"合作型政府"迈进。深入推进"放管服"改革，优化营商环境工作取得阶段性成效，企业和群众获得感提升，经济发展水平持续增长。在多项惠企政策、改革措施推动下，奉贤区市场主体实力日益雄厚、活力更加充沛。2021年1～8月，奉贤区新设企业数为75480户，同比增长7.4%，其中新增私营注册企业73135户，占比96.9%，同比增长5.2%。中国网中国商务频道联合有关单位于6月9日发布的《2021年长三角企业动态分析报告》显示，奉贤区从2021年1月起，每月新增企业数连续3个月夺得第一，成为第一季度长三角27城新增企业数的冠军。

优化营商环境没有终点，仍面临诸多挑战。在奉贤区推进营商环境优化工作中，仍存在协调沟通不够到位、统筹力量比较薄弱等方面的问题。如各职能部门对营商环境测评指标的深入研究不足，与对应市级部门的协调沟通不到位；营商环境涉及面广量大，需要进行大量的协调、沟通、督促、推进工作，实际工作需求与目前的人员配备有相当大的差距；对于综合营商指数测评中的部分指标，郊区存在天然的短板，并且区位劣势短期内难以弥补；改革宣传不够有效，奉贤区优化营商环境的案例和故事在全市范围内影响力较小，酒香也怕巷子深，导致评审专家对奉贤营商环境的主观印象不够深，进而影响对营商环境水平的评价。未来仍需以系统性的视角，各部门上下联动、统筹协调、形成合力。对标国际最高标准，学习其他地区的先进经验，不断自审自省，主动找差距、找不足，补齐短板，增强服务意识。

3. 数字化转型基础较为薄弱

奉贤农业数字化转型仍处于起步阶段。目前，奉贤农业数字化转型，主要体现在数字平台建设方面，具体概括为"1+10+X"，即1个区级云平台——"上海·奉贤数字乡村和数字农业云平台"，10个镇级云平台——"奉贤·XX镇（街道、集团、开发区）数字乡村和数字农业云平台"，X个涉农工作及行业管理应用场景，通过"一图"掌控全区数据，通过"一屏"可视全区动态。但目前奉贤区农业数字化转型仍处于起步阶段，尚未建立起依托数字技术的生产、采购、销售、金融等一体化的数字生态，尤其是数字农业的前沿生态，如供应链可视化、可追溯性等建设方面也相对滞后。平台汇聚了近三年的涉农数据，数据量大、数据类型多、不统一，整理分类困难，整合难度大。

"数字江海"发展有较大提升空间。"数字江海"是奉贤区推进城市数字化转型、带动全区实现高质量发展的重要工程，也是奉贤加快提升智慧城市发展水平、赶超先进城区的重要抓手。但是，上海市经济和信息化研究中心发布的《上海市智慧城市发展水平评估报告（2020）》显示，奉贤在全市16个区中排名倒数第二，仅高于崇明区。"数字江海"园区在数字产业规模、产业代表性企业落户数量等方面还有较大的提升空间，并且当前"数字江海"计划仍处于开发建设过程中，未来建设成果存在一定的不确定性，从而影响"数字江海"各方面的吸引力。为顺应及引领数字化浪潮，奉贤区应抓住数字化产业变革机遇，继续大力支持"数字江海"建设，补齐产业基础和技术短板，将其打造为核心主导产业优势和产城融合特色鲜明的数字化"名片"，反哺奉贤区数字化转型进程。

（三）走势研判

在常态化疫情防控下，市场需求逐步恢复，奉贤区2021年前三季度经济持续恢复，经济基本面进一步夯实，呈现稳中加固、稳中有进、稳中向好的态势，经济发展韧性进一步增强。从各项主要经济指标来看，区级财政收入增速排名全市第二，规模以上工业产值增速排名郊区第一。奉贤在产业发展、经济活力、乡村振兴、新城建设、生态环境等方面展现出蓬勃活力，保持了高质、高速、高位发展。

农业方面，2021年奉贤区农业总产值持续下降，但降幅逐渐收窄，第一产业占GDP的比重进一步下降，预计"十四五"期间农业总产值仍将持续下降。未来随着乡村振兴的相关实践逐步深化以及农业数字化转型的持续推进，奉贤区农业的集约化、专业化、组织化、社会化水平将得到持续提升，奉贤区农业生产效率将得到进一步提升。

工业方面，2021年东南亚疫情的再次爆发，导致大量加工产品的订单在上半年回流国内。奉贤作为制造业为主的开放型地区，也直接或者间接承接了大量的回流订单，因此2021年奉贤区规模以上工业企业产值、利润总额加速恢复，盈利水平回升明显。预计2022年规模以上工业产值仍将保持较快增长的态势，但是随着国际形势的变化，奉贤区工业经济面临的不确定性也将加剧。此外"碳达峰，碳中和"的发展目标，对奉贤区工业经济的健康发展提出了新的机遇与挑战。

服务业方面，2021年奉贤区批发零售业持续回暖，网络零售业强势增长，住宿和餐饮业得到恢复，金融保险业稳步上升，为奉贤区经济整体的稳步增长奠定了坚实的基础。预计2022年奉贤区服务业的产值将持续增长。"十四五"期间，随着上海国际消费中心城市建设的成效逐步显现，奉贤区消费品市场将持续扩张。随着房产税改革试点的开启，奉贤区房地产市场有望迎来稳定发展的时期。

综合来看，结合奉贤区在奉贤新城建设、乡村振兴、数字化转型、生态商务区建设、东方美谷、文化创意等方面的发展态势，预计2022年奉贤生产总值将保持持续增长的态势，增速有望超过全市平均水平。在紧抓奉贤新城建设、"东方美谷"、文化创意、乡村振兴等机遇加快发展的同时，仍需密切关注经济运行中的不确定不稳定因素，持续优化营商环境，加快推进城市经济、生活、治理的数字化转型。

三 对策建议

在"双循环"战略格局下，消费与制造业投资成为拉动经济增长的重要引擎。2021年上海为推动高质量发展、创造高品质生活、实现高效能治理出台了一系列政策：持续深化"五个中心"建设、全面推动城市数字化转型、加快建设上海国际消费中心城市……奉贤应紧跟上海经济社会发展方向，抢抓自贸区新片区、市化工区、浦江第一湾、长三角一体化、特色产业等机遇，充分发挥数字江海、东方美谷、未来空间优势，通过项目引领、规划服务，全面推进奉贤经济向高质量发展迈进。

（一）抢抓城市数字化转型契机，打造数字时代文化创意之都

"数字江海"是奉贤区推进城市数字化转型、带动全区实现高质量发展的重要工程，也是奉贤加快提升智慧城市发展水平、赶超先进城区的重要抓手。"数字江海"的关键在于培育和引进一大批有成长潜力的新技术、新产业、新业态。奉贤需进一步结合已有产业基础、产业竞争态势以及产业发展

趋势对主导产业进行细化，明确产业发展的落脚点，实现错位发展。建议"数字江海"从两个方向上进行切入：一是求实，着眼于区域优势产业，推动人工智能等技术与美丽健康、精细化工、汽车配件制造、旅游休闲等产业的深度融合；二是求新，抓住新一轮数字技术革命的机遇，在数字货币、数字孪生、元宇宙、NFT（非同质代币）等全新领域，力争率先突破取得先发优势。

在奉贤新城紧密建设的推动下，奉贤区以九棵树（上海）未来艺术中心、奉贤博物馆、城市规划展示馆、青年艺术公园、雕塑艺术公园、泡泡公园等为代表的文创载体、文化空间如雨后春笋般地成长起来。在上海全面推进城市数字化转型的背景下，建议奉贤积极拥抱数字化时代，以"数字江海、文耀新城"为牵引，推进文创产业"上云、用数、赋智"，推动线上线下相互融合。一是大力发展影视产业。结合乡村振兴、三园一总部、城市更新，布局影视产业相关产业链，打通影视创作、影视取景、影视拍摄、后期制作、影视发行等关键环节。二是大力发展电竞、游戏产业。利用"东方美谷+"产业集聚中心、三园一总部等优质空间，将电竞游戏产业和文化、旅游、科技融合，打造电竞游戏产业聚集地。推动电竞产业相关平台的建设，完善上海"电竞之都"后端产业链生态建设。三是大力发展数字出版产业。被誉为中国印刷出版行业"黄埔军校"的上海出版印刷高等专科学校将迁址奉贤，以此为契机同步规划建设"南上海数字出版园"，推动形成"环版专"数字出版产业带。

（二）持续扩大东方美谷影响力，助力上海国际消费中心城市建设

依托东方美谷，围绕化妆品、健康食品、生物医药等重点领域，构建具有鲜明奉贤特色的"全球生命健康产业创新高地"。以东方美谷国际化妆品大会等重大节事活动为切入点，聚焦化妆品头部企业，从研发、生产、营销等方面全方位集成资源、形成合力，助力一批国产优质企业在加大研发投入，促进相关研发机构、企业技术中心、重点实验室在园区内的集聚，不断巩固提升东方美谷产业集群在行业中的主导性、影响力，从而推动东方美谷核心区建设有中国特色的化妆品产业体系。强化东方美谷全域概念辐射上海奉贤，强化南上海中心卡位，提升产业化、平台化、市场化、时尚化、国际化，重塑品牌价值。构建东方美谷产业化、平台化和市场化产业聚集地平台打造，强化时尚化基因属性，面向国际市场和国际品牌。

随着直播经济的日益火爆，直播电商、跨境电商正重塑新零售的销售渠道，改变从生产到消费者之间的流通渠道和产业链条。借助直播经济的发展优势，奉贤将打造全球美妆直播电商之都，实现产业的溢出效应。在直播经济方面未来奉贤要抢抓全球化妆品行业飞速增长、上海打造国际时尚之都等契机，进一步放大东方美谷品牌影响力，坚持"产业品牌"变"城市品牌"，按照产城融合发展理念，以项目引领、规划服务方式，推动企业、品牌、海内外线上线下体验平台集聚，推动奉贤打造全球美妆直播电商之都。在跨境贸易方面，奉贤要坚持问题导向、项目导向，理清企业难点、痛点、堵点，吸引越来越多的电商龙头企业集聚，共同推动贸易新业态、新模式发展，有针对性地提升化妆品贸易便利化水平，优化跨境支付结算服务，切实在贸易便利化上先行先试，助力上海国际消费中心城市建设。

（三）扎实推进乡村振兴建设，打造生态文化品牌

奉贤自2017年启动"乡村振兴战略"以来，以规划为引领，围绕"人的城镇化"这一核心，以乡村振兴"3+1"为工作抓手，大力实施三块地改革，以城市空间再造、重塑和优化推进乡村振兴建设落细、落小、落实，已取得了诸多成效。在乡村振兴的攻坚阶段，区政府需要统筹好国有企业参与新城建设和乡村振兴的战略部署，实现新城建设和乡村振兴的高度融合，以国企为纽带，以新城建设推动乡村振兴，同时以乡村振兴加速新城建设。在推进乡村振兴的实践中，需要明确政策导向，激励国有企业牵头，整合各类国有企业的优势，有关部门需进一步完善需求对接平台的搭建，提高国有企业参与乡村振兴的效率，实现线上线下互动、区属各涉农部门联动。

生态化要求奉贤不断探索乡村振兴战略下农村土地资源盘活之路，将城市资本引入美丽乡村，探索城乡融合新路径，建设独具特色的奉贤生态商务

区。文化是创建生态商务区的必要条件，商务区只有拥有浓厚的文化氛围才能吸引更多的人才精英推动商务区的发展。建议奉贤生态商务区一方面，充分利用其乡村田园生态优势，打造独具特色的田园生态商务区。引进现代农业与实验性、示范性种植基地，提高生态商务区农业品质与可观赏性，打造特色产品，拓展文旅、亲子等高产值功能。另一方面，以本地浦南运河为轴心，打造"冷江雨巷""南桥源""水韵青春""明城新月"等一系列江南古镇文化遗址带，形成兼具文化娱乐、休闲旅游功能的生态商务综合体。

（四）深化"放管服"改革，优化营商环境，向合作型政府迈进

优化营商环境，需要以系统性的视角，将各部门上下联动、统筹协调、形成合力。因而应将改善优化营商环境作为综合性工作，针对奉贤区目前面临的统筹力量不足的问题，充实人员配备，设立营商环境长期工作专班，抽调各部门骨干力量，将营商环境作为"一把手工程"来抓，当成"一盘棋"来打，形成"一股合力"，长期连续推进营商环境持续优化提升。通过设立工作专班，在统筹推进工作的同时，还可以疏通区级、市级部门间的沟通渠道，加强职能部门对营商环境测评指标的认识，进而自查自身短板，确定整改方向，更加有效地提高工作效能。

建设合作型政府，是奉贤区立足新发展阶段，贯彻新发展理念，全面提升地区核心竞争力，促进产业集聚，激发市场主体活力，提升企业感受度的新要求、新路径、新定位。建设合作型政府，一方面，要以企业需求为中心，坚持"用户思维"，准确掌握市场主体和人民群众的切实需求，力争将优化营商环境工作做到不留"死角"，利企便民，大幅度提高企业和人民群众的感受度和认可度。另一方面，对于营商环境绩效考核的指标也应从企业和人民的满意度及收益程度出发，合理的考核指标才能产生更多改革经验，为未来解决更多问题，适应营商环境新需求、新变化，提供合理的思路及举措。

分析研判篇
Analytical Study

B.2
2021~2022年奉贤区农业经济形势分析与研判

张鹏飞 孙 彦*

摘 要： 2021年，奉贤农业发展质量显著提升，实现了从品种、品质到品牌的跨越。基于奉贤农业数据分析，尽管奉贤农业规模2020年下降5.4%，但农业生产与农村环境更加友好，工资性收入和家庭经营性收入均保持稳定增长，"美丽家园""绿色田园"等工程促使农业全面提质增效。但是奉贤在农业人才队伍建设、一二三产业融合等方面依然面临诸多不足。"十四五"期间，奉贤农业将以数字化、低碳绿色为主要方向，加快打响区域特色品牌，重点发展精品农业、智慧农业、循环农业，大力发展特色总部经济，打造生态商务区，促进产业融合发展，全面提升奉贤农业的竞争力。

---

* 张鹏飞，上海社会科学院世界经济研究所助理研究员，研究方向为区域经济学；孙彦，奉贤区委党校讲师，经济学博士，研究方向为乡村振兴、数字化转型。

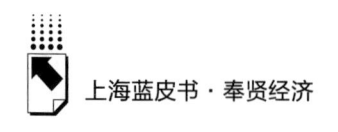

关键词： 现代都市农业　提质增效　数字化转型　低碳绿色

截至 2021 年，奉贤不断优化农业布局，打造农业农村高质量发展引领示范区，促进农业提质增效。农民收入持续显著增加，城乡收入差距持续缩小。外来人口持续增加，有效缓解了农业劳动力供给不足的问题。此外，奉贤还持续推进"美丽家园""绿色田园"等工程建设，全面提升农村的新面貌，努力将奉贤乡村打造成为上海国际大都市的亮点和美丽上海的底色。

一　持续提质增效，农业结构更加合理

（一）农业生产总体情况

2020 年奉贤农业总产值为 24.5 亿元，呈连续下降趋势，较上一年减少 1.4 亿元，降幅为 5.4%（见图 1）。2021 年 1~9 月，奉贤农业总产值为 13 亿元，同比下降 5.1%。2020 年，奉贤渔业产值下降幅度最大，同比下降 11.6%，占农业总产值比重从 2019 年的 17.2% 下降为 16.1%。2020 年种植业产值下降幅度也较大，同比下降 9.8%，而畜牧业产值下降幅度相对较小，为 4.9%。与之相反的是，林业产值和农林牧渔服务业及辅助性活动产值 2020 年显著增长，分别为 17.7% 和 17.6%。这些都表明奉贤农业的产业结构更趋合理，农业生产和农村环境协调友好，现代都市农业得到了快速发展。

（二）传统种植业

立足大都市背景下的农业农村发展，奉贤转变发展理念，以"沃野千里，精细极致"为发展思路，不断提升农业品质。2020 年奉贤粮食产量 9.5 万吨，同比增长 3.3%，播种面积为 1.1 万公顷，同比增长 5%。其中，除了水稻播种面积从 2019 年的 1.04 万公顷增加到 2020 年的 1.12 公顷外，夏

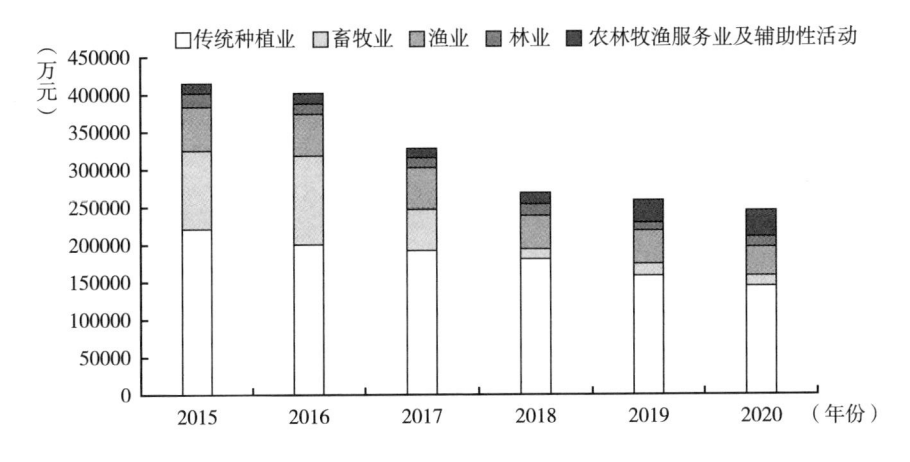

图 1 奉贤区农业生产总体情况

数据来源：历年《奉贤统计年鉴》。

熟谷物、小麦、水果、蔬菜、西甜瓜等种植面积均减少，其中，夏熟谷物、小麦和西甜瓜的播种面积减少了近50%，蔬菜播种面积减少了近1/4，对应的农作物产量出现相似比例的减少（见表1）。其次，奉贤还通过农业基础设施建设，重点推进设施粮田、设施菜田、经济作物区域、绿色生态区域等建设，其中设施作物生产规模达到了200亩以上，并计划到2022年，累计建成20个左右的"沃野千里"示范区。此外，奉贤还积极培育生态环境良好、具有展示度的农产品生产基地及一二三产融合发展实践基地，计划到2022年，累计建成50个左右的"精细极致"示范点。

表1 奉贤区种植业主要作物基本情况

年份	粮食			夏熟谷物		
	播种面积（公顷）	单产（千克）	总产量（吨）	播种面积（公顷）	单产（千克）	总产量（吨）
2016	12427.3	7406	92036	3141.8	3316	10418
2017	9967.7	8045	80192	968	3911	3787
2018	10844.8	8427	91391	623.7	4912	3064
2019	10731.1	8528	91517	108.5	4500	483.5
2020	11263.8	8398	94589	57.8	4396	254.1

续表

年份	小麦 播种面积（公顷）	小麦 单产（千克）	小麦 总产量（吨）	单季稻 播种面积（公顷）	单季稻 单产（千克）	单季稻 总产量（吨）
2016	2753.4	3285	9046	9285.5	8790	81618
2017	797.9	3964	3163	8999.4	8490	76405
2018	582.3	4911	2860	10211	8642	88326
2019	82.6	4700	388	10389	8619	89544
2020	44.3	4582	203	11206	8418	94335

年份	水果 果园面积（公顷）	水果 总产量（吨）	蔬菜 播种面积（公顷）	蔬菜 上市量（吨）	西甜瓜 播种面积（公顷）	西甜瓜 总产量（吨）
2016	2620.20	40319	14900.90	326031	894.20	30761
2017	2240.60	45739	12546.50	331969	868.60	28712
2018	1848.30	41127	10520.50	296803	487.40	14140
2019	1685.30	36037	7995.30	227187	475.40	13642
2020	1464.60	27252	6632.70	193151	237.90	9378

数据来源：历年《奉贤统计年鉴》。

（三）畜牧业

近年来，奉贤持续加大对不规范畜禽养殖的整治力度，2020年奉贤生猪出栏数量持续下降，仅为638头，同比下降60.00%。与此同时，受2020年猪肉价格高涨的影响，家禽价格跟随上涨，刺激了家禽数量的快速增长，奉贤家禽数量从55万羽增加到68万羽，同比增长23.63%。而鲜蛋却出现了一定程度的减少，从4713吨减少到4164吨，同比下降11.65%（见表2）。

表2 奉贤区畜牧业产量情况

畜牧业	2015年	2016年	2017年	2018年	2019年	2020年
生猪出栏数(万头)	40.30	37.20	17.30	0.13	0.15	0.06
家禽产量(万羽)	282.00	507.00	292.00	62.00	55.00	68.00
鲜蛋(吨)	9618.00	9824.00	5539.00	4499.00	4713.00	4164.00

数据来源：历年《奉贤统计年鉴》。

(四)水产养殖业和林业

2020年,奉贤开展水产养殖场养殖检测工作,在全区范围内开展渔业水质和养殖池塘底质采样监测工作,使得整个水产养殖业更加规范、水产品更加绿色安全。2020年奉贤水产品产量为9878吨,同比下降14.4%,主要是由淡水产品(占水产品产量的95%以上)下降引起的。此外,随着美丽乡村建设的快速推进,奉贤造林面积迅速增加。2020年新增420公顷,达到1.3万公顷,其中新增公益林面积135.5公顷,新增廊道194.9公顷,新增果林规模90.2公顷。

二 农民收入持续增长,城乡差距持续改善

2020年,奉贤农民人均可支配收入保持增长,达3.5万元,同比增长5.6%。从收入结构来看,奉贤持续加大转移性支付,2020年同比增长17.90%,为7817元,占人均可支配收入的比重也从2019年的19.78%提高到22.08%,主要是由于"百村"系列的"造血"功能持续增强。其次,工资性收入和家庭经营性收入均保持稳定增长,增速分别为2.80%和2.00%。而财产性收入出现减少,同比下降0.90%,主要是受新冠肺炎疫情的影响,居民房屋出租等收入减少(见表3)。

此外,奉贤还非常注重农民职业素养的提升,在提高农民工作效率的同时,也大幅度地提高了高技能农民的收入水平,将高素质农业人才留在农村。2020年新增职业农民400名,累计认定新型职业农民2900名。并持续实施农业经理人培养计划,2020年培养农业经理人15名。

表3 奉贤区农民可支配收入占比

单位:%

分项	2015年	2016年	2017年	2018年	2019年	2020年
工资性收入	70.90	70.69	70.72	69.47	67.29	65.50
家庭经营性收入	12.23	11.80	10.82	9.95	10.41	10.05

续表

分项	2015年	2016年	2017年	2018年	2019年	2020年
财产性收入	2.17	2.38	2.14	2.67	2.52	2.36
转移性收入	14.70	15.13	16.31	17.91	19.78	22.08

数据来源：历年《奉贤统计年鉴》。

在城乡收入差距方面，2020年奉贤城乡人均可支配收入差距增速减缓，差距值为23185元，增速为1.1%，小于2019年的6.5%，表明奉贤城乡人均收入水平尽管有差距，但是在持续缩小，有助于推动奉贤城乡均衡发展（见图2）。

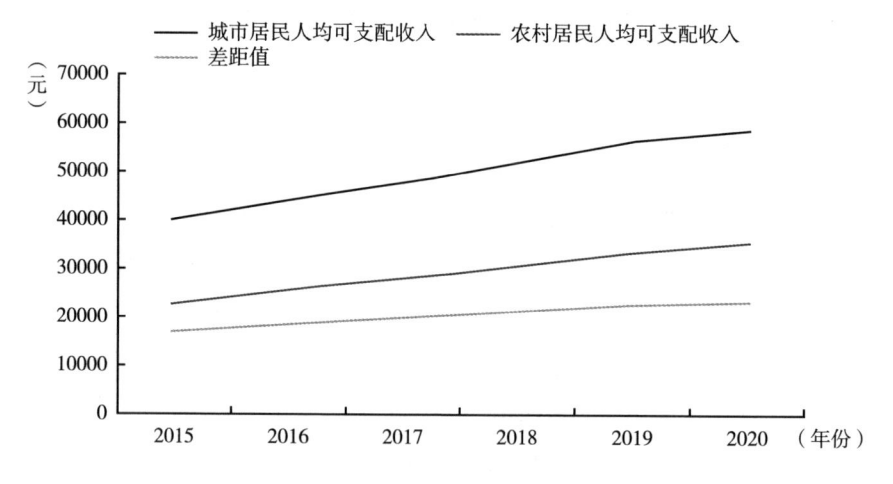

图2　奉贤区城乡居民人均可支配收入差距

数据来源：历年《奉贤统计年鉴》。

三　农村劳动力紧缺局面有所改善，但农民文化水平降低

截至2020年，奉贤区农村常住人口为48万人，其中外来人口约27.7万人，占比57.7%。相比2019年，奉贤区农村常住人口减少了约0.5万人，

而外来人口增加了约1.2万人，占农业总人口比重扩大了3.1%，主要是由于奉贤新城建设，吸引了大量外来人员（见表4）。

（一）奉贤区农村劳动力情况

受外来人口增加的影响，2020年奉贤农业劳动力人口总数减少幅度为1.2%，相比2019年（4.5%）减幅有所放缓，表明奉贤农业劳动力供给紧缺局面在持续改善。从农村三次产业的就业人口结构来看，除了第三产业增加0.18万人外，其他两大产业劳动力均持续减少，其中第一产业减少幅度最大，2020年减少5.1%，第二产业减少1.6%（见表4）。

表4 奉贤农村人口现状

单位：人

项目	2015年	2016年	2017年	2018年	2019年	2020年
农业总人口	619515	615363	557167	510432	485250	480351
外来人口	370454	362989	326461	281135	264796	277155
劳动力总数	445753	440446	384962	358865	342632	338686
第一产业劳动力	49655	48697	40115	37358	33418	31713
第二产业劳动力	334834	332476	291969	269547	256329	252198
第三产业劳动力	61264	59273	52878	51960	52885	54775

数据来源：历年《奉贤统计年鉴》。

（二）奉贤区农民文化结构情况

2020年，根据对奉贤区农民文化程度的调研情况，在排除样本选择误差后，结果显示整个农业人口的文化素质在下降。其中初中及以下文化程度人数占比增加，2020年为76.13%（而2019年为74.27%），而高中文化程度人数、大专文化程度人数占比均出现小幅下降，降幅分别为0.97个百分点（从18.67%下降到17.70%）和0.46个百分点（从5.81%下降到5.35%）（见表5），主要是由于新增外来人口，整体拉低了原有农民的文化水平。

表 5 奉贤区农民文化结构

项目	2015 年	2016 年	2017 年	2018 年	2019 年	2020 年
调查户数(户)	200.00	200.00	200.00	130.00	130.00	130.00
总调查人数(人)	385.00	408.00	414.00	237.00	241.00	243.00
文盲或者半文盲人数(%)	0.00	3.43	2.66	4.50	4.56	4.94
小学文化程度人数(%)	4.42	23.53	23.67	27.85	26.14	27.16
初中文化程度人数(%)	30.65	50.25	49.76	42.79	43.57	44.03
高中文化程度人数(%)	49.87	16.67	16.91	17.55	18.67	17.70
大专文化程度人数(%)	11.69	3.68	3.86	5.45	5.81	5.35
大学及以上文化程度人数(%)	3.38	2.45	3.14	1.69	1.24	0.82

数据来源：历年《奉贤统计年鉴》。

四 2020年奉贤乡村振兴中亮点众多

（一）扎实推进"美丽家园"工程，全面提升农村环境面貌

第一，持续推进"两个示范"村建设。2020年内完成2019年度5个乡村振兴示范村建设，开展区级考核验收和总结工作。新启动2020年度3个乡村振兴示范村建设，突出"三园"工程重点任务的推进和示范，进一步发挥农民主体作用，引导各类社会资本参与，培育可持续发展农业，切实发挥好典型带路作用。完善2020年美丽乡村示范村创建评定标准，持续推进美丽乡村示范村创建工作。

第二，推进农村人居环境整治。根据农村建房管理办法，规范农村建房，改善农村人居风貌。按照农村人居环境整治三年行动计划，制定2020年农村人居环境整治任务清单，在2019年完成90个村的基础上，完成剩余农村的人居环境整治工作。2020年共对3300多户农户实施人居环境改造。

（二）扎实推进"绿色田园"工程，全面实现农业提质增效

第一，调整调优农业种植结构。以"三区划定"为目标，以"菜篮子"为前提，调整粮食和经济作物的种植结构。优化水稻品种，制定生产标准，

提升稻米质量。充分发挥专业合作社粮食市场运行主体作用，从"卖稻谷"转为"卖大米"，提高粮食生产效益。调整优化政策体系，引导经营者从事蔬菜生产，提高蔬菜生产量，确保"菜篮子"区长责任制任务完成。

第二，推进高标准农田建设。以农业"三区"为重点，优先向蔬菜、经济作物和稻米产业化等农业结构转型升级的农田建设项目聚焦，提升农田基础设施水平。在高质量推进2019年已批复的10346亩农田项目的同时，提前谋划未来3年（2020~2022）农田建设计划，形成高标准农田建设项目库。强化对镇村农田设施的管护，切实发挥行业指导、监管等职能，确保农田灌溉设施管护运行良好。

第三，培育现代农业经营主体。完善家庭农场支持发展政策，提升农民合作社发展质量，发展壮大农业龙头企业，加大高素质农民培训力度。围绕做优家庭农场的目标，指导发展13个种养结合、经济作物、养殖类等多种类型家庭农场。支持农民专业合作社发展，规范提升20个农民专业合作社。健全资源要素共享机制，鼓励引导工商资本规范有序进入农业领域，壮大提升3个农业龙头企业，实现工厂化生产和企业化经营，提升产业能级。

第四，推行农业绿色生产方式。2020年奉贤深入开展化肥、农药减量工作，完成商品有机肥1.7万吨、配方肥3600吨、缓释肥520吨推广任务，推广高效低毒农药30万亩次，化肥、农药减量比上年减4%。推进生态循环农业示范创建工作，完成第一批1个示范镇（庄行镇）和2个示范基地的建设和验收，启动第二批3个示范基地创建。实施水稻绿色高质高效创建，推进1万亩水稻绿色生产基地建设。启动0.5万亩绿叶菜规模化生产基地建设，打造一批蔬菜绿色高效生产基地。有序推进2019年1家美丽生态牧场建设，新启动创建1家美丽生态牧场，年内实现开工建设。持续推进秸秆综合利用工作，加强农机农艺融合，优化秸秆机械化还田技术，实行还田与离田利用双措并举，确保粮油作物秸秆综合利用率达到96.5%以上。开展废旧农膜、黄板集中回收处理示范镇创建活动，以街镇为单位建立废旧地膜和黄板集中回收工作机制，回收率在90%以上。

第五，强化农业科技装备支撑。2020年奉贤新建1个高标准设施菜田，启动1个蔬菜生产保护镇建设。以蔬菜机械化生产、农作物高效植保、畜禽粪污利用等为重点，示范推广农机绿色技术装备，提高农机通行、作业的便利程度。推进绿叶菜全程机械化示范场试点，新建1个蔬菜"机器换人"示范基地。加强200亩种业基地建设。继续深化数字化农业信息平台建设，推进"一图""一库""一网"建设，推动农业大数据、物联网等信息技术在农业生产、管理、服务等方面的应用。

第六，打造地产农产品品牌。2020年奉贤加强农产品质量安全监管，推进地产农产品质量安全追溯体系建设，追溯率在95%以上。持续推进绿色食品认证工作，绿色食品认证率力争达到20%，新认证主体全部纳入电子化追溯管理。继续推进3个知名农产品品牌建设，积极推荐申报中国特色农产品优势区、国家级农产品区域公用品牌等，努力提升品牌影响力。提升绿色稻米产业化率，年内提高10%以上；加强稻米加工、冷链等装备能力建设，组织开展稻米产销对接。建立食用农产品合格证制度，鼓励小农户参与，规模生产主体（合作社、企业、家庭农场）上市产品合格证标识率达到100%。

第七，促进乡村产业融合发展。2020年奉贤聚焦特色种养业和乡土特色产业，遴选不少于1个村培育发展"一村一品"，并组织开展全国"一村一品"示范村镇创建，引导乡村特色产业发展。结合乡村振兴"三园工程"建设，组织不少于1个村开展休闲农业和乡村旅游示范村建设，并在此基础上申报创建中国美丽休闲乡村。组织和遴选有关生产单位参加绿色优质农产品品鉴评优推介活动，加大对获奖单位和产品的宣传推介力度。

五 2020年奉贤农业发展遇到的主要问题

第一，农业现代化水平有待提高。农业装备转型升级步伐较慢，主要作物生产全程机械化水平仍需提高。以家庭经营为主，集体经营、合作经营、企业经营等共同发展的现代农业经营体系尚未健全，农业的集约化、专业化、组织化、社会化水平有待进一步提升。数字农业发展基础薄弱，重要农产品全产业链大数据、农业农村基础数据资源体系建设刚刚起步。

第二，一二三产业融合发展缓慢。产业融合发展带动效益不明显，产销一体化未能充分实现，农村电子商务发展、"互联网＋"模式的新型农业产业模式仍处于摸索阶段。农业多功能开发模式有待加强，休闲农业、旅游农业、创意农业、特色文化产业等挖掘不够。农产品品牌化优势不突出，青村黄桃、庄行蜜梨等品牌产品市场竞争力不足，农业农村产业融合发展阻碍不少。

第三，农民持续增收后劲乏力。土地减量化等因素导致小微低效企业减少，带来部分农民失业。随着实体经济转型升级，低水平的农村富余劳动力就业难度进一步加大。受"五违四必"整治等环境影响，农民租金收入减少。部分村集体经济不强、盈余有限，农民股份分红收益有限。农业产业化发展能级不高、经济效益偏低，一二三产融合受建设用地制约，发展后劲不足。

第四，乡村振兴人才队伍亟待充实。全区村"两委"班子整体知识化、年轻化、专业化水平还不高，因编制、待遇保障等瓶颈，年轻后备力量紧缺。农村相对薄弱的基础设施和公共服务无法吸引优秀人才进驻，多数科班出身的专业人才不愿投身农业农村创业发展的现象普遍存在。农村实用人才总量较小，无法满足实施乡村振兴战略的现实需求，农村各类人才不足和素质不匹配问题已成为制约乡村振兴蓬勃发展的关键因素。

六 "十四五"期间奉贤农业的发展思路与政策建议

"十四五"是奉贤农业现代化转型发展的关键时期，需要以数字化和低碳绿色为方向，进一步优化农业产业结构，促进一二三产融合发展，提高农业的生产效率，切实增加农民的收入。

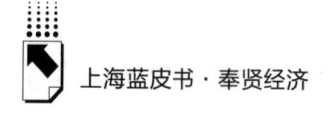

（一）加快培育农业龙头企业，打响区域特色农业品牌

深度挖掘奉贤农业生产科技研发企业，树立行业标杆。鼓励农业企业通过兼并重组，强强联合组建大型企业集团，推进集群集聚发展。推动农产品品牌产销一体化，落实绿色农产品产销对接行动计划，打造农产品销售公共服务平台。鼓励支持发展冷链企业，延长农产品销售期、保存期。围绕开展绿色食品认证和发展地方特色农产品，完善农产品品牌培育、发展和保护机制，塑造奉贤农产品整体品牌形象，提高品牌在国内外的知名度和影响力。

（二）大力发展现代都市农业，提升农业整体竞争实力

第一，发展精品农业。加大政策集聚，推动"四新"技术示范区建设，形成水田一线、天田一色的视觉效果，实现机械化、智能化、专业化生产，积极塑造都市农业标杆。推动高质量发展示范点建设，围绕农业经济功能塑造，积极培育具有品种、品质、品牌优势的农产品生产基地及一二三产融合发展实践基地。立足市民关于生态空间、亲子体验、康养健身等体验性娱乐性需求，充分挖掘农村产业空间新价值，推动乡村由单纯卖产品向卖景观、卖文化、卖体验转变，完善乡村旅游公共服务设施，积极培育特色消费、现代供应链、共享经济、体验服务等新增长点。

第二，发展循环农业、种源农业。积极推广绿色高效的肥料、饲料、生物农药等农业投入品。示范推广蔬菜瓜果绿色高效生产、种养结合生态循环养殖等节能低耗智能设施装备，打造一批蔬果"机器换人"绿色生产示范基地。选育推广高效优质多抗的农作物和畜禽、水产新品种，尝试引进种植各类适合"水稻—中草药"茬口模式的中草药，并建立若干个示范基地。开展稻田综合种养先进技术模式集成与示范生态种养及循环农业示范。

第三，发展智慧农业。绘好农用地信息管理平台 GIS 底图，设立奉贤数字"三农"综合管理平台。建设智慧农业物联网，推进"互联网+"绿

色农业新基建，构建农业公共信息化平台，提高农业精准化服务管理水平。建立高效、安全、低碳、循环、智能、集成的农业绿色发展技术支撑体系和信息服务体系，在四团镇大桥村开展相关项目试点。搭建完善区级农资农药监管应用平台，为实现全区域全过程农药安全使用监管提供系统支撑。建设智慧系列示范基地，优先保障设施农用地、集体建设用地指标，推广信息赋能"沃野千里，精细极致"发展的有效模式。建设"智慧兴农驿站"，助力乡村振兴示范村建设，拓展乡村振兴示范村智慧农业的示范功能。

第四，推进绿色田园先行区和重点项目建设。按照"两个对标"的总体要求，推进绿色农业、规模农业、科技农业、品牌农业建设，依托奉贤农业资源禀赋、特色产业发展优势，全力建设规划定位明晰、资源要素集聚、品牌优势突出、生产方式绿色、技术装备先进、产业融合创新的重点区域及重点项目，形成农业高水平发展的区域增长极，为奉贤农业高质量发展提供有力支撑，引领都市农业高质量绿色发展。

（三）聚焦"三园一总部"，促进乡村产业融合发展

第一，发展特色总部经济。通过乡村资源和城市业态的深度融合，引导社会资本盘活农村闲置房屋、集体建设用地等，推动特色总部、文化创意以及其他创新创业企业的乡村集聚发展。以黄浦江南岸、金海公路、南庄公路、大叶公路为主轴，按照"点、线、面"发展格局，构建起自然风景一流、江南风貌凸显、基本功能配套完善的生态商务区（带）。推进以"原生态、原风貌、原居民"为核心的"农艺公园·田园综合体"建设，鼓励有条件的农村区域实践"三园一总部"经济模式，精准对接重点产业、重大项目，产出税收效益"颗粒归仓"，为乡村空间注入新兴业态，提升乡村经济发展活力。

第二，全力打造生态商务区。主要是发展新型集体经济，发挥农业农村的生态和经济动能，促进一二三产业融合发展，发展宜农、宜工、宜商、宜旅新兴业态，增强农村经济活力。以生态商务区模式开发乡村，以开发商方

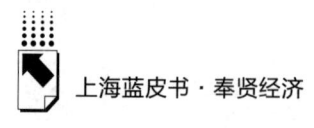

式推进城乡空间蝶化，鼓励城市文明和工商资本进入农村，实现生产要素在乡村适度规模化集聚，促进三园一总部经济高质量发展。

参考文献

沈伯华、徐相明、顾品强、顾艾节、雷磊：《上海市奉贤区 2020 年气候特征及对农业生产的影响分析》，《上海农业科技》2021 年第 4 期。

孙滨、周继华、闫影、白建江、王凯、吴书俊、曹黎明、高益：《上海市优质稻米全产业链绿色生产模式开发初探》，《作物研究》2021 年第 5 期。

翁阳：《深化农村承包地改革的思考——以奉贤区为例》，《上海农村经济》2021 年第 8 期。

叶智伟：《奉贤区农业科技示范户满意度调查分析》，《基层农技推广》2020 年第 11 期。

B.3
2021~2022年奉贤工业形势分析与研判

王永水 邢子怡*

摘　要： 2020年突袭而至的新冠肺炎疫情给全球经济社会发展带来重大冲击，宏观环境愈发复杂，国内外压力和挑战巨大。奉贤区紧抓实干，工业经济发展卓有成效，2020年全区规模以上工业企业共1063家，规模以上工业总产值增长1.68%，达到1901.51亿元。工业经济发展新动能不断释放，战略性新兴产业实现工业产值635亿元，占全区规模以上工业产值比重的34%；东方美谷美丽健康产业规模以上工业总产值提升至400亿元，占全区规模以上工业总产值比重的21%。

关键词： 上海奉贤　工业经济　东方美谷　未来空间

2020年是极不平凡的一年，面对新冠肺炎疫情和世界经济深度衰退等重大冲击，在以习近平同志为核心的党中央坚强领导下，全国各族人民顽强拼搏，疫情防控取得重大战略成果，在全球主要经济体中唯一实现经济正增长。[①]

上海坚持以习近平新时代中国特色社会主义思想为指导，深入学习贯彻习近平总书记考察上海重要讲话和在浦东开发开放30周年庆祝大会上的重

---

* 王永水，经济学博士、法学博士后，华东政法大学商学院副教授、上海市软科学研究基地——科技统计与分析研究中心兼职研究员，主要研究领域为人力资本、科技进步与经济增长，科技政策分析与评价；邢子怡，华东政法大学商学院产业经济学硕士研究生。
① 《2021年政府工作报告》，http://www.gov.cn/guowuyuan/zfgzbg.htm，最后访问日期，2021年10月10日。

要讲话精神，坚决贯彻落实党中央、国务院和中共上海市委的决策部署，自觉践行"人民城市人民建，人民城市为人民"重要理念，统筹推进疫情防控和经济社会发展工作，实现了经济持续健康发展和社会大局稳定。据统计，2020年上海地区生产总值增长到3.87万亿元，实现1.7%的增长率，人均生产总值突破2.3万美元。上海在高质量发展道路上继续前行，单位生产总值能耗累计下降22%以上。地方一般公共预算收入在更大规模减税降费的情况下下降1.7%。外贸进出口总额达到3.5万亿元、增长2.3%，实际利用外资202.3亿美元、增长6.2%。经济社会发展的新动能持续释放并不断增强，全社会研发经费支出相当于全市生产总值的比重提高到4.1%，高新技术企业达到1.7万家，战略性新兴产业稳步发展——其工业总产值占规模以上工业总产值比重上升至40%，软件和信息服务业营业收入增长12%以上，新一代信息技术产值增长6.2%。①

2020年奉贤地区生产总值增加值1200亿元，较2019年增长2.5%。区级财政收入增长4.3%，达161.6亿元，增速排名全市第二。全社会固定资产投资增长13.6%，达530亿元，其中工业投资增长20.9%，达110亿元。规模以上工业总产值维持增长态势，增长1.5%，达1880亿元，规模以上工业利润增长率达到15%以上。战略性新兴产业工业总产值达到635亿元，占全区规模以上工业总产值比重进一步提升至34%。东方美谷美丽健康产业规模以上工业总产值为400亿元，占全区规模以上工业总产值比重提高到21%。②

一　2021年以来奉贤工业经济运行基本情况

2021年1~9月，全区规模以上工业企业总数1080家，其中273家亏

---

① 《2021年上海市政府工作报告》，http://sh.people.com.cn/n2/2021/0129/c138654-34553974.html，最后访问日期，2021年10月10日。
② 《2021年上海市奉贤区人民政府工作报告（摘要）》，http://dfmg.chinadevelopment.com.cn/xcgs/2021/01/1713266.shtml，最后访问日期，2021年10月10日。

损，总资产增长8.4%，达2848.05亿元，负债1243.79亿元，营业收入提高21.5%，达1601.09亿元，利润总额149.75亿元，增长16.3%。2021年规模以上工业累计总产值1703.72亿元，同比增长22.7%。其中，东方美谷规模以上工业总产值增长18.9%，达359.90亿元。战略性新兴产业规模以上工业总产值增长17.9%，达598亿元。工业综合能源消费量增长16.1%，达82.23万吨标准煤。规模以上工业累计销售产值增长22.2%，达1693.42亿元，产销率99.4%。累计出口交货值增长21.7%，达238.84亿元。

按行业分类来看，电力、热力生产和供应业，酒、饮料和精制茶制造业，农副食品加工业及其他制造业工业总产值出现小幅负增长，其余各行业均取得正增长。各行业规模以上累计工业总产值占比超过10%的分别为化学原料和化学制品制造业、汽车制造业、专用设备制造业、电气机械和器材制造业，累计工业总产值分别为234.74亿元、201.43亿元、197.87亿元和188.83亿元，占全区规模以上工业总产值比重分别为13.78%、11.82%、11.61%和11.08%，增长率分别为24%、33.3%、24.1%和28%。此外，工业总产值达到百亿元的还有通用设备制造业（132.99亿元）和医药制造业（126.2亿元），增长率分别为16.9%和18.7%；总产值在50亿以上的还有橡胶和塑料制品业、有色金属冶炼和压延加工业、金属制品业、非金属矿物制品业，工业总产值分别为80.76亿元、66.62亿元、63.50亿元和62.82亿元，增长率分别为22.6%、52.5%、20.5%和13.5%。

按登记注册类型分，规模以上工业总产值中占比最高的为私营企业，工业总产值为677.33亿元，占比达到39.8%，2021年1~9月增长24.1%。外商及港澳台工业企业总产值为613.67亿元，占全区规模以上工业总产值的36.0%，增长率为20.0%。股份及股份合作制企业工业总产值为412.10亿元，占比为24.2%，增长率为25.5%。

图1反映了2021年2~9月奉贤区规模以上工业总产值及其增长率。2月由于季节效应，工业总产值相对较低，从3月起各月总产值稳定在180亿以上，9月达到203.49亿元。与2020年同期相比，2021年2~9月各月的

规模以上工业总产值增长率逐渐下降,这是受2020年上半年新冠肺炎疫情冲击,工业企业减产所致,但各月增长率仍然保持20%以上的增长速度。

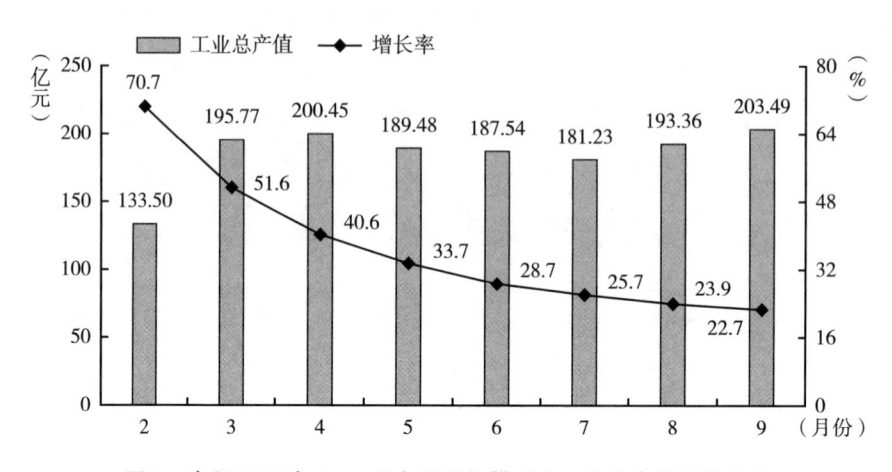

图1 奉贤2021年2~9月各月份规模以上工业总产值及增长率

数据来源:《奉贤统计月报》。

从工业税收及增长率数据来看(见图2),2021年1~9月工业税收累计达到195.45亿元,增长12.4%。在各月份数据中,2、3月和8、9月的工业税收处于相对较低水平,分别为16.31亿元和12.34亿元、8.33亿元和9.28亿元。累计增长率方面,从4月份起各月累计工业税收增长率均达到10%以上。各月份工业销售产值、出口交货值及其增长率数据见图3,不难看出,规模以上工业销售产值及出口交货值都保持相对稳定的态势,工业销售产值累计增长率从2月至9月逐渐下滑但仍然保持在20%以上,出口交货值累计增长率稳步攀升,从4月的12.2%上升至9月的21.7%。截至2021年9月,规模以上工业企业累计产销率达到99.4%。

从各街镇情况来看(见图4、图5),除四团、海湾外,其他街镇规模以上工业企业主营业务收入总额均实现大幅增长,南桥、庄行、青村规模以上工业主营业务收入增长率达到30%以上。青村、奉城和四团规模以上工业主营业务收入均在百亿以上,分别为132.98亿元、110.09亿元和105.88亿元。工业利润总额方面,青村、庄行和奉城工业利润总额位居前三,分别

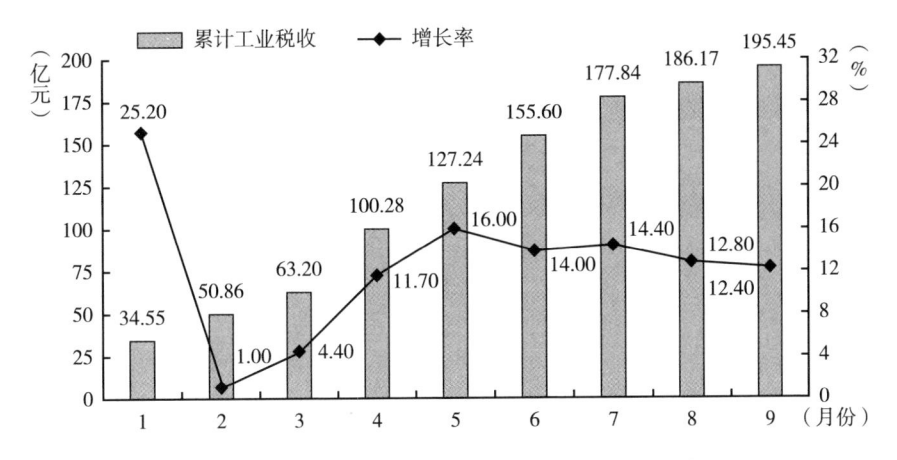

图2　奉贤2021年1~9月累计工业税收及增长率

数据来源：《奉贤统计月报》。

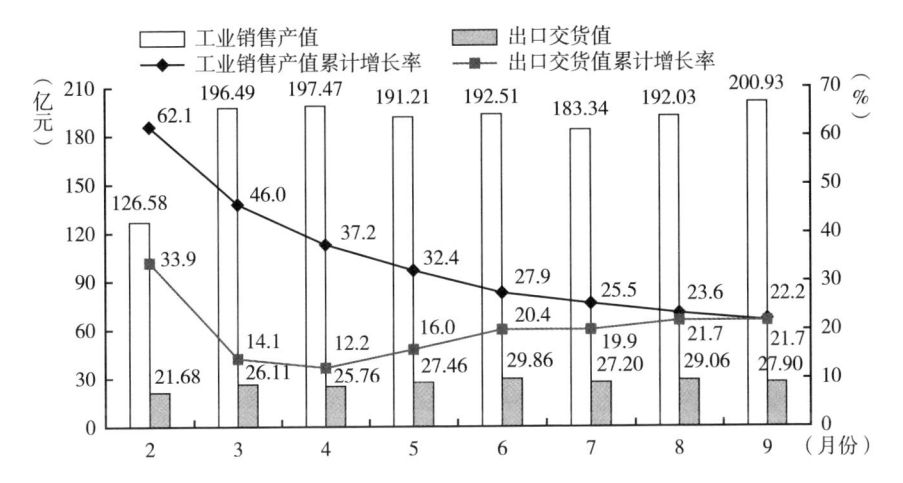

图3　奉贤2021年2~9月工业销售产值、出口交货值数量及累计增长率

数据来源：《奉贤统计月报》，1月份数据免报。

为13.21亿元、8.14亿元和5.71亿元，增长率分别为22.3%、26.2%和33.6%。除了四团以外，其他街镇工业利润增长率均为正，柘林和南桥工业利润增长率最高，分别达到76.9%和64.8%。我们还以"利润/主营业务收入"测算各街镇工业利润率，发现海湾、青村、南桥和庄行的工业利润率相对较高，分别达到12.85%、9.93%、8.49%和8.27%。

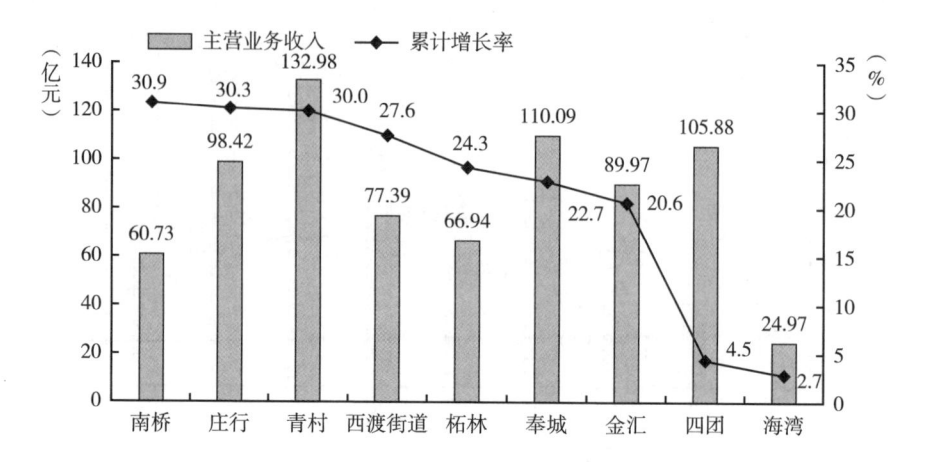

图4　奉贤2021年1~8月各街镇规模以上工业主营业务收入及累计增长率

数据来源：《奉贤统计月报》。

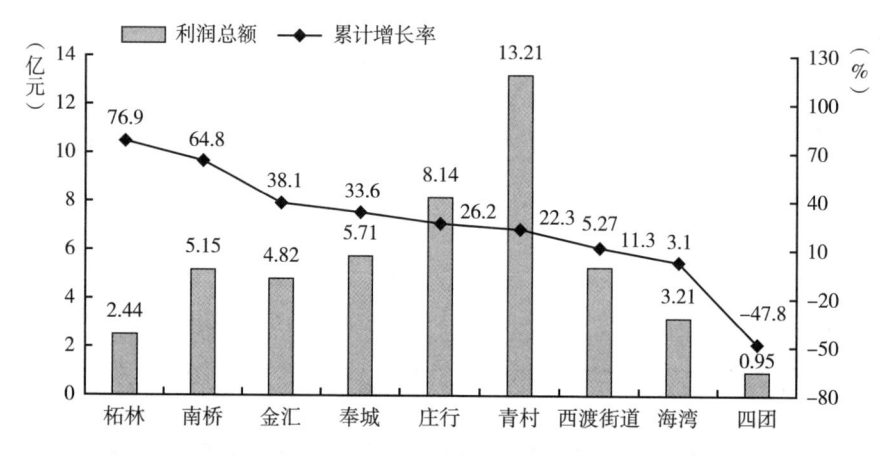

图5　奉贤2021年1~8月各街镇规模以上工业利润总额及累计增长率

数据来源：《奉贤统计月报》。

奉贤经济发展新动能表现方面，我们以战略性新兴产业和东方美谷为重点研究对象（见图6、图7）。首先看东方美谷，2021年1~9月实现规模以上工业总产值359.90亿元，增长18.9%，目前东方美谷主打产业包括生物保健、日用化学、绿色食品、运动装备、医疗器械、时尚创意和健康管理，其中产值规模最大的为生物保健和日用化学，产值均在百亿以上，分别增长18.7%、26.5%，达到126.03亿元、105.25亿元。此外，产值规模较大的还有绿色食品，产值达74.94亿元，但增速相对较慢，为1.1%。其他领域增长较快的有运动装备、医疗器械、时尚创意和健康管理，累计增长率分别为53.5%、61.9%、20.1%和17.5%，产值规模分别为15.88亿元、13.40亿元、12.63亿元和11.77亿元。

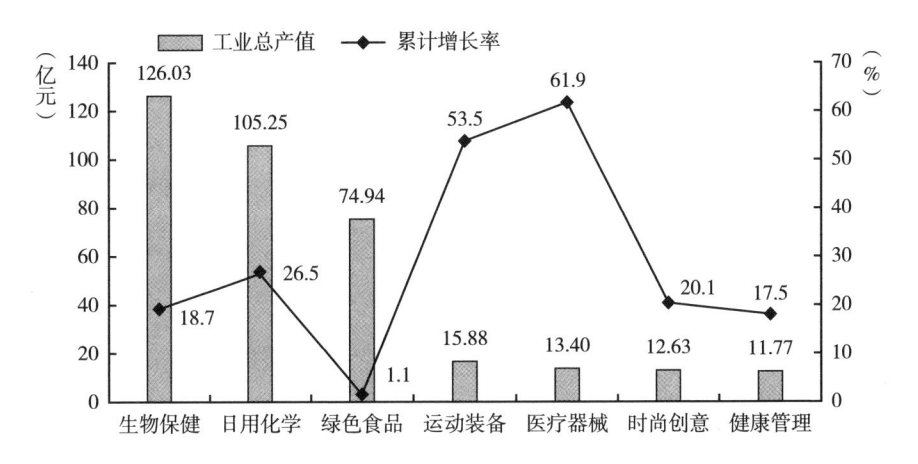

图6 奉贤2021年1~9月东方美谷规模以上工业总产值及累计增长率

数据来源：《奉贤统计月报》。

2021年1~9月奉贤战略性新兴产业累计实现规模以上工业总产值598亿元，增长17.9%，增速快于全市的15.9%。结构上，奉贤主要以高端装备、生物医药和新材料为主，企业数量分别为48家、68家和56家，其产值分别达到167.4亿元、165.6亿元和147.4亿元，增长率分别为23%、20.1%和1.9%，高端装备和生物医药增长率均快于全市的16.3%和16.1%，新材料增长率则远低于全市的12.5%。而新能源、节能环保和新一代信息技术虽规模相对较小，但却在快速成长中，这三个领域的企业数量分别为17家、23家和17家，2021年1~9月总产值分别增长39.7%、24.7%和30.4%，达到68.2亿元、29.2亿元和14.0亿元，而同期上海全市增长率分别为27.2%、16.1%和-3.8%。

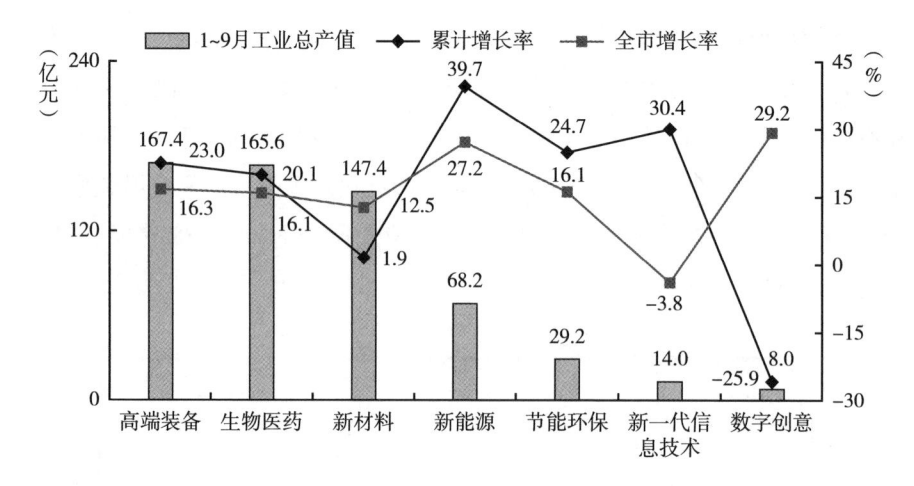

图7 奉贤2021年1~9月战略性新兴产业规模以上工业总产值及累计增长率

数据来源：《奉贤统计月报》。

二 奉贤工业经济总体运行态势

2011~2020年奉贤区规模以上工业企业数量在经历2016年和2017年的短期低谷以后逐渐回升（见图8），2016年和2017年规模以上工业企业减少到947家和939家，到2020年增加到1063家。若以亏损企业数占规模以上工业企业数量比例衡量亏损覆盖面，2011年亏损覆盖面为15.42%，2015年亏损覆盖面攀升至19.26%，2016年亏损覆盖面为13.73%，2020年亏损覆盖面增至18.91%。"十三五"期间亏损总额由2016年的16.44亿元上升到2018年的30.83亿元，其后回落至2020年的21.78亿元。

规模以上工业总产值自2015年起逐渐攀升（见图9），尽管遭受新冠肺炎疫情的冲击，2020年全区规模以上工业总产值仍然实现1.68%的正增长，规模以上工业总产值规模达到1901.51亿元。"十二五"期间，奉贤已经开始主动淘汰部分落后、过剩产能，这为"十三五"期间工业经济发展奠定了良好的基础，"十三五"期间奉贤规模以上工业总产值一直维持增长，到2018年增长率回升至9.65%。

图 8 2011~2020年奉贤规模以上工业企业单位数及亏损覆盖面

数据来源：历年《上海市奉贤区统计年鉴》。

图 9 2011~2020年全区工业总产值及增长率

数据来源：历年《上海市奉贤区统计年鉴》。

从规模以上工业企业的效益指标来看（见图10和表1），全区规模以上工业企业缴纳增值税总体呈现上升趋势，2011年缴纳增值税额25.89亿元，利润总额76.26亿元，实现利税总额102.15亿元。到"十二五"期末，全区规模以上工业企业缴纳增值税增加到36.63亿元，利润总额增长到97.08亿元，实现利税总额133.71亿元。"十三五"期间，全区规模以上工业企业缴纳增值税从2016年的37.60亿元增长到2020年的40.12亿元，利润总额也从2016年的121.22亿元提升至2020年的209.06亿元，实现利税总额249.18亿元。

图10 2011~2020年全区规模以上工业利税及资产负债率情况

数据来源：历年《上海市奉贤区统计年鉴》。

表1 2016~2020年全区规模以上工业利税及资产负债率情况

	2016年	2017年	2018年	2019年	2020年
缴纳增值税(亿元)	37.60	42.14	37.83	41.12	40.12
利润总额(亿元)	121.22	151.00	150.14	178.97	209.06
资产负债率(%)	50.97	47.41	45.74	44.97	43.49
营业利润率(%)	6.80	7.87	6.88	8.49	9.12

数据来源：历年《上海市奉贤区统计年鉴》。

除此以外，值得关注的是全区规模以上工业企业资产负债率逐渐下降，"十二五"期间资产负债率从2011年的57.74%下降到2015年的53.94%，"十三五"期间资产负债率指标进一步从2016年的50.97%下降到2020年43.49%。营业利润率指标在"十三五"期间呈现显著攀升态势，从2016年的6.80%提高到2020年的9.12%。

"十二五"及"十三五"期间奉贤区规模以上工业综合能源消费总量和单位产值能耗的比较见图11。"十二五"奉贤规模以上工业综合能源消费总

图 11 2011～2020年全区规模以上工业综合能源消费总量及单位产值能耗

数据来源：历年《上海市奉贤区统计年鉴》。

量明显下降，单位产值能耗也从2011年的0.501吨标准煤/万元降至2015年的0.371吨标准煤/万元。"十三五"期间随着奉贤规模以上工业企业数量增加以及产值规模的扩张，综合能源消费总量出现较大幅度攀升，单位产值能耗在2016年出现明显抬头随后逐年下降，到2020年单位产值能耗降至0.458吨标准煤/万元。总体来看，奉贤区在保持工业经济持续增长的同时，对于工业能耗控制效果显著，总体上坚持绿色环保、创新驱动实现高质量发展理念。

三 按城镇分规模以上工业企业发展情况

表2列出了各城镇规模以上工业企业单位数量，奉贤区规模以上工业企业的主要聚集地为奉城、青村、柘林、庄行及金汇，而南桥作为奉贤中心城镇，其规模以上工业企业数量不断逐年下降，从2016年的101家减少到2020年的70家。2016～2020年，奉城和青村规模以上工业企业数量先升后降：奉城从2016年的128家增至2019年的160家，而在2020年大幅度回落至126家；青村则从2016年的112家增长到2019年的130家，2020年小

幅度回落至125家。金汇镇规模以上工业企业数量相对稳定,而西渡街道规模以上工业企业在"十三五"期间有较为显著的增加,从2016年的31家增加到2020年的55家。

表2 各城镇2016~2020年规模以上工业企业单位数

单位:家

城镇	2016年	2017年	2018年	2019年	2020年
奉城	128	127	145	160	126
青村	112	107	109	130	125
柘林	90	94	102	116	115
庄行	83	84	90	96	98
金汇	97	95	94	87	98
南桥	101	93	98	69	70
四团	50	51	54	56	56
西渡街道	31	22	25	56	55
海湾	12	12	11	10	11

数据来源:历年《上海市奉贤区统计年鉴》。

从各城镇规模以上工业总产值的分布来看(见表3),奉城、青村、庄行、金汇、柘林、海湾等规模以上工业总产值占比自2017年起保持稳中有升,其中,奉城从2016年的15.30%提升至2020年的17.58%,位居第一;青村也从2016年的14.92%提升至2020的16.37%,位居第二;庄行则从2016年的9.47%提升至2020年的12.83%。此外四团、西渡街道工业总产值占比正以较快速度提升,四团规模以上工业总产值占比从2016年的5.55%增至2020年的9.77%,西渡街道规模以上工业企业总产值占比在2019年出现大幅度增长,而在2020年则小幅回落至9.69%。反观奉贤区中心城镇南桥,其规模以上工业总产值占比从2016年的28.51%迅速下降至2020年的7.83%,降幅显著,这主要源于奉贤区对南桥中心城镇的定位变化致使南桥的工业企业迁移至其他各街镇。

表3 各城镇2016~2020年规模以上工业总产值占比分布

单位：%

城镇	2016年	2017年	2018年	2019年	2020年
奉城	15.30	19.20	18.90	18.68	17.58
青村	14.92	15.51	15.25	16.32	16.37
金汇	12.11	13.49	12.34	12.37	13.27
庄行	9.47	11.84	12.88	12.89	12.83
四团	5.55	7.49	8.52	8.57	9.77
西渡街道	2.59	2.48	2.3	10.36	9.69
柘林	7.96	8.44	8.56	8.81	8.83
南桥	28.51	17.79	17.72	8.41	7.83
海湾	3.59	3.74	3.54	3.59	3.81

数据来源：历年《上海市奉贤区统计年鉴》。

比较来看，2019年、2020年的规模以上工业总产值变化在各城镇有不同表现（见图12），除个别城镇以外，大多数城镇2020年规模以上工业总产值相比2019年有所下降。奉城、青村仍然是奉贤工业产值的佼佼者，但受新冠肺炎疫情冲击，工业总产值有所下滑：奉城的工业总产值从2019年的171.05亿元降至2020年的156.78亿元，青村则从2019年的149.36亿元小幅降至2020年的146亿元。此外，南桥、庄行、柘林、西渡街道工业总产值同样出现不同幅度的下降，而金汇、四团、海湾等工业总产值则有所增加，其中四团规模以上工业总产值从2019年的78.44亿元上升至2020年的87.09亿元，金汇从2019年的113.21亿元增加到2020年的118.35亿元，海湾从2019年的32.88亿元增至2020年的34亿元。

从亏损企业数量及亏损覆盖面指标来看（见表4、表5），青村、奉城和柘林亏损单位数位居前三，但从亏损覆盖面来看，海湾、四团和西渡街道亏损覆盖面占比位居前三。"十三五"期间，青村亏损单位数从2016年的17家增加到2020年的24家，奉城亏损单位数则从2016年的11家大幅增加到2019年的31家，但2020年亏损企业数相比2019年降至23家；柘林的亏损单位数也从2016年的14家增加到2020年的23家。金汇亏损单

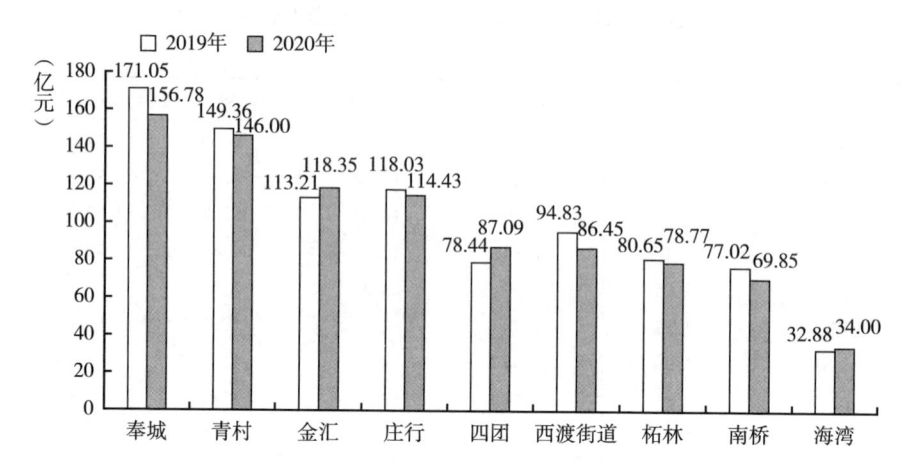

图 12　2019 年、2020 年各城镇规模以上工业总产值

数据来源：历年《上海市奉贤区统计年鉴》。

位数在经历2017年、2018年的短期峰值后2019年相对回落，但2020年相比2019年增加4家亏损企业。庄行、南桥、海湾的亏损企业数量相对稳定，但四团和西渡街道亏损单位数量在"十三五"期间明显增加。从亏损覆盖面数据来看，各城镇2020年亏损覆盖面均高于10%，海湾、四团、西渡街道、南桥和柘林亏损覆盖面均在20%及以上，青村、金汇和奉城的亏损覆盖面也接近20%。在"十三五"期间，海湾、四团、奉城以及西渡街道的亏损覆盖面都出现大幅增加，南桥、柘林、青村和金汇的亏损覆盖面也有不同程度的增加，仅庄行保持相对稳定，这充分反映出奉贤工业经济结构调整与转型升级过程中所面临的压力和挑战。

表4　各城镇2016～2020年规模以上工业企业亏损单位数

单位：家

城镇	2016 年	2017 年	2018 年	2019 年	2020 年
青村	17	13	13	22	24
奉城	11	9	17	31	23
柘林	14	11	11	19	23

续表

城镇	2016 年	2017 年	2018 年	2019 年	2020 年
金汇	13	22	21	14	18
南桥	13	12	14	10	14
庄行	11	7	13	12	13
四团	5	6	13	11	13
西渡街道	2	3	4	10	12
海湾	2	3	3	2	3

数据来源：历年《上海市奉贤区统计年鉴》。

表5 各城镇2016~2020年规模以上工业企业亏损覆盖面

单位：%

城镇	2016 年	2017 年	2018 年	2019 年	2020 年
海湾	16.67	25.00	27.27	20.00	27.27
四团	10.00	11.76	24.07	19.64	23.21
西渡街道	6.45	13.64	16.00	17.86	21.82
南桥	12.87	12.90	14.29	14.49	20.00
柘林	15.56	11.70	10.78	16.38	20.00
青村	15.18	12.15	11.93	16.92	19.20
金汇	13.40	23.16	22.34	16.09	18.37
奉城	8.59	7.09	11.72	19.38	18.25
庄行	13.25	8.33	14.44	12.5	13.27

数据来源：历年《上海市奉贤区统计年鉴》。

各城镇规模以上工业企业营业利润及利润率指标显示（见图13），营业利润绝对数额位居前三的为青村、庄行和奉城，其中青村2020年规模以上工业企业营业利润达17.74亿元，营业利润率达10.27%；庄行2020年规模以上工业企业营业利润为13.33亿元，营业利润率为10.09%；奉城规模以上工业企业营业利润总额相对较高，为9.5亿元，但其营业利润率相比青村和庄行明显较低，为6.20%；海湾规模以上工业企业营业利润率达到10.70%，但其营业利润总额相对较低，为4.16亿元。

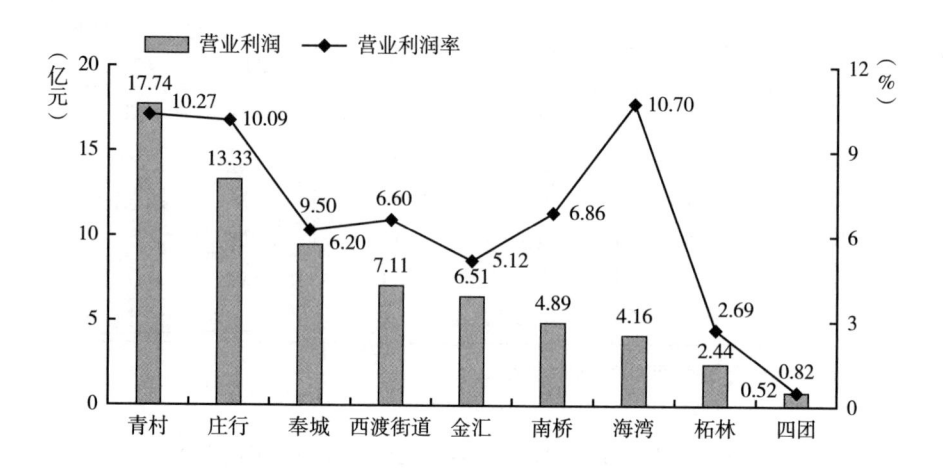

图 13　2020 年各城镇规模以上工业企业营业利润及主营利润率

数据来源：历年《上海市奉贤区统计年鉴》。

另外，从各城镇规模以上工业企业缴纳增值税和盈利总额情况来看（见图14），各城镇规模以上工业企业盈利能力存在显著差异。按照2020年规模以上工业企业缴纳增值税进行排序，青村、庄行、奉城是奉贤规模以上工业企业盈利及缴纳增值税的主要来源，其中青村规模以上工业企业盈利总额达到19.76亿元，缴纳增值税为5.23亿元；庄行规模以上工业企业盈利总额达到14.21亿元，缴纳增值税为3.55亿元；奉城规模以上工业企业盈利总额为11.61亿元，缴纳增值税也达到3.55亿元。

各城镇综合能源消耗以及单位产值能耗方面的情况见图15和表6。横向对比来看，青村、四团和金汇是综合能源消费总量居前的城镇，其中青村能耗总量显著高于位居第二的四团和金汇，而从单位产值能耗来看，青村的单位产值能耗也相对较高，仅次于四团。此外，奉城作为规模以上工业总产值位居第一的城镇，其单位产值能耗却是所有城镇中最低者。从纵向来看，奉贤规模以上工业企业单位产值平均能耗在"十三五"期间存在反复，2016年单位产值平均能耗为0.0547吨标准煤/万元，2017年上升至0.0624吨标准煤/万元，2018年有所下降但2019年又有所回升，2020年下降至0.0572吨标准煤/万元。各城镇的单位产值能耗表现方面，四团、西渡街

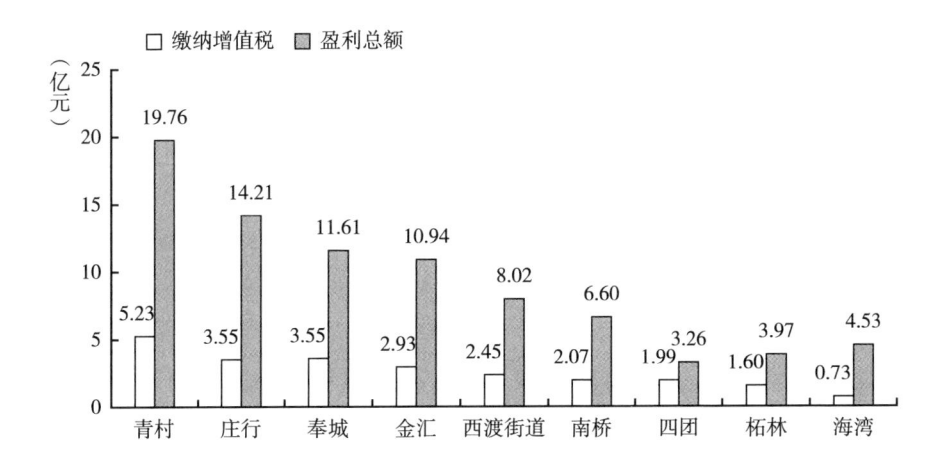

2021~2022年奉贤工业形势分析与研判

图14 各镇2020年缴纳增值税及盈利总额

数据来源：历年《上海市奉贤区统计年鉴》。

道、金汇、柘林、庄行以及奉城在"十三五"期间虽有反复但均有不同程度下降，其中四团下降较为显著，青村、海湾和南桥等单位产值能耗则有所上升。

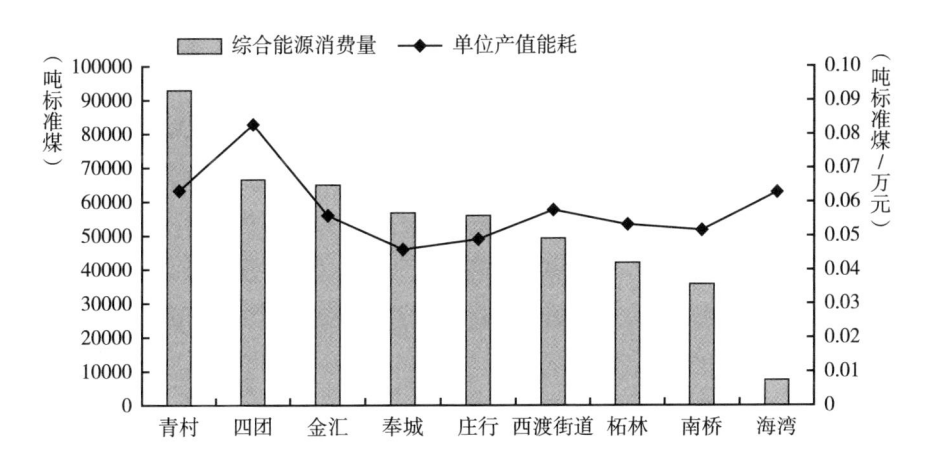

图15 2020年各镇综合能源消费量及单位产值能耗

数据来源：历年《上海市奉贤区统计年鉴》。

049

表6　各镇2016~2020年单位产值能耗

单位：吨标准煤/万元

城镇	2016年	2017年	2018年	2019年	2020年
平均	0.0547	0.0624	0.0581	0.0602	0.0572
四团	0.1233	0.0977	0.0851	0.0902	0.0832
青村	0.0584	0.0573	0.0699	0.0721	0.0634
海湾	0.0563	0.0519	0.079	0.0788	0.0629
西渡街道	0.0779	0.0812	0.0719	0.048	0.0579
金汇	0.0572	0.0524	0.057	0.0601	0.0561
柘林	0.0683	0.0661	0.0588	0.0573	0.0537
南桥	0.0326	0.0513	0.0488	0.061	0.0515
庄行	0.0622	0.0548	0.0487	0.0501	0.049
奉城	0.0503	0.049	0.047	0.0467	0.0462

数据来源：历年《上海市奉贤区统计年鉴》。

四　分行业规模以上工业企业发展情况

"十三五"期间奉贤规模以上工业总产值情况见表7，表8为规模以上工业总产值占比居前的主要制造业行业产值分布。从各行业横向对比可以看出，化学原料和化学制品制造业在奉贤工业经济中有着举足轻重的地位，此外，2020年规模以上工业总产值达到200亿元以上的行业还包括汽车制造业、专用设备制造业、电气机械和器材制造业，工业总产值达到100亿元以上的包括通用设备制造业、医药制造业。更值得关注的是通过纵向对比揭示的结构变化上，"十三五"期间，化学原料和化学制品制造业工业总产值从2016年的177.70亿元增加到2020年的268.54亿元，工业总产值占比从2016年的12.50%上升至2020年的13.62%。汽车制造业、专用设备制造业的总产值及其占比均迅速攀升，汽车制造业工业总产值从2016年的125.01亿元增至2020年的228.57亿元，其占比从2016年的8.79%提升至2020年的11.59%；专用设备制造业总产值从2016年的89.93亿元逐年攀升至2020年的223.79亿元，占比从6.33%提升至11.35%。而且，汽车制造业、专用设备制造业在2020年新冠肺炎疫情的冲击下仍然保持强劲增长势头。此外，医药制造业作为东方美谷大健康产业中的支柱产业之一，其发展势头也相当强劲，2016年医药制造业规模以上工业总产值为93.80亿元，到2020年已增至150.25亿元，总产值占比从2016年的6.60%提升至2020年的7.62%。此外，电气机械和器材制造业、橡胶和塑料制品业、金属制品业、通用设备制造业及食品制造业等行业的产值占比出现不同程度的下滑。

表7 2016~2020年规模以上各行业工业总产值

单位：亿元

行业	2016年	2017年	2018年	2019年	2020年
全区合计	1421.83	1597.53	1763.18	1864.53	1971.82
化学原料和化学制品制造业	177.70	204.69	263.08	272.63	268.54
汽车制造业	125.01	149.19	182.44	163.22	228.57
专用设备制造业	89.93	119.84	183.71	189.54	223.79
电气机械和器材制造业	200.66	228.18	209.50	215.57	204.85
通用设备制造业	121.84	140.24	138.67	163.06	163.68
医药制造业	93.80	109.90	116.77	130.72	150.25
橡胶和塑料制品业	102.85	115.72	106.28	101.70	93.87
非金属矿物制品业	27.97	27.94	34.40	53.47	76.31
金属制品业	73.00	74.95	89.14	91.28	75.82
有色金属冶炼和压延加工业	34.35	51.90	60.17	59.70	60.23
食品制造业	53.05	44.57	48.24	54.96	57.99
文教、工美、体育和娱乐用品制造业	34.81	36.31	42.50	49.20	53.97
纺织业	30.66	36.11	39.72	40.53	43.41
计算机、通信和其他电子设备制造业	54.21	42.87	35.93	30.77	38.72
农副食品加工业	42.39	44.02	40.05	37.67	38.14
家具制造业	34.05	31.67	33.24	34.95	35.53
电力、热力生产和供应业	11.80	13.26	16.46	21.93	29.50
造纸和纸制品业	22.17	26.19	28.56	28.04	29.29
纺织服装、服饰业	22.33	23.12	22.16	17.11	13.76
铁路、船舶、航空航天和其他运输设备制造业	8.20	10.15	9.75	17.89	10.59
仪器仪表制造业	10.96	12.37	4.48	9.65	10.39
木材加工和木、竹、藤、棕、草制品业	13.31	13.07	14.27	13.42	10.29
印刷和记录媒介复制业	7.64	7.21	7.26	9.08	8.20
其他制造业	3.59	2.48	3.86	14.45	7.62
黑色金属冶炼和压延加工业	9.67	8.34	6.81	6.55	7.18

续表

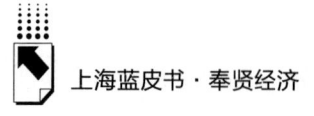

行业	2016年	2017年	2018年	2019年	2020年
酒、饮料和精制茶制造业	0.61	1.22	0.92	5.07	7.02
燃气生产和供应业		5.91	6.88	7.19	6.60
水的生产和供应业	2.60	3.24	3.76	4.86	4.78
皮革、毛皮、羽毛及其制品和制鞋业	8.08	8.32	7.78	7.69	4.75
石油加工、炼焦和核燃料加工业	0.82	0.94	2.16	3.21	3.21
废弃资源综合利用业	0.83	0.43	0.32	4.95	2.64
化学纤维制造业	2.93	3.20	3.91	4.44	2.32

注："全区合计"为全部制造业行业总产值，下文同。
数据来源：历年《上海市奉贤区统计年鉴》。

表8　2016~2020年主要行业工业总产值占比

单位：%

行业	2016年	2017年	2018年	2019年	2020年
化学原料和化学制品制造业	12.50	12.81	14.92	14.62	13.62
汽车制造业	8.79	9.34	10.35	8.75	11.59
专用设备制造业	6.33	7.50	10.42	10.17	11.35
电气机械和器材制造业	14.11	14.28	11.88	11.56	10.39
通用设备制造业	8.57	8.78	7.86	8.75	8.30
医药制造业	6.60	6.88	6.62	7.01	7.62
橡胶和塑料制品业	7.23	7.24	6.03	5.45	4.76
非金属矿物制品业	1.97	1.75	1.95	2.87	3.87
金属制品业	5.13	4.69	5.06	4.90	3.85
有色金属冶炼和压延加工业	2.42	3.25	3.41	3.20	3.05
食品制造业	3.73	2.79	2.74	2.95	2.94
文教、工美、体育和娱乐用品制造业	2.45	2.27	2.41	2.64	2.74
纺织业	2.16	2.26	2.25	2.17	2.20
计算机、通信和其他电子设备制造业	3.81	2.68	2.04	1.65	1.96
农副食品加工业	2.98	2.76	2.27	2.02	1.93
家具制造业	2.39	1.98	1.89	1.87	1.80

数据来源：根据历年《上海市奉贤区统计年鉴》测算。

缴纳增值税居前的主要制造业情况见表9和表10，化学原料和化学制品制造业、汽车制造业、医药制造业、通用设备制造业在2020年缴纳增值税额分别达到5.82亿元、5.81亿元、4.12亿元和3.73亿元，缴纳增值税占比分别达到14.52%、14.48%、10.27%和9.29%。"十三五"期间，在前五大行业中，除汽车制造业、电气机械和器材制造业缴纳增值税数额及其占比均显著提升外，化学原料和化学制品制造业、医药制造业、通用设备制造业纳税及其占比均出现不同程度的回落。

表9 2016~2020年主要工业行业缴纳增值税

单位：亿元

行业	2016年	2017年	2018年	2019年	2020年
全区合计	37.60	42.14	37.83	41.12	40.12
化学原料和化学制品制造业	6.56	7.79	5.57	6.47	5.82
汽车制造业	2.19	2.36	2.09	1.95	5.81
医药制造业	5.75	6.26	6.60	6.22	4.12
通用设备制造业	4.34	3.84	4.53	4.55	3.73
电气机械和器材制造业	2.25	4.20	3.89	4.02	3.67
文教、工美、体育和娱乐用品制造业	2.12	2.06	2.10	1.19	2.86
橡胶和塑料制品业	2.16	2.08	2.44	3.00	2.15
专用设备制造业	2.07	2.66	1.05	3.15	2.00
金属制品业	1.86	1.55	1.95	1.79	1.60
非金属矿物制品业	1.12	0.78	0.81	1.50	1.52
纺织业	0.08	0.09	0.10	0.96	1.17
食品制造业	2.91	1.84	1.70	1.10	1.17
有色金属冶炼和压延加工业	0.50	0.48	0.71	-0.35	0.84
家具制造业	0.64	0.78	0.79	0.69	0.73
农副食品加工业	0.65	0.81	1.11	0.32	0.57
造纸和纸制品业	0.37	0.61	0.42	0.46	0.50

数据来源：历年《上海市奉贤区统计年鉴》。

表10　2016~2020年主要工业行业缴纳增值税占比

单位：%

行业	2016年	2017年	2018年	2019年	2020年
化学原料和化学制品制造业	17.45	18.47	14.71	15.73	14.52
汽车制造业	5.83	5.59	5.53	4.75	14.48
医药制造业	15.29	14.85	17.45	15.12	10.27
通用设备制造业	11.54	9.10	11.97	11.05	9.29
电气机械和器材制造业	5.98	9.97	10.29	9.78	9.15
文教、工美、体育和娱乐用品制造业	5.64	4.89	5.56	2.90	7.12
橡胶和塑料制品业	5.75	4.94	6.44	7.29	5.35
专用设备制造业	5.50	6.31	2.78	7.67	4.98
金属制品业	4.95	3.68	5.15	4.36	3.98
非金属矿物制品业	2.99	1.85	2.13	3.64	3.80
纺织业	0.21	0.20	0.28	2.33	2.93
食品制造业	7.74	4.37	4.48	2.67	2.91
有色金属冶炼和压延加工业	1.34	1.13	1.87	-0.85	2.08
家具制造业	1.69	1.86	2.10	1.67	1.83
农副食品加工业	1.72	1.92	2.92	0.77	1.42
造纸和纸制品业	0.98	1.44	1.12	1.12	1.23

数据来源：根据历年《上海市奉贤区统计年鉴》测算。

表11~表13列出了主要行业2016~2020年的营业利润及其占比、营业利润率等指标。2020年全区规模以上工业行业营业利润为199.78亿元，营业利润占比达到5%以上的行业为化学原料和化学制品制造业，医药制造业，专用设备制造业，文教、工美、体育和娱乐用品制造业，电气机械和器材制造业和汽车制造业等，这些行业的营业利润均达到10亿元以上，这六个行业合计营业利润达到146.46亿元，占全区规模以上工业企业营业利润总额的73.31%。通用设备制造业、橡胶和塑料制品业、非金属矿物制品业、食品制造业等行业营业利润则也在5亿元以上，这四个行业合计营业利润达到29.74亿元，占全区规模以上工业企业营业

利润总额的14.89%。从纵向看,"十三五"期间,化学原料和化学制品制造业营业利润从2016年的18.95亿元快速增长到2020年的39.87亿元（相比2019年有所下降）,营业利润占比从2016年的17.19%上升到2020年的19.96%（相比2019年有所下降）,营业利润率从2016年的8.30%提升至2020年的12.12%。

表11 2016～2020年主要工业行业营业利润

单位：亿元

行业	2016年	2017年	2018年	2019年	2020年
全区合计	110.23	144.43	142.47	175.23	199.78
化学原料和化学制品制造业	18.95	35.06	45.84	43.19	39.87
医药制造业	22.33	25.46	-1.92	27.26	33.40
专用设备制造业	7.07	12.17	17.69	19.91	31.99
文教、工美、体育和娱乐用品制造业	6.08	7.44	9.29	12.75	14.00
电气机械和器材制造业	8.27	9.45	10.36	9.55	13.87
汽车制造业	9.09	12.58	12.80	7.97	13.33
通用设备制造业	7.46	7.70	8.19	10.78	9.36
橡胶和塑料制品业	9.43	8.87	7.52	7.77	8.85
非金属矿物制品业	0.81	1.66	3.48	5.02	6.01
食品制造业	2.90	3.62	4.16	4.80	5.52
电力、热力生产和供应业	1.59	1.78	2.32	2.44	3.81
农副食品加工业	3.47	3.54	4.09	3.72	3.50
纺织业	1.87	3.06	3.62	3.77	3.08
金属制品业	3.26	3.47	4.10	3.98	2.74
计算机、通信和其他电子设备制造业	2.70	1.65	1.59	0.97	2.04
木材加工和木、竹、藤、棕、草制品业	1.33	1.29	1.42	1.91	1.34
家具制造业	1.52	1.02	0.95	0.94	1.25
废弃资源综合利用业	0.08	0.03	0.00	0.52	1.00

数据来源：历年《上海市奉贤区统计年鉴》。

从绝对数额来看，营业利润出现下降的工业行业为橡胶和塑料制品业，金属制品业，计算机、通信和其他电子设备制造业，家具制造业。除化学原料和化学制品制造业以外，营业利润占比提升的主要行业还有专用设备制造业，文教、工美、体育和娱乐用品制造业。而从营业利润率来看，"十三五"全区规模以上工业行业营业利润率有较大幅度提升，主要行业如化学原料和化学制品制造业，专用设备制造业，文教、工美、体育和娱乐用品制造业，电气机械和器材制造业等营业利润率均有较明显的提升。较为值得关注的是专用设备制造业，其营业利润迅速攀升——从2016年的7.07亿元增加至2020年的31.99亿元，营业利润占比从2016年的6.41%增加至2020年的16.01%，营业利润率从2016年的7.44%增加至2020年的12.90%。

表12 2016～2020年主要工业行业营业利润占比

单位：%

行业	2016年	2017年	2018年	2019年	2020年
化学原料和化学制品制造业	17.19	24.28	32.18	24.65	19.96
医药制造业	20.25	17.63	-1.35	15.56	16.72
专用设备制造业	6.41	8.43	12.41	11.36	16.01
文教、工美、体育和娱乐用品制造业	5.51	5.15	6.52	7.27	7.01
电气机械和器材制造业	7.50	6.54	7.27	5.45	6.94
汽车制造业	8.25	8.71	8.99	4.55	6.67
通用设备制造业	6.76	5.33	5.75	6.15	4.69
橡胶和塑料制品业	8.55	6.14	5.28	4.43	4.43
非金属矿物制品业	0.73	1.15	2.44	2.86	3.01
食品制造业	2.63	2.50	2.92	2.74	2.76
电力、热力生产和供应业	1.44	1.23	1.63	1.39	1.91
农副食品加工业	3.14	2.45	2.87	2.12	1.75

续表

行业	2016年	2017年	2018年	2019年	2020年
纺织业	1.69	2.12	2.54	2.15	1.54
金属制品业	2.96	2.40	2.88	2.27	1.37
计算机、通信和其他电子设备制造业	2.45	1.14	1.11	0.55	1.02

数据来源：根据历年《上海市奉贤区统计年鉴》测算。

表13　2016～2020年主要工业行业营业利润率

单位：%

行业	2016年	2017年	2018年	2019年	2020年
全区合计	6.80	7.87	6.88	8.49	9.12
废弃资源综合利用	9.82	7.40	-1.04	8.19	37.67
文教、工美、体育和娱乐用品制造业	16.64	19.23	20.60	22.86	23.16
医药制造业	23.47	24.11	-1.70	21.55	22.76
专用设备制造业	7.44	9.48	9.64	10.09	12.90
木材加工和木、竹、藤、棕、草制品业	9.34	9.36	9.65	13.98	12.82
化学原料和化学制品制造业	8.30	12.43	13.24	12.65	12.12
酒、饮料和精制茶制造业	-19.20	-0.60	12.48	10.62	9.42
食品制造业	5.11	7.87	8.73	8.82	8.92
橡胶和塑料制品业	8.94	7.33	6.76	7.26	8.75
农副食品加工业	7.11	6.87	9.90	9.47	8.70
非金属矿物制品业	2.84	5.76	9.90	8.73	7.58
纺织业	5.92	8.38	8.97	9.65	6.68
电气机械和器材制造业	4.13	4.15	4.59	4.22	6.42
其他制造业	20.61	22.10	17.75	-2.93	6.15
铁路、船舶、航空航天和其他运输设备制造业	4.58	6.61	3.58	5.34	6.09
仪器仪表制造业	0.91	8.51	6.38	8.40	5.68
汽车制造业	7.32	8.39	6.93	4.78	5.68
通用设备制造业	5.85	5.46	5.83	6.58	5.67
计算机、通信和其他电子设备制造业	4.86	3.45	3.95	2.80	4.82
金属制品业	4.33	4.52	4.47	4.20	3.37
家具制造业	4.43	3.13	2.84	2.62	3.32
造纸和纸制品业	-0.07	1.67	2.60	2.48	3.06

续表

行业	2016 年	2017 年	2018 年	2019 年	2020 年
印刷和记录媒介复制业	3.56	4.39	3.15	2.94	2.77
石油加工、炼焦和核燃料加工业	-9.17	-5.90	-4.91	2.98	2.39
黑色金属冶炼和压延加工业	0.79	2.20	1.28	1.91	1.68
化学纤维制造业	-10.32	3.19	4.69	0.13	1.33
纺织服装、服饰业	2.08	1.18	2.25	2.06	1.20
皮革、毛皮、羽毛及其制品和制鞋业	1.99	3.51	2.26	1.78	1.00
有色金属冶炼和压延加工业	0.97	-0.70	1.22	2.19	0.29

数据来源：根据历年《上海市奉贤区统计年鉴》测算。

"十三五"期间主要耗能行业综合能源消耗情况见表14～表16。从工业综合能源消费来看，工业合计综合能耗2016年为166.65万吨标准煤，到2020年增至167.73万吨标准煤，单位产值能耗从2016年的0.11吨标准煤/万元下降到2020年的0.09吨标准煤/万元。各行业横向对比看，化学原料和化学制品制造业无疑是各行业中的耗能大户，但该行业单位产值能耗显著下降，由2016年的每万元0.49吨标准煤下降到2020年的每万元0.32吨标准煤。综合能耗总量方面，化学原料和化学制品制造业2016年综合能耗为84.53万吨标准煤，行业综合能耗占制造业的比重为51.39%，2020年综合能耗为83.25万吨标准煤，行业综合能耗占制造业的比重为50.76%，单位产值能耗大幅下降。

表14 2016~2020年主要耗能行业综合能耗

单位：万吨标准煤

行业	2016 年	2017 年	2018 年	2019 年	2020 年
工业合计	166.65	152.48	168.70	176.08	167.73
制造业	164.49	150.20	164.91	172.36	163.99
化学原料和化学制品制造业	84.53	74.20	85.37	85.47	83.25
医药制造业	8.86	9.04	9.34	9.93	10.09
汽车制造业	6.66	6.18	7.01	8.61	8.52
橡胶和塑料制品业	9.62	9.70	8.66	9.30	8.16
非金属矿物制品业	4.97	4.88	6.39	7.71	6.92
通用设备制造业	6.31	6.92	6.91	6.77	6.27

续表

行业	2016年	2017年	2018年	2019年	2020年
电气机械和器材制造业	7.76	6.77	6.63	6.01	5.79
金属制品业	5.25	4.87	6.01	5.54	5.63
专用设备制造业	2.60	2.95	4.53	4.42	4.96
有色金属冶炼和压延加工业	3.15	3.79	4.07	4.55	4.36
食品制造业	4.34	2.71	3.21	3.49	3.60
文教、工美、体育和娱乐用品制造业	2.41	2.32	2.72	2.74	2.75
纺织业	2.39	2.48	2.65	2.56	2.19
造纸和纸制品业	3.74	2.09	2.07	2.38	2.17
农副食品加工业	1.69	1.78	1.42	1.51	1.38
化学纤维制造业	1.22	1.27	1.42	1.31	1.14
计算机、通信和其他电子设备制造业	1.41	1.48	1.24	1.14	1.08
木材加工和木、竹、藤、棕、草制品业	1.33	1.25	1.28	1.25	1.07
家具制造业	1.12	1.02	0.92	1.21	1.05

表15所示为主要耗能行业综合能耗占比分布,表中各行业综合能耗占比累计达到全区规模以上工业行业能耗占比的87.78%。除化学原料和化学制品制造业以外,医药制造业、汽车制造业、橡胶和塑料制品业及非金属矿物制品业为综合能耗占比相对较高的行业,其中位居第二的医药制造业2016~2020年综合能耗总量稳步增加,其单位产值能耗逐渐下降。汽车制造业、通用设备制造业等行业的单位产值能耗在2016~2020年有不同程度的下降。

表15 2016~2020年主要耗能行业综合能耗占比

单位:%

行业	2016年	2017年	2018年	2019年	2020年
化学原料和化学制品制造业	51.39	49.40	51.77	49.59	50.76
医药制造业	5.39	6.02	5.66	5.76	6.16
汽车制造业	4.05	4.12	4.25	5.00	5.19
橡胶和塑料制品业	5.85	6.46	5.25	5.40	4.98
非金属矿物制品业	3.02	3.25	3.87	4.47	4.22
通用设备制造业	3.83	4.61	4.19	3.93	3.82
电气机械和器材制造业	4.72	4.50	4.02	3.49	3.53

续表

行业	2016年	2017年	2018年	2019年	2020年
金属制品业	3.19	3.24	3.65	3.21	3.43
专用设备制造业	1.58	1.97	2.75	2.56	3.03
有色金属冶炼和压延加工业	1.92	2.53	2.47	2.64	2.66

数据来源：根据历年《上海市奉贤区统计年鉴》测算。

表16 2016~2020年主要耗能行业单位产值能耗

单位：吨标准煤/万元

行业	2016年	2017年	2018年	2019年	2020年
工业合计	0.11	0.10	0.10	0.10	0.09
制造业	0.11	0.10	0.10	0.10	0.09
化学原料和化学制品制造业	0.49	0.38	0.33	0.31	0.32
医药制造业	0.12	0.11	0.10	0.10	0.10
非金属矿物制品业	0.19	0.18	0.20	0.21	0.09
橡胶和塑料制品业	0.10	0.09	0.09	0.09	0.09
有色金属冶炼和压延加工业	0.09	0.07	0.06	0.07	0.07
金属制品业	0.07	0.07	0.07	0.06	0.06
通用设备制造业	0.05	0.05	0.05	0.05	0.04
汽车制造业	0.05	0.04	0.04	0.04	0.03
电气机械和器材制造业	0.02	0.03	0.03	0.03	0.03
专用设备制造业	0.02	0.02	0.02	0.02	0.02

数据来源：历年《上海市奉贤区统计年鉴》。

五　按注册登记类型分规模以上工业企业发展情况

表17~表25列出了按注册登记类型规模以上工业企业发展情况，各表按照2020年相应指标按从大到小进行排序。在"十三五"期间，全区规模以上工业企业单位数量从2016年的947家增加到2020年的1063家，其中，私营企业为奉贤工业经济发展的中心，私营有限责任公司、私营股份有限公

司分别达到614家和51家。外资企业、其他有限责任公司、港澳台商独资、中外合资经营公司等企业数占比均在4%以上。从纵向数量变化来看，全区规模以上工业企业在2020年达到1063家，私营有限责任公司从2016年的490家上升至2020年的614家，其他有限责任公司从2016年的77家上升至2020年的105家。企业数量保持相对稳定的包括外资企业、港澳台商独资、中外合资经营以及与港澳台商合资经营等类型。从企业单位数量占比的变化趋势看，私营有限责任公司占比稳步增长，从2016年的51.74%提升到2020年的57.76%（相对2019年有小幅度回落）；外资企业、私营股份有限公司、中外合资经营公司、国有独资公司等企业单位数量占比呈现逐渐下降的趋势，其他有限责任公司占比则保持相对稳定（2020年相对2019年有一定幅度上升）。

表17 分注册登记类型规模以上工业企业单位数

单位：家

注册登记类型	2016年	2017年	2018年	2019年	2020年
全区合计	947	939	987	1064	1063
私营有限责任公司	490	487	534	622	614
外资企业			142	141	137
其他有限责任公司	77	83	82	84	105
私营股份有限公司	53	43	47	45	51
港澳台商独资	56	53	53	55	46
中外合资经营	48	44	48	44	46
与港澳台商合资经营	20	23	23	21	21
股份有限公司	17	23	21	24	16
私营独资	6	8	7	5	9
国有独资公司	6	5	5	5	5
私营合伙	2	3	4	4	4
股份合作	1	1	3	1	3
与港澳台商合作经营	3	3	3	3	3
国有	2	2	3	0	1
集体	3	3	2	3	1
其他港澳台投资	0	1	1	0	1

数据来源：历年《上海市奉贤区统计年鉴》。

表18 分注册登记类型规模以上工业企业单位数占比

单位：%

注册登记类型	2016年	2017年	2018年	2019年	2020年
私营有限责任公司	51.74	51.86	54.10	58.46	57.76
外资企业			14.39	13.25	12.89
其他有限责任公司	8.13	8.84	8.31	7.89	9.88
私营股份有限公司	5.60	4.58	4.76	4.23	4.80
港澳台商独资	5.91	5.64	5.37	5.17	4.33
中外合资经营	5.07	4.69	4.86	4.14	4.33
与港澳台商合资经营	2.11	2.45	2.33	1.97	1.98
股份有限公司	1.80	2.45	2.13	2.26	1.51
私营独资	0.63	0.85	0.71	0.47	0.85
国有独资公司	0.63	0.53	0.51	0.47	0.47
私营合伙	0.21	0.32	0.41	0.38	0.38
股份合作	0.11	0.11	0.30	0.09	0.28
与港澳台商合作经营	0.32	0.32	0.30	0.28	0.28
国有	0.21	0.21	0.30	0.00	0.09
集体	0.32	0.32	0.20	0.28	0.09
其他港澳台投资	0.00	0.11	0.10	0.00	0.09

数据来源：根据历年《上海市奉贤区统计年鉴》测算。

表19和表20为不同注册登记类型规模以上工业企业总产值及其占比情况。2020年企业单位数占据近60%的私营企业其工业总产值约为40%，而单位数占比为12.89%的外资企业工业总产值占比达到19.62%，这在一定程度上反映了奉贤私营企业发展中仍需要重点关注如何做大、做强等问题。

表19 分注册登记类型规模以上工业总产值

单位：亿元

注册登记类型	2016年	2017年	2018年	2019年	2020年
全区合计	1421.83	1597.53	1763.18	1864.53	1971.82
私营有限责任公司	418.09	480.62	528.44	581.59	625.12
外资企业	396.56	390.70	407.32	415.48	386.97
其他有限责任公司	157.48	171.59	184.04	199.06	254.13
股份有限公司	109.32	144.08	97.11	201.35	187.07

续表

注册登记类型	2016年	2017年	2018年	2019年	2020年
私营股份有限公司	57.18	51.57	65.60	103.85	166.86
中外合资经营	110.97	154.55	157.48	134.53	152.91
与港澳台商合资经营	58.13	78.22	87.44	90.60	102.13
港澳台商独资	71.53	78.20	96.38	88.55	73.50
国有独资公司	8.73	9.94	10.96	9.24	14.41
私营独资	2.72	3.19	3.30	1.97	2.99
与港澳台商合作经营	2.22	2.16	2.42	2.36	2.29
股份合作	0.22	0.21	0.94	0.05	1.54
私营合伙	2.04	1.89	2.56	2.08	1.13
其他港澳台投资	0.00	0.35	0.50		0.53
集体	0.97	1.18	0.58	1.81	0.15
国有	1.86	1.89	3.16		0.10

数据来源：历年《上海市奉贤区统计年鉴》。

表20 分注册登记类型规模以上工业总产值占比

单位：%

注册登记类型	2016年	2017年	2018年	2019年	2020年
私营有限责任公司	29.40	30.09	29.97	31.19	31.70
外资企业	27.89	24.46	23.10	22.28	19.62
其他有限责任公司	11.08	10.74	10.44	10.68	12.89
股份有限公司	7.69	9.02	5.51	10.80	9.49
私营股份有限公司	4.02	3.23	3.72	5.57	8.46
中外合资经营	7.80	9.67	8.93	7.22	7.75
与港澳台商合资经营	4.09	4.90	4.96	4.86	5.18
港澳台商独资	5.03	4.90	5.47	4.75	3.73
国有独资公司	0.61	0.62	0.62	0.50	0.73
私营独资	0.19	0.20	0.19	0.11	0.15
与港澳台商合作经营	0.16	0.14	0.14	0.13	0.12
股份合作	0.02	0.01	0.05	0.00	0.08
私营合伙	0.14	0.12	0.15	0.11	0.06
其他港澳台投资	0.00	0.02	0.03		0.03
集体	0.07	0.07	0.03	0.10	0.01
国有	0.13	0.12	0.18		0.01

数据来源：根据历年《上海市奉贤区统计年鉴》测算。

表21和表22列出的是不同注册登记类型规模以上工业企业缴纳增值税及其占比情况。全区规模以上工业企业缴纳增值税从2016年的37.60亿元增长至2020年的40.12亿元（相比2019年有小幅度的回落）。私营有限责任公司是增值税缴纳的主要来源，数额从2016年的9.96亿元增加到2020年的11.67亿元，相应占比则从2016年的26.48%稳步攀升至2020年的29.10%。私营股份有限公司缴纳增值税位居第二，数额从2016年的1.75亿元上升至2020年的8.05亿元，比重从2016年的4.65%上升至2020年的20.07%。此外，外资企业、其他有限责任公司、与港澳台商合资经营企业、中外合资经营企业、港澳台商独资、股份有限公司等在2020年缴纳增值税总额均为亿元级别，趋势变化则有所不同，如中外合资经营企业、股份有限公司等在2020年缴纳增值税的数额下降幅度较大。

表21 分注册登记类型规模以上工业企业缴纳增值税

单位：亿元

注册登记类型	2016年	2017年	2018年	2019年	2020年
全区合计	37.60	42.14	37.83	41.12	40.12
私营有限责任公司	9.96	11.82	11.71	13.26	11.67
私营股份有限公司	1.75	0.70	1.67	4.33	8.05
外资企业	7.34	5.10	5.54	5.35	6.92
其他有限责任公司	2.04	4.59	4.55	4.63	3.77
与港澳台商合资经营	3.06	3.32	3.52	1.93	3.33
中外合资经营	2.34	3.70	3.88	3.32	2.53
港澳台商独资	1.50	1.65	1.97	2.02	1.63
股份有限公司	7.48	9.82	6.08	4.83	1.53
国有独资公司	0.46	0.57	0.76	0.31	0.47
私营独资	0.11	0.13	0.10	0.07	0.08
与港澳台商合作经营	0.06	0.06	0.13	0.06	0.05
私营合伙	0.01	0.02	0.02	0.14	0.03
股份合作	0.02	0.01	0.02	0.01	0.03
集体	0.03	0.05	0.03	0.05	0.01
国有	0.05	0.05	-2.16		0.01
其他港澳台投资	0.00	0.02	0.00		0.00

数据来源：历年《上海市奉贤区统计年鉴》。

表22 分注册登记类型规模以上工业企业缴纳增值税占比

单位：%

注册登记类型	2016年	2017年	2018年	2019年	2020年
私营有限责任公司	26.48	28.05	30.95	32.24	29.10
私营股份有限公司	4.65	1.66	4.42	10.53	20.07
外资企业	19.51	12.11	14.63	13.00	17.26
其他有限责任公司	5.42	10.88	12.02	11.25	9.40
与港澳台商合资经营	8.13	7.87	9.29	4.70	8.31
中外合资经营	6.23	8.78	10.24	8.07	6.31
港澳台商独资	4.00	3.92	5.20	4.90	4.05
股份有限公司	19.88	23.29	16.07	11.74	3.82
国有独资公司	1.22	1.36	2.00	0.75	1.16
私营独资	0.29	0.30	0.26	0.16	0.19
与港澳台商合作经营	0.17	0.15	0.35	0.13	0.12
私营合伙	0.02	0.05	0.05	0.35	0.08
股份合作	0.04	0.03	0.06	0.03	0.07
集体	0.09	0.11	0.08	0.13	0.02
国有	0.12	0.11	-5.72		0.02
其他港澳台投资	0.00	0.04	-0.01		0.01

数据来源：根据历年《上海市奉贤区统计年鉴》测算。

表23～表25给出了分注册登记类型规模以上工业企业的营业利润及其占比、营业利润率情况。可以看出，私营有限责任公司是各类型企业中营业利润占比最高的企业，营业利润从2016年的16.48亿元增至2020年的39.20亿元，在2020年占比达19.62%；但其营业利润率则有所回落，从2016年的3.82%降至2020年的2.57%。股份有限公司营业利润从2016年的15.14亿元攀升至2020年的30.20亿元，其占比也从2016年的13.74%迅速攀升至2020年的15.12%（相比2019年有所回落），呈现出对私营有限责任公司的赶超趋势。

表23 分注册登记类型规模以上工业企业营业利润

单位：亿元

注册登记类型	2016年	2017年	2018年	2019年	2020年
全区合计	110.23	144.43	142.47	175.23	199.78
私营有限责任公司	16.48	25.01	24.85	29.98	39.20
外资企业	32.20	41.73	48.08	40.28	35.39
股份有限公司	15.14	27.14	19.89	35.90	30.20
私营股份有限公司	5.19	4.34	5.36	10.60	27.12
其他有限责任公司	7.88	6.78	14.23	18.02	25.23
与港澳台商合资经营	8.59	5.77	9.43	9.83	18.45
中外合资经营	7.88	13.47	14.64	11.97	15.31
港澳台商独资	6.25	8.65	9.10	9.60	7.47
国有独资公司	0.23	2.16	0.97	0.50	0.82
私营独资	0.13	0.28	0.19	0.20	0.27
与港澳台商合作经营	0.05	0.03	0.13	0.17	0.19
私营合伙	0.05	0.03	0.37	0.19	0.05
股份合作	0.01	0.00	-0.01	0.01	0.04
其他港澳台投资	0.00	0.03	0.05		0.02
国有	0.03	0.01	-0.11		0.01
集体	0.02	0.02	0.00	0.07	0.00

数据来源：历年《上海市奉贤区统计年鉴》。

表24 分注册登记类型规模以上工业企业营业利润占比

单位：%

注册登记类型	2016年	2017年	2018年	2019年	2020年
私营有限责任公司	14.95	17.32	17.44	17.11	19.62
外资企业	29.21	28.89	33.75	22.99	17.72
股份有限公司	13.74	18.79	13.96	20.49	15.12
私营股份有限公司	4.71	3.01	3.76	6.05	13.58
其他有限责任公司	7.15	4.70	9.99	10.28	12.63
与港澳台商合资经营	7.79	4.00	6.62	5.61	9.23
中外合资经营	7.15	9.32	10.28	6.83	7.66
港澳台商独资	5.67	5.99	6.39	5.48	3.74
国有独资公司	0.21	1.50	0.68	0.29	0.41

续表

注册登记类型	2016年	2017年	2018年	2019年	2020年
私营独资	0.12	0.19	0.13	0.11	0.14
与港澳台商合作经营	0.05	0.02	0.09	0.10	0.10
私营合伙	0.04	0.02	0.26	0.11	0.03
股份合作	0.01	0.00	-0.01	0.00	0.02
其他港澳台投资	0.00	0.02	0.03		0.01
国有	0.03	0.01	-0.08		0.01
集体	0.02	0.02	0.00	0.04	0.00

数据来源：根据历年《上海市奉贤区统计年鉴》测算。

外资企业2016年营业利润为32.20亿元，2020年营业利润增加至35.39亿元，2020年营业利润占比为17.72%（相比2019年稍有下降）；而其营业利润率较2016年呈现较大幅度提升。此外，私营股份有限公司、其他有限责任公司、与港澳台商合资经营等类型企业的营业利润均达到15亿元以上，其营业利润占比也均有不同程度提升，同时营业利润率不断攀升。中外合资经营公司营业利润占比在2020年有小幅度回升，营业利润率变动趋势相对稳定。

表25　分注册登记类型规模以上工业企业营业利润率

单位：%

注册登记类型	2016年	2017年	2018年	2019年	2020年
全区平均	6.80	7.87	6.88	8.49	9.12
港澳台商投资股份有限公司	3.77	5.05	4.52	4.98	6.13
集体	7.37	9.29	10.06	8.56	8.17
私营股份有限公司	12.41	16.14	17.94	16.24	13.96
外商投资股份有限公司	8.82	7.10	7.22	8.89	13.26
中外合资经营	4.89	3.66	7.10	8.61	9.26
其他外商投资	5.01	3.02	3.72	6.08	11.13
与港澳台商合作经营	6.77	8.70	8.76	8.53	9.85
私营独资	8.57	10.48	8.91	10.66	9.86
其他有限责任公司	2.18	15.63	6.48	3.83	4.58

续表

注册登记类型	2016 年	2017 年	2018 年	2019 年	2020 年
与港澳台商合资经营	4.98	7.76	5.81	10.08	9.54
国有独资公司	2.29	1.36	5.50	7.06	8.30
港澳台商独资	2.28	1.71	14.92	9.79	4.17
私营有限责任公司	3.82	2.31	-0.81	1.36	2.57
私营合伙	0.00	6.79	10.14		3.78
外资企业	1.55	0.44	-3.39		2.60
股份有限公司	2.04	2.02	0.62	4.70	1.26

数据来源：根据历年《上海市奉贤区统计年鉴》测算。

按照"规模以上工业总产值/企业单位数量"（见表26）计算出不同注册登记类型的平均企业规模，可以看出，平均企业规模居前的包括股份有限公司、与港澳台商合资经营、中外合资经营、私营股份有限公司、国有独资公司、外资企业和其他有限责任公司，港澳台商独资、私营有限责任公司等类型的平均企业规模则相对较小。当然，结合工业总产值的数量及占比变化趋势来看，私营有限责任公司工业总产值正稳步增加，占比也相对稳定。

表26 分注册登记类型规模以上工业企业平均企业规模

单位：亿元

注册登记类型	2016 年	2017 年	2018 年	2019 年	2020 年
全区平均	1.50	1.70	1.79	1.75	1.85
股份有限公司	6.43	6.26	4.62	8.39	11.69
与港澳台商合资经营	2.91	3.40	3.80	4.31	4.86
中外合资经营	2.31	3.51	3.28	3.06	3.32
私营股份有限公司	1.08	1.20	1.40	2.31	3.27
国有独资公司	1.46	1.99	2.19	1.85	2.88
外资企业	2.56	2.64	2.87	2.95	2.82
其他有限责任公司	2.05	2.07	2.24	2.37	2.42
港澳台商独资	1.28	1.48	1.82	1.61	1.60
私营有限责任公司	0.85	0.99	0.99	0.94	1.02
与港澳台商合作经营	0.74	0.72	0.81	0.79	0.76
其他港澳台投资		0.35	0.50		0.53

续表

注册登记类型	2016年	2017年	2018年	2019年	2020年
股份合作	0.22	0.21	0.31	0.05	0.51
私营独资	0.45	0.40	0.47	0.39	0.33
私营合伙	1.02	0.63	0.64	0.52	0.28
集体	0.32	0.39	0.29	0.60	0.15
国有	0.93	0.94	1.05		0.10

数据来源：根据历年《上海市奉贤区统计年鉴》测算。

六 总结

2020年是极不平凡的一年，由于新冠肺炎疫情和世界经济深度衰退等冲击，我国宏观环境发生重大变化，外部不确定性陡增，内部经济社会发展过程则面临"稳增长、调结构、强基础"的压力和挑战。奉贤区砥砺前行、紧抓实干，全区规模以上工业企业共1063家，亏损单位数201家，相比2019年亏损比例有所上升，达到18.91%，但是201家亏损单位亏损总额从2018年的30.83亿元逐渐回落至2020年的21.78亿元。2020年规模以上工业总产值增长1.68%，达到1901.51亿元，尽管存在波动，但全区工业总产值稳步增加的趋势并未改变。值得关注的是，战略性新兴产业实现工业产值635亿元，占全区规模以上工业产值比重达到34%。从规模以上工业企业的效益指标来看，"十三五"期间，全区规模以上工业企业缴纳增值税从2016年的37.60亿元增长到2020年的40.12亿元，利润总额也从2016年的121.22亿元提升至2020年的209.06亿元，实现利税总额249.17亿元。此外，"十三五"期间资产负债率指标进一步从2016年的50.97%下降至2020年43.49%。营业利润率指标在"十三五"期间呈现显著攀升态势，从2016年的6.8%提高到2020年的9.12%。进入2021年，数据显示，2021年1~9月，1080家规模以上工业企业中273家出现亏损，规模以上工业累计销售产值增长22.2%达1693.42亿元，产销率99.4%，累计出口交货值增长

21.7%至238.84亿元。营业收入提高21.5%达到1601.09亿元，利润总额为149.75亿元，增长16.3%。按登记注册类型分，规模以上工业总产值中占比最高的为私营企业，工业总产值为677.33亿元，占比达到39.8%，2021年1~9月增长24.1%。按行业分类来看，电力、热力生产和供应业、酒、饮料和精制茶制造业、农副食品加工业及其他制造业工业总产值出现小幅负增长，其余各行业均取得正增长。此外，东方美谷规模以上工业总产值增长18.9%至359.90亿元，战略性新兴产业规模以上工业总产值增长17.9%至598亿元。

B.4
2021~2022年奉贤服务业形势分析与研判

马鹏晴*

摘　要： 2021年，奉贤区服务业持续保持优势，在三产中的优势越来越明显，为奉贤区经济发展发挥了举足轻重的作用。2021年1~6月，奉贤区服务业增加值213.98亿元，同比增长8.4%，占全区增加值比重的35.2%，表明奉贤区产业结构进一步优化，经济由高速增长进入高质量增长阶段。2021年1~9月，服务业税收收入大幅上涨，在三产中贡献率持续上升，实现税收收入312.40亿元，同比增长51.4%，占全产业比重的58.08%，在三产中贡献率最高；服务业固定资产投资为287.88亿元，同比下降4.2%，占全产业固定资产投资比重的74.37%。从服务业分行业来看，批发零售业持续回暖，房地产业表现活跃，金融业稳步上升。2022年，预计奉贤区消费品市场将持续回暖，房地产市场继续保持活跃态势，金融市场将保持平稳发展。

关键词： 服务业　固定资产投资　税收收入

---

* 马鹏晴，经济学博士，上海社会科学院《金融发展》编辑部主任，高级工程师。

一 奉贤区服务业总体概况

（一）服务业占比继续上升，产业结构持续优化

2020年，奉贤区服务业蓬勃发展，继续保持优势，增加值为430.1亿元，同比增长3.1%，在三产中增速最大，高于工业增加值增速（1.7%）和农业增加值增速（13.3%）。从各行业占比来看，服务业增加值比重依然保持上升趋势，占地区生产总值比例的36.1%，比2019年上升0.8个百分点；工业增加值比重为63.0%，比2019年下降0.75个百分点；农业增加值比重为0.9%，比去年下降0.13个百分点；三次产业结构比重为0.9∶63.0∶36.1。2007~2020年（如图1所示），奉贤区服务业的优势在三产中越来越明显，服务业增加值比重从26.8%上升至36.1%[1]，同期工业增加值比重从70.4%下降至63.0%，表明奉贤区产业结构持续优化，经济由高速增长进入高质量增长阶段。

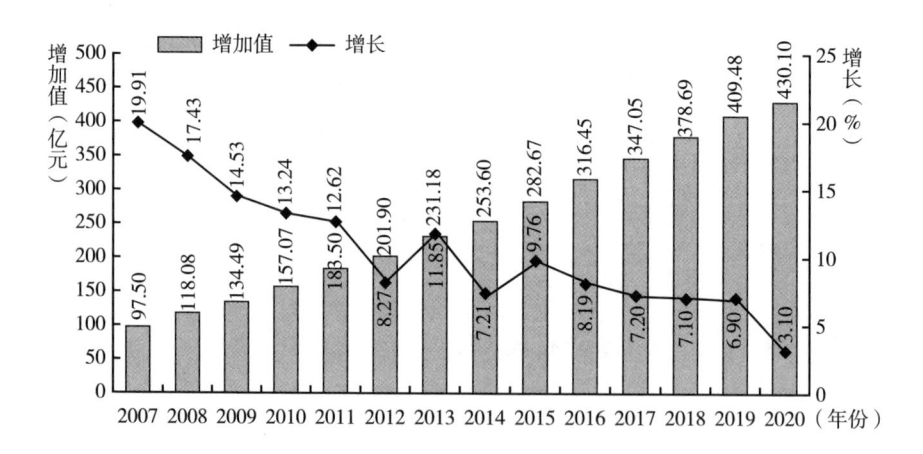

图1 2007~2020年奉贤区服务业增加值情况

数据来源：历年《奉贤统计年鉴》。

---

[1] 数据来源于2021年《奉贤统计年鉴》。

（二）服务业各细分行业加速增长

2021年1~6月，奉贤区服务业各细分行业均处于快速增长阶段（见表1）。其中，住宿和餐饮业增速最快，同比增长34.1%；交通运输、仓储和邮政业增速排名第二，同比增长21.6%；批发和零售业排名第三，同比增长13.7%。从服务业各细分行业增加值比重来看（见图2），批发和零售业依旧占据优势，在服务业中比重最大，增加值为41.58亿元，占服务业比重的19.43%；排名第二的是房地产业，增加值为40.09亿元，占服务业比重的18.74%；排名第三的是金融业，增加值为23.21亿元，占比为10.85%；住宿和餐饮业占比最小，增加值为3.93亿元，占比仅为1.84%。

表1　2021年1~6月奉贤区服务业发展总体状况

行业	增加值（亿元）	增长率（%）	占服务业增加值比重（%）
服务业	213.98	8.4	100.00
批发和零售业	41.58	13.7	19.43
交通运输、仓储和邮政业	7.26	21.6	3.00
住宿和餐饮业	3.93	34.1	1.84
金融业	23.21	4.5	10.85
房地产业	40.09	5.8	18.74
其他服务业	97.18	6.4	46.00

数据来源：2021年《奉贤统计年鉴》。

（三）服务业固定资产投资依旧占据主导地位

据奉贤区2021年9月统计月报，奉贤区服务业固定资产投资在三产中占比依旧最大。2021年1~9月，全区服务业固定资产投资为287.88亿元，同比下降4.2%，占全产业固定资产投资比重的74.37%。同期，工业固定资产投资为98.48亿元，同比增长19.1%，占全产业固定资产投资比重的25.44%。农业固定资产投资为0.74亿元，同比下降46%，占全产业固定

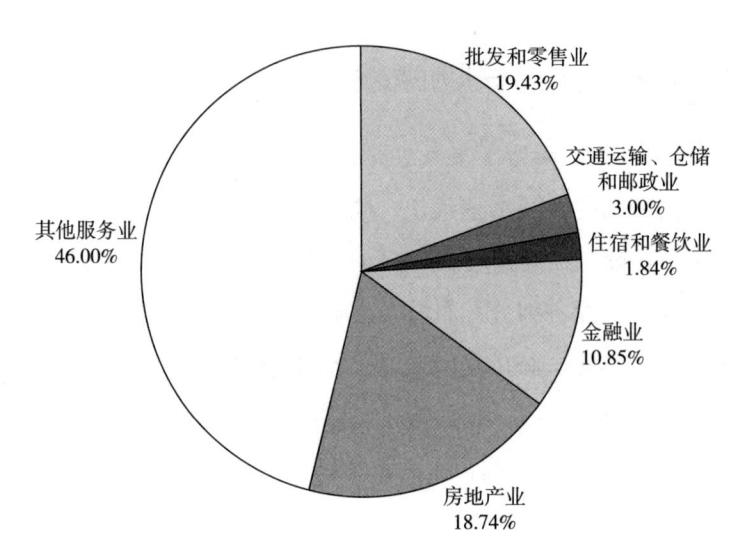

图2　2021年1~6月奉贤区服务业增加值各门类占比

数据来源：2021年《奉贤统计年鉴》。

资产投资比重的0.19%。从服务业细分行业来看，房地产开发投资在服务业中占据主导地位，为217.83亿元，占服务业投资额比重为75.67%，同比降低8.7%。

2020年，奉贤区服务业固定资产投资增速加快，增长态势良好。服务业固定资产投资为394.47亿元，比上年增长13.7%，增速比去年增加了约8个百分点。同期，工业固定资产投资为113.99亿元，增速大幅提高，比去年增长了25.3%，增速比去年增加了约17个百分点。从固定资产投资的产业结构来看，服务业占比依旧最大，占比74.80%[①]，与去年基本持平；工业固定资产投资额所占比重为21.62%，比去年上升了约2个百分点；农业固定资产投资额所占比重仍旧最小，仅为0.32%。从服务业细分行业来看，房地产投资额为300.21亿元，比上年增长7.7%，在服务业中投资占比最大，高达76.11%。

---

① 数据来源于2021年《奉贤统计年鉴》，利用第三产业固定资产投资除以总的固定资产投资额即可得，394.47/527.33=74.80%。

（四）服务业税收收入大幅上涨，贡献率最高

据奉贤区 2021 年统计年鉴，1~9 月，服务业税收收入保持上涨趋势，在三产中贡献率持续上升，1~9 月实现税收收入 312.40 亿元，同比增长 51.4%，增速提高了 30 多个百分点，占全产业比重的 58.08%，比 2020 年增加了约 7 个百分点，在三产中贡献率最高。同期，工业税收收入为 195.44 亿元，同比增长 12.4%，占全产业比重的 36.33%。从服务业细分行业来看，税收收入排名前三的行业与 2020 年保持一致。其中，批发零售业排名第一，实现税收收入 91.97 亿元，同比增长 42.10%，占服务业总体比重的 29.44%；租赁和商务服务业排名第二，实现税收收入 80.10 亿元，同比增长 60.10%，占服务业总体比重的 25.64%；房地产业排名第三，实现税收收入 69.68 亿元，同比增长 43.50%，占服务业总体比重的 22.30%（见表 2）。

表 2　2021 年 1~9 月奉贤区服务业分行业税收状况

行业	税收（亿元）	增长率（%）	占服务业税收收入比重（%）
批发零售	91.97	42.10	29.44
运输邮政仓储	10.36	41.70	3.32
住宿餐饮业	0.48	83.30	0.15
信息传输软件和信息技术服务	12.06	81.70	3.86
金融业	13.80	180.20	4.42
房地产	69.68	43.50	22.30
租赁和商务服务业	80.10	60.10	25.64
科学研究和技术服务业	24.87	52.00	7.96
居民服务、修理和其他服务业	4.33	20.30	1.39

数据来源：2021 年《奉贤统计年鉴》。

据奉贤区 2021 年 9 月统计月报，奉贤区服务业税收收入保持上涨趋势，占全产业比重继续增加。2020 年，奉贤区服务业实现税收收入 249.92 亿

元，比去年增长20.6%，增速与去年持平。同期，工业和农业税收收入均处于下降趋势，其中，工业税收收入为187.77亿元，同比下降18.3%，农业税收收入为0.28亿元，同比下降0.3%。从税收收入的产业结构来看，服务业比重最大，占比高达54.01%，比去年增加了约10个百分点，工业占比40.58%，比重比去年下降约9个百分点。从服务业内部细分行业来看，排名前三的行业与2018年和2019年一致。其中，批发和零售业排名第一，实现税收收入79.31亿元，同比增长9.9%，占比31.73%；租赁和商务服务业排名第二，实现税收收入62.52亿元，同比增长40.8%，占比25.01%；房地产业排名第三，实现税收收入54.02亿元，同比增长22.6%，占比21.61%。

二 奉贤区服务业发展特点

（一）服务业户数比重持续上升

从城乡私营企业户数来看（见表3和图3），服务业户数保持优势，处于持续上升趋势，在全行业中依旧占据主导地位。2020年，奉贤区城乡私营企业共计422221户，其中服务业356797户，同比增长18.63%，占全行业比重为84.50%，比去年提高了1.62个百分点。从服务业细分行业来看，户数排名前三的行业与2019年一致。其中，批发和零售业户数排名第一，累计企业125126户，同比增长11.41%，在城乡私营企业中服务业所占比重为35.07%；租赁和商务服务业排名第二，累计户数为99747户，同比增长25.43%，在城乡私营企业中服务业所占比重为27.96%；科学研究、技术服务业排名第三，累计企业72817户，同比增长22.38%，在城乡私营企业中服务业所占比重为20.41%；三者合计占比高达83.44%。从增长速度来看，服务业各细分行业均处于增长趋势，其中信息传输、软件和信息技术服务业增长速度最快，同比增长33.32%，住宿和餐饮业增速排名第二，同比增长31.31%，卫生和社会工作增长速度排名第三，同比增长29.90%。从城乡私营企业服务业的分布区域来看，处于城镇的企业为96689户，占全区城乡私营企业服务业的比例为27.10%，大部分城乡企业位于乡村。

表3 2020年奉贤区服务业城乡私营企业户数

行业	户数（户）	同比增长（%）	占比（%）	城镇（户）	城镇占全区比例（%）
批发和零售业	125126	11.41	35.07	26082	20.84
交通运输、仓储和邮政业	14000	9.66	3.92	2810	20.07
住宿和餐饮业	1879	31.31	0.53	593	31.56
信息传输、软件和信息技术服务业	15991	33.32	4.48	5472	34.22
金融业	234	17.59	0.07	53	22.65
房地产业	7987	11.61	2.24	1768	22.14
租赁和商务服务业	99747	25.43	27.96	33668	33.75
科学研究、技术服务业	72817	22.38	20.41	21138	29.03
水利、环境和公共设施管理业	572	1.06	0.16	59	10.31
居民服务和其他服务业	4581	18.71	1.28	1074	23.44
教育	316	8.97	0.09	46	14.56
卫生和社会工作	126	29.90	0.04	35	27.78
文化、体育和娱乐业	13420	21.31	3.76	3891	28.99
其他	1	0.00	0.00	0	0.00
合　计	356797	18.63	100.00	96689	27.10

数据来源：2020年《奉贤统计年鉴》。

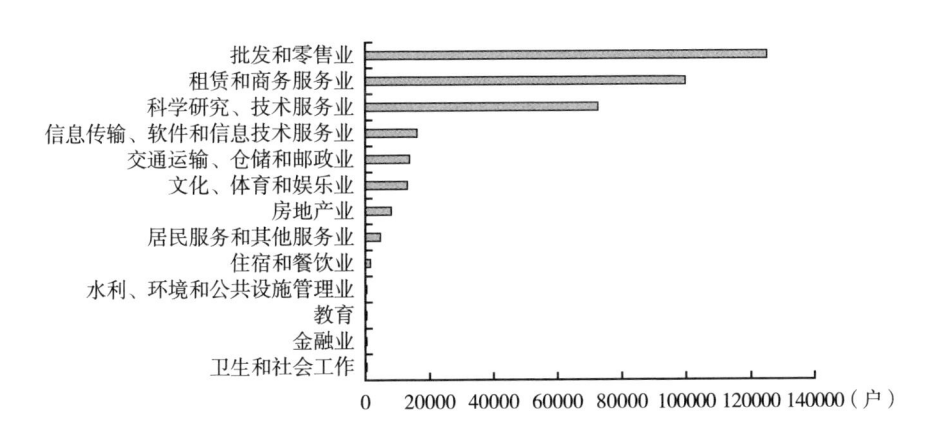

图3 2020年奉贤区服务业各行业城乡企业户数

数据来源：2020年《奉贤统计年鉴》。

（二）服务业投资者人数依旧最多

从城乡私营企业投资者人数来看（见表4和图4），服务业投资者人数保持上升趋势，相比农业和工业，服务业对投资者的吸引力最大。2020年，奉贤区私营企业累计投资者人数635348人，其中服务业投资者人数536955人，同比增长15.28%，在全行业中服务业占比最大，比例高达84.51%，比去年提高了1.53个百分点。从服务业内部细分行业来看，批发和零售业的投资者人数依旧占据优势，在各行业中排名第一，累计投资者人数达到185882人，同比增长9.49%，占服务业比例为34.62%；排名第二的是租赁和商务服务业，累计投资者人数达到146947人，同比增长19.86%，占服务业比例为27.37%；排名第三的是科学研究和技术服务业，累计投资者人数达到115620人，同比增长18.37%，占服务业比例为21.53%；三者合计占服务业投资者人数比例高达83.52%，与去年基本持平。从服务业内部各细分行业增速来看，除水利、环境和公共设施管理业之外，其他各行业均处于快速增长态势，其中住宿和餐饮业增速排名第一，同比增长33.32%；信息传输、软件和信息技术服务业增速排名第二，同比增长25.37%；文化、体育和娱乐业增速排名第三，同比增长20.94%。从城乡私营企业服务业投资者人数的分布区域来看，大部分位于乡村，城镇企业服务业投资者人数仅占比37.61%。

表4 2020年奉贤区服务业城乡私营企业累计投资者人数

行业	累计投资者人数（人）	同比增长（%）	占比（%）	城镇（户）	城镇占全区比例（%）
批发和零售业	185882	9.49	34.62	69726	37.51
交通运输、仓储和邮政业	20446	7.88	3.81	7394	36.16
住宿和餐饮业	2841	33.32	0.53	1147	40.37
信息传输、软件和信息技术服务业	23427	25.37	4.36	6891	29.41
金融业	414	14.05	0.08	216	52.17
房地产业	11720	10.95	2.18	4400	37.54
租赁和商务服务业	146947	19.86	27.37	55878	38.03

2021~2022年奉贤服务业形势分析与研判

续表

行业	累计投资者人数(人)	同比增长(%)	占比(%)	城镇(户)	城镇占全区比例(%)
科学研究和技术服务业	115620	18.37	21.53	45032	38.95
水利、环境和公共设施管理业	971	-3.09	0.18	402	41.40
居民服务和其他服务业	6594	16.28	1.23	2541	38.54
教育	550	3.77	0.10	252	45.82
卫生和社会工作	198	17.86	0.04	88	44.44
文化、体育和娱乐业	21343	20.94	3.97	7962	37.30
其他	2	0.00	0.00	0	0.00
合计	536955	15.28	100.00	201929	37.61

数据来源：2020年《奉贤统计年鉴》。

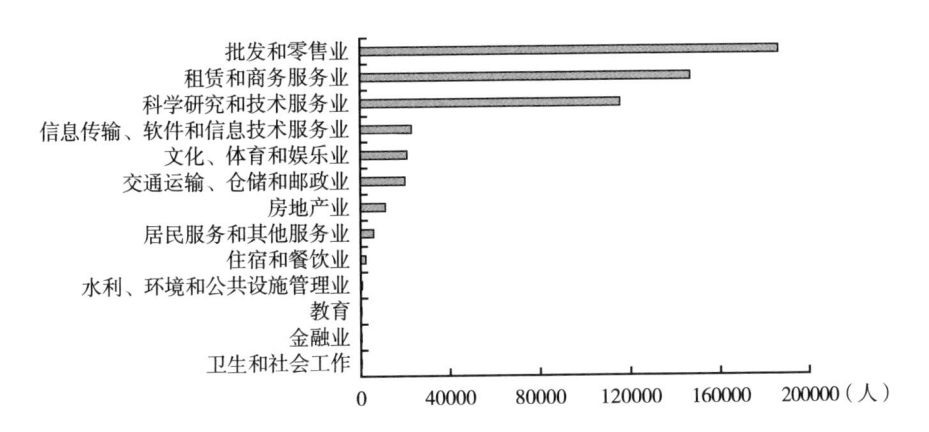

图4 2020年奉贤区服务业城乡企业各行业投资者人数

数据来源：2020年《奉贤统计年鉴》。

（三）服务业吸纳就业能力占据优势

从城乡私营企业吸纳就业的人数来看（见表5和图5），奉贤区服务业雇工人数多于工业和农业，在三产中占比最大。2020年，奉贤区城乡私营企业吸纳就业人数累计为2699586人，其中服务业吸纳就业人数2236925人，同比增长11.91%，占奉贤区私营企业雇工人数的比重为82.86%，比去年提高了1.54个百分点。从服务业内部细分行业来看，批发和零售业雇工人数排名第一，累计雇工人数为812125人，同比增长6.12%，占服务业雇工人数的比重为36.31%；租赁和商务服务业雇工人数排名第二，累计雇工人数594398人，同比增长17.22%，占服务业雇工人数的比重为26.57%；科学研究和技术服务业雇工人数排名第三，累计雇工人数458975人，同比增长14.43%，占服务业雇工人数的比重为20.52%；三者合计占比83.40%。从服务业细分行业的增速来看，大部分行业均处于快速增长态势，其中卫生和社会工作增长速度最快，同比增长31.16%；信息传输、软件和信息技术服务业增速排名第二，同比增长28.25%；住宿和餐饮业增速排名第三，同比增长27.52%。

表5 2020年奉贤区服务业城乡私营企业雇工人数

行业	雇工人数（人）	同比增长（%）	占比（%）	城镇（户）	城镇占全区比例（%）
批发和零售业	812125	6.12	36.31	318605	39.23
交通运输、仓储和邮政业	92233	5.14	4.12	33942	36.80
住宿和餐饮业	10768	27.52	0.48	4743	44.05
信息传输、软件和信息技术服务业	94400	28.25	4.22	28150	29.82
金融业	1452	8.04	0.06	678	46.69
房地产业	51632	6.78	2.31	20005	38.75
租赁和商务服务业	594398	17.22	26.57	235388	39.60
科学研究和技术服务业	458975	14.43	20.52	185010	40.31
水利、环境和公共设施管理业	3871	-2.17	0.17	1536	39.68
居民服务和其他服务业	29196	11.59	1.31	11198	38.35
教育	2149	8.26	0.10	1080	50.26
卫生和社会工作	884	31.16	0.04	390	44.12
文化、体育和娱乐业	84834	15.84	3.79	32138	37.88
其他	8	0.00	0.00	0	0.00
合计	2236925	11.91	100.00	872863	39.02

数据来源：2020年《奉贤统计年鉴》。

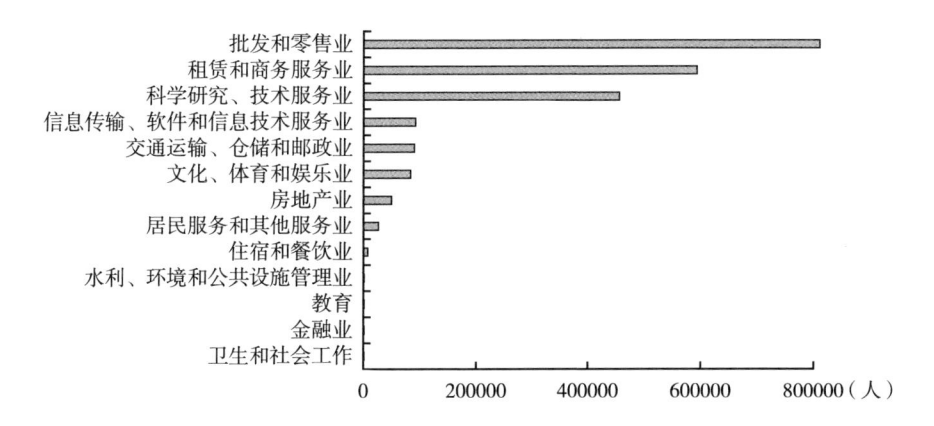

图 5　2020 年奉贤区服务业城乡企业各行业雇工人数

数据来源：2020 年《奉贤统计年鉴》。

（四）服务业注册资本继续增加

从城乡私营企业注册资本来看（见表6和图6），服务业注册资本处于稳步增长态势，在三产中继续保持优势，相比工业和农业依旧占据主导地位。2020 年，奉贤区私营企业注册资本为 157984396 万元，其中服务业注册资本为 127324971 万元，同比增长 12.37%，占城乡私营企业注册资本比例超过八成，高达 80.59%。从服务业细分行业来看，批发和零售业注册资本排名第一，注册资本累计 38878227 万元，同比增长 10.82%，占服务业的比重为 30.53%；租赁和商务服务业排名第二，累计注册资本 37233385 万元，同比增长 13.42%，占服务业的比重为 29.24%；科学研究和技术服务业排名第三，注册资本 28091269 万元，同比增长 15.63%，占服务业的比重达 22.06%；三者合计占比高达 81.83%。从服务业内部细分行业的增速来看，除金融业、卫生和社会工作之外，大部分行业涨势良好，其中住宿和餐饮业速度最快，同比增长 19.14%；水利、环境和公共设施管理业增速排名第二，同比增长 16.55%；文化、体育和娱乐业增速排名第三，同比增速 15.72%。

表6 2020年奉贤区服务业城乡私营企业注册资本

单位：万元

行业	注册资本（万元）	同比增长（%）	占比（%）	城镇（户）	城镇占全区比例（%）
批发和零售业	38878227	10.82	30.53	14749551	37.94
交通运输、仓储和邮政业	5396986	9.65	4.24	2012267	37.29
住宿和餐饮业	366644	19.14	0.29	135898	37.07
信息传输、软件和信息技术服务业	4538341	12.65	3.56	1542570	33.99
金融业	583836	-15.60	0.46	165088	28.28
房地产业	6908602	5.66	5.43	2484507	35.96
租赁和商务服务业	37233385	13.42	29.24	14044619	37.72
科学研究和技术服务业	28091269	15.63	22.06	11063996	39.39
水利、环境和公共设施管理业	220549	16.55	0.17	104188	47.24
居民服务和其他服务业	985381	14.81	0.77	399946	40.59
教育	48736	1.51	0.04	22006	45.15
卫生和社会工作	54236	-0.60	0.04	14953	27.57
文化、体育和娱乐业	4018719	15.72	3.16	1480099	36.83
其他	60	0.00	0.00	0	0.00
合　计	127324971	12.37	100.00	48219688	37.87

数据来源：2020年《奉贤统计年鉴》。

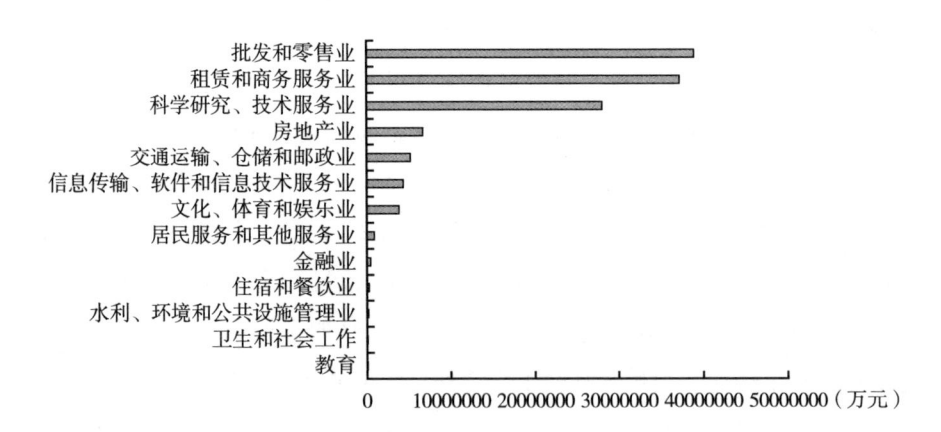

图6 2020年奉贤区服务业城乡企业各行业注册资本

数据来源：2020年《奉贤统计年鉴》。

三 服务业主要行业发展特点

(一)批发零售业持续回暖,网络零售业强势增长

2021年,奉贤区批发和零售业持续回暖,增速大幅上涨。2021年1~6月,全区批发和零售业实现增加值为41.58亿元,同比增长13.7%,增速由负转正,在服务业中所占比重为19%,比重比2020年有所下降。

2020年,受新冠肺炎疫情影响,奉贤区批发和零售业处于下降趋势,全年批发和零售业实现增加值84.22亿元,同比下降4.0%。2020年奉贤区消费品市场销售额呈现下降趋势,实现商品销售额1273.9亿元,比上一年下降4.1%,社会消费品零售总额为516.73亿元,比上年下降2.8%,增速较上年回落10.1个百分点。其中,限额以上社会消费品零售额183.0亿元,同比增长3.3%,占全部社会消费品零售总额的比重为35.4%。限额以上社会消费品按主要商品类别分为10类,主要商品零售额"四升六降"。其中,四类商品实现正增长,分别为汽车类、服装鞋帽针纺织品类、粮油食品类、文化办公用品类,分别实现商品零售额分别为38.6亿元、21.2亿元、6.1亿元和1.5亿元,对应增速分别为4.8%、14.3%、8.9%和10.5%。六类商品零售额均有不同程度下降,降幅较大的是石油及制品类、日用品类,零售额分别为7.9亿元和9.6亿元,同比分别下降23.8%和23.2%。从销售途径来看,奉贤区网络销售额处于持续上升趋势,2020年奉贤区网络零售额累计64.6亿元,同比增长23.9%,进入增长的快车道。其中,限额以上批发和零售业网上零售占全区限额以上批发和零售企业商品零售额的比重为48.0%,比重比上年提高27.9个百分点,拉动限额以上社会消费品零售额增长9.3个百分点。

从总体趋势来看(见图7),2013~2019年,批发零售业增加值稳中有升,受新冠肺炎疫情的影响,2020年批发零售业增加值处于下降趋势。

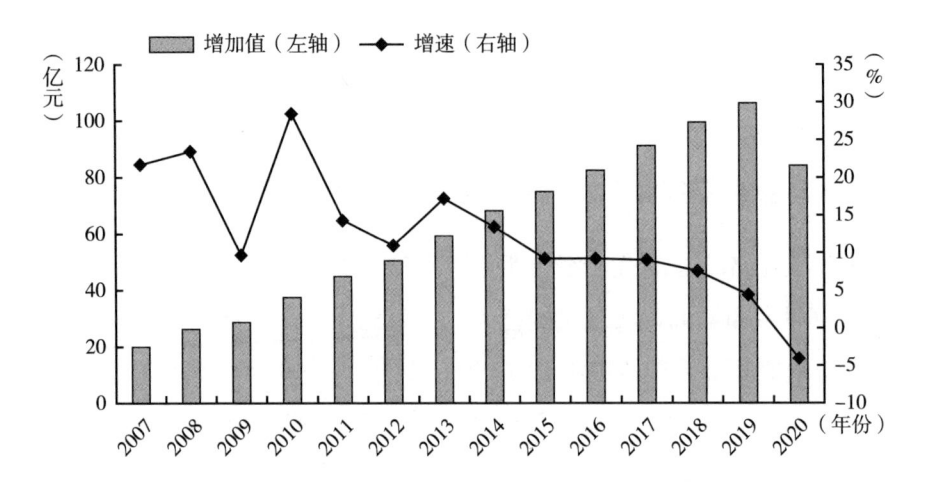

图7　2007～2020年奉贤区批发零售业增加值和增速走势

数据来源：历年《奉贤统计年鉴》。

（二）房地产业表现活跃

受落户新政的影响，奉贤区房地产市场表现活跃，2021年1～6月，奉贤区房地市场实现增加值40.09亿元，同比增长5.8%，占服务业增加值的比重为19%，比2020年提高了7个百分点。

2020年，奉贤区房地产开发完成投资额300.21亿元，同比增长7.72%，增速比2019年放缓。从房地产投资额结构来看，住宅完成投资额216.93亿元，同比增长0.1个百分点，占全年完成投资额的比重为72.26%；办公楼完成投资额10.92亿元，同比下降0.29个百分点，占全年完成投资额的比重为3.64%；商业营业用房完成投资额23.29亿元，同比增长0.85个百分点，占全年完成投资额的比重为7.76%；其他完成投资额49.07亿元，全年完成投资额的比重为16.35%。其中住宅、商业营业用房占完成投资额比重较上年同期相比分别增长0.1个百分点和0.85个百分点，办公楼占比下降0.29个百分点。从房地产开发投资额构成来看，建筑工程完成投资额为157.37亿元，同比增长6.25%，在房地产开发投资额中所占比重最大，高达52.42%；其他费用完成额140.78亿元，同比增长8.40%，在房地产开发投资额中占比46.90%，仅低于建筑工程；安装工程完成投资额1.55亿元，在房地产开发投资额中占比0.52%；设备、工具和器具购置完成投资额0.488亿元，在房地产开发投资额中占比0.16%。

从奉贤区房地产施工面积来看，2020年奉贤区房屋施工面积1356.0万平方米，同比增长1.4%，增速较2019年下降了8个百分点。其中，新开工面积309.1万平方米，同比增长17.8%，增速由负转正。全区房屋竣工面积197.0万平方米，同比下降6.6%。全区商品房销售面积大幅上涨，销售面积为144.7万平方米，同比增长40.0%，比2019年上升了15个百分点，其中，住宅销售面积为137.4万平方米，同比增长39.9%。全区商品房销售额300.9亿元，同比增长26.7%。全区空置房面积195.3万平方米，同比增长35.3%。

从总体趋势来看（见图8），2009~2020年，奉贤区房地产业总体增加值处于上升趋势，虽然在2017年出现短期回落，但2018年又逐渐回暖，整体增长态势良好，在2020年进入快速增长阶段。

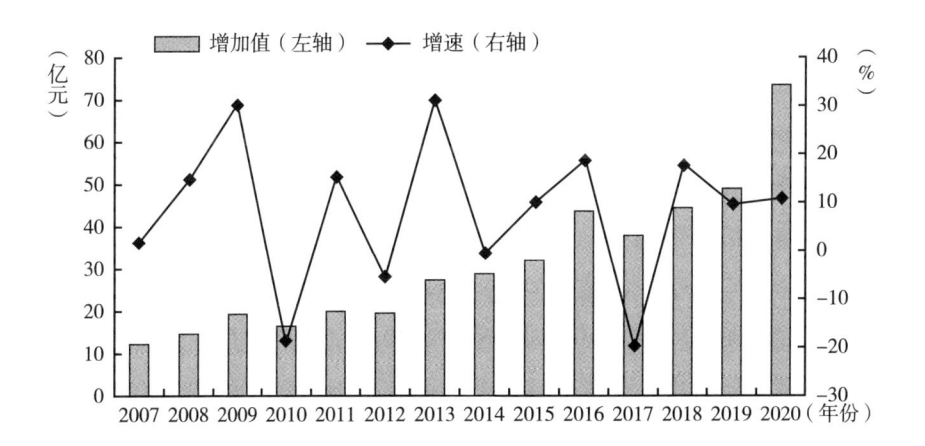

图8 2007~2020年奉贤区房地产业增加值和增速走势

数据来源：历年《奉贤统计年鉴》。

（三）金融保险业保持稳步上升

2021年1~6月，奉贤区金融业保持增长趋势，实现增加值23.21亿元，同比增长4.5%，增速较去年回落2个百分点，占服务业增加值的比重为11%。2020年金融业全年实现增加值44.05亿元，同比增长7.3%。截至2020年末，全区共有银行分支机构28家，分布经营网点141个，证券业15家。

奉贤区存贷款平稳增长。2020年，全区各项存款余额2118亿元，比年初增长14.9%，增速与2019年基本持平。企业存款和居民储蓄存款均处于平稳上升趋势，其中企业存款976亿元，同比增长13.4%，在全区比例为46.08%。居民储蓄存款1142亿元，同比增长16.19%，增速比去年上升约3个百分点，占全区比例为53.92%，2020年，各项贷款余额1482亿元，比年初增长14.7%，增速比去年提高了9个百分点。从贷款对象来看，企业贷款占据主导地位。全区企业贷款906亿元，同比增长18.8%，增速比去年上升了17个百分点，占全区银行贷款余额的61.13%，比重比去年提高了2个百分点。在企业贷款中，中小企业贷款380亿元，同比增长18.1%，增速比2019年降低了约6个百分点。个人贷款576亿元，同比增长8.9%，占全区银行贷款余额的38.87%。在个人贷款中，个人住房贷款占比最高，占比为80.38%。从贷款的期限来看，短期贷款和中长期贷款均处于平稳增长趋势，中长期贷款占据主导地位。具体来看，短期贷款407亿元，同比增长21.7%，在全区贷款中所占比重为27.46%，比重比2019年提高了2个百分点。中长期贷款1075亿元，同比增长12.3%，增速比2019年提高了约11个百分点，在全区银行贷款余额中占比72.54%。从存贷余额的分布区域来看（表7），南桥镇存贷款余额所占比重最大，分别为56.85%和75.90%，比重与去年基本持平。其中南桥镇的存款余额为1203.84亿元，贷款余额为1124.65亿元。

表7 2020年奉贤区各镇存贷款余额

	网点数（个）	各项存款余额（万元）	占全区比重（%）	各项贷款余额（万元）	占全区比重（%）
南桥镇	58	12038410	56.85	11246496	75.90
奉城镇	17	1854144	8.76	376744	2.54
庄行镇	6	558168	2.64	165297	1.12
金汇镇	8	1113018	5.26	337511	2.28
四团镇	6	737905	3.48	93429	0.63
青村镇	11	996202	4.70	317002	2.14
柘林镇	9	772530	3.65	264681	1.79
海湾镇	4	230246	1.09	43141	0.29
西渡街道	7	781079	3.69	240366	1.62
奉浦街道	12	1886694	8.91	1655704	11.17
海湾旅游区	2	101969	0.48	2153	0.01
杭州湾开发区	1	106205	0.50	74996	0.51
东方美谷集团	0	0	0.00	0	0.00
全区总计	141	21176570	100.00	14817519	100.00

数据来源：2020年《奉贤统计年鉴》。

2021年1～9月，证券交易市场稳中有升，交易总额累计14001亿元，同比增长1.4%。2020年奉贤区股票交易市场持续回暖，至2020年末，全区证券交易总额17952亿元，同比增长51.6%，增速比去年提高了约25个百分点，其中A股成交13366亿元，同比增长41.1%。

（四）信息传输、计算机服务和软件业保持活力

2020年，奉贤区加大引进院士专家团队力度，新增11家院士专家工作站。创新主体实力稳中有进，年内新增57家"三个一百"科创型企业入库。拟认定高新技术企业610家，位列全市第五，其中首次认定435家，拥有总量突破1300家。新增市级小巨人13家，位列全市第三。科技成果亮点频现，年内共有8项市高新技术成果转化项目成功入围"百佳"。中小企业科技创新活力区指数由2018年的115.5跃升至179.4，连续三年逐年攀升。全年专利申请量13916件，同比增长43.2%，专利授权11135

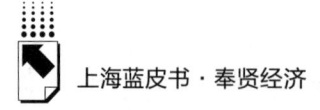

件，同比增长76.5%，其中发明专利390件，实用新型专利9092件，外观专利1653件。

2020年，奉贤区加大信息产业基础设施建设。截至2020年末，奉贤区各信息基础设施运营商共新建光缆26.13万芯公里，累计长度378.14万芯公里。光纤到户覆盖9.63万户，累计覆盖123.39万户（端），光纤覆盖百分比100%。新建4G移动通信基站427个、室分微站新型小区站24个，4G基站总计4088个、室分微站新型小区站总计838个。新建5G移动通信基站1700个，室内覆盖场点数43个，5G基站总计2089个、5G室内覆盖场点数总计113个。全区现有宽带用户41.38万户，其中光纤入户40.31万户。移动通信用户共计150.3万户，其中4G用户126.3万户、5G用户17.0万户。全区有线电视数字化现有用户17.67万户，其中互动电视5.43万端、高清5.42万端，全区高清IPTV共计23.38万户。

（五）交通运输、仓储和邮政业稳步增长

奉贤区运输邮电仓储业增加值稳步上升。2021年1~6月，奉贤区实现交通运输、仓储和邮政业增加值7.26亿元，同比增长21.6%，在服务业中占比为3%。2020年，奉贤区交通运输、仓储和邮政业逐步复苏，全年实现增加值13.33亿元，同比下降0.5%。全年快递业务量完成1.69亿件，同比下降1.3%，业务收入完成7.36亿元，同比下降16.5%。全年共计完成邮政业务总量4.02亿元，同比增长8.7%。全年投送各类邮件4346.8万件，同比下降1.8%，投送各类报刊2227.6万件，同比下降3.2%。

（六）住宿和餐饮业恢复增长

2021年1~6月，奉贤区住宿和餐饮业实现增加值3.93亿元，同比增长34.1%，占服务业增加值比重为2%。奉贤区住宿和餐饮业离不开文化旅游产业的支撑。2020年，奉贤区进一步推进文化旅游产业。"吴房村一日游线路"及"海湾森林公园一日游线路"入选全国乡村旅游精品线路，"亲子

滨海 2 日游线路"入围"上海人游上海"特色旅游线路。风筝会、青村镇首届乡村旅游节等 4 个项目入选上海市旅游节市级项目。微旅游点位青村中版书屋奉贤店、浦秀村茂塘里成为上海市首批"家门口的好去处"。"柘园坊涧"被评定为第二批上海市四星级乡村旅游民宿。上海之鱼、吴房村成为网红打卡地,中秋、国庆假期接待游客 3.81 万人次。

2020 年,全区限额以上住宿和餐饮企业的经营额为 88320 万元,其中餐费收入 63688 万元,在营业额中所占比重最大,占比高达 72.11%;客房收入 16853 万元,在营业额中占比 19.08%;商品销售额 3208 万元,在营业额中占比 3.63%;其他收入 4571 万元,在营业额中占比 5.18%。全区限额以上住宿和餐饮企业通过公共网络实现的累计客房收入和餐费收入分别为 1101.1 万元和 60.2 万元,同比下降 26.4% 和 59.9%。

四 2021年奉贤区服务业发展趋势判断

(一)消费品市场持续回暖,网络零售拉动势强

2021 年 1~9 月,奉贤区商品销售额累计 1093.58 亿元,同比增长 21.1%。社会消费品零售总额 425.08 亿元,同比增长 14.3%。后疫情时代,电子商务成为我国快速恢复消费经济、带动实体产业的主引擎。同时,疫情倒逼电商加速创新,直播、新零售迎来高光时刻,推动我国电子商务市场不断向高质量方向发展。2020 年,全区通过公共网络实现的商品零售额累计为 57.93 亿元,同比增长 14.8%,占全区限额以上社会消费品零售额的 40.29%。奉贤区一方面积极推动旅游业发展,组织举办 5·19 中国旅游日纪念活动、9·19 奉贤旅游推介会、泡泡公园草地音乐会、"万人打卡游奉贤"等一系列奉贤文明旅游推介活动,不断拓展宣传推介渠道,推动消费品市场不断高质量发展;另一方面借助数字经济、平台经济等新经济、新业态,激发奉贤区消费品市场的活力。2022 年,预计奉贤区消费品市场继续保持活力,呈现稳步上升趋势。

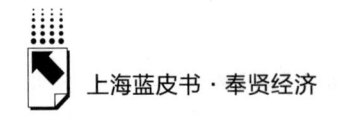

（二）房地市场继续持续保持活跃

随着新城规划的逐步落实和自贸区新片区的加快建设，奉贤区房地产市场逐渐放量上涨。2020年疫情突袭而至以来，上海房地产市场逐渐回暖，尤其在2020年落户新政实施以后，刚需房需求迅速增加。2020年，奉贤区全区商品房销售额300.92亿元，同比增长26.7%，其中住宅商品房销售额295.25亿元，同比增长28.62%，占全区商品房销售额的98.12%。近三年来，奉贤区商品房销售额都有较快的增长速度，即使受2020年新冠肺炎疫情影响，商品房销售额也出现了26.73%的高速增长。初步判断，奉贤区房地产市场在2022年将继续保持活跃。

（三）金融市场稳中有升

2021年1~9月，证券交易市场稳中有升，累计交易总额14001亿元，同比增长1.4%。从近五年来看，2017~2018年，证券交易市场交易额出现短暂负增长，2019年之后，增速由负转正，2020年奉贤区股票交易市场持续回暖，至2020年末，全区证券交易总额17952亿元，同比增长51.6%，增速比去年提高了约25个百分点，其中A股成交13366亿元，同比增长41.1%，表明金融市场已经进入活跃期。预计2022年，证券交易市场将继续保持增长。

五 2022年加快奉贤区服务业发展的对策建议

（一）推动服务业专业化、精细化、品牌化发展

第一，结合奉贤产业特点，聚焦"美丽健康"和"智能制造"产业链延伸，美丽健康产业服务链重点发展研发设计、品牌营销、终端服务；智能制造产业链延伸，重点发展服务型制造、研发设计、供应链管理、汽车移动出行服务等。大力促进生产性服务业与先进制造业、都市现代农业在更高水

平上实现融合互动发展，提高专业化水平。第二，推动生活性服务业精细化发展。适应居民生活水平提高和消费升级的需求，促进生活性服务业向便利化和品质化升级，全面提升生活性服务业发展质量和效益，满足人民群众多样化、个性化、精细化、高品质的生活需求。培育发展健康服务业、加快发展养老服务业、优化发展批发零售业、鼓励发展教育服务业、提升发展旅游服务业。第三，推动企业服务品牌化。围绕生产性服务业发展的重点领域，着力打造支持创新创业的生产性服务业品牌，着力打造与制造业深度融合的生产性服务业品牌，培育形成一批制造和服务一体化的综合性品牌供应商，着力打造细分领域专业化发展的生产性服务业品牌。围绕生活服务业发展的重点领域，聚焦品质化、个性化，着力打响商旅文体服务品牌。促进在线经济和在线零售等电子商务发展。聚焦多元化、特色化，着力打响教育医疗服务品牌。聚焦标准化、集约化，着力打响居民生活服务品牌。

（二）促进现代服务业信息化与产业化融合

促进现代服务业和先进制造业融合发展。推进制造业服务化积极推进制造业与服务业深度融合，通过增值服务促进制造业转型升级，推动制造业向价值链高端延伸，以产业融合赋予服务业新的内涵与活力。引导制造业产出服务化，实现服务型制造。促进现代服务业向信息化与产业化融合。推进信息化与工业化深度融合，加快发展产业互联网。对接"新基建行动方案"，在相关基础设施建设领域加大投资，推动奉贤区基础设施升级。以智能化为突破口，全力推进"雪亮工程""智能安防""智慧公安"建设，升级"城市大脑"。依托在线新经济并结合人工智能、数字经济、网红经济，重点培育在线金融、在线教育、在线研发设计、在线医疗、工业互联网、无人工厂等在线新经济发展重点，实现由线下到线上转型。拓展生鲜电商零售、"无接触"配送等服务领域，推动终端销售服务模式创新。加快领军企业培育和品牌打造工程。

（三）完善工作机制，优化支持方式

一方面，完善奉贤区工作机制。充分发挥奉贤区服务业发展领导小组工

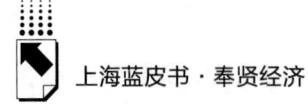

作职能，落实奉贤区现代服务业发展联席工作会议制度，坚持联合推进、协调发展的工作原则，加强对服务业重大问题、重大政策和关键环节的统筹协调。实施市场化运作，推动"区区合作""区企合作"，鼓励专业园区运营商、服务商参与投资运营，实现质量变革、效率变革、动力变革。另一方面，优化支持方式。充分发挥市服务业发展引导资金作用，带动服务业高质量发展，加快完善区级服务业扶持政策，聚焦重点领域、薄弱环节及新产业、新技术、新模式、新业态，进一步加大对服务业的扶持力度。加大政府购买服务力度，扩大购买范围，优化政府购买服务指导性目录，加强购买服务绩效评价。全面梳理上海市和奉贤区服务业发展相关政策措施，围绕现代服务业发展重点产业领域，结合重点集聚区发展，对符合条件的企业和园区从财税扶持、用地保障、人才培育等三个方面加大扶持力度。

参考文献

《2020年上海市奉贤区国民经济和社会发展统计公报》，https：//www.fengxian.gov.cn/tjj/tjsj/20210422/004003_5aa178b0-1e76-4698-b002-127407669f70.htm，最后访问日期：2021年11月1日。

张淼、方雪娇：《区域政策推动产业经济发展研究——以上海市奉贤区为例》，《上海农村经济》2019年第4期。

B.5
2021~2022年奉贤固定资产投资形势分析与研判

何雄就　伏开宝*

摘　要： 本报告以奉贤区固定资产投资为主要研究对象,从增速、结构和与上海郊区(县)的对比等方面着手分析,研究了该区2010~2020年固定资产投资的发展历程。研究发现,该时期奉贤区固定资产投资总额在过去一段时间里,特别是在"十三五"时期有了较大的增长,与此同时,产业结构也在持续优化。进一步,通过与上海郊区横向比较,以及对投资结构进行分析,本报告分析了2021年1~9月奉贤区固定资产投资现状,从多个方向揭示该区固定资产投资的形势。通过与临沪部分县(区)固定资产投资总额进行比较,本报告发现"十三五"时期奉贤区固定资产投资总额不仅在上海郊区中居领先地位,而且也快于部分临沪县级地区的增长。本报告认为,尽管宏观调控下本区域房地产开发投资有所下降,但是奉贤工业投资仍较为活跃,城市基建投资也保持稳定投入,预计全社会固定资产投资达到600亿元,增长13%以上,其中工业投资130亿元,增长或接近20%。从中长期来看,在多项利好政策叠加影响下,奉贤区的城市能级将持续提升,未来本区域仍将保持稳健的固定资产投资,从而更好地支持经济的高质量发展。

关键词： 固定资产投资　工业投资　产业结构

---

* 何雄就,经济学博士,研究方向为宏观经济政策与产业经济;伏开宝,经济学博士,上海交通大学安泰经济与管理学院博士后,研究方向为经济增长与产业经济。

2020年是极不平凡的一年，也是"十三五"规划的收官之年。2020年年初突袭而至的新冠肺炎疫情对全球经济带来了巨大的冲击，在政府强有力的疫情防控下，经济逐渐回归到潜在的增长路径。在疫情防控引致的停工停产影响下，奉贤区面临着较大的稳经济压力。在此情形下，奉贤区辩证地分析形势，迅速实施疫情常态化防控，全面落实"六稳""六保"，大力推动复工复产复商，固定资产投资保持较高增速，工业投资力度逆势加大，全力实现了疫情防控和经济社会发展双胜利。

2021年，奉贤区按照"产城融合、功能完备、职住平衡、生态宜居、交通便利、治理高效"要求，立足"新片区西部门户、南上海城市中心、长三角活力新城"定位，找准奉贤新城之"新"，"围棋式"布局、"动车式"推进，打造更多增长点、新亮点、爆发点，形成新空间、新名片、新超越。站在新的历史起点，奉贤区全力推进固定资产投资项目建设，在房地产投资有较大下降的情形之下，2021年1~9月全区固定资产投资总体仍保持相对稳定的投入力度。

一 2010~2020年奉贤区固定资产投资分析

本篇主要从投资总量、产业结构、增长速度等多个方面呈现2010~2020年奉贤区固定资产投资的发展情况，简要分析奉贤区固定资产投资变化趋势。2017年11月起，奉贤区内上海市属固定资产投资额纳入区固定资产投资完成总额，为了保持分析的一致性，本部分的奉贤区固定资产投资总额剔除了市属项目的固定资产投资额。

（一）2010~2020年奉贤区固定资产投资完成额和增速

从总量上看，2010~2020年，奉贤区固定资产投资完成额总体保持相对稳定，2010~2012年投资增速处于相对较高水平，2013~2016年投资规模保持相对稳定的状态。2017年开始投资规模较为明显地扩大，2017年和2018年出现较大幅度的增长。通过对奉贤区固定资产投资和上海市全社会固定资产投资增长速度进行比较（见图1、图2），可以看到2017年包含市属项目在内的投资增速达13.2%，2018年进一步增加至21.6%，2019年增长速度放缓至5.8%，但是2020年重新突破10%。奉贤区固定资产投资增速在2014～2016年低于上海市总体增长速度，2017年起，区固定资产投资增速再次超过上海市固定资产投资增速，2018年比上海固定资产投资增速高出近16.4个百分点，2019年两者速度差距再次收敛，上海市增速为5.1%，奉贤区仅比上海市高约0.7个百分点。2020年奉贤区是上海市投资活跃地区，固定资产投资增速超出上海市6个百分点，主要原因在于奉贤新城发展规划的带动，以及奉贤区政府加大建设投资力度的影响。

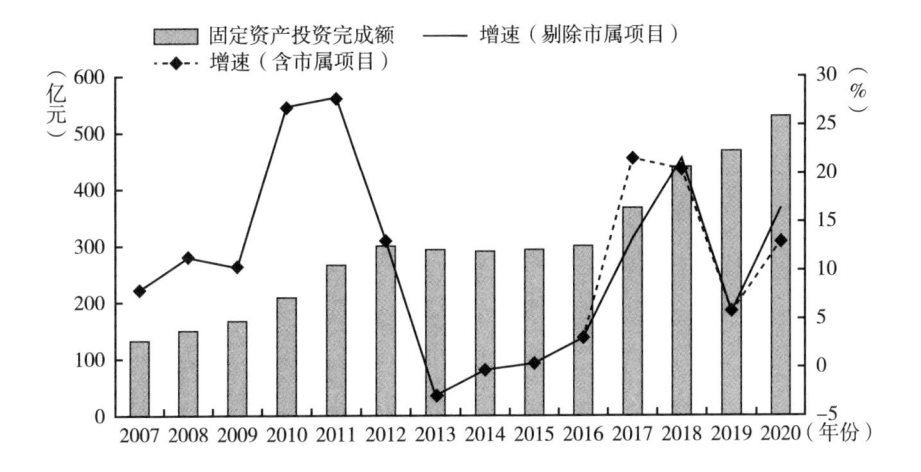

图1　奉贤区固定资产投资完成额与增速（不含市属项目）

数据来源：奉贤区统计局。

（二）2010～2020年奉贤区固定资产投资产业结构

分析固定资产投资投入的产业方向，可以了解地区未来经济发展的质量和产业结构的趋势。固定资产更多地投向战略新兴产业和城市基础设施建设将有助于地区产业高级化发展，从中长期而言，对高质量资源向本区域集聚起关键作用。从固定资产投资的产业结构来看，2010～2020年奉贤区城市

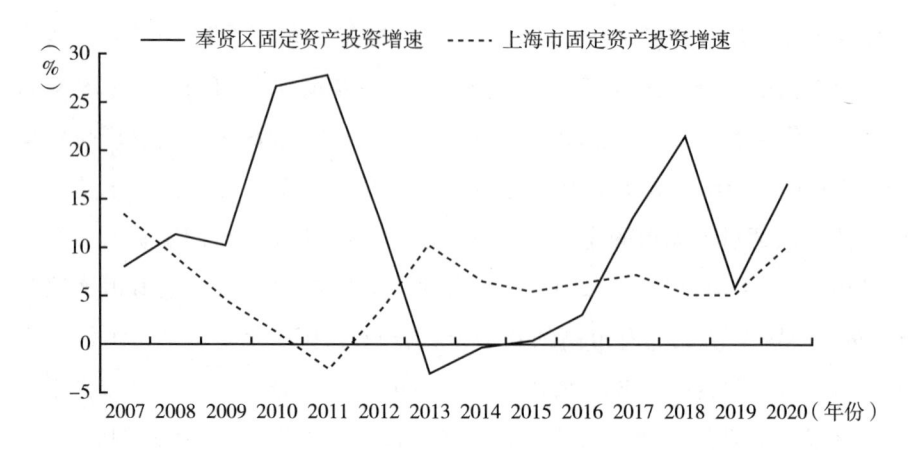

图2 奉贤区（不含市属项目）与上海市固定资产投资增速

数据来源：上海市统计局、奉贤区统计局。

建设进一步加快，在房地产投资的拉动下，第三产业占固定资产投资比重逐渐增加，这也是城市发展的必经过程。从近两年的投资结构来看，奉贤区经济发展持续向高质量方向转变，工业投资占比稳步提高。从图3的趋势变化可以发现这一现象，2006～2018年，奉贤区第三产业投资占比持续上升，以工业为主的第二产业投资增速相对较慢，从而投资占比逐年下降。2011年以前，奉贤区第二产业投资占比大于第三产业。2011年后，奉贤区城市建设不断加速，第三产业固定资产投资总额超过第二产业。2018年，固定资产投资中第三产业所占比重高达79.2%，第二产业所占比重则被压缩至20.8%。第三产业固定资产投资的增加主要由房地产开发投资驱动，该项投资比重在2010～2020年间逐年上升。在"房住不炒"导向的影响下，2020年该项投资占比开始下降，2020年下降4.9个百分点，但与2010年相比较仍上升31.2个百分点。总体来看，目前奉贤区固定资产投资对房地产投资的依赖程度仍然较高。

值得注意的是，排除房地产投资后，2012～2018年奉贤区第三产业固定资产投资占比近年来保持上升，从2012年的9%迅速上升至2018年的24.7%，但是2019年占比却大幅下降至15.55%，主要是城市基础设施建设项目数量有较大的下降，2020年占比回升了2.9个百分点。

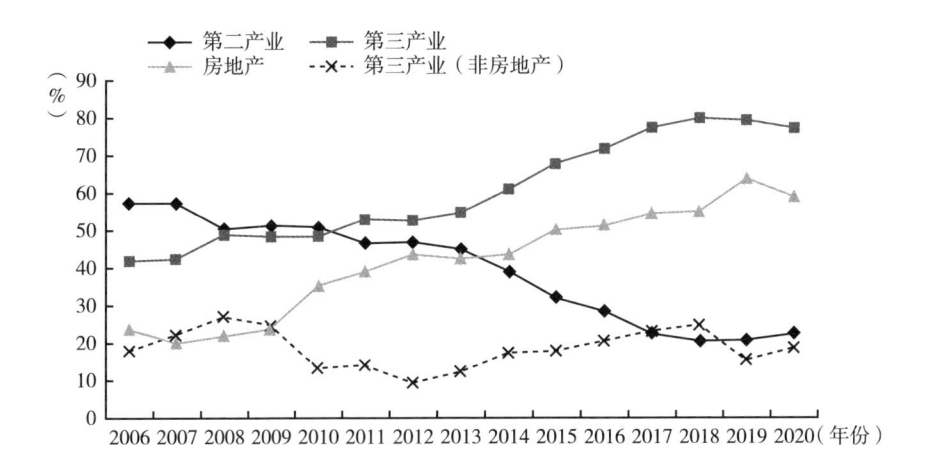

图3 奉贤区固定资产投资占比（分产业）

数据来源：奉贤区统计局。

从固定资产投资分产业增长速度来看（见图4），2018~2020年奉贤区第三产业的固定资产投资增速与奉贤区的总体增速基本持平。第二产业固定资产投资增速在2010~2015年表现出逐年下降的趋势，2013年更是转为负增长，2015年达到阶段低谷，随后下降幅度收窄，2018年增速转正并达到9.8%，2019年仍有7.9%的较高增速，2020年达到25.3%，工业投资规模近年来不断加大。

不含房地产的第三产业固定资产投资2016~2018年增速保持两位数以上，分别为2016年的18.5%、2017年的27.6%和2018年的30.5%，均高于房地产业固定资产投资增速，但2019年投资总额减少1/3，2020年增速重新回归两位数以上，达38.4%。原因在于2019年大型基建项目数量较少，城市基础设施投资同比下降50.4%，下降60.4个百分点。2020年不含房地产投资的第三产业投资高增长主要由2019年的低基数所致。

2010年，奉贤区房地产开发投资额仅73.19亿元，2020年，房地产开发投资额达300.21亿元（见图5），10年间增加超过4倍。本区域的

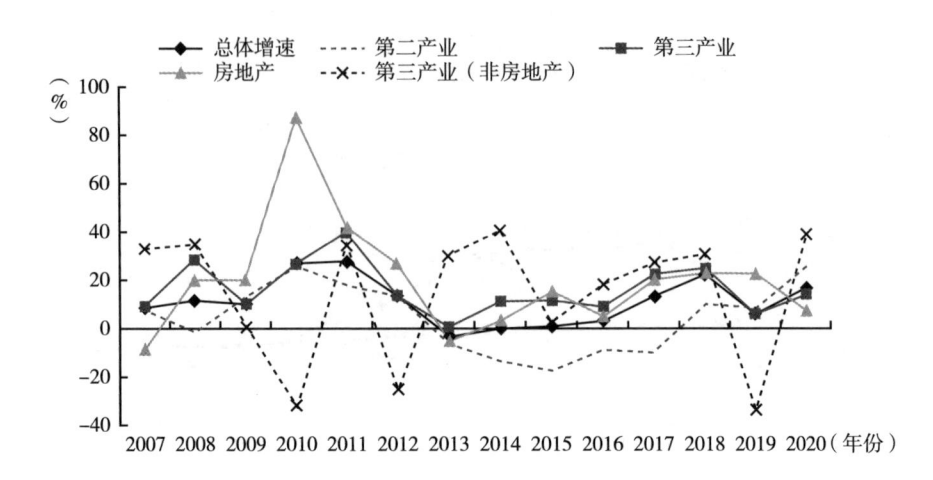

图 4　奉贤区固定资产投资增速（分产业）

数据来源：奉贤区统计局。

房地产开发投资增速波动幅度较大，2010年增长速度达到87.1%。2012年以后，房地产开发投资增速保持相对稳定，同比增速虽然没有达到2008~2011年的高度，但是房地产投资增长仍是全社会固定资产投资较快增长的主要贡献力量。2017~2019年增速更有加快的趋势，2017年增速达20.4%，2018年增速进一步提高到22.7%，2019年仍保持在20%的水平以上，增速为22.7%，2020年增速回落至7.7%。过去10年，奉贤区房地产投资增速加快得益于区内轨道、公路交通网络的完善。从经济地理学的理论来看，基础设施的完善改变了奉贤区的区位状态，使得本区进入了上海核心城区的"一小时通勤圈"，在奉贤置业安居逐渐进入人们的选择范畴，这也是越来越多房地产企业加大对奉贤区投资力度的原因。

（三）2010~2020年上海郊区固定资产投资比较

上海各郊区在政策背景、经济水平和社会文化等方面有一定的相似性，以郊区作为样本进行比较，能够更好地观察奉贤区固定资产投资的发展历史、现状和趋势。从绝对投资水平来看，2020年上海郊区固定资产投资总

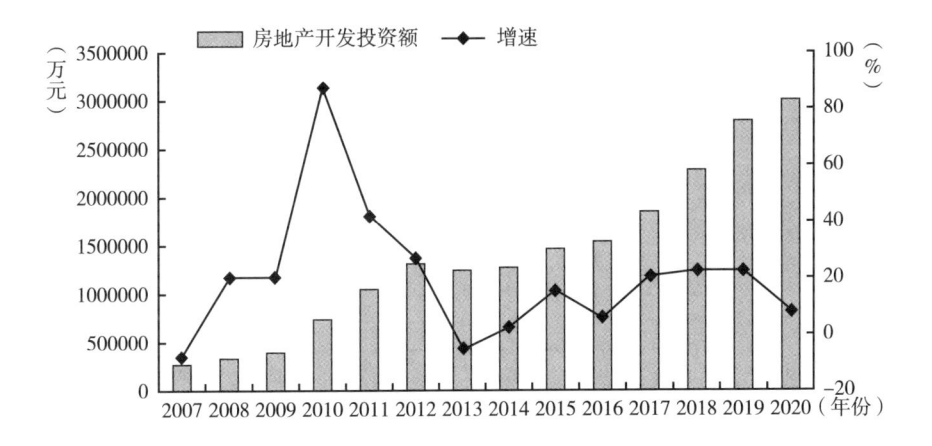

图 5 奉贤区房地产投资变化趋势

数据来源：奉贤区统计局。

额分别为：闵行730.7亿元、宝山645.5亿元、松江604.8亿元、青浦598.6亿元、奉贤527.3亿元、嘉定429.7亿元、金山313.0亿元、崇明263.1亿元，奉贤的总体固定资产投资水平处于郊区中游，这与交通区位、产业、人口等集聚程度密切相关。从增长速度来看，2010~2020年奉贤区固定资产投资快速增长，平均增长速度为8.97%，是上海市郊区（包括闵行、嘉定、宝山、奉贤、松江、金山、青浦、崇明）中平均增速较高的郊区之一，在郊区中仅次于金山区，远高于同期上海市的固定资产投资的平均增速（见图6）。因此，尽管奉贤区2020年固定资产投资总额在郊区当中属于中等位置，但发展潜力较大。

从投资结构数据看，在8个郊区中，2020年奉贤区工业投资占全社会固定资产投资比重为21.6%，比2019年上涨2.1个百分点，在郊区中位居第四名，"十三五"期间区内工业投资占比经历了先下降后回升的过程（见表1）。总体上，奉贤工业投资占固定资产投资比例相对稳定，保持在20%左右。值得注意的是，松江的工业投资占比持续提升，表明该区近年来或持续优化区域产业结构，为后续高质量发展奠定基础。

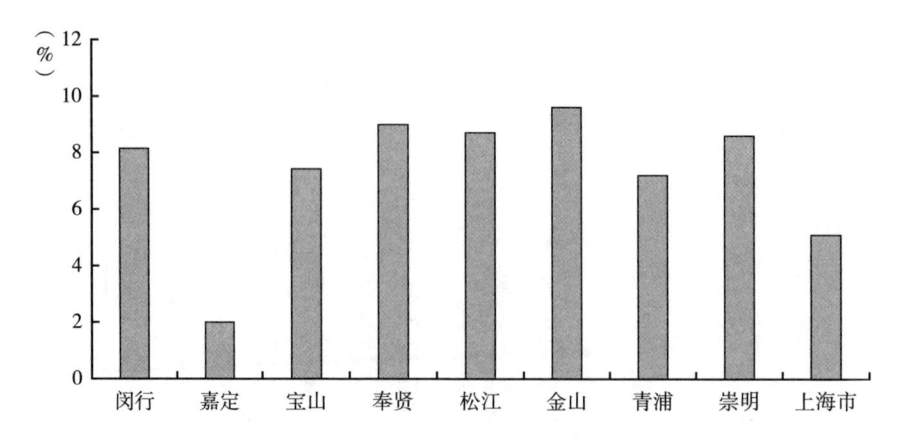

图 6　上海市郊区（县）2010～2020 固定资产投资平均增速

数据来源：上海市统计局，相关区统计局。

表 1　上海市郊区 2015～2020 年工业投资占比情况

单位：%

工业投资占固定资产投资比重	2015 年	2016 年	2017 年	2018 年	2019 年	2020 年
奉贤	32.0	28.3	24.3	19.1	19.5	21.6
宝山	5.5	5.4	6.6	14.7	14.1	15.4
崇明	10.0	9.3	10.3	2.0	1.6	8.6
嘉定	19.0	19.2	23.1	23.5	29.9	24.7
金山	46.2	48.2	33.9	40.4	36.0	31.7
闵行	11.7	10.3	12.5	13.9	14.0	16.1
青浦	10.3	10.0	8.8	9.0	7.9	11.0
松江	13.7	12.7	20.1	26.7	29.3	33.1

数据来源：上海市统计局，相关区（县）统计局。

2020 年奉贤房地产投资占全社会固定资产投资比重为 56.9%，比 2019 年下降 2.9 个百分点，排名第三，下降 1 位（见表 2）。"十三五"期间，上海郊区的房地产投资占固定资产投资比重均保持在较高水平，宝山、闵行、青浦、松江在"十三五"前期房地产投资占比均超过 70%，奉贤区则始终保持在 50%~60% 的区间。从投入比例来看，奉贤区的固定资产投资结构比上述郊区相对更为健康。

表2　上海市郊区2015～2020年房地产投资占比情况

单位：%

区	2015年	2016年	2017年	2018年	2019年	2020年
奉贤	50.1	51.2	50.7	51.6	59.8	56.9
宝山	78.2	78.9	76.2	72.3	76.3	63.8
崇明	43.5	45.7	45.7	60.3	45.1	36.8
嘉定	63.2	69.7	67.7	63.8	58.3	52.5
金山	39.9	34.9	40.3	59.1	36.1	42.7
闵行	71.0	70.2	57.6	58.2	57.0	57.1
青浦	76.0	70.1	71.9	63.2	64.1	62.4
松江	75.0	78.6	65.3	62.4	59.3	55.4

数据来源：上海市统计局，相关区（县）统计局。

从可比性的角度来看，剔除闵行区、松江区、崇明区等经济体量过大或过小的区（县），对嘉定区、宝山区、金山区、青浦区和奉贤区等郊区进一步分析可以发现，奉贤区2010～2020年的固定资产投资平均增速为9.0%，仅次于金山区的9.6%。从图7可以看到，2010年奉贤区固定资产投资总额为204.9亿元，低于嘉定区的345.0亿元。到2020年，奉贤区的固定资产投资年度数据大幅增长至527.3亿元（含市属项目），高于嘉定区的429.7亿元。与青浦区、宝山区和嘉定区相比较，奉贤区固定资产投资年增长幅度相对平稳，表明奉贤区政府相关政策和措施均保持了一定的持续性和有效性。

（四）2010~2020年奉贤与部分临沪县级市（区）固定资产投资比较

为了进一步分析奉贤区的固定资产投资情况，本部分进一步将之与部分临沪县级市（区）进行比较，主要对比对象为嘉善、启东、太仓、海门。这样的比较有一定的意义，因为奉贤区的区位与临沪县级市有一定的相似性，而且在长三角一体化过程中，这些地区既是相互配合融入一体化的整体，也是作为"竞争对手"努力吸引相对有限的投资资源，因此比较和了解这些地区的固定资产投资发展情况具有一定的意义。

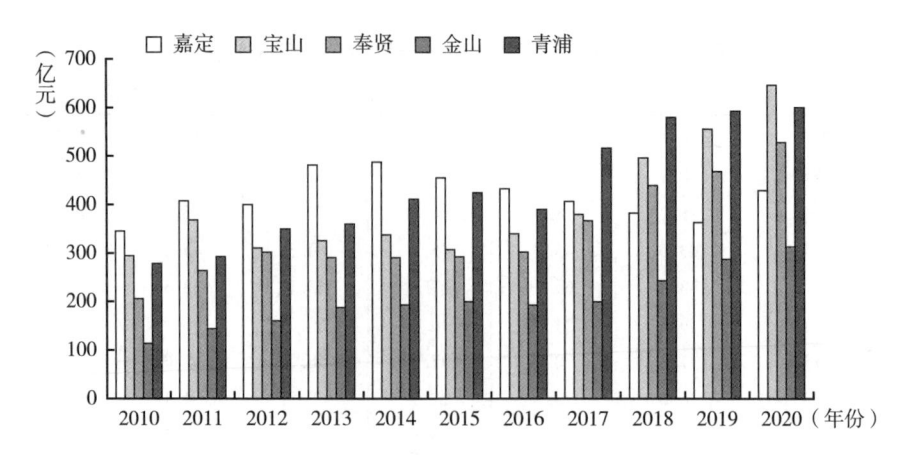

图7　上海部分郊区（县）固定资产投资

数据来源：嘉定、宝山、奉贤、金山和青浦区统计局。

从图8和表3可以看到，2010年，奉贤当年投资总额是嘉善的116%，启东的88%，太仓的62%，海门的74%。2020年，奉贤当年固定资产投资总额是嘉善的156%，启东的65%，太仓的113%，海门的65%。从数据的变化可见，奉贤区固定资产投资的相对投入力度有所加大，拉开了与嘉善的差距，完成了对太仓的反超。不过值得注意的是，奉贤与启东、海门的年度投入规模差距持续扩大。

表3　奉贤区固定资产投资与临沪城市的比例关系

单位：%

奉贤区固定资产投资与临沪城市的比例关系	奉贤/嘉善	奉贤/启东	奉贤/太仓	奉贤/海门
2010年	116	88	62	74
2020年	156	65	113	65

数据来源：奉贤、嘉兴、南通、苏州统计局。

从2010~2020年间奉贤与上述临沪县级市（区）固定资产投资平均增长速度（见图9）可以看到，奉贤年均增长约9.8%，高于嘉善的6.5%和太仓的3.4%，低于启东的13.2%和海门的11.2%。数据表明，与临沪县级

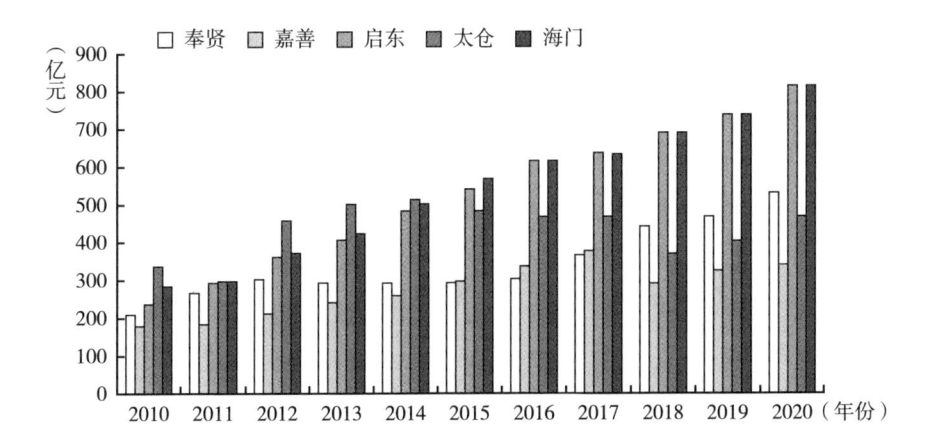

图8　2010~2020年奉贤与临沪部分县级市固定资产投资

数据来源：奉贤、嘉兴、南通、苏州统计局。

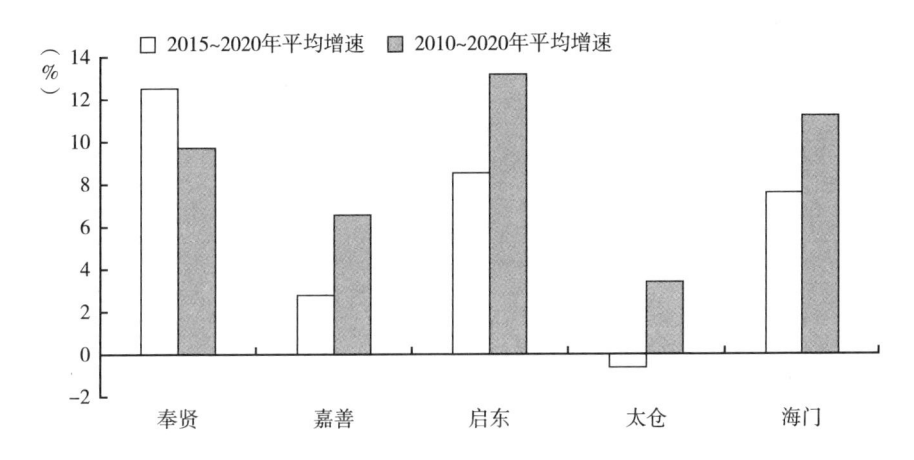

图9　2015~2020和2010~2020年奉贤与临沪部分县级市（区）
固定资产投资平均增速

数据来源：奉贤、嘉兴、南通、苏州统计局。

市（区）对比，2010~2020年间奉贤与隶属于南通市的海门区和启东市均属于投资热点区域，而奉贤的投资热度相对更高；与太仓和嘉善相比较，奉贤在该时期的固定资产投资优势更加明显。这些临沪县级市（区）固定资产的增速差异可能源于重大交通基础设施的建成。2008年苏通大桥、2010年崇启大桥建成以前，南通地处江北，虽然临近上海，但接受上海的辐射效应受

103

到交通因素的阻隔，而太仓、嘉善位于长江以南，与上海的交通联系更加密切和方便，上海的外溢效应或早已在地区经济中有所显现。上述特大桥梁的出现，对长江以北的临沪城市来说相当于带来了上海市资源辐射效应的正向突发式冲击，带动这些区域基建、工业、房地产等投资实现迅猛式增长。

上述地区的发展充分表明了长三角一体化对高质量发展的重要作用，奉贤作为长三角一体化"龙头"上海的内部区域，也将在一体化进程中得到较快的发展。进入"十三五"后，奉贤的固定资产投资总额快速增长，2015~2020年奉贤的固定资产投资平均增速高达12.6%，高于同期嘉善、启东、太仓和海门，增长速度位列第一。奉贤区在该时期加大了固定资产投资力度，上海轨道交通5号线南延伸段、虹梅南路越江隧道、上海全市首条BRT、闵浦三桥等重要交通基础设施纷纷建成通车。固定资产投资、产业合理的发展规划进一步凸显了奉贤的区位优势，进而拉动更多民间投资进入，形成了良性循环。

（五）2020年奉贤区固定资产投资特点

2020年，奉贤区全社会固定资产投资（包含市属项目）达到527.3亿元，同比增长13.1%，增速与2019年相比较有较大幅度的回升，比上海全市增速高约6.2个百分点，为全上海经济稳定增长贡献了力量，也为本区更稳、更好、更协调的高质量发展打下了良好基础。

一是工业投资保持增长，大项目投资拉动增量显著。2020年完成工业投资114.0亿元，较去年同期增长25.3%，完成年初目标114%（年初计划工业投资100亿元）。一批重大工程建成，正式投入使用，如东方美谷论坛酒店、大叶公路东段、闵浦三桥等。亿元级别项目带动作用显著，项目总数增加，全年1亿元以上项目达到200个，医药制造、化学原料及制品、专用设备、汽车和食品等制造业是大投资项目的主要集中领域。总体上，全年全区52个重大工程完成投资超过123亿元，超额完成全年计划。

二是房地产投资保持稳定增长。全年完成房地产投资300.2亿元，同比增长7.7%，占全社会固定资产投资比重为56.9%。房屋施工面积1356.0

万平方米，增长1.4%，其中，新开工面积309.1万平方米，增长17.8%。房屋竣工面积197.0万平方米，下降6.6%。全区商品房销售面积144.7万平方米，同比增长40.0%，其中，住宅销售面积为137.4万平方米，同比增长39.9%。全区商品房销售额300.9亿元，同比增长26.7%。全区空置房面积195.3万平方米，同比增长35.3%。

三是房地产以外第三产业投资快速增长。除房地产以外的第三产业完成投资94.3亿元，投资总量同比增长38.4个百分点，占全社会固定资产投资比重为17.8%，同比增加1.7个百分点。分领域看，水利管理业完成投资14.8亿元，教育完成投资7.2亿元，商业服务业完成投资12.8亿元，住宿业完成投资2.5亿元，居民服务业完成投资4.1亿元，公共设施管理业完成投资31.2亿元。

四是城市基础设施投资重返增长。全年城市基础设施投资37.8亿元，同比增长3.1%，占全社会固定资产投资比重为7.2%，城市功能品质稳步提升。十字水街22公里岸线公共空间基本贯通开放，新华医院（三甲）签约落地，居民生活品质提升。交通基础设施继续完善，闵浦三桥、大叶公路改扩建工程（东段）、金庄公路金汇港大桥等建成通车，东风路、贤浦路完工，奉浦东桥、迎立路、西闸公路、海泉路实现开工，运河北路—泽丰路二期立交改造项目加快推进。完成停车共享泊位350个，道路亮灯率提高，实现区管道路亮灯全覆盖。此外，S3、G228、浦星公路改扩建等重大市政项目前期腾地工作有效推进，城市基建储备项目稳步推进，后续将持续释放更多投资完成额。

五是新网络基建提供新发展动力。2020年末，区域内各信息基础设施运营商共新建光缆26.13万芯公里，累计长度378.14万芯公里；光纤到户覆盖9.63万户，累计覆盖123.39万户（端），光纤覆盖百分比100%；新建4G移动通信基站427个、室分微站新型小区站24个，4G基站总计4088个、室分微站新型小区站838个；新建5G移动通信基站1700个，室内覆盖场点数43个，5G基站总计2089个，5G室内覆盖场点数113个。

六是东方美谷产业注入强劲的投资活力。全年共新引进72个"东方美谷"项目，投资总额达到96亿元。君实生物科技产业化临港项目、美乐家日用清洁用品及化妆品研发生产项目等建设将强化东方美谷产业链。此外，还有众多投资量大、符合东方美谷产业特点的项目有效推进，例如创新型生物医药工艺研发与生物制药合作生产基地、邦全（上海）石材经营有限公司产业园项目、新型流感疫苗系列化产品产业化车间建设项目、基因单体及药物研发生产基地建设项目、上美科技园和九鼎集团（上海）产业园，这些项目均为东方美谷快速发展注入强劲活力。

二 2021年1~9月份奉贤区固定资产投资分析

2021年1~9月，奉贤围绕继续多项重大利好政策做文章，新城建设、乡村振兴、自贸区新片区等工作持续有效推进，同时聚焦扩大内需、重点项目落地、引导企业技术改造、强化产业链、发挥"东方美谷"产业优势，大力实施"淘金工程"，推进"安居"工程，强化"微基建、微平台、微空间"建设，固定资产投资投入保持相对稳定状态，为社会经济稳定发展发挥"兜底"作用，持续完善和增强城市功能和核心竞争力。

（一）奉贤区固定资产投资总体运行状况

2021年1~9月，完成固定资产投资402.9亿元，同比增长1.4%。从产业分类来看，第一产业完成0.73亿元，第二产业完成98.5亿元，第三产业完成287.9亿元，其中，房地产投资完成额为217.8亿元，同比下降8.7%。工业投资与房地产投资占比结构持续优化，房地产投资占比为54.1%，比去年同期下降6.9个百分点；工业投资占比为24.4%，比去年同期增加3.6个百分点。

从构成来看，建筑工程投资额为231.1亿元，同比增长7.6%；安装工程投资额为11.3亿元，同比增长106.9%；设备、工具、器具购置投资完成30.8亿元，同比增长59.6%；其他费用113.9亿元，同比下降21.6%，已连续两年下降。

（二）各镇、区固定资产投资情况

2021年临港奉贤分区、工业综合开发区、东方美谷集团、杭州湾开发区、金汇镇和四团镇固定资产投资相对较高，分别为32.2亿元、21.6亿元、15.0亿元、13.4亿元、8.9亿元和8.0亿元（见图10）。临港奉贤分区、东方美谷集团投资总额同比均有较大幅度增加，增速分别达到44.1%和65.0%。此外未纳入具体某一区域的"其他"固定资产投资为36.0亿元，与2020年同期水平相当。

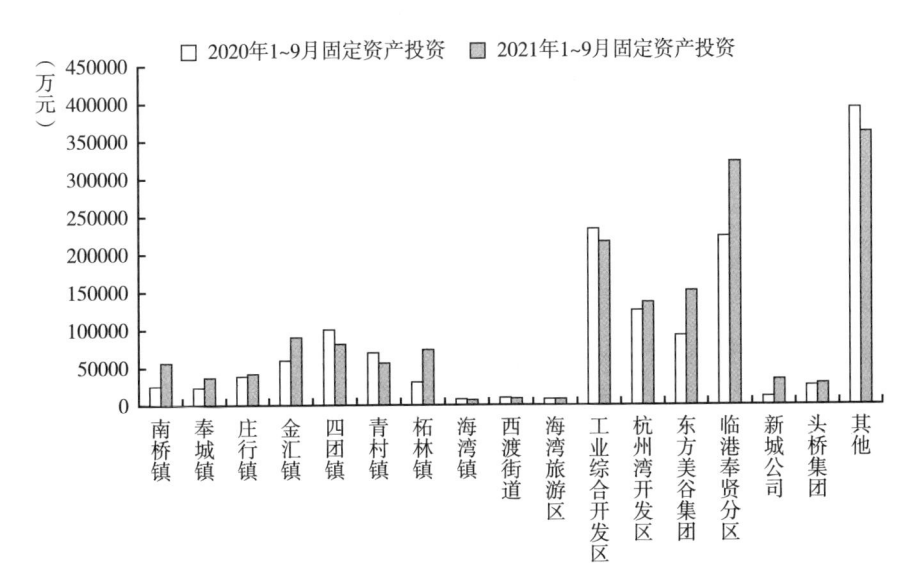

图10 2020、2021年1~9月奉贤区分镇（区）固定资产投资总额

数据来源：奉贤区统计局。

从工业投资来看（见图11），2021年1~9月临港奉贤分区、工业综合开发区、杭州湾开发区、东方美谷集团、四团镇和青村镇的占比较高，工业投资总额分别为27.7亿元、15.2亿元、11.0亿元、10.2亿元、7.9亿元和5.3亿元。其中，东方美谷集团工业投资同比增速高达69.2%，临港奉贤分区同比增速高达37.0%，杭州湾开发区同比增速为23.4%，上述地区工业投资不仅占比大，增长速度也较高，是奉贤区工业投资快速增长的主要动力来源。

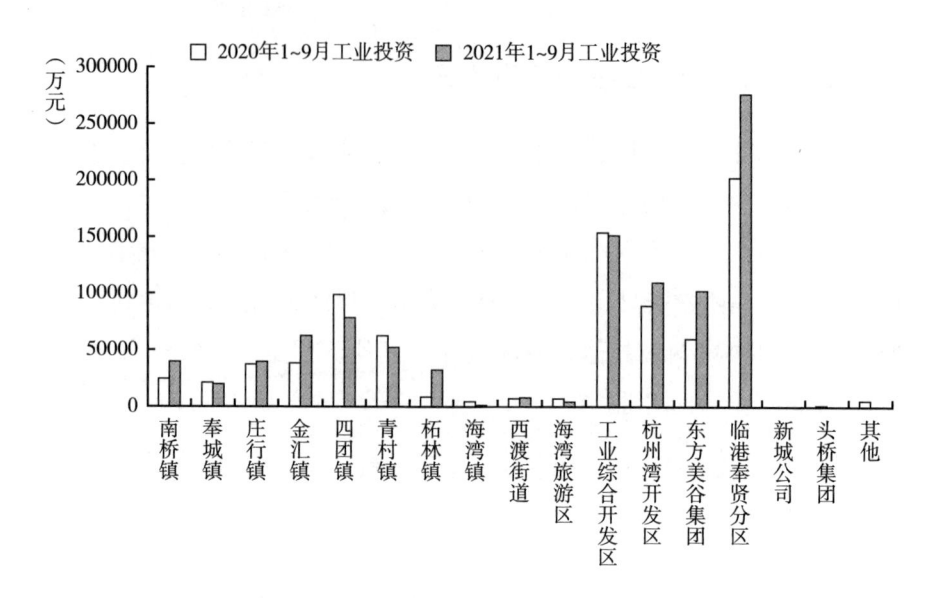

图11 2020、2021年1~9奉贤区分镇（区）工业投资总额

数据来源：奉贤区统计局。

（三）2021年1~9月奉贤区固定资产投资特点

2021年1~9月，奉贤区在宏观经济运行压力较大、特别是房地产开发投资因行业调控力度而短期有所收缩的情况下，全区固定资产投资仍保持稳健，行业投入结构进一步合理化，为下一阶段区域经济高质量发展奠定了坚实的基础。总体上，1~9月固定资产投资呈现工业投资快速增长、房地产投资前低后高、城市基建投资持续投入等主要特点。

固定资产投资投入保持相对稳定。2021年1~9月，全区固定资产投资为402.9亿元，同比增长1.4%。从图12可以看到，2021年上半年，奉贤区固定资产投资力度相比2020年1~6月有所下降，原因主要是房地产开发投资同比有较大幅度的下降。9月份固定资产投资完成额大幅高于往年同期，达到70.6亿元。总体上，本时期奉贤区固定资产投资在宏观政策影响下仍保持较大的投入力度，对后续区域经济结构调整、产业高级化发展有一定的支撑作用。

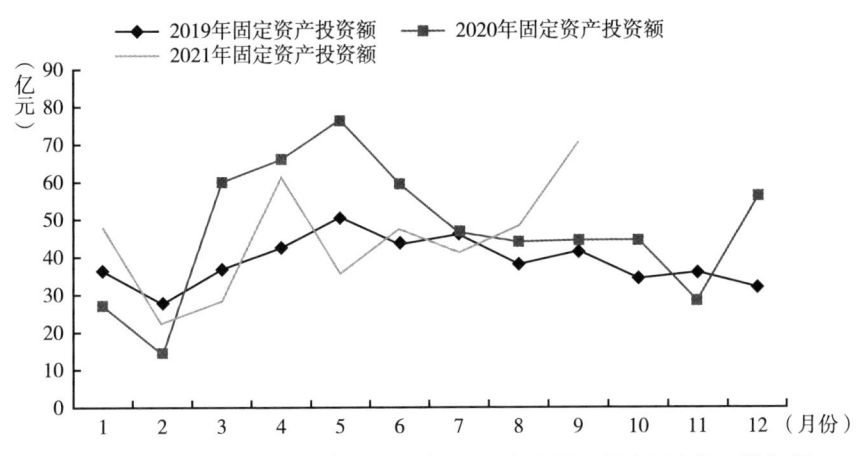

图 12 2019 全年、2020 全年、2021 年 1~9 月奉贤区月度固定资产投资额

数据来源：奉贤区统计局。

工业投资持续高速增长。从图 13 看到，2021 年 1~9 月，工业投资完成 98.5 亿元，同比增加 19.1%，比去年同期高 1.8 个百分点。东方美谷产业投资热情高涨，正在施工项目 112 个，计划总投资 339.2 亿元，同比增长 48.7%。1~9 月累计完成投资 61.9 亿元。同时，奉贤区精准聚焦中医药产业，启动建设以"东方美谷中医药产业基地"为核心的一基地三中心建设。此外，"未来空间"加快建设全产业链场景，自动驾驶全出行链场景一期 9.87 公里，2020 年基本完成基础设施建设。借力特斯拉落户临港，依托高标准厂房，快速引进成熟汽车企业，区内汽车产业整体受益特斯拉落户，产值迅速攀升。

大型项目拉动效应持续。2021 年奉贤区重大工程建设推进计划共安排正式项目 60 个，计划总投资 655 亿元，年内计划完成工作量 143.7 亿元，计划新开工项目 24 个，建成或基本建成项目 14 个；另安排储备项目 13 个，项目总投资 94 亿元；重点关注项目 19 个，涵盖生物医药、新材料、汽车智能网联、智能制造、功能配套、重大交通设施、生态环境、民生保障等领域。2021 年 1~9 月，奉贤区 60 个正式项目完成工作量 102.9 亿元，占全年计划完成工作量的 71.6%。中生疫苗分包装能力建设项目、爱

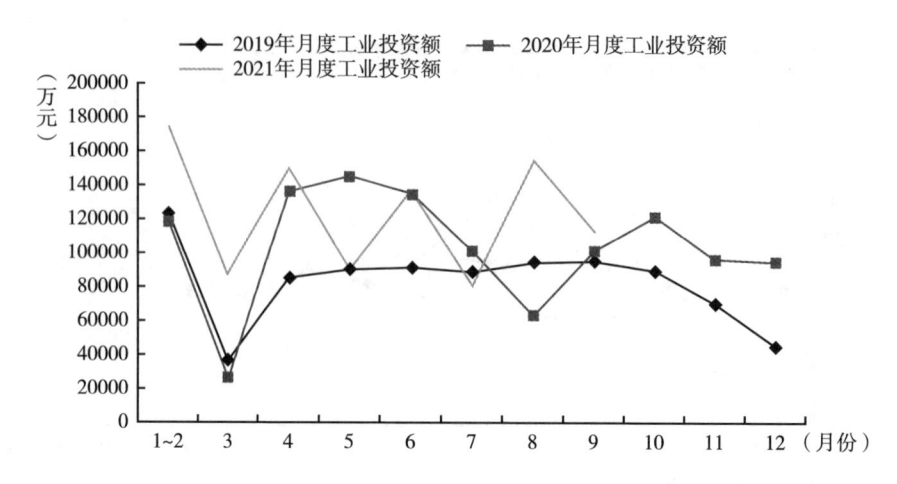

图13 2019全年、2020全年、2021年1～9月奉贤区月度工业投资额

数据来源：奉贤区统计局。

企谷二期项目、版专奉贤校区一期、庄行镇农民集中居住安置（11-01地块）、西渡街道C—05—01地块动迁、柘林塘二期生态廊道、奉贤县委旧址扩建、致远高中迁建、望园路滨江段等9个项目实现开工目标；金光路初中和小学建成，海泉路（南海公路—日新路）、大叶公路西段通车。重大项目的推进有力改善奉贤城乡面貌，进一步增强了广大市民群众的获得感和满意度。

房地产投资有较大幅度的下降。从图14可以看到，2021年1～9月，房地产开发投资额为217.8亿元，同比下降8.7%，增速下降12.4个百分点，占全社会固定资产投资比重为54.1%，占比进一步减少5.9个百分点。由于行业调控力度加大，近两年奉贤区的房地产开发投资增速持续下行，2021年第二季度同比下降幅度较大，由于项目完工进度等原因，9月份房地产开发投资完成额集中释放。但是，房地产开发投资要重回20%以上的增速较为困难。房地产税出台预期、房地产企业融资收紧等因素制约下，房地产开发投资势必受到一定的影响，2021年1～9月房屋建筑施工面积同比下降8.2%，也将拖累后续投资完成额增速。

房地产以外的第三产业投资保持较快增长态势。2021年1～9月第三产业

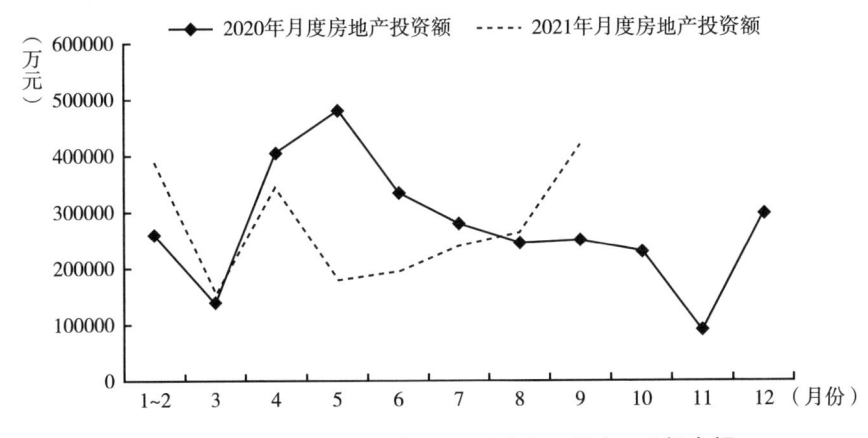

图14　2020 全年、2021 年 1～9 月奉贤区月度工业投资额

数据来源：奉贤区统计局。

增速同比下降4.2%，在房地产开发投资总量快速下行的情况下，非房地产第三产业投资起到了稳定器的作用。本期除房地产以外的第三产业投资70.0亿元，同比增长13.0%（见图15）。奉贤产业、生态与城市功能项目等集中开工是该类投资保持较快增长的主要原因。这些项目，涵盖了重大产业、生态景观、基础设施、公共服务、商办住宅等多个领域。项目的建设将为奉贤新城高质量发展注入更为强劲的动力，提供更为有力的支撑，蓄积更为强大的潜能。

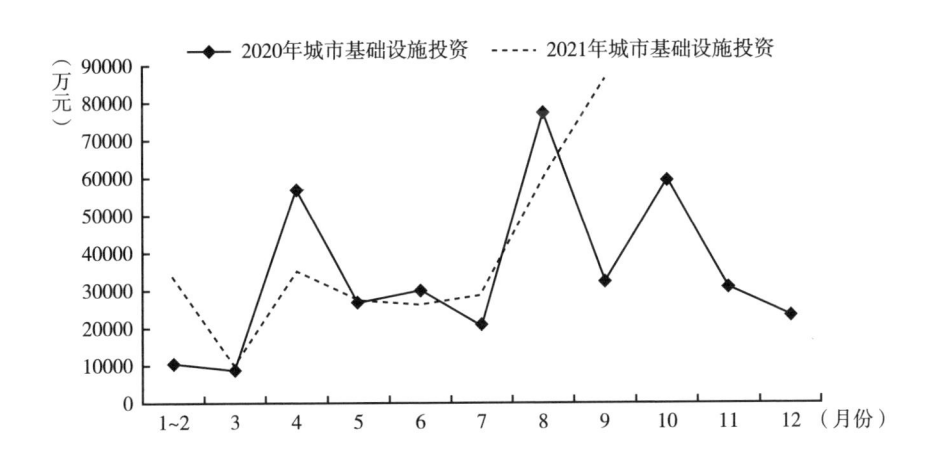

图15　2020 全年、2021 年 1～9 月奉贤区月度工业投资额

数据来源：奉贤区统计局。

111

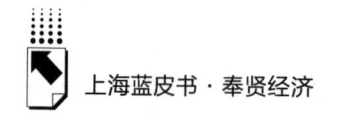

三 奉贤区固定资产投资优化建议

2021年以来，奉贤区把握新发展阶段、贯彻新发展理念、构建新发展格局，适应形势变化，积极主动作为，秉承"项目为王"理念，强化规划服务，以招商引资为抓手，以城市功能、城市服务为重点，让一批大项目、好项目在奉贤落地生根，推动高质量发展再上新台阶。

（一）引导工业投资高质量发展

建议聚焦高端制造，加大工业投资向智能、绿色、服务、时尚、安全等主要方向集聚。智能制造方面，促进企业改造建设智能化工厂、工业互联网、数字化车间，加快布局全网赋能的工业互联网集群。推动智能生产线、智能工厂、无人数字化车间、无人工厂建设，系统提升制造过程、行业应用的智能化水平。全区引导带动企业上云上平台，加快推动向智能化生产、网络化协同、个性化定制、服务化延伸的工业互联网"新四化"模式升级。绿色制造方面，紧抓"碳达峰、碳中和"的主线，引导企业改造、使用节能节水技术，淘汰落后设备，提高安全生产能力，实现固体废弃物综合利用等。

围绕一个"美"字进行产业规划，紧紧抓住美丽健康特色产业的细分产业赛道，引导工业投资向该行业集聚，强化美丽健康城市产业品牌，增强地区产业凝聚力，推动区内优质企业发展，不断孵化成长，形成良好的大健康产业链、生态链。

继续鼓励区内企业主动加大自身技术改造力度，充分借助区政府有关技术改造资金扶持政策，推动企业走集约型、内涵式发展之路。相关企业有必要对标行业龙头，做大做强，追求技术水平的提高、工艺水平的极致。通过运用新工艺、新设备提高装备和工艺水平，围绕项目开展技术创新活动，开发新产品、提高产品质量，能够开拓市场空间，提高销售收入和利润，而利润的增加又可以为企业后续的技术改造和技术创新提供资金支持。最终通过项目的实施，提高劳动生产率，增加当前企业产出，形成新的增量，进而帮助奉贤经济加快高质量发展的转向。

当前，奉贤区经济规模和总量还不大，经济密度和发展能级还不高，部分园区产业基础和产业链水平还较低，仍需要持续加大、引导高质量的工业投资进入奉贤，帮助本区打造高端产业，提升创新引领发展的能力。大力寻求、引进能完善奉贤区内产业链的龙头企业，完善和升级高附加值产业链，全面提升区内产业整体科技创新能力。

继续重点培育美丽健康行业，围绕产业链引进和配套相关优势企业，加快该行业发展速度，加大项目的推进力度，将奉贤美丽健康的产业优势辐射到长三角周边城市，促进长三角一体化的实现。加快东方美谷集团的功能性载体建设，扩大其影响力与辐射面，大力打造新名片，依托产业集群效应，加速奉贤区工业经济发展。新产业的高速发展将为奉贤区未来发展提供良好的模板，带领本区工业经济走上新的台阶。

（二）加快新一代基础设施建设进程

新四大基础设施建设需要继续大力推进，提高城市内部教育、医疗、文化、生态等能级。信息基础建设方面，结合城市数字化转型和奉贤新城建设方案，优化5G基站布局规划，配备充足信息基础设施，实现5G网络区域全覆盖，家庭宽带和商务楼宇千兆到桌面接入能力全覆盖，建立覆盖面广、迅捷可靠的工业互联网基础设施体系。加快数字化进程，打造"数字江海"，形成信息基础设施布局完备、融合基础设施广泛赋能、创新基础设施驱动发展的良好格局。加快实现政务和城市数据聚合，实现互联互通，推进传统基础设施数字化、网络化、智能化改造，增强公共服务能力，进一步提升城市治理效率。

传统基建项目要同步发力，继续提升奉贤在长三角一体化当中的区位优势，推进城际高速铁路和城市轨道交通规划布局。加快推进15号线南延伸段和嘉闵线、南枫线、奉贤线等市域铁路站点规划与开工建设，进一步提升奉贤与中心城区的物理联通程度。

（三）政策进一步强化服务穿透力

继续简化投资项目准入环节，取消项目准入审核，建立以政策性条件引导、企业信用承诺、监管有效约束为核心的企业投资项目准入新模式。制定项目准入负面清单和企业承诺事项清单。为企业提供无怨无悔、无私奉献、无微不至、无事不扰的"妈妈式服务"。以重大建设、重点产业和重要民生项目为主要切入点，形成更为有效的项目推进机制。解决项目用地瓶颈难题，通过净增空间指标保障重大项目需求，通过减量化指标保障其他项目需求。加大重大交通基础设施推进力度，灵活开展分段实施，优化相关审批手续。对重大工程创新"重大中心与受理中心综合资源整合"机制，助力区审批审查中心高效办事。

（四）稳定房地产投资的支柱作用

2021年，在强力的房地产调控政策下，全国总体房地产开发力度有所下降，奉贤区2021年前三季度房地产累积投资下降10%以上，房屋新开工面积下降近50%。长期来看，"房住不炒"是国家发展的坚定方向，未来房地产投资增长速度或难以回归至此前高速增长的状态。需要注意的是，"房住不炒"并不意味着停止房地产开发。2021年9月27日中国人民银行货币政策委员会第三季度例会中，针对楼市提出了"两个维护"：要维护房地产市场的健康发展，维护住房消费者的合法权益。健康发展的房地产行业对国家、地区经济平稳发展有着重要的作用。同时，房地产开发应该秉承具体问题具体分析、因城而异的理念，形成长效发展机制。目前，奉贤新城仅有40万人左右，要实现2035年百万人口目标，奉贤新城在未来15年内每年平均要新增4万人以上。在人口持续流入的前提下，有必要保持一定的房地产开发投资力度。同时，奉贤未来的"商务+居住"新模式，以及在产城融合中实现职住平衡的方向必然要求有持续不断的房地产投资进入，关键在于将房地产开发投资引导到城市发展的正确方向。

（五）引导第三产业投资完善城市功能

发展第三产业，特别是房地产行业以外的第三产业，对地区经济长远发展有重要作用。产业演进规律表明，工业经济进入发达阶段时第三产业是经济主要贡献力量之一。对于奉贤而言，加大第三产业投资也符合本区未来发展方向。但是，第三产业的发展要提高规划定位，以完备城市各项功能为方向，并服务于长三角一体化的进程，切实与中心城区、长三角城市群功能互补、相互赋能。第三产业的投资方向可以是：打造独立的产业生态圈，探索"商务+居住"新模式，在产城融合中实现职住平衡。第三产业固定资产投资着重发挥奉贤的生态价值、美学价值、文化价值，找到绿水青山就是金山银山的最佳结合点；做强"生态+和+生态"，勾勒"百里运河、千年古镇、一川烟雨、万家灯火"新江南水乡景致。聚焦产城融合，把体育与产业、商业有机融合，体现和中心城区的差异性，吸引更多年轻人前来。要研究好周边交通问题，聚焦复合功能，打造疏密有致的公共空间，在水绿交融上做文章，建设一批风格形式各异的标"致"性建筑。

四 奉贤区固定资产投资形势展望

"十三五"时期的快速发展，使奉贤逐渐从上海的"远郊"转变为中心城区的有机组成部分之一。在这5年期间，上海轨道交通5号线南延伸段、虹梅南路越江隧道、上海全市首条BRT、闵浦三桥等重要交通基础设施纷纷建成通车，奉贤与上海中心城区的经济社会关联度快速提升，实现了半小时覆盖区域核心圈层。奉贤与上海市区的联系更加紧密，公共基础设施的投入加大。

展望未来，在上海着力打造"五个新城"产城融合发展新格局的时代背景下，奉贤新城被纳入上海"十四五"期间重点打造的五个新城之一，"东方美谷"也迎来产业集聚与赋能城市发展的重要窗口期，亟须加快工业结构高质量发展转型步伐,加大新型工业投资力度,实现经济的可持续发展。

从国家和地区的总体经济形势来看,2021年全球疫情仍在持续演变,外部环境更趋复杂严峻,国内经济恢复仍然不稳固、不均衡。海外一些主要经济体在新一轮疫情的影响下,经济活动再次受到冲击。在疫情长期化的背景下,政府将采取积极的财政政策,保持经济运行在合理区间。中期来看,我国加快推进"十四五"规划重大工程项目建设,引导企业加大技术改造投资。在此背景下,基建投资、工业技术改造投资,特别是新基建投资仍将保持着一定的力度,并且也将为平稳经济增长发挥重要的作用。

从奉贤区发展形势来看,《奉贤新城"十四五"规划建设行动方案》指明了前进的方向,即立足"新片区西部门户、南上海城市中心、长三角活力新城",奉贤新城将打造成环杭州湾发展廊道上具有鲜明产业特色和独特生态禀赋的综合性节点城市,形成创新之城、公园之城、数字之城、消费之城、文化创意之都的"四城一都"。功能完备意味着需要进一步升级、配套完善公共服务设施,包括教育、医疗、文化等资源。在功能完备的基础上要实现"职住平衡",保障居民的住房需求,结合产业发展需要,提供多样化的住宅类型,同时对原有住房要开展老旧小区改造计划。此外,生态环境、城市治理、交通设施也要同步进行升级。未来城市规划的实现离不开更多的固定资产投资投入,这也是奉贤区固定资产投资保持稳定增长的基础。

从具体产业项目来看,奉贤区逐步形成了"1+1+X"产业格局,"十四五"期间,预计奉贤区特色产业进一步集聚,东方美谷向"世界化妆品之都"迈进,未来空间成为新片区发展的重要增长极,计划五年累计新增全社会固定资产投资3000亿元。在完成"十四五"规划目标任务的基础上,再奋斗十年,创新活力竞相迸发,经济高质量发展再上新台阶,形成具有国际影响力的支柱产业集群,迈向产业链、价值链高端。

从房地产投资来看,随着交通基础设施建设的完善,奉贤已经融入市区核心通勤圈,同时特色产业发展也吸引着人才不断地流入,地区内房产配置需求持续加大。按照到2035年百万人口的目标,未来15年内,奉贤新城平均每年至少要新增4万人，要满足这些人群的差异化住房需求，房地产仍需要继续保持一定的投资力度，才能真正实现的"商务+居住"新模式。此外，保障性住房也需要同步配套完善，通过新建、配建、改建等方式，保障相关需求。短期而言，在"房住不炒"的政策调控之下，房地产投资短期仍将会面临一定的下行压力，2021年前三季度房屋施工面积同比大幅下滑。调控压力下房地产开发投资的减少将对总体固定资产投资水平和增速产生一定的影响。

从房地产以外的第三产业情况来看，奉贤区正在高水平推进以人为核心的新型城镇化，统筹考虑产业、功能、人口、土地等要素的合理配置，形成一江、一河、一湾、一港"王"字意象发展格局和"1+2+7+4"城镇体系，探索国际化大都市背景下乡村振兴的新样式。文化方面，塑造"文化新地标、演艺新殿堂"，打造南上海文化产业集聚区。此外将借助数字化转型，加快新型基础设施建设，把握新城建设、数字江海、车路协同等契机，共同打造一批创新园区，新城流量企业集聚区，推动政府经济结构、百姓生活方式、社会治理结构和产业方式的改善提升。城乡空间布局、第三产业格局的优化，必然需要持续的固定资产投资的投入。

综合研判，本报告认为2021年下半年固定资产投资仍将保持一定规模，尽管房地产投资在调控政策下有一定的下滑，但工业投资持续增加的内生动力仍然存在。前三季度，奉贤在产业发展、经济活力、乡村振兴、新城建设、生态环境等方面展现出蓬勃活力，保持了高质、高速、高位发展，走在了全市前列，找到了符合个性和特色的产城融合发展新路。奉贤区保持"比、学、赶、超"的势头，预计全社会固定资产投资达到600亿元，增长13%以上，其中工业投资130亿元，增长18%以上。

长期来看，奉贤新城作为上海"中心辐射、两翼齐飞、新城发力、南北转型"空间发展格局中的五个新城之一，面临长三角一体化、自贸区新片区等新机遇，聚焦创新之城、公园之城、数字之城、消费之城与文化创意之都，致力打造成一座"独立、无边界、遇见未见"的未来之城。可以看到，当前宏观政策和城市规划均要求奉贤区进一步加大相关产业固定资产投资力度，才能真正实现"新片区西部门户、南上海城市中心、长三角活力新城"的定

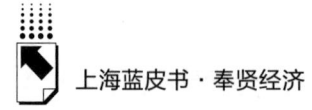

位。因此，在内外经济形势、相关政策环境不发生重大改变的前提下，未来奉贤区固定资产投资有望持续实现相对较快的增长，进而促进奉贤产业转型升级、培育发展新动能，推进奉贤经济社会高质量发展。

参考文献

上海奉贤统计局：《奉贤统计月报（2021年9月）》，https：//www.fengxian.gov.cn/tjj/tjsj/20211020/004001_14286dbd－af76－4036－89df－750f472e85e3.htm，最后访问日期，2021年11月1日。

上海奉贤统计局：《奉贤统计年鉴（2021年）》，https：//www.fengxian.gov.cn/tjj/tjsj/20210922/004002_4a15178d－7cf0－4f9a－9472－27944ceb9dad.htm，最后访问日期，2021年11月1日。

上海市人民政府：《奉贤新城"十四五"规划建设行动方案》，https：//www.shanghai.gov.cn/nw12344/20210409/13b71e3e3590408d80182276cafbc007.html，最后访问日期，2021年11月1日。

B.6
2021~2022年奉贤消费品市场形势分析与研判

邸俊鹏 宋敏兰*

摘　要： 基于奉贤区消费品市场近五年的历史数据，我们对奉贤区消费品市场的发展情况和运行特点进行了分析，并结合上海市建设国际消费中心城市、推进商业数字化转型、打响"上海购物"品牌等政策提出了对策建议。分析结果表明：奉贤区2021年的消费品市场总体复苏痕迹显著，限额以上企业恢复较快；网络消费呈现出稳中向好的发展态势，消费升级步伐加快，高端类产品消费增长抢眼；区域协同、线上线下相融合发展引领消费新风尚，首店落地、品牌首发、商业综合体签约为奉贤未来的商业发展带来了新动力。未来奉贤区还需积极推动商业领域数字化转型，发展直播经济、跨境电商、首店经济，联合商、产、文、旅、体等领域，持续推动消费模式创新，创造消费新热点，助力上海国际消费中心城市建设。

关键词： 消费品市场　国际消费中心城市　数字化转型

消费是经济增长的"主动力"，是最终需求，在国民经济中发挥着基础性作用。2020年下半年以来，在疫情防控进入常态化的大背景下，消费复

---

* 邸俊鹏，经济学博士，上海社会科学院经济研究所、数量经济研究中心副研究员，主要研究方向为计量经济学理论及其在政策评估中的应用；宋敏兰，上海社会科学院硕士研究生，研究方向宏观经济分析。

苏的浪潮也席卷了全国。2020年底中央经济工作会议明确提出，"坚持扩大内需这个战略基点，是2021年要抓好的八项重点任务之一"。2021年上半年，国内消费持续回暖，社会消费品零售总额达到21.2万亿元，同比增长23%，两年平均增长4.4%，最终消费支出对经济增长的贡献率达61.7%，"稳定器"作用突出。2021年6月，商务部印发了《"十四五"商务发展规划》，正文72次提到"消费"，"促进形成强大国内市场"占据了最大篇幅。从提升传统消费、培育新型消费，到升级消费平台、优化流通网络，再到壮大流通主体、创新流通方式，强调全面促进消费，坚持扩大内需，顺应消费升级趋势，促进消费提质扩容。

"发展商业、繁荣消费、建设国际消费中心城市对上海意义重大，是打造国内大循环中心节点和国内国际双循环战略链接的必然要求，是对城市核心功能的叠加和放大"，这是上海市委书记李强对国际消费中心城市建设对于上海的重要战略意义的深度解读。2021年7月，商务部宣布在上海、北京、广州、天津、重庆，率先开展国际消费中心城市培育建设。9月，在前述五城中，上海率先公布了《上海市建设国际消费中心城市实施方案》，力争到"十四五"末，率先建成一座具有全球影响力、竞争力、美誉度的国际消费中心城市。此外7月底，上海还发布了《全力打响"上海购物"品牌 加快建设国际消费中心城市三年行动计划（2021~2023年）》，拟通过消费地标打造、首发经济提质、品牌经济升级、夜间经济点亮、外来消费集聚、商业数字化转型、"上海购物"品牌推广、消费环境优化等八项专项行动，全力打响"上海购物"品牌，加快建设国际消费中心城市。

在政策利好的背景下，消费对上海经济恢复的支撑作用也在继续加强。2021年上半年，上海举办的"五五购物节""六六夜生活节"等重大活动成效显现，带动全市社会消费品零售总额同比增长22.2%。2021年1~8月，上海实现社会消费品零售总额11808.03亿元，比去年同期增长22.2%。2021年在国家和上海市政策的引领下，奉贤区在全力推动经济高质量发展的过程中，围绕打响"买全球、卖全球"奉贤品牌，"打造具有世界级影响力的化妆品消费之城"等目标的具体部署逐一落地，消费品市场得到了复苏，并呈现出持续向好发展的态势。

一 消费品市场的现状分析

（一）商品销售额

疫情常态化背景下，奉贤地区的商品销售额逐渐恢复，增速有较大反弹。2021年1~8月全区实现商品销售额950.1亿元，同比增长21.3%，同比增速相较2020年全年的负增长有较大程度反弹。如图1所示，近五年奉贤区商品销售总额同比增长率经历了先降后升的反弹。2020年受疫情影响，同比增长率为负，在国内疫情得到控制后，2020年下半年消费逐步开始复苏，疫情期间压抑的需要得到一定程度释放。

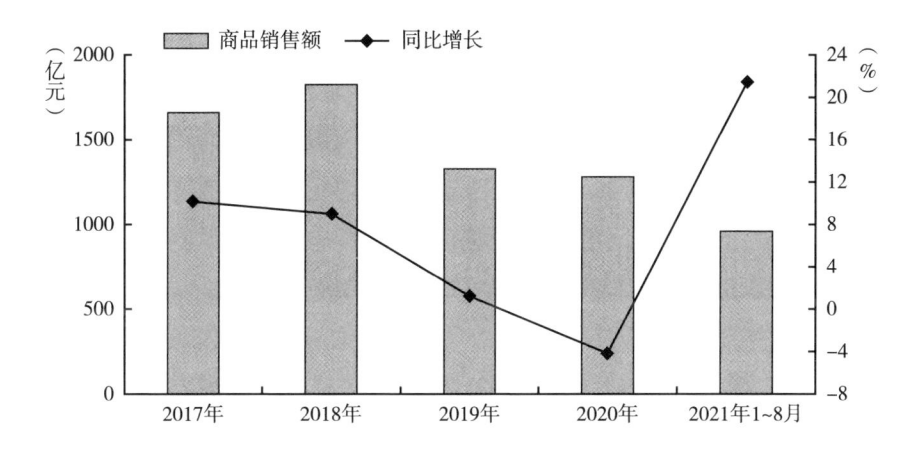

图1 近五年奉贤区商品销售总额和同比增长率

数据来源：历年《奉贤统计年鉴》，奉贤统计月报。

结合图2中的情况来看，总体上2021年奉贤地区商品销售总额和累计增速的月度数据较2020年有较大幅度提升。2021年1~8月，除4月外，其他月份的商品销售总额数据均高于去年同期。其中2021年1月的商品销售总额（143.1亿元）已超过2017年和2018年同期水平；2月、4月、5月实现的商品销售总额十分接近2017年同期水平；3月实现的商品销售总额十分接近2019年同期水平；6~8月实现的商品销售总额略高于2020年同期水平，距离2017~2019年的同期水平仍有较大差距。从累计增速的情况来看，受新冠肺炎疫情影响，2020年第一季度的基数较低，因而2021年第一季度的同比增速相较前4年有较大提升，从第二季度起累计增速有所回落，但相较前4年仍保持较高的增速。综合图1和图2的情况来看，2021年第四季度若能继续保持较高增速，则全年商品销售总额也有望恢复至2019年的水平。

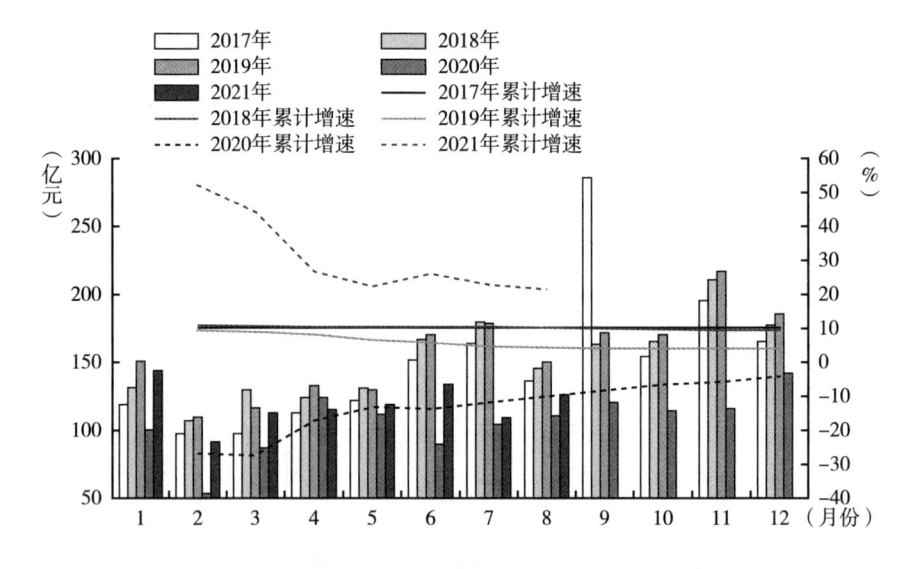

图2 近五年奉贤区商品销售总额和累计增速的月度数据

数据来源：历年《奉贤统计年鉴》，奉贤统计月报。

（二）社会消费品零售总额

与商品销售额变化情况相类似，近五年奉贤地区社会消费品零售总额变化情况，经历了2020年"触底"后，2021年迎来了一定程度的反弹。2021年1~8月全区累计实现社会消费品零售总额380.4亿元，相较去年同期的372.0

亿元有一定提升。从图3可以看出，2020年尽管受疫情影响社会消费品零售总额有一定程度下降，但相比2019年降幅并不显著。2021年1~8月同比增速情况较2020年有较大程度反弹，是近五年中首次实现同比增速超过10%。相比商品销售额变化情况，社会消费品零售总额在近五年中变化较为平稳。

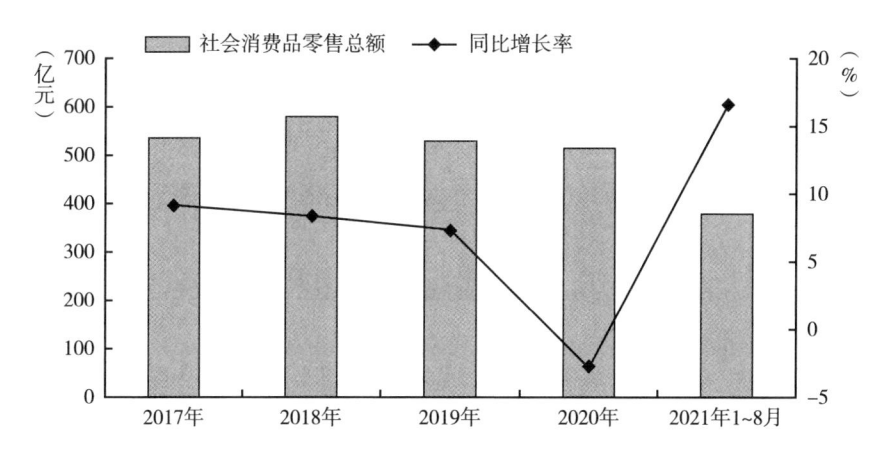

图3　近五年奉贤区社会消费品零售总额及同比增长率

数据来源：历年《奉贤统计年鉴》，奉贤统计月报。

如图4所示，从奉贤地区社会消费品零售总额情况来看，2021年1月和3月的社会消费品零售总额已经显著高于前4年的同期水平；2月的社会消费品零售总额显著高于去年同期水平，但仍略低于2017年、2018年的同期水平；4月、6月、7月的社会消费品零售总额已经恢复至疫情前与2017年、2018年同期相当的水平；5月在第二届"五五购物节"的带动下，社会消费品零售总额恢复较快，已经十分接近2019年同期水平；8月表现不及2020年。从奉贤地区社会消费品零售总额累计增速情况来看，2017~2019年的累计增速相比近两年变化幅度相对较小；2020年在国内疫情得到控制后累计增速情况也在逐月恢复；2021年1~8月累计增速情况也在逐月向2017~2019年的水平靠近，且目前仍表现出较快的增长趋势。综合图3和图4的情况来看，2021年第四季度若能继续保持较高增速，则全年实现的社会消费品零售总额也将有望恢复甚至超越疫情之前的水平。

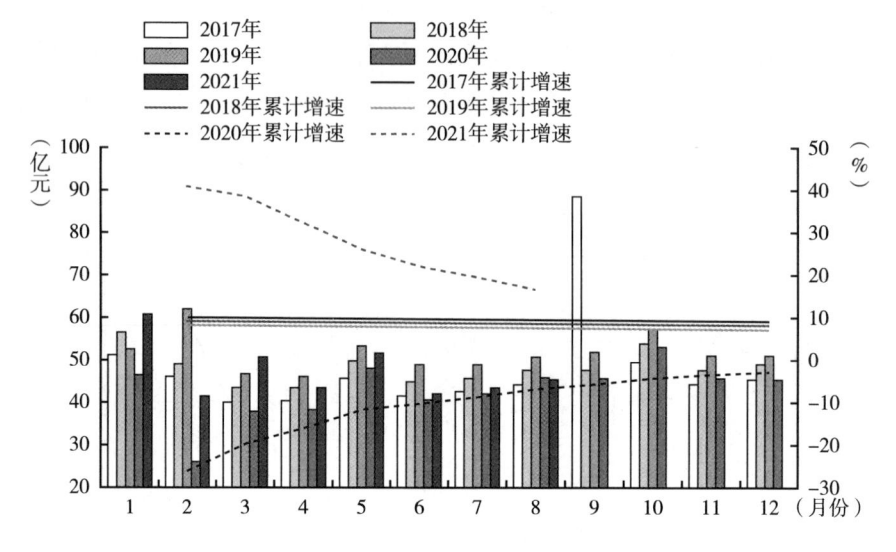

图4　近五年奉贤区社会消费品零售总额及累计增速的月度数据

数据来源：历年《奉贤统计年鉴》，奉贤统计月报。

（三）限额以上社会消费品零售额

2021年奉贤地区限额以上社会消费品零售额增速创近五年新高。2020年尽管在疫情的影响下，较2019年仍有较大增幅。2021年1~8月累计实现限额以上社会消费品零售额128.3亿元，同比增长11.7%，与2017年和2018年全年的水平相当。从图5可以看出，2017~2020年奉贤地区限额以上社会消费品零售额保持着持续增长的态势；2021年前八个月也保持着较高速的增长，2021年第四季度若继续保持较高的增速，则全年的限额以上社会消费品零售额有望持续创造新高点。

从图6月度数据的变化情况来看，奉贤地区限额以上社会消费品零售额在2020年2月受疫情影响较2019年有较大幅度的下降，2020年其余月份较2019年均有较大的增幅。尤其是2020年11月，呈现出显著的峰值。2021年1~8月奉贤地区限额以上社会消费品零售额均显著高于前四年同期水平，其中上半年的6个月相较2020年同期数值均有较大的增幅，7月、8月的增

2021~2022年奉贤消费品市场形势分析与研判

幅相对较小。从累计增速的情况来看，2020年经历了疫情后的逐渐恢复，到2020年12月累计增速已经基本与2017年12月持平，但相较2018年12月的累计增速仍有一定差距。由于受2020年初基数较低的影响，2021年

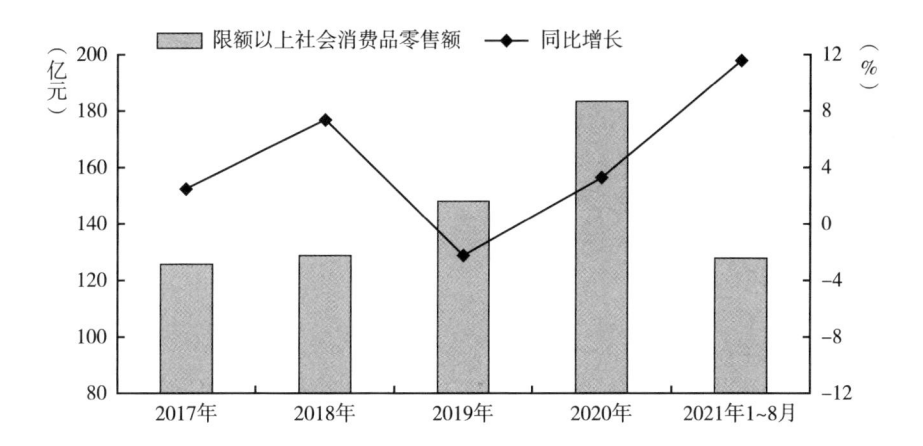

图5 近五年奉贤区限额以上社会消费品零售额及同比增长率

数据来源：历年《奉贤统计年鉴》，奉贤统计月报。

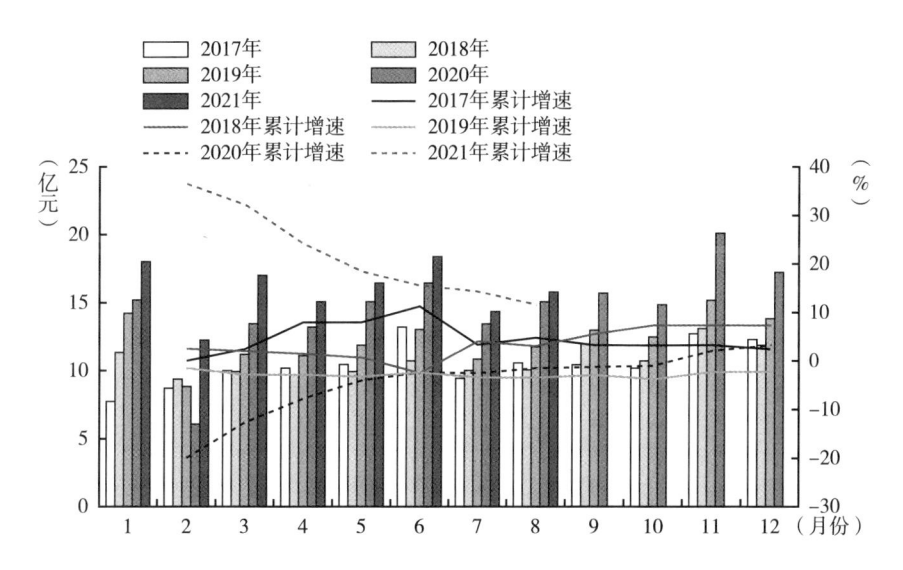

图6 近五年奉贤区限额以上社会消费品零售额和累计增速的月度数据

数据来源：历年《奉贤统计年鉴》，奉贤统计月报。

初累计增速较高，此后3~8月的累计增速逐渐放缓。若2021年第四季度仍旧能延续2020年第四季的增长态势，奉贤地区限额以上社会消费品零售额也将有望迎来进一步的扩张。

（四）通过公共网络实现的商品零售额（限额以上）

因为疫情而快速培养形成的在线消费习惯，促使2020年奉贤地区通过公共网络实现的商品销售零售额（限额以上）迎来了"爆发式"的增长，而这一态势在2021年也得到了延续。2021年1~8月奉贤地区通过公共网络实现的商品销售零售额（限额以上）为51.5亿元，同比增长16.2%。从图7可以看出，2020年奉贤地区通过公共网络实现的商品销售零售额（限额以上）是2019年的2倍，2021年前8个月已实现2020年全年的79.7%。在同比增速方面，尽管2021年1~8月的同比增速相较2020年有所回落，但与近五年的限额以上社会消费品零售额同比增速相比仍属于较高增速。从通过公共网络实现的商品销售零售额（限额以上）占限额以上社会消费品零售额的比重情况来看，近五年比重逐年攀升，从2017年的12.8%攀升至2021年1~8月的40.1%，说明居民通过公共网络方式进行购物的消费习惯得到逐渐培养。

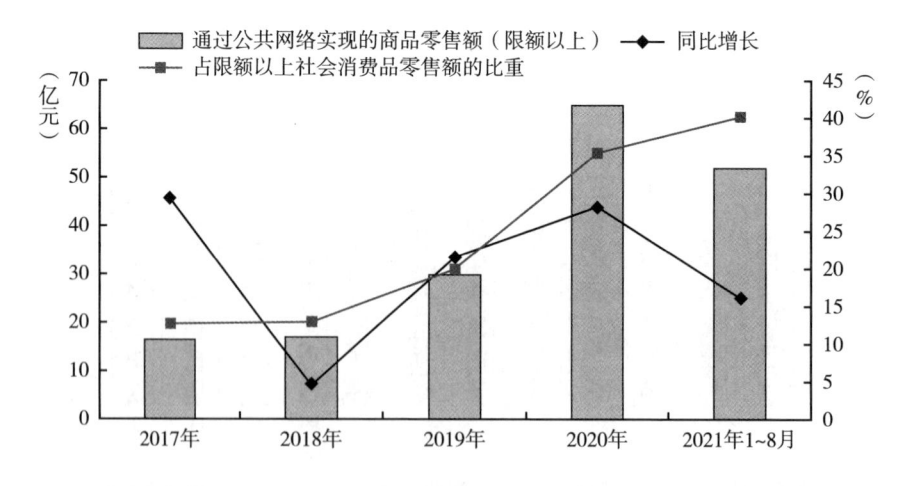

图7 近五年奉贤区通过公共网络实现的商品零售额、同比增长率及其所占比重

数据来源：历年《奉贤统计年鉴》，奉贤统计月报。

2021~2022年奉贤消费品市场形势分析与研判

结合图8的情况来看，2021年前八个月奉贤地区通过公共网络实现的商品销售零售额较前四年同期均有不同程度增长。尤其是在2020年受疫情冲击影响，已经实现较大幅度增长的情况下，2021年1~8月仍旧有较大程度的增长。从总量的变化情况来看，2021年前8个月的月度变化情况与2020年基本保持一致，其中2月增幅最大，1月、6月、7月、8月较2020年也有较大幅度的增长。此外2020年11月的数值也显著高于前三年，是2019年同期的1.8倍，2018年同期的2.8倍，2017年同期的3.3倍。从累计增速的情况来看，2020年的累计增速情况尽管受疫情影响有一定的波动，但自2020年下半年开始，增速逐渐恢复平稳。2021年1~8月的累计增速逐月递减，6月、7月、8月三个月的累计增速表现相对较稳定，累计增速平均值为15.5%。随着居民对线上消费方式的熟悉度和体验度的不断提升，消费习惯逐渐稳定。在保障在线销售产品品质的前提下，通过大数据、人工智能等方式对用户消费行为的分析，形成用户画像、实现精准推送等新型的智能化营销方式的不断应用，有望促进未来奉贤地区通过公共网络实现的商品销售零售额的平稳增长。

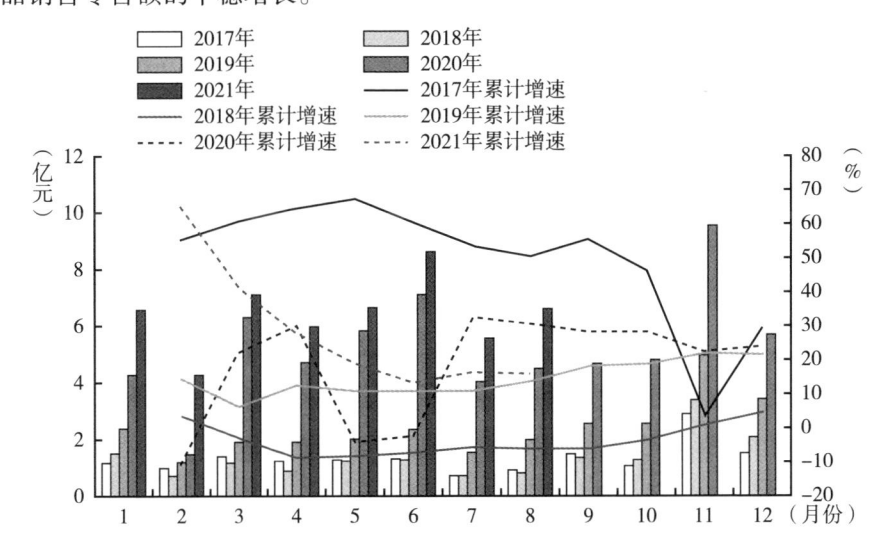

图8 近五年奉贤区通过公共网络实现的商品零售额和累计增速（限额以上）

数据来源：历年《奉贤统计年鉴》，奉贤统计月报。

（五）按主要商品分类限额以上社会消费品零售额分析

按主要商品分类，2021年1~8月奉贤地区限额以上社会消费品零售额排在前三位的为化妆品类（25.3亿元）、汽车类（25.2亿元）和服装鞋帽纺织品类（13.9亿元），其中化妆品类是今年首次出现在奉贤统计月报中进行统计。从图9、图10可以看，化妆品类商品的销售情况与汽车类相近，零售额远超其他类别的商品。在中国2030"碳达峰"和2060"碳中和"的背景下，奉贤区石油及制品类的零售额逐年下降；烟酒类、中西药品类的消费近五年也呈现出逐年下降的趋势；疫情期间居家隔离办公带来的家用电器和音像器材类的消费在2021年有所回落，但仍高于疫情前2019年的水平；服装鞋帽纺织品类零售表现十分稳定，受疫情冲击并不明显，近五年保持较为稳定的增长态势；日用品类的零售额在2018年出现显著的峰值后，近两年逐渐降低；金银珠宝类的零售额2021年1~8月已基本恢复至2019年1~9月的水平。

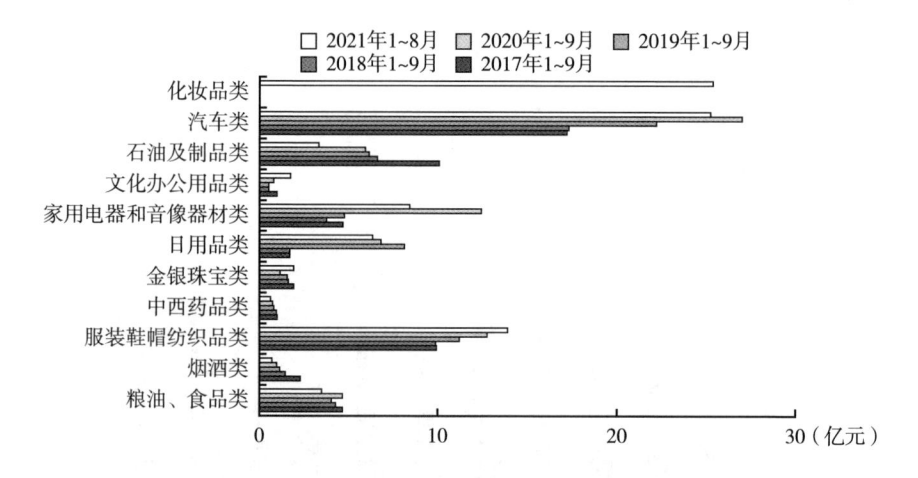

图9 近五年前三季度奉贤区按主要商品分类社会消费品零售额

数据来源：历年《奉贤统计年鉴》，奉贤统计月报。

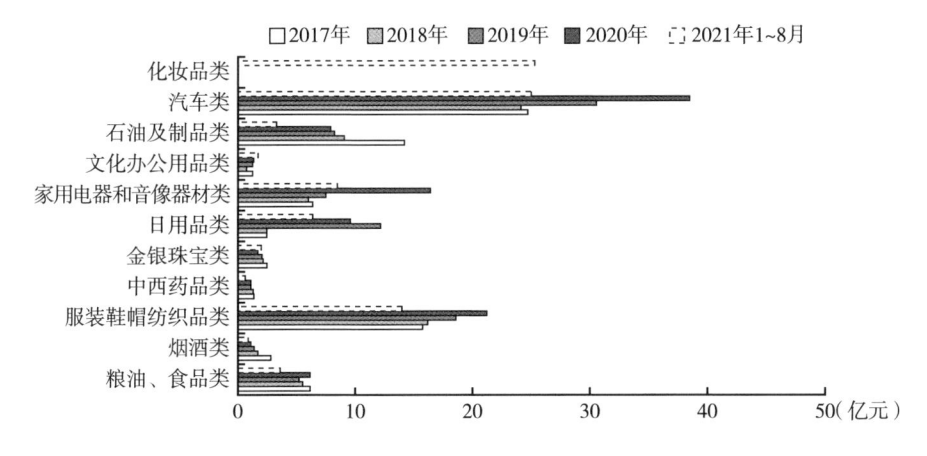

图 10　近五年奉贤区按主要商品分类社会消费品零售额

数据来源：历年《奉贤统计年鉴》，奉贤统计月报。

（六）各镇（区）社会消费品零售总额

近五年奉贤地区的社会消费品零售总额的实现主要集中在南桥镇，零售总额变化相对稳定。从图11和图12可以看出，近五年金汇镇和青村镇的社会消费品零售总额表现较为稳定；西渡街道、工业综合开发区和东方美谷集团近两年较前三年有显著的提升；奉城镇和南方集团的社会消费品零售总额在近两年的降幅较大，庄行镇、四团镇和海湾镇的社会消费品零售总额近两年也有显著下降。

包括南桥镇、工业综合开发区、东方美谷公司以及南方集团等镇（区）的奉贤新城，近两年消费聚集的效应逐渐显现。作为上海重点推进的"五个新城"建设之一的奉贤新城，在2021年4月发布的《奉贤新城"十四五"规划建设行动方案》中明确奉贤新城在消费方面，以建设消费之城为目标，在"十四五"期间拟基本形成具有世界影响力的美丽健康产业体系。具体来看，奉贤新城将依托东方美谷平台，构建完备的研发、中试、生产、销售的美丽健康产业链，打造世界化妆品之都。建设新城商业数字化示范区，发展线上线下新消费、文化消费、健康消费、现代服务消费等，以消费经济提升奉贤新城的国际知名度、城市繁荣度、商业活跃度和消费舒适度。

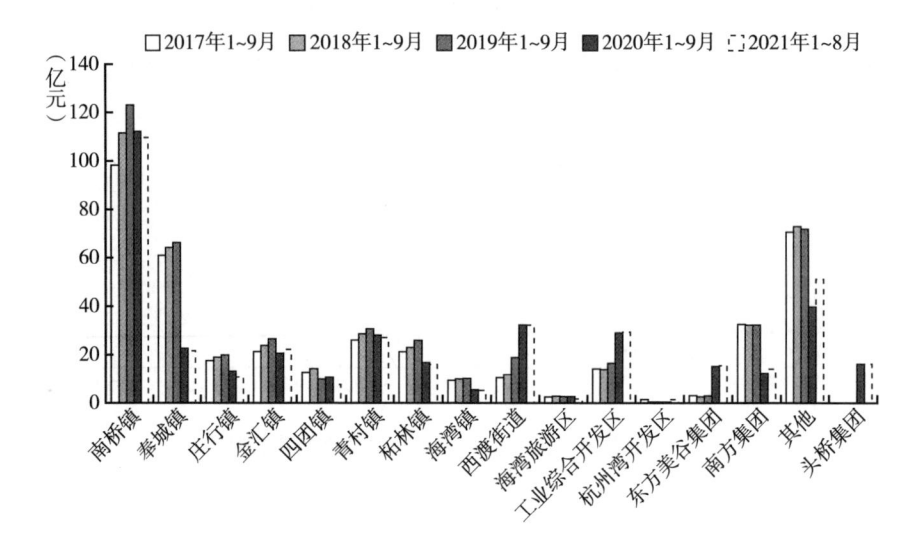

图11 近五年前三季度奉贤区各镇（区）社会消费品零售总额

数据来源：历年《奉贤统计年鉴》，奉贤统计月报。

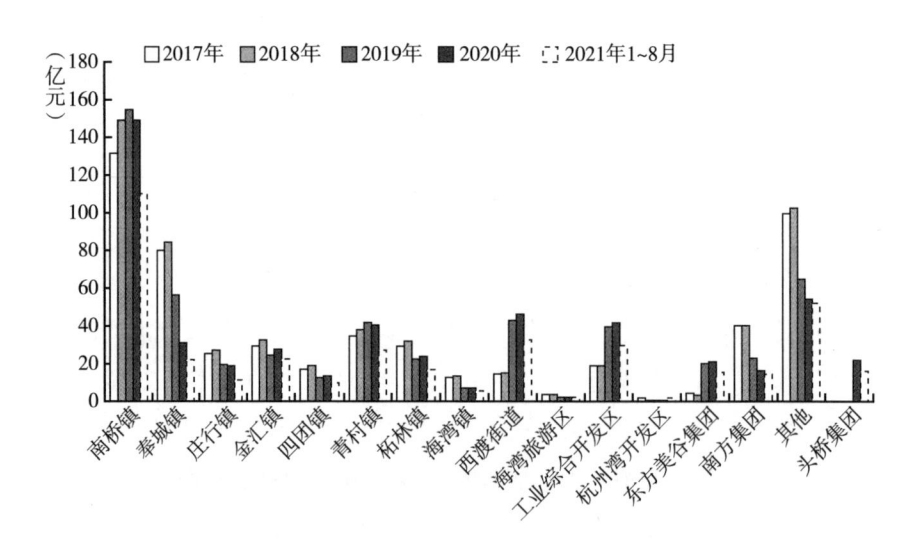

图12 近五年奉贤区各镇（区）社会消费品零售总额

数据来源：历年《奉贤统计年鉴》，奉贤统计月报。

二 2021年消费品市场运行主要特点

（一）消费复苏痕迹显著，限额以上企业恢复较快

2021年5月举办的第二届"五五购物节"有效激发了市场活力、释放了消费潜力。上海市商务委公布的数据显示：第二届"五五购物节"期间，线下消费热度不减，支付端监测全市线下消费4991亿元，同比增长12%；线上消费持续向好，实现网络零售额2905亿元，同比增长14%；上海地区快递揽件量超6.5亿件，同比增长25%。在全市在第二届"五五购物节"的带动下消费逐步复苏，奉贤区2021年五一假期期间，各景区（点）共接待游客302600人次，同比增长147.59%，门票收入115.411万元，同比增长22.42%。

从表1中上海市各区的社会消费品零售额的对比情况来看，2021年上半年奉贤区社会消费品零售额为291.12亿元。在不考虑价格因素变化的前提下，2021年上半年奉贤区实现的社会消费品零售额是2020年全年的0.56，尽管略低于全市平均水平0.57，但高于杨浦、长宁、普陀等市区和青浦、松江、宝山等郊区，说明2021年上半年奉贤区消费复苏的成效相对较快。而从2021年上半年的社会消费品零售额与2019年上半年数值的比值来看，全市平均水平为1.36，奉贤区为0.94，说明在不考虑价格因素变化的前提下，2021年上半年奉贤区消费品市场的销售情况较疫情前仍有一定差距，且低于全市平均水平，因而2021年全年消费品市场的销售情况要想恢复甚至超越疫情前的水平，仍需紧抓2021年下半年上海重点推出的金秋购物旅游季、拥抱进博首发季、网络购物狂欢季和跨年迎新购物季等四大主题营销活动，加强"时令"节庆营销，紧扣重点节日，结合节庆、会展、文旅等推出奉贤特色的活动。

表1　上海市各区社会消费品零售额情况

区县	2021年上半年（亿元）	2020年全年（亿元）	2021年上半年与2020年全年的比值	2019年上半年（亿元）	2021年上半年与2019年上半年的比值
全市	9048.44	15932.50	0.57	6661.44	1.36
浦东新区	1867.52	3183.22	0.59	1177.66	1.59
闵行区	1070.48	1900.24	0.56	558.24	1.92
嘉定区	878.86	1512.95	0.58	672.30	1.31
静安区	789.63	1367.46	0.58	350.26	2.25
黄浦区	783.98	1366.36	0.57	424.03	1.85
徐汇区	599.83	1072.31	0.56	324.70	1.85
宝山区	415.68	780.83	0.53	350.61	1.19
普陀区	351.22	658.90	0.53	321.60	1.09
杨浦区	338.08	649.54	0.52	273.40	1.24
松江区	327.60	604.73	0.54	318.76	1.03
长宁区	295.13	542.14	0.54	175.71	1.68
奉贤区	291.12	516.73	0.56	310.50	0.94
青浦区	286.02	519.08	0.55	295.99	0.97
虹口区	225.02	398.61	0.56	166.70	1.35
金山区	217.73	391.33	0.56	269.48	0.81
崇明区	70.07	128.41	0.55	67.43	1.04

数据来源：奉贤统计月报；浦东统计月报。

（二）网络消费稳中向好，升级类消费增幅明显

经过2020年疫情期间网络类消费的"爆发式"增长，2021年延续了疫情前较为温和的增长态势。因疫情培养形成的消费习惯，为网络类消费的稳定增长奠定了坚实基础。从奉贤区经济委员会对全区重点商业企业的抽样统计数据来看，如图13所示，2021年上半年奉贤区网络购物类销售波动情况较去年平稳了许多。尽管今年3月较去年同期销售额有所下降，但其他五个月份都比去年同期有所上升。从同比增速情况也能看出，除3月外，2021年上半年网络类购物的增速总体上仍保持较高的速度。受疫情的影响，2020年2月的数据较低，而3月出现了集中式的反弹，进而影响2021年同比增速的波动，以及2021年2月同比增速过大，而3月同比增速过低。结合图7

和图8中通过公共网络实现的商品销售零售额（限额以上）的变化情况也能看出，2021年奉贤区网络消费情况持续保持着稳中向好的发展态势，居民消费中通过公共网络进行消费的占比逐渐攀升。

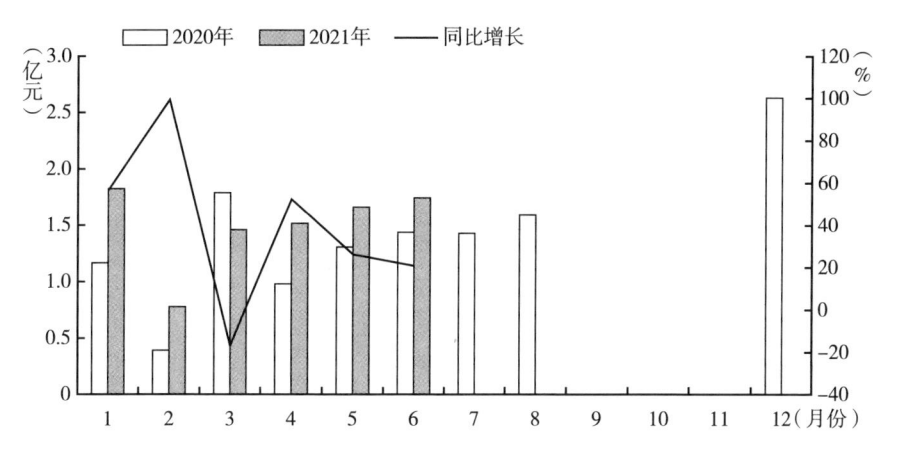

图13　近两年奉贤区网络购物类销售额

数据来源：奉贤区经济委员会。

首届"五五购物节"刺激效应最高的门类主要包括母婴用品、电子产品、家居建材等家居生活类，而2021年珠宝饰品的刺激作用表现突出，更体现了消费提质升级。从上海市商务委发布的重点样本企业监测数据来看，第二届"五五购物节"期间230家大型商业企业实现营业收入795亿元，同比增长14%。从品类看，高端商品销售同比增长49%，金银珠宝销售同比增长28%，化妆品销售同比增长14%，食品销售同比增长16%，汽车销售同比增长12%。从图9和图10中也可以看出，2021年1~8月奉贤区限额以上社会消费品零售额主要体现在化妆品类、汽车类和服装鞋帽纺织品类等方面；而增速较快的主要是文化办公用品类（116.6%）、金银珠宝类（76.0%）、服装鞋帽纺织品类（26.9%）、化妆品类（21.3%）；汽车类的零售额为25.2亿元，同比去年同期增长10.2%。随着居民收入水平的不断提升，奉贤区消费升级的步伐正在加快，因而今后消费供给端应更加注重顺应居民消费升级的趋势，提供更优品质的商品和服务。

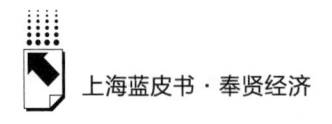

（三）线上线下融合发展，长三角联动引领消费潮流

通过举办线上线下融合、新潮划算的购物盛宴，奉贤区实现聚人气、汇商流、促消费。基地直采、社区团购、社群消费、直播带货等新兴的商业模式，带动在线经济的持续扩张，线上反哺线下也促成了消费体验的融合，供应链效率的提升以及消费场景的延伸。在第二届"五五购物节"期间，奉贤区举办了以"绿色奉贤、美味奉献"为主题的农产品推荐会，20多家奉贤本地优质农产品企业、合作社带来了蔬菜、菌菇、鸡蛋、大米等最优惠的特色农产品。依托淘宝直播、抖音等平台开展精准营销，借助互联网平台，推动线上流量反哺线下实体消费。商业企业通过线上线下联动，推出的直播带货、社群营销、满减促销等折扣优惠活动，为消费者带来"满满实惠"的同时，也进一步提升了消费繁荣度和商业活跃度。

第二届"五五购物节"实现了消费破圈。"沪苏同城化消费""买遍长三角"等活动，突破了行政区划的边界，也树立了"上海建设国际消费中心城市"的核心地位和品牌形象。奉贤立足"新片区西部门户、南上海城市中心、长三角节点城市"发展定位，以"新奉贤 享美购 惠生活"为主题，推出线上线下活动50余场，且活动全程与长三角联动。奉贤区的"美谷美购"作为东方美谷集团旗下汇集大牌跨境直购、国货精品优选为一体、线上线下相结合的美妆新零售平台，融入了直播、培训、带货、明星等元素，开展化妆品、日用品、宠物食品为主的展示、销售、体验，让奉贤市民在家门口体会到线下体验、线上购买商品的乐趣。奉贤与杭州拱墅区、南京建邺区举办长三角品质市集，美谷美购江苏首店签约落户常熟凤凰城，参与线下长三角品质生活周，线上三地联动直播，开启"云上购物季"，共同营造长三角联动办节氛围。

（四）商业地标+首店首发，助力上海国际消费中心建设

2021年，奉贤区以建设国际消费中心城市为目标，积极推动区内商业综合体持续发力，培育和发展区内首发首店经济，增强本土品牌竞争活力。

在商业地标的打造方面，奉贤聚焦新城辐射能级，发挥商旅文联动特色，购物节期间在上海之鱼举办了花开2021年上海（国际）花展上海之鱼会场，与九棵树未来艺术中心、奉贤博物馆、美谷美购广场、东方美谷JW万豪酒店形成联动效应，共同打造南上海活力新城名片。在2021年9月13日举办的上海重点消费地标和品牌首店签约仪式上，奉贤区与万达代表就富力万达广场项目签约。作为奉贤轨交五号线上盖项目，富力万达广场位于五号线奉浦大道站，由万达广场商业综合体和富力星光街组成，为南桥居民打造一站式TOD购物娱乐休闲中心。此外，奉贤新城还聚集了南方国际圆心汇项目、美谷美购广场项目、上报传阅坊项目、龙湖天街项目、绿地GIC项目等多个已待建高能级商业项目。借助这些高端综合商业体，奉贤区商业品质将得到不断提升，新兴的消费热点也随之不断汇聚，未来将形成奉贤商业发展的新动力。

在首发首店经济方面，奉贤区不断创新业态模式，聚焦特色商业品牌资源与特色人文旅游资源的整合，连锁溢出效应正逐步显现。中商数据统计显示，2021年上半年上海全市新设备类首店513家，同比增长60.3%，基本恢复至疫情前水平，全年首店数量有望突破1000家。零售、餐饮、服务与娱乐首店占比分别为24.3%、63.4%和12.3%，其中全球或亚洲首店6家，全国首店69家，国际品牌占比约15%，日本、美国、法国、韩国、英国和意大利是最主要的六大来源地。奉贤区在2020年落户了喜茶、盒马mini、特斯拉、中版书局、大隐书局等一批区域首店，对购物中心、卖场超市、专业专卖等线下为主的消费业态带来了新的消费亮点。2021年奉贤区继续加大力度引进首店、旗舰店、海派和老字号品牌，培育特色小店，尊重历史沿袭，打造具有全市影响力和新城特色的购物打卡地。JW万豪酒店、大白兔全球首店、一尺花园、MANNER COFFEE、新南华、先启半步颠小酒馆、多乐之日、陈香贵等众多知名品牌已落户各大文商地标。新华书店"书的庭院"、胡桃里音乐酒吧、王鼎精致料理等新业态也逐步会呈现在消费者面前。首店、首发、首秀作为区域消费的新热点，联合商业地标综合体集聚区域品牌，为奉贤居民带来商业新体验的同时，也

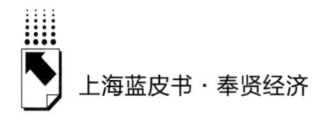

为全面打响"上海购物"品牌，助力上海国际消费中心建设贡献奉贤力量。

三 2022年消费品市场研判

通过上述分析可以看出，在新一轮全力打响"上海购物"品牌，加快建设国际消费中心城市的背景下，奉贤区2021年的消费品市场总体来看复苏痕迹显著，从增速变化的情况来看也正逐步向疫情前的平均增速水平收敛。2021年奉贤区商品销售总额和社会消费品零售增速迅速反弹，限额以上企业恢复较快。网络消费呈现出稳中向好的发展态势，消费升级步伐加快，高端类产品消费增长抢眼。区域协同、线上线下相融合发展引领消费新风尚，首店落地、品牌首发、商业综合体签约为奉贤未来的商业发展带来了新动力。随着国内疫情防控形势平稳可控，餐饮、零售、文化娱乐、旅游等服务类消费将持续显著改善，预计2021全年社会消费品零售总额将恢复至疫情前的水平，即与2019年相当的水平。

人口方面，上海市第七次全国人口普查主要数据公报中的数据表明，截至2021年11月1日零时，上海市常住人口为2487.1万人，较十年前增长8.0%。其中奉贤区常住人口为114.1万人，占全市人口的比重为4.6%，较2010年下降0.1%。收入水平方面，《2020年上海市国民经济和社会发展统计公报》中的数据显示，2020年全区居民人均可支配收入为49439元，同比增长4.3%。从图14中也能看出，与全市相比，近10年奉贤区城镇居民的人均可支配收入与全市的差距进一步加剧，而农村居民的人均可支配收入水平自2016年起就显著高于全市平均水平。

综合来看，尽管奉贤区占全市人口的比重较10年前有所下降，城镇居民人均可支配收入也不及全市平均水平。但奉贤区房价水平相对较低，随着奉贤新城建设的步伐不断加快，奉贤在商业、人文、绿化、交通、教育、医疗等方面的基础设施将不断完善，在奉贤安居的吸引力将逐渐凸显。人口的增长将进一步提升奉贤区的消费品市场继续向好发展的韧性，而直播经济、

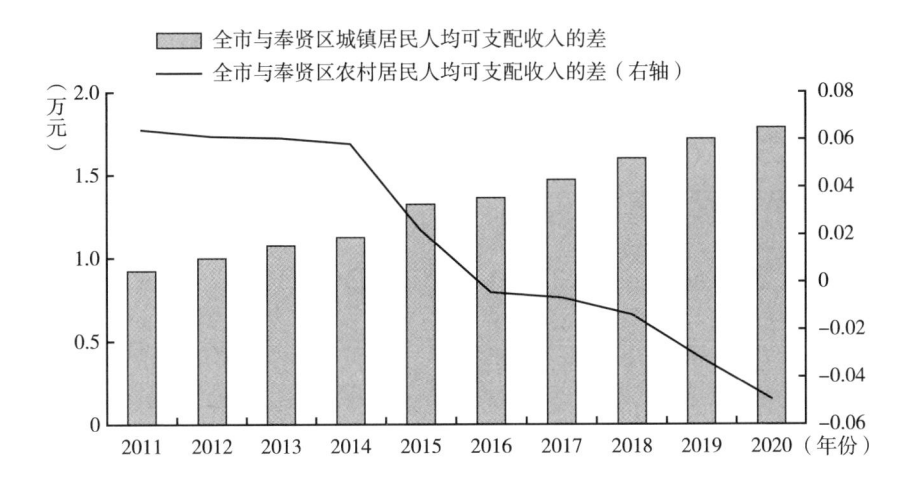

图 14 近十年全市和奉贤区人均可支配收入差距情况

数据来源：历年《奉贤统计年鉴》、历年《上海统计年鉴》、2020 年上海市国民经济和社会发展统计公报。

首店经济、文旅地标等新的消费亮点对提升消费活跃度大有助益，因此综合来看，奉贤区未来消费品市场持续保持增长动力十足，预计 2022 年奉贤区的社会消费品零售总额将延续疫情前的增速。

四 对策建议

（一）增强数字技术应用，创建商业数字化示范区

随着 5G、大数据、区块链、人工智能、云计算、虚拟现实等技术在商业场景的融合应用程度不断加深，出现了智慧零售、智慧餐厅、智慧菜场、社交电商、数字人民币等一系列消费新业态、新模式、新亮点。2021 年上海市商务委发布的《上海市推进商业数字化转型实施方案（2021～2023 年）》中明确提出支持五个新城创建"新城商业数字化示范区"，推动数字技术在实体商业中的融合应用，从供给端来看，数字技术的应用一方面有利于传统实体商业吸引消费者，在产品、业态和服务等方面为消费者提供更加

优质的消费体验；另一方面，也有利于商业企业及时跟踪消费者需求变化，不断调整产品结构、丰富场景搭建以及优化服务方式。对于消费者而言，实体商业的数字化转型能够带来更加便利、新颖的消费体验，能够在很大程度上激发出消费者的消费意愿，进而为促消费、扩内需注入动力。奉贤今后可继续发挥好在直播经济、跨境电商等方面的优势，通过数字化技术的应用实现线上线下融合发展。在数字贸易、贸易数字化、数字供应链、实体商业数字化、新零售、口岸数字化等方面开展商业数字化转型试点，将商业数字化转型的重点领域和方向融入奉贤新城的建设中，力争率先创建"新城商业数字化示范区"。

（二）直播+跨境双轮驱动，助力上海国际消费中心城市建设

艾媒咨询的数据显示，2020年中国在线直播行业用户规模达到5.26亿人，市场规模突破9000亿元。随着直播经济的日益火爆，直播电商、跨境电商正重塑新零售的销售渠道，改变生产到消费者之间的流通渠道和产业链条。借助直播经济的发展优势，奉贤将打造全球美妆直播电商之都，实现产业的溢出效应。作为数字经济和直播经济的领军企业，盘石集团始终致力于以直播电商、跨境电商改变新零售业态，重塑产业链上下游格局，搭建消费者和生产者之间最直接畅通的桥梁，促进线上销售，刺激新消费，推动奉贤实体经济和中小企业的转型升级。在直播经济方面未来奉贤要抢抓全球化妆品行业飞速增长、上海打造国际时尚之都等契机，进一步放大东方美谷品牌影响力，坚持"产业品牌"变"城市品牌"，按照产城融合发展理念，以项目引领、规划服务方式，推动企业、品牌、海内外线上线下体验平台集聚，推动奉贤打造全球美妆直播电商之都。同时也要注重把关直播带货中商品的质量，提升消费者维权便利性。在跨境贸易方面，奉贤要坚持问题导向、项目导向，理清企业难点、痛点、堵点，吸引越来越多的电商龙头企业集聚，共同推动贸易新业态、新模式发展，有针对性提升化妆品贸易便利化水平，优化跨境支付结算服务，切实在贸易便利化上先行先试，助力上海国际消费中心城市建设。

（三）持续推动首店经济发展，打造区域消费新热点

首店经济是指一个区域利用特有的资源优势，吸引国内外品牌在区域首次开设门店，使品牌价值与区域资源实现最优耦合，以及由此对该区域经济发展产生积极影响的一种经济形态。2018年，首店经济一词在上海首店宣传中被首次提及，上海将首店经济视为打响"上海购物"品牌的一张亮丽名片。此后，上海、北京、成都、西安、南京等多个城市出台城市首店发展措施与政策。2019年，国家层面首次提到要因地制宜吸引知名品牌开设首店、首发新品，带动扩大城市消费，促进国内产业升级。中商统计数据显示，2020年上海共引入各类首店909家。首入中国市场就扎根上海的首店比例为14.3%。上海凭借强大的消费潜力和活力，始终是国外品牌进驻中国市场的第一站，并且过去几年进驻上海的各类首店品牌有五成以上开出了后续门店。"首店经济"对于增强城市空间活力、繁荣城市街道与商业、增加城市消费空间和消费供给的作用将日益凸显。在首店经济在上海蓬勃发展的背景下，2021年大白兔全球首店在奉贤新城开业，为奉贤区拓展消费体验，为奉贤首店经济按下了快车键。未来奉贤还需坚持"顶流+潮流"，吸引培养自带流量的团队，打造新青年集聚地和新消费爆发地。持续把首发、首秀、首店、首创、首映、首演作为顺应消费升级，释放居民消费潜力，增强品牌竞争力，培育区域消费新热点的重要抓手，形成连锁溢出效应。

（四）商产文旅体联合发力，全方位促进消费提质扩容

2021年9月上海市人民政府办公厅印发的《上海市建设国际消费中心城市实施方案》中，提到了上海要从"打造国际美食之都、扩大文旅休闲消费、丰富体育消费、发展提升健康养老消费"等方面推动多领域服务消费提质扩容。商业与文化、旅游、体育、健康、养老等多行业融合发展，有利于进一步挖掘居民消费潜力，对丰富消费品市场供给，营造联动式消费生态，全方位促进消费提质扩容，放大消费促进的规模效应和整体优势等方面都大有助益。在扩大文旅休闲消费方面，奉贤区借力网红效应，正在着力打

造上海之鱼公园旅游文化产业消费链。此外，基于奉贤博物馆、九棵树（上海）未来艺术中心等地标建筑的消费生态也正在形成。未来奉贤还需继续基于奉贤生态人文特色，联合商业基础设施，打造高品质生态绿核与文化消费生态，努力实现区域内旅游全要素建设。在促进丰富体育消费方面，奉贤都市运动中心还在装修建设中，建成后还需加强普及全民健身和体育观赏，积极探索体医融合、体教结合的新型体育商业综合体模式，力争打造国家级的体育产业示范基地。在发展提升健康养老消费方面，奉贤区作为全国智慧养老示范基地，在智慧养老方面已有诸多先行试点，未来还可以在发展定制化健康体检、私人健康管理等健康服务，开发具有中医药健康特点的旅游产品等方面积极进行先行探索，丰富养老服务供给，发展健康旅游消费，推动消费提质扩容。

参考文献

奉贤区经济委员会：《2021年6月奉贤区消费市场运行综合分析》，https：//xxgk.fengxian.gov.cn/art/info/3447/i20210806 - dli6hsscyy2eniwil3，最后访问日期：2021年10月10日。

《【东方卫视】五五购物节直播带货火爆，盘石助力奉贤打造"全球美妆直播电商之都"》，https：//www.163.com/dy/article/G9ARSUPN0538N001.html，最后访问日期：2021年10月10日。

《第二届"五五购物节"成绩单公布：线上线下消费7896亿元》，https：//baijiahao.baidu.com/s?id=1705267890575745454&wfr=spider&for=pc，最后访问日期：2021年10月10日。

《跨境购都在买什么？奉贤综保区跨境电商单量最高的居然是这类》，https：//sghexport.shobserver.com/html/baijiahao/2021/08/28/523635.html，最后访问日期：2021年10月10日。

《庄木弟主持召开专题会议 研究建设国际消费中心城市事宜》，https：//sghexport.shobserver.com/html/baijiahao/2021/08/04/503321.html，最后访问日期：2021年10月10日。

上海市商务委员会：《第二届"五五购物节"取得圆满成功，成绩单来了》，https：//baijiahao.baidu.com/s?id=1705353949420672826&wfr=spider&for=pc，最后访

问日期：2021年10月10日。

文汇报：《上海梳理出首批24个商务数字化转型重点项目，推出7个应用场景》，https：//wenhui.whb.cn/third/baidu/202109/02/422252.html，最后访问日期：2021年10月10日。

《上海奉贤全力推动经济高质量发展》，https：//baijiahao.baidu.com/s？id＝1703945080191638443&wfr＝spider&for＝pc，最后访问日期：2021年10月10日。

B.7
2021~2022年奉贤对外经济形势分析与研判

李世奇　谢骏鸣*

摘　要： 2021年奉贤对外贸易充分抓住国际国内双循环的重要机遇，积极应对全球疫情反复带来的影响，前八个月奉贤进出口总值为712.7亿元，同比增长27.0%，相比去年同期同比下降1.0%，增速呈现大幅回升的态势，其中出口总值为397.1亿元，同比增长41.6%，进口总值为315.6亿元，同比增长12.4%，出口重新成为奉贤对外贸易增长的主力军。奉贤综合保税区依托政策红利，跨境电商迅速发展，成功打开奉贤跨境贸易新局面。奉贤在吸引外资和落实外资上波动加大，2021年前九个月奉贤吸引外商直接投资的合同金额为11.7亿美元，同比下降17.1%，实际到位金额为2.57亿美元，同比增长2.0%，中外合作投资服务业项目成为外资增长的新动力。总之，随着数字贸易的快速增长、长三角一体化的深入推进、临港新片区的跨越式发展，奉贤对外经济的综合实力与能级将不断增强。

关键词： 对外经济　货物贸易　外商直接投资

---

* 李世奇，经济学博士，上海社会科学院数量经济研究中心助理研究员，主要研究方向为宏观经济增长与科技创新政策评估；谢骏鸣，上海社会科学院经济研究所西方经济学博士研究生，主要研究领域包括：计量经济建模与经济决策分析、科技统计、电力统计。

一 奉贤对外贸易的主要特点

（一）疫情影响外贸前高后低，出口表现相对出色

在2020年年初新冠肺炎疫情突袭而至形成的低基数效应与东南亚地区疫情反复导致出口订单的回流效应影响下，奉贤对外贸易在2020年同比增长3.8%的基础上出现了较大幅度的提升，但总体呈现前高后低的走势，2021年前两个月，奉贤进出口总值为161亿元，同比增长41.5%，而前8个月奉贤进出口总值达到712.7亿元，同比增长27.0%，上海进出口态势较去年也有较大幅度的提升，但总体走势较为平稳，增速维持在较高的水平，上海进出口总值前8个月同比增长17.1%（见图1）。尽管2020年奉贤在对外贸易上的表现与上海的平均水平较为相似，但是在今年上半年的增速则高于上海近9个百分点，明显好于上海的平均水平，可见东南亚订单的回流效应对奉贤的影响更大，奉贤对外贸易的弹性高于上海，但从下半年开始奉贤进出口总体态势有向上海平均水平回归的趋势，说明低基数效应的边际贡献在减弱。

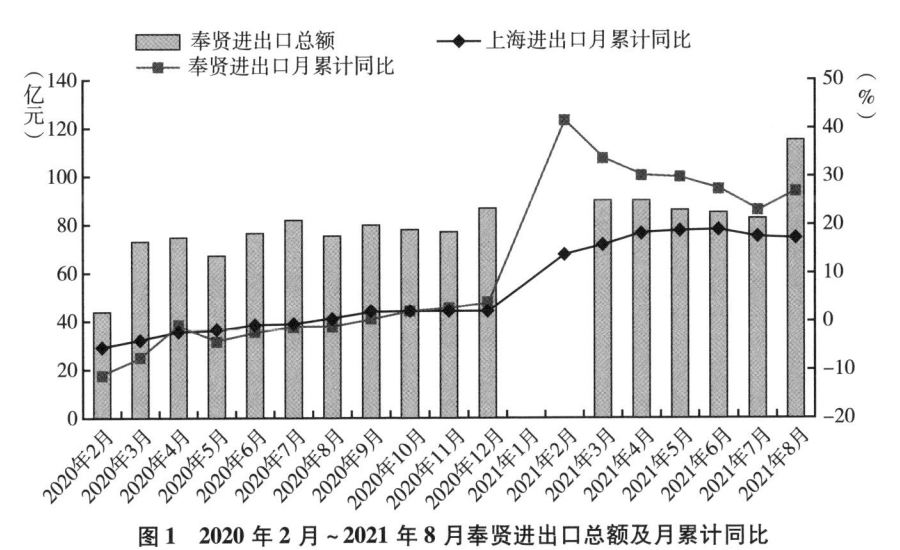

图1 2020年2月~2021年8月奉贤进出口总额及月累计同比

数据来源：奉贤统计月报。

注：2021年1月无数据公布，2月公布数据为1月和2月的累计值，无当月进出口总额数据。下同。

2021年前8个月，奉贤出口与进口的走势开局相似，但后续表现相去甚远，进口同比增速的下降速度要远远高于出口同比增速的下降速度。2021年前8个月奉贤出口总值为397.1亿元，同比大幅增长41.6%，而2020年同期的增速为-7.3%（见图2）。上海的出口同比增速则从去年同期的1.3%回升至10.4%，说明奉贤出口积极消化了去年疫情带来的不利外贸影响，呈现强劲的复苏态势，上海的外贸出口表现从上半年来看也非常出色，但奉贤出口的弹性明显更高，说明奉贤由于制造业为主的产业结构与工业制成品为主的贸易结构，受到疫情瞬时冲击的负反馈效应更加剧烈，但是一旦走出疫情影响，恢复速度也会更快，尤其是周边国家和地区疫情反复，跨国公司在东南亚国家的订单大幅回流国内，外资企业对奉贤经济复苏态势看好，出口出现了报复性的反弹。相比较而言，进口的表现略显逊色，2021年前8个月奉贤进口总值为315.6亿元，同比增长12.4%，而2020年同期的增速为6.3%（见图3），2月的大幅回升主要是受去年低基数的影响，同比增长28.1%，3月奉贤的进口增速达到年内最高点，同比增长29.6%，而后逐月回落，5月同比增速降至24.5%，6月降至20.5%，进入下半年，进口增速下滑幅度进一步加剧。而上海前8个月的进口同比增速则从去年同期的-0.1%回升至21.6%，同比大幅提升，上海进口增速进入下半年也整体维持在20%以上的水平，可见奉贤2021年进口的表现要明显弱于上海的平均水平，说明奉贤进口仍然受到全球疫情反复以及自身产业结构调整的影响，进口增速的逐月回落也是造成奉贤进出口贸易前高后低的主要原因。

从中长周期来看，奉贤对外贸易的波动性正在降低，2019年增速处在近十年以来的相对底部位置，2020年开始出现反弹，2021年的反弹继续延续，但由于全球疫情的前景仍然不明朗，贸易往来和人员往来的便利性仍然受到较大阻碍，气候异常和能源紧张造成不可控风险加大，全球产业链、供应链的脆弱性仍然在进一步放大，东南亚地区疫情好转后，回流订单再次流出，对奉贤2021年四季度与2022年总体的进出口贸易造成较为不利的影响，预计2022年奉贤进出口增速会进一步放缓，并且由于2021年上半年出口的高基数，2022年上半年的增长幅度可能会偏低。从净出口来看，2021年前8个月，奉贤净出口总值为81.5亿元，较去年同期的-0.4亿元有较大幅度提升。2020年全年奉贤净出口总值占奉贤地区生产总值比重为0.12%，连续7年下降，与2015年前后20%以上的占比水平相比大幅降低（见图5）。

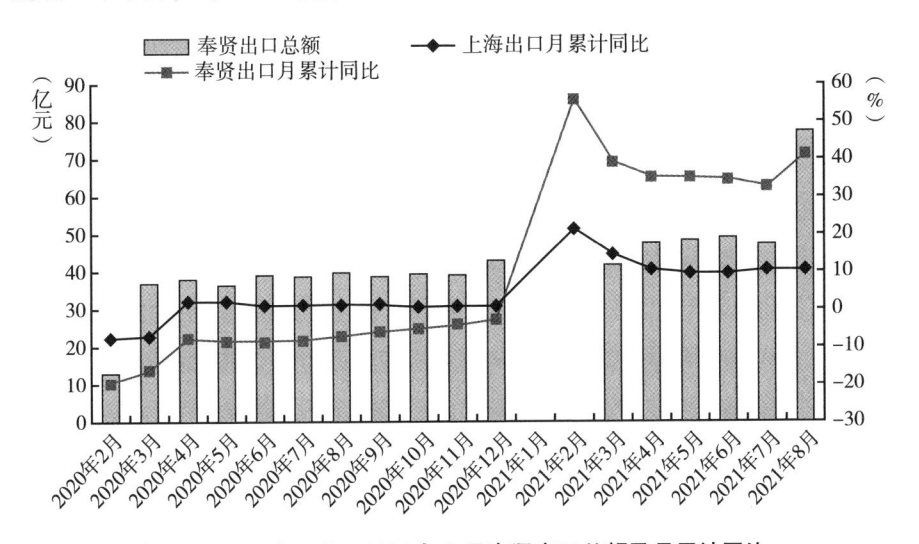

图2　2020年2月~2021年8月奉贤出口总额及月累计同比

数据来源：奉贤统计月报。

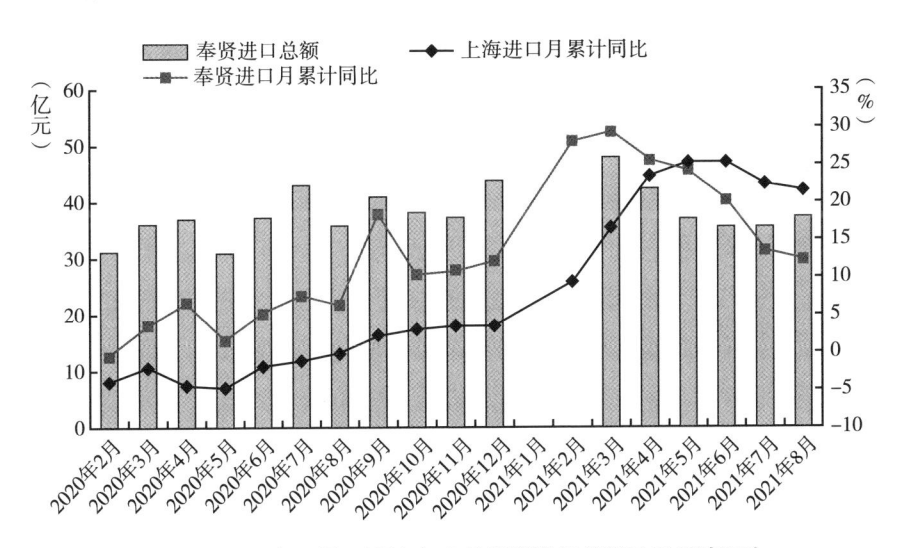

图3　2020年2月~2021年8月奉贤进口总额及月累计同比

数据来源：奉贤统计月报。

从2021年全年来看，出口的增速会有所收窄，但整体预计能维持10%以上的增速，而进口由于2020年下半年的高基数，增速将进一步放缓至个位数，以现有出口与进口的增速趋势分析，结合全球疫情发展、主要国家货币政策调整以及周边国家产能恢复进度的影响，2021年奉贤的净出口将出现七年以来的首次反弹，贸易顺差的规模有望扩大，净出口对奉贤经济增长的推动力将更加强劲。

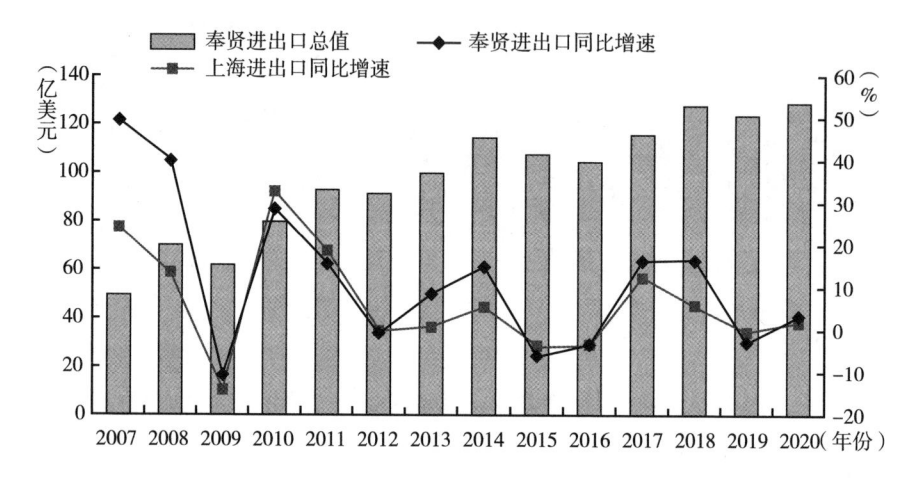

图4 2007~2020年奉贤进出口总值及同比增速

数据来源：奉贤区统计年鉴。

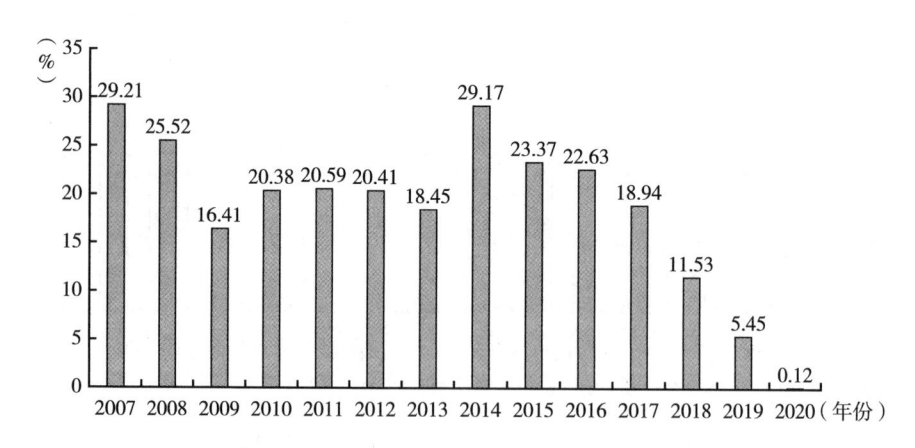

图5 2007~2020年奉贤净出口占GDP比重

数据来源：奉贤区统计年鉴。

（二）对外贸易依存度有所提升，出超状态继续保持

通过比较2020年上海各区的对外贸易情况，可以看出奉贤无论出口的增速还是进口的增速均处在中游的水平。在上海郊区中，2020年奉贤883.2亿元的进出口总额低于松江的2900.0亿元、闵行的2166.0亿元和嘉定的1310.5亿元，高于宝山的856.2亿元、金山的773.5亿元、青浦的707.4亿元和崇明的112.5亿元，而奉贤3.8%的进出口同比增速则低于崇明的29.5%、松江的10.0%，高于闵行3.2%、嘉定的-3.7%、青浦的-8.0%和宝山的-9.5%。奉贤442.3亿元的出口总额低于嘉定的648.2亿元，高于青浦的390.5亿元、宝山的256.8亿元、金山的376.6亿元和崇明的75.7亿元，而奉贤-3.3%的出口同比增速则低于崇明的57.2%、金山的-0.1%、嘉定的-2.9%，高于青浦的-9.5%和宝山的-10.7%。奉贤440.9亿元的进口总额高于崇明的36.8亿元，低于嘉定的662.3亿元和宝山的599.4亿元，高于金山的396.6亿元和青浦的316.9亿元，而奉贤12.0%的进口同比增速则高于金山的0.2%、嘉定的-4.4%、崇明的-5.0%、青浦的-6.0%和宝山的-9.1%（见表1）。

表1　2020年上海各区对外货物贸易主要指标分布

地区	进出口总额（亿元）	进出口同比增速(%)	对外贸易依存度(%)	出口总额（亿元）	出口同比增速(%)	进口总额（亿元）	进口同比增速(%)
奉贤区	883.2	3.8	74.2	442.3	-3.3	440.9	12.0
浦东新区	20938.0	2.0	158.5	7137.9	0.1	13799.7	3.1
黄浦区	817.8	2.2	31.1	236.8	7.6	581.0	0.2
徐汇区	888.6	0.8	40.8	300.8	-3.7	587.8	3.3
长宁区	601.9	-3.6	38.6	268.1	9.7	333.8	-12.1
静安区	390.6	1.3	16.8	123.8	0.6	266.8	1.6
普陀区	335.8	-1.2	29.7	159.6	13.7	176.2	13.7
虹口区	449.2	18.9	42.9	93.9	-5.8	355.4	27.8
杨浦区	184.5	2.4	8.8	104.8	11.4	79.7	-7.3
闵行区	2166.0	3.2	84.4	—	—	—	—
宝山区	856.2	-9.5	54.2	256.8	-10.7	599.4	-9.1

续表

地区	进出口总额（亿元）	进出口同比增速（%）	对外贸易依存度（%）	出口总额（亿元）	出口同比增速（%）	进口总额（亿元）	进口同比增速（%）
嘉定区	1310.5	-3.7	52.7	648.2	-2.9	662.3	-4.4
金山区	773.5	0.1	71.9	376.6	-0.1	396.9	0.2
松江区	2900.0	10.0	179.0	—	—	—	—
青浦区	707.4	-8.0	59.2	390.5	-9.5	316.9	-6.0
崇明区	112.5	29.5	29.5	75.7	57.2	36.8	-5.0

数据来源：上海各区2020年统计公报。

从对外贸易依存度来看，奉贤74.2%的依存度相比去年的72.6%有所增加，低于浦东新区的158.5%、松江的179.0%和闵行的84.4%，在上海各区中排名第四，尽管2020年奉贤净出口总值已降至1.4亿元，但同其他区相比，仅低于杨浦的25.1亿元和青浦的73.6亿元和崇明的38.9亿元，而宝山和嘉定则为净进口342.6亿元和14.1亿元，奉贤是上海剩余三个仍然保持顺差的地区，说明奉贤经济发展对国际贸易的依赖性，尤其是对出口的依赖性，相对上海其他区而言更大，对疫情以及逆全球化等外部冲击的敏感性更高。所以在2021年当中国复工复产领先国际其他地区的情况下，带动出口有较大幅度的提升，奉贤出口增速的提升幅度要大于上海的平均水平。

反观上海中心城区，2020年黄浦的对外贸易依存度为31.1%，静安为16.8%，徐汇为40.8%，长宁为38.6%，普陀为29.7%，虹口为42.9%，除黄浦区以外均较去年有一定程度的降低，且均明显低于奉贤对外贸易依存度，而且中心城区均为逆差状态，黄浦的净进口总值为344.2亿元，徐汇为287.0亿元，长宁为65.7亿元，静安为143亿元，普陀为16.6亿元，虹口为261.5亿元。奉贤的对外贸易依存度水平将随着贸易结构的升级与居民美好生活水平的提高逐渐向中心城区收敛，但在收敛过程中很可能出现反复，2021年对外贸易依存度可能出现一定程度的回升，净出口规模有望增大，从出超状态向入超状态转变的过程存在曲折和反复。

（三）政策助力奉贤综合保税区高质量发展

为了全面贯彻国务院《关于促进综合保税区高水平开放高质量发展的若干意见》，深入落实上海市《关于我市促进综合保税区高质量发展的实施意见》，奉贤综保区紧抓国家发展机遇，积极对接上海自贸区扩区新优势，明确了建设成为长三角国际服务贸易美丽集聚地、上海自由贸易新片区奉贤主阵地的目标，重点建设以美丽健康为主导产业的"一平台三中心"，即"东方美谷"国际服务贸易集成平台、保税研发设计中心、保税展示交易中心和保税检测维修中心，在2021年6月出台了《关于促进奉贤综合保税区高质量发展的实施意见》，制定了十条核心政策。《实施意见》的主要政策内容包括：支持国际服务贸易企业、总部、结算中心等的落户，针对综保区"一平台三中心"的产业定位，加大对保税研发设计、保税展示交易、保税检测维修企业的扶持力度，对企业进出口额贡献进行奖励，支持企业人才引进，重点关注美妆、宠物经济类产业的扶持。

具体来看，对区外新引进注册的跨境贸易企业（即2021年1月1日起入驻综保区的企业），最高给予其形成奉贤区地方财力部分扣除8%教育统筹后予以扶持。和其他财政扶持政策有冲突的，按孰高原则享受。综保区企业在奉贤区各类企业资质认定及评审中，凡涉及经济密度考核的，将海关税收、进出口额纳入考核标准。对新注册的跨境贸易总部、结算中心，在综保区租赁或购置总部办公楼的，按贡献大小，最高给予200万～1000万元的一次性奖励。对新设立在综保区的市级或国家级保税研发设计机构、保税展示交易平台及企业、高精尖设备保税检测维修机构及企业，按贡献大小，最高给予300万元的一次性奖励。对新入驻的"一平台三中心"企业，租赁综保区厂房或仓库用于开展研发、检测、维修、跨境货物仓储等业务的，按贡献大小，最高给予1~3年的免租期或租金补贴；对企业在系统开发建设、专业展会布展、各类论坛举办等方面的支出，最高给予50万元的补贴。对综保区企业在注册、办证、通关等方面给予便利服务，并给予相关政策扶持。对注册在综保区内的企业，按年度进出口额贡献大小，最高给予100万元的奖励。对提升进出口额有突出贡献的中介组织、产业平台等，最高给予50万元的奖励。鼓励区内外出口企业注册到综保区内，按出口额贡献大小，最高给予50万元的奖励。对开展美妆、宠物经济类跨境电商业务的企业，按贡献大小，最高给予300万元的一次性奖励，本奖励可与进出口额奖励同时享受。对贡献突出企业的高管及优秀人才，优先享受奉贤区和上海市工业综合开发区在住房补贴、人才落户、子女就学等方面的优惠政策。对在提升产业水平和促进产业发展方面贡献突出的企业，实行"一事一议"专项政策。

（四）跨境电商迅速发展，打开跨境贸易新空间

跨境电商作为奉贤外贸经济新业态，是奉贤加速产业转型、扩大出口、促进消费升级的重要渠道。奉贤综保区自2018年转型升级以来，就积极布局跨境电商产业，通过编制园区产业规划、加大基础设施建设以及优化政策环境，配套出台了《奉贤综合保税区产业发展扶持办法（试行）》等相关扶持政策，吸引了众多跨境电商企业前来投资洽。2019年9月29日，奉贤综保区开出跨境电商首单。近年来，奉贤综保区基础设施日趋完善，卡口完成升级改造，查验效率大幅提高，招商引资成果显著，多家具有重要行业影响力的跨境电商企业相继落户，为跨境电商产业发展奠定了良好的基础。

2020年，新冠肺炎疫情突袭而至后，外贸经济遭遇"重创"，奉贤综保区根据后疫情时代国际经济形势的新变化，利用跨境电商能突破时空限制、减少中间环节、解决供需双方信息不对称问题的优势，加大力度推进"一平台三中心"建设，其中，"东方美谷"国际服务贸易集成平台及保税展示交易中心就与发展跨境电商息息相关。奉贤综保区积极盘活存量资产，将约3万平方米的厂房改造成仓库，供电商项目入驻。此外，13.5万平方米的保税仓库也已开工建设，打造更大规模的跨境电商产业"蓄水池"，打响经济高质量发展的新品牌。

疫情影响之下国家出台多项政策助力跨境电商发展，依托跨境电商功能+跨境电商示范园区平台+"美谷美购·跨境购"品牌优势叠加，2021年1~9月，奉贤综保区实现跨境业务单量66万单。奉贤综保区已获批上海

市跨境电子商务示范园区，跨境电商发展初具规模，作为奉贤区唯一一个可以实现跨境电子商务保税备货模式的区域和奉贤外贸经济的重要配套区域，奉贤综保区紧抓机遇，做优做强"美谷美购·跨境购"项目，加快投建智能化高标准配套仓库，从总体上提升跨境电商综合服务效能，推动区域经济良好互动，促进外贸新业态健康快速发展。

2020年首届"美谷美购·跨境购"购物节，作为上海"五五购物节"的重点项目之一，取得了不俗的影响力。2021年奉贤"东方美谷"继续围绕美丽健康特色产业，依托奉贤综合保税区进口美妆跨境电商业务模式，如期于4月28日至6月30日顺利开展"美谷美购·跨境购"购物节。为全力支持"美谷美购·跨境购"购物节活动的开展，奉贤海关提前介入、备足"功课"，突出"四快"，提供优质高效监管服务：业务咨询快速答复、商品备案快速审批、电商货物快速验放、电商税单快速打印，让跨境电商和消费者获得满满竞速感。在此基础上，奉贤海关协助企业实现跨境商品的提前备案、提前入仓，直接在跨境仓进行保税监管、就近设立集中查验点，在严密监管前提下，充分发挥跨境电商的速度和便利优势。奉贤海关在跨境电商仓库设置集中查验点，通过机械化作业和流水线扫码，将商品进行自动化分类，对查验商品即检即放，实现扫码、分类、查验、放行等工作流程的集约化，确保货物以最快的速度完成海关所有通关手续并顺利出仓。"美谷美购·跨境购"购物节期间，奉贤海关监管跨境电商货物出仓订单56786单，货值549.16万元，涉及美妆品类223个，单日最大单量达2114单。

国庆假日期间，美渠网络科技联合淘宝全球购和淘直播平台，在其位于奉贤综保区的淘宝全球购跨境仓内开展了奉贤保税仓的首次直播，以"保税仓+直播"双向赋能，开拓发展新模式，启动了奉贤综保区流量经济新引擎。跨境电商主播在保税仓内以现场直播的形式向观看者推荐进口商品，仓库内的分拣打包、商品出库等一系列订单完成过程，都在直播间向观众呈现，带给消费者保税仓沉浸式购物体验。消费者下单后，商品直接清关发出，真正做到看得见的正品溯源。淘宝全球购美渠跨境仓作为直播货源地，于2020年10月22日正式开仓，是奉贤首个淘宝全球购跨境仓，奉贤美渠仓拥有良好的地理交通优势，距离浦东机场、虹桥机场约40分钟车程，处于江浙沪1.5小时经济圈的中心，国内消费者下单后，最快可以在3小时内从仓库发货，快速收到商品。完善的基础设施、成熟的物流系统以及和"美谷美购·跨境购"搭建起来的"前店后仓"模式成功吸引了SKII、资生堂、阿玛尼、兰蔻等一线大牌美妆品入仓。

作为流量经济新动能，在线直播有力推动了奉贤综保区跨境电商示范园区建设发展。2021年5月13日，"美谷美购美妆直播基地"落成开播，截至9月底总观看人次达5375.6万，带动线上销售1378.3万元。此次保税仓首播以当下最流行的沉浸式直播连接起跨境电商产业上下链条，是奉贤综保区响应奉贤新城建设直播之都号召，在直播发展模式上的创新，更是奉贤综保区强化流量经济产业化、特色化、场景化发展的重要举措。"美谷美购·跨境购"国庆开启的"美丽有约 闪购全球"活动，更进一步强化了与淘宝全球购美渠跨境仓的链接与互动。跨境电商是打通国内国际贸易双循环的"桥梁"，可以让全球中小品牌迅速进入国内市场，同时也能帮助卖家和制造企业更好地对接。"保税仓+直播"新发展新模式的开拓，将助力淘宝全球购跨境仓进一步扩容承载力，为奉贤综保区的跨境贸易打开发展新空间。

二 奉贤外商直接投资主要特点

（一）吸引外资和落实外资波动加大

2021年奉贤吸引外资迎来开门红，奉贤外商直接投资合同金额前两个月同比增长近8倍，3月以来尽管奉贤外商直接投资合同金额同比增速有所降低，但继续保持较高增速，为奉贤经济高质量发展提供了有力的支撑，但进入9月后由于去年同期的高基数，吸引外资增速的波动有所加大。2021年前9个月奉贤外商直接投资合同金额为11.7亿美元，同比下降17.1%，而前8个月则同比增长23.1%（见图6）。2021年奉贤在落实外资投资方面略逊于上海市的平均水平，相比2020年略高于上海市的增速，奉贤2021年外商直接投资到位金额的上下波动也有所增大，但与外商直接投资合同金额增速整体呈现前高后低的表现不同，2021年奉贤外商直接投资到位金额在3月同比下降31.1%后增速企稳回升，上半年奉贤外商直接投资金额前三季度奉贤外商直接投资到位金额2.20亿美元，同比增长35.2%，而上海前上半年外商直接投资到位金额则同比增长21.1%，奉贤上半年落实外资的情况走在了上海的前列，但是进入下半年，由于去年的较高基数，奉贤外商直接投资到位金额增速迅速回落，前9个月累计落实外资2.76亿美元，同比增长2.0%，而上海则保持了15.0%以上的较高增速（见图7）。

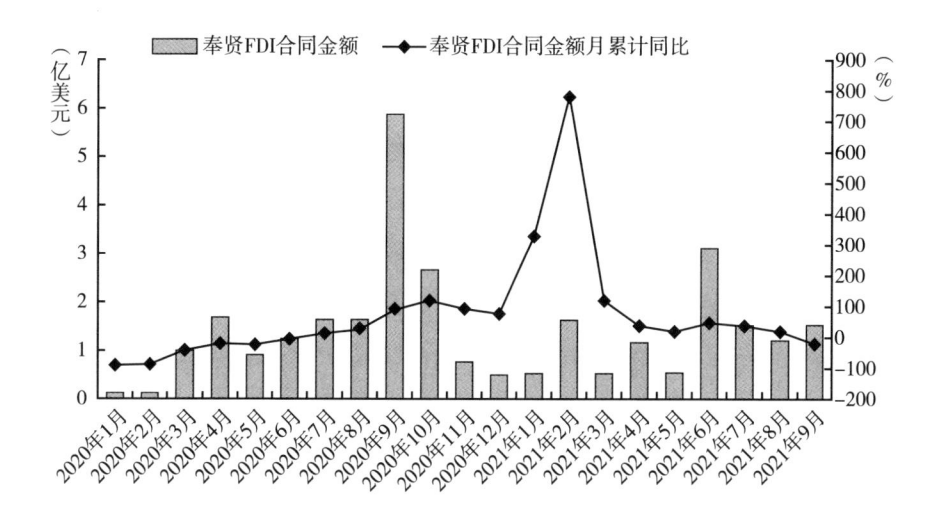

图6　2020年1月~2021年8月奉贤FDI合同金额及月累计同比

数据来源：奉贤统计月报。

相比2020年前9个月奉贤外商直接投资合同额和到位金额两位数的增速，2021年奉贤在吸引外资和落实外资上表现有所差异。由于2020年四季度吸引外资的较高基数，奉贤合同金额在2021年的累计同比增速大概率维持在负值，而由于2020年四季度落实外资相对较低的基数，奉贤到位金额在2021年累计同比增速有望转正。长期来看，奉贤外商直接投资合同金额在2020年增长70.3%，至18.1亿美元，远超"十三五"前4年7.2亿美元的平均水平，到位金额在2020年增长8.1%，至3亿美元，仍然保持在"十三五"时期3亿

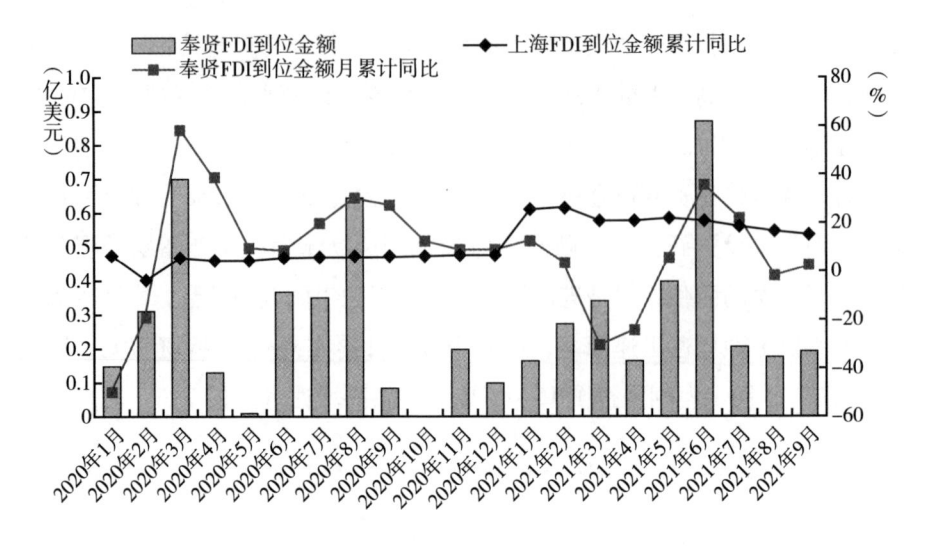

图7 2020年1月~2021年9月奉贤FDI到位金额及月累计同比

数据来源：奉贤统计月报。

美元左右的水平（见图8）。受全球疫情影响，2021年外资落实情况有所放缓，但随着全球产业链、供应链的恢复，2020年所签订的合同外资将加速落地，随着主要发达国家量化宽松货币政策的逐步退出，全球泛滥的流动性将开始收缩，对跨国企业投资将产生一定不利的影响。

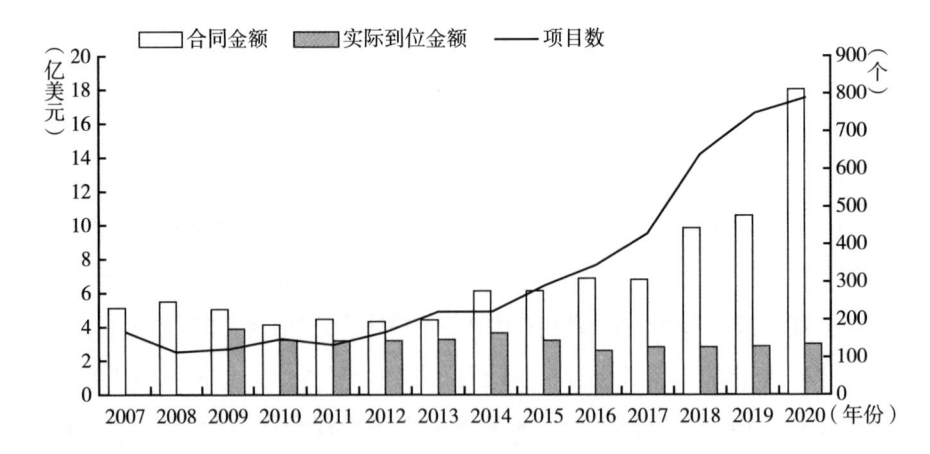

图8 2007~2020年奉贤外商直接投资情况

数据来源：奉贤区统计年鉴。

（二）合资项目快速增长，服务业获得重点关注

通过比较2020年上海各区的吸引外资和落实外资情况，可以看出奉贤在吸引外资上表现出较强的竞争力，但在落实外资上仍有较大的上升空间。在上海郊区中，2020年奉贤18.1亿美元的合同外资额低于闵行的36.8亿美元、嘉定的25.2亿美元和青浦的19.8亿美元，高于宝山的14.0亿美元、松江的11.1亿美元、崇明的8.0亿美元和金山的3.9亿美元。奉贤70.3%的合同外资同比增速高于闵行10.0%、宝山的-21.0%、嘉定的-20.5%、青浦的41.4%、松江的24.9%、崇明的-9.1%和金山的18.3%。奉贤3.0亿美元的到位外资额低于闵行的11.0亿美元、宝山的4.5亿美元、嘉定的10.4亿美元、松江的3.4亿美元和青浦的9.0亿美元，仅高于崇明的1.6亿美元，与金山持平。奉贤8.1%的到位外资同比增速低于闵行43.3%、宝山的11.0%、青浦的12.5%、松江的28.2%和金山的18.8%，仅高于嘉定的-7.5%和崇明的-29.8%（见表2）。

从FDI到位金额占地区生产总值比重来看，奉贤1.73%的比重相比去年的1.63%有所增加，低于浦东新区的4.91%、闵行的2.96%、宝山的1.96%、嘉定的2.88%、青浦的2.50%、崇明的2.89%和金山的1.92%，仅高于松江的1.40%（见表2）。可以肯定的是，随着奉贤在上海自贸区新片区的持续助推下，奉贤的FDI实际到位金额占地区生产比重将向上海平均水平收敛，外商直接投资对奉贤经济高质量发展的支撑潜力仍然巨大。

表2　2020年上海各区外商直接投资主要指标分布

地区	新批FDI项目数（个）	FDI合同金额（亿美元）	FDI合同金额同比增速（%）	FDI实际到位金额（亿美元）	FDI实际到位金额同比增速（%）	FDI实际到位占各区生产总值比重（%）
奉贤区	786	18.1	70.3	3.0	8.1	1.73
浦东新区	—	—	—	94.0	6.9	4.91
黄浦区	128	15.7	5.3	8.2	5.1	2.16
徐汇区	129	13.1	4.9	7.7	1.3	2.43

续表

地区	新批FDI项目数（个）	FDI合同金额（亿美元）	FDI合同金额同比增速（%）	FDI实际到位金额（亿美元）	FDI实际到位金额同比增速（%）	FDI实际到位占各区生产总值比重（%）
长宁区	214	7.2	-36.3	7.6	4.9	3.36
静安区	181	16.0	32.9	—	—	—
普陀区	179	21.9	-43.9	12.1	10.2	7.39
虹口区	116	13.5	1.2	13.0	1.5	8.56
杨浦区	150	21.3	4.0	—	—	—
闵行区	997	36.8	10.0	11.0	43.3	2.96
宝山区	306	14.0	-21.0	4.5	11.0	1.96
嘉定区	273	25.2	-20.5	10.4	-7.5	2.88
金山区	—	3.9	18.3	3.0	18.8	1.92
松江区	600	11.1	24.9	3.4	28.2	1.40
青浦区	—	19.8	41.4	9.0	12.5	5.20
崇明区	—	8.0	-9.1	1.6	-29.8	2.89

数据来源：上海各区2020年统计公报。

从外商直接投资的方式来看，2020年外商独资项目数为589个，合同金额为10.5亿美元，同比增长16.2%。中外合资项目数为179个，合同金额为7.5亿美元，同比增长474.0%（见图9），在2020年中资企业和外资企业在奉贤合作投资大幅增长，显现出奉贤内外双循环的良好态势。从外商直接投资的产业结构来看，2020年奉贤服务业共吸收外资17.1亿美元，同比增长70.1%；奉贤工业吸收外资1.0亿美元，同比增长107.5%（见图10）。工业投资项目大幅降低，但金额大幅提升，制造业外商直接投资在2020年以大型项目为主，而服务业项目数和总投资金额均有所增长。

从外商直接投资的合同金额看，2020年合同金额在500万美元以上的大型投资项目合同总额为14.1亿美元，同比增长105.4%，合同金额在500万美元以下的中小型投资项目合同总额为4.0亿美元，同比增长6.1%（见图11）。尤其是投资规模50万美元以下的项目数和总金额均有所增长，这种项目投资规模的变化符合以服务业为主的投资方向。

（三）资金来源地有所变化，临港奉贤成为重点

从投资来源地来看，2020年中国台湾以189个投资项目数排名第一，中国香港以153个投资项目数，韩国以71个投资项目数紧随其后（见表3）。2007年以来中国台湾首次超过中国香港成为奉贤外商直接投资来源

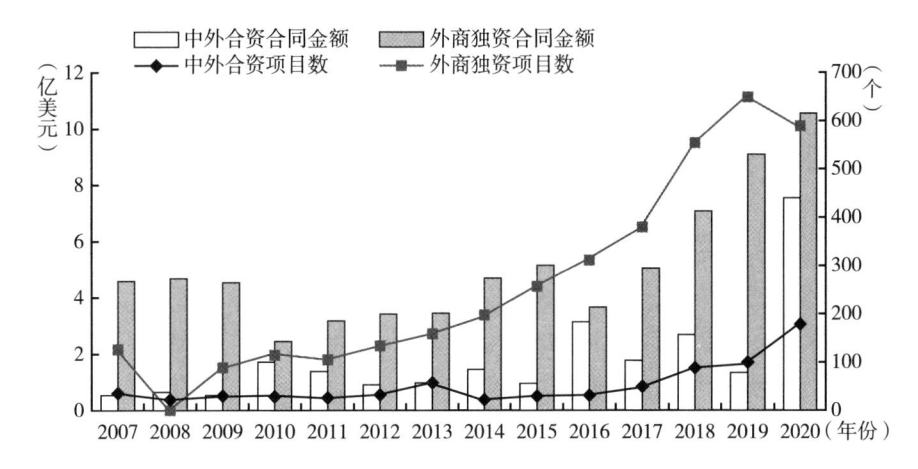

图9 2007~2020年按投资方式分奉贤外商直接投资情况

数据来源：历年奉贤区统计年鉴。

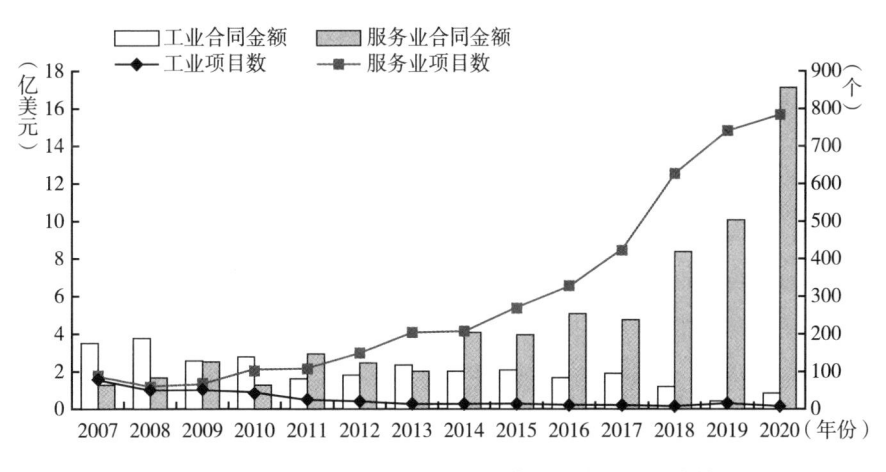

图10 2007~2020年按产业结构分奉贤外商直接投资情况

数据来源：历年奉贤区统计年鉴。

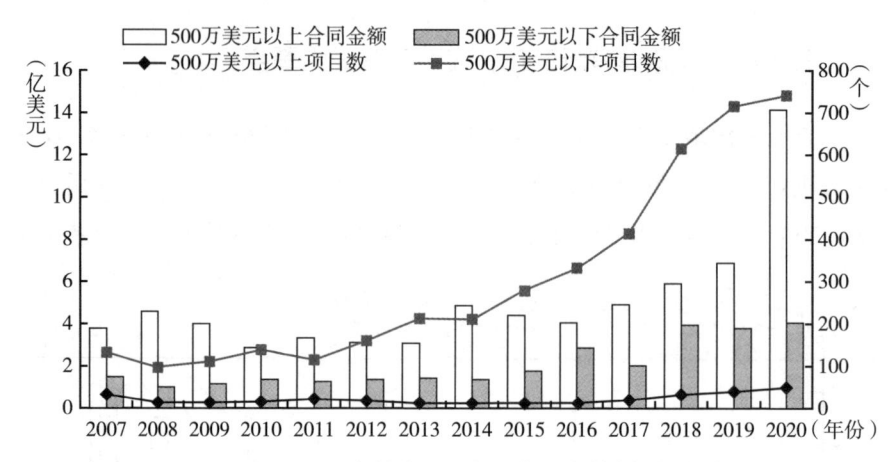

图 11　2007~2020 年按合同金额分奉贤外商直接投资情况

数据来源：历年奉贤区统计年鉴。

地项目最多的境外地区，189个项目数也再次创造了单一来源地的纪录。来源地前三名的地区总体来看保持稳定，2015年以来没有发生改变，仅是在前三名的排名上有所变化。

表 3　2007~2020 年奉贤外商直接投资来源地排行前三名

年份	第一名	第二名	第三名
2020	中国台湾(189)	中国香港(153)	韩国(71)
2019	中国香港(164)	中国台湾(125)	韩国(70)
2018	中国香港(142)	中国台湾(128)	韩国(81)
2017	韩国(83)	中国香港(82)	中国台湾(75)
2016	韩国(64)	中国台湾(63)	中国香港(56)
2015	中国香港(71)	中国台湾(48)	韩国(31)
2014	中国香港(49)	美国(22)	中国台湾(20)
2013	中国香港(82)	中国台湾(31)	美国(17)
2012	中国香港(49)	日本(19)	美国(17)
2011	中国香港(54)	日本(16)	美国(12)
2010	中国香港(46)	日本(19)	美国(9)
2009	日本(14)	中国香港(11)	美国(4)
2008	中国香港(28)	日本(11)	美国(6)
2007	中国香港(37)	日本(20)	美国(13)

注：括号内为项目数
数据来源：历年奉贤区统计年鉴。

从吸引投资的区域来看，临港奉贤分区在2020年首次成为奉贤吸引外资规模最大的地区，金额达到8.5亿美元，特斯拉在临港的落地直接拉动了临港奉贤分区合同外资金额的大幅提升。综合开发区近10年来吸引外资首次退出前五名，杭州湾开发区吸引外资的规模较为稳定，2020年吸引外资合同金额达到2.5亿美元（见表4）。

表4 2011~2020年奉贤各镇（区）吸引外商直接投资合同金额排行前五名

年份	第一名	第二名	第三名	第四名	第五名
2020	临港奉贤分区	杭州湾开发区	东方美谷集团	南桥新城	海湾旅游区
2019	综合开发区	南桥新城	杭州湾开发区	青村镇	金汇镇
2018	东方美谷集团	杭州湾开发区	综合开发区	奉城镇	柘林镇
2017	综合开发区	杭州湾开发区	东方美谷集团	南桥新城	奉城镇
2016	金汇镇	综合开发区	杭州湾开发区	南桥新城	庄行镇
2015	综合开发区	杭州湾开发区	临港奉贤分区	星火开发区	生物科技园区
2014	综合开发区	金融基地	杭州湾开发区	金汇镇	海港开发区
2013	综合开发区	杭州湾开发区	南桥镇	奉城镇	青村镇
2012	综合开发区	化工区	青村镇	庄行镇	海港开发区
2011	综合开发区	化工区	临港奉贤分区	生物科技园区	柘林镇

数据来源：历年奉贤区统计年鉴。

三 奉贤对外经济未来发展的预测与展望

2021年由于新冠肺炎疫情在全球主要生产国与资源国的反复，主要发达经济体极度宽松的货币政策导致全球流动性泛滥，国际贸易领域中的资源品、工业品和消费品供给与需求的关系严重失衡，供不应求的状态持续升温，而美国主要港口由于缺少劳动力与有效管理形成集装箱在口岸的大量堵塞，进一步加剧了贸易不平衡状态，全球产业链与供应链的脆弱性被再次放大，我国疫情防控取得的良好成效与复工复产的顺利推进，让我国在全球贸易中的核心作用进一步提升，尤其是东南亚疫情的再次爆发，导致大量加工产品的订单在上半年回流国内。奉贤作为制造业为主的开放型地区，也直接或者间接承接了大量的回流订单，使得2021年上半年出口增速保持在相对较高的水平，且远高于进口增速，改变了近年来进口增速高于出口增速的趋势，净出口额占地区生产比重有所回升。但是这种态势并不具有持续性，一方面是东南亚疫情缓解后回流的贸易订单会再次流出，另外一方面主要发达经济体最晚在明年年初就会退出量化宽松政策，不宜对未来的出口增速过于乐观。

总体来看，2021年奉贤进出口增速在出口的带动下会较2020年有较大幅度的提升，增速大概率会达到两位数。但是展望2022年，奉贤进出口增速预计将回到个位数，进口增速大于出口增速的态势将回归，从中长期来看，奉贤进口规模将超过出口规模，随着产业结构升级与城市能级提升，"直播+跨境购"等新业态不断迸发，一般贸易占比将不断扩大，服务贸易的规模和水平也将迈上新的台阶，特别是在综合保税区高质量发展的引领和带动下，奉贤对外开放的影响力将不断增强。2021年奉贤外商直接投资合同金额预计略有下滑，外商直接投资到位金额的波动性将有所加大，中外合作投资服务业项目成为外资增长的新动力。展望2022年，在临港奉贤片区的带动下，外商直接投资对奉贤经济增长的推动作用将进一步加大，吸引外资和落实外资有望继续呈现制造业重点突破与服务业全面开花的态势，外商直接投资合同金额和到位金额同比增速有望企稳回升。综合而言，随着数字贸易的快速增长，长三角一体化的深入推进，临港新片区的跨越式发展，奉贤对外经济的综合实力与能级将不断增强。

参考文献

国务院：《国务院关于促进综合保税区高水平开放高质量发展的若干意见》，http：//www.gov.cn/zhengce/content/2019－01/25/content_5361158.htm，最后访问日期：2021年10月10日。

上海市人民政府：《上海市人民政府关于我市促进综合保税区高质量发展的实施意见》，https：//www.shanghai.gov.cn/nw12344/20210204/77e77b65dcdd414982c87c9bcefb3641.html，最

后访问日期，2021年11月1日。

上海市奉贤区人民政府：《关于促进奉贤综合保税区高质量发展的实施意见》，2021年7月。

《你下单了吗？国庆日，奉贤综合保税区开启保税仓首播！》，https：//www.jfdaily.com/sgh/detail？id=553452，最后访问日期：2021年10月10日。

《助力新业态发展，奉贤综保区跨境电商业务突破65万单》，https：//sghexport.shobserver.com/html/baijiahao/2021/01/10/333140.html，最后访问日期：2021年10月10日。

《奉贤首个淘宝全球购跨境仓开仓：加速外贸经济新业态》，http：//www.cfgw.net.cn/2020-10/23/content_24948905.htm，最后访问日期：2021年10月10日。

B.8
2021~2022年奉贤财政形势分析与研判

马鹏晴*

摘　要： 新冠肺炎疫情之后，中国经济率先得到了恢复，疫情造成的经济冲击，从2020年下半年起逐步淡去。随着2021年奉贤经济的全面复苏，财政收支压力会得到明显改善。财政收入迎来较大增长，财政支出增长较为温和。2021年前三季度，奉贤区累计实现财政总收入574.7亿元，同比增长35.5%，财政（预算）支出216.4亿元，累计增长5.4%。税务收入537.0亿元，同比增长34.2%，占财政收入的比重为93.4%。区级地方财政收入也迎来较快增长，税收收入中个人所得税的增长最为迅猛，增值税仍为税收收入贡献的主力军。第三产业对税收增长的贡献最大，而其中又以金融业180.2%的增长表现最为突出。但制约经济长期不利因素并未散去，随着经济层面各项风险的涌现，奉贤未来的财政收支依旧面临着一定的不确定性。

关键词： 财政收入　财政支出　宏观经济

新冠肺炎疫情对世界经济造成了难以估量的冲击，得益于有效的防疫措施，中国经济率先从疫情中恢复过来。就上海的数据来看，经历年初的短暂下探后，在2020年下半年，经济企稳恢复，并在年末实现了全年经济总量同比1.7%的小幅增长。其中，奉贤区2020年全年地区经济总产值1190.2

---

* 马鹏晴，经济学博士，上海社会科学院《金融发展》编辑部主任，高级工程师。

亿元,较2019年增长2%。从目前公布的各项统计数据来看,经济形势也是较为乐观。尤其从区级层面看,2021年上半年经济得到稳步回升,同比去年超过两位数增长。财政收入增长速度全市第一,2000万规模以上企业产值增长速度全市第一。大量机电、家具产品出口,出口增长速度全市第二。

正如习近平总书记所强调的,中国正面临百年未有之大变局,要有忧患意识。虽然目前的经济表现是乐观喜人的,但从长远看,未来依旧充满不确定性。首先,细分来看,由外需恢复带动的经济增长要高于内需。说明国内的整体经济形势依旧处于低活力状态。盘点2021年上半年的地方财政,仅上海一地处于"收支盈余"状态,其他地方省市都出现了不同程度的财政缺口,这也从侧面证明了上海经济恢复要高于绝大多数地区,而全国整体的经济形势依旧不容过分乐观。外需层面,虽然出口增长恢复较快,但是这增长包含短期冲击成分,由于世界其他经济体依旧处于新冠肺炎疫情的影响之下,订单回流促进了国内的外需扩张。但从长远来看,随着疫苗的铺开以及各国逐渐采取放任共存的防疫政策,经济生产将很快得到恢复。除去因疫情冲击的回流订单,目前复杂多变的中外关系使得长期的外需增长蒙上了一层不确定的阴影。而恒大债务问题对房地产市场以及金融体系的冲击,全球能源价格波动,国内限电停产也对未来的经济增长带来了不确定性。

一 奉贤区财政收入状况分析

本段内容主要从各项统计数据出发,对奉贤区财政收入做一个时间轴上的历年跟踪,对增长趋势做一个评估,在财政收入的细分构成上与往年做一个比较,以及对其各部分占比以及各镇区和产业园的数据做一个详细分析。

(一)奉贤区历年财政收入情况

从历年财政收入的变化趋势来看,奉贤区财政收入的长期上涨趋势已于2019年中断,印证了我们在往年蓝皮书中的判断。从图1可以看到,2017

年之后，奉贤区无论是财政总收入还是区级财政收入，其增长率都出现了一个明显的下滑，其中2019年更是出现了负增长。2020年区财政总收入到达491亿元，勉强与2018年持平。情况在2021年出现好转。从表1的数据看，截至2021年9月，奉贤区实现财政总收入574.7亿元，其中区级财政收入187.6亿元，已经远超往年全年水平，乐观预计全年将实现两位数的增长。但是乐观的局面是短期的，从图1可以看到，在2017年之前，奉贤区财政收入处于一个稳步的上升趋势之中，这一趋势在2018年被打破，并随之进入一个下行通道。现如今，增长率出现了反弹，但是能否从近几年的下行趋势中挣脱出来回归到2018年之前的潜在增长轨迹，还有待进一步观察。

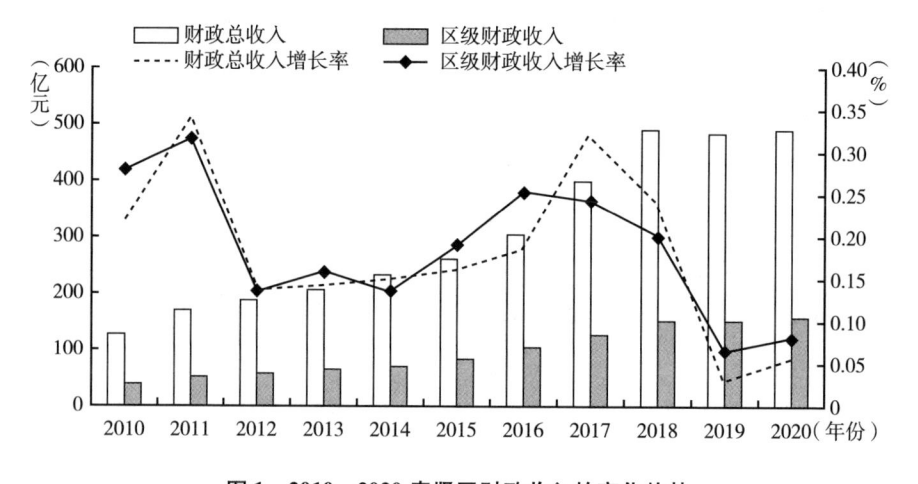

图1　2010~2020奉贤区财政收入的变化趋势

数据来源：历年奉贤统计年鉴、奉贤2020年统计月报。

从经济层面分析，2017年之后的财政下滑，主要是中美贸易战对出口企业的冲击并进一步蔓延至上下游产业，期间又叠加了疫情导致的短期经济停摆。截至2021年上半年，奉贤区实现GDP总产值607.08亿元，其中外贸出口总额高达272.4亿元，占比44.9%。可以看出，2021年经济回暖过程中，外需带动作用明显，这与国际疫情形势有一定关联，其他国家受困于疫情起伏，经济生产尚未恢复，大量订单不得不回流中国，特朗普时代开启的产业链转移也被迫中断。这使得外贸企业重新获得了商机，但造成2017

年之后经济下滑的重要原因之一，中美贸易战的局面并未在根本上得到改善，拜登主导的美国政府依旧对华采取竞争态势。在疫苗普及之后，随着各国经济的复苏，失而复得的外贸商机是否又会转瞬即逝不得而知。

表1 奉贤区历年财政收入

单位：万元

年份	财政总收入	区级财政收入
2008	936012	285521
2009	1064601	319597
2010	1272333	404305
2011	1709627	528493
2012	1884388	584138
2013	2093885	660297
2014	2341770	729109
2015	2648847	848944
2016	3061338	1048128
2017	4031974	1281111
2018	4922073	1511989
2019	4846479	1549857
2020	4911313	1615955
2021年1~9月	5747479	1876242

数据来源：历年奉贤统计年鉴。

（二）奉贤区财政收入结构

从奉贤区的财政收入分配比例看，近年来区级财政收入的比重有所上升。在2018年，区级财政收入占总收入的比重为30.7%，2019年这一比重上升至32%，2020年，区级财政收入161.6亿元，占区财政总收入的32.9%。从图1的增长率曲线也可以看到，虽然自2018年之后财政收入的增速出现明显下降，但区级财政收入的增速略微高于财政总收入。在上海城市发展的过程中，郊区为市区经济发展做出了重要贡献，现今中心城区发展接近饱和状态，经济增长来源于郊区的经济发展和新城建设，郊区的发展需要城区的反哺。财政收入分配向区级倾斜，有利于奉贤区的新城建设和经济发展。

从财政收入的结构来看，2020年区级财政收入1615955万元，其中税收收入1466965万元，占比90.7%。税收占比已经连续两年呈现下降趋势。这与经济形势差、企业利润下滑有关。表2展示了历年各税种情况。

表2　2014~2020年区级税收各税种情况

单位：万元

税种	2014年	2015年	2016年	2017年	2018年	2019年	2020年
增值税	219804.70	254074.40	401956.60	668176	805820.30	909882.40	879901
营业税	182554.50	207830.70	159187.70	1139	154.60	0.00	0
企业所得税	101900.90	99415.91	118776.00	205383	269992.70	200212.10	188676
个人所得税	44858.60	55492.68	74023.80	87723	115258.50	102343.40	138188
城市维护建设税	10530.41	11642.57	13825.62	16625	20007.03	18443.33	18158
房产税	6360.52	7311.12	9872.71	13914	16548.51	9922.39	13988
印花税	17837.79	18074.28	19630.62	26356	28567.36	29708.75	33835
土地增值税	35460.54	44574.20	55912.59	55605	45561.03	42988.05	79701
契税	43680.97	39665.37	78018.37	84617	83696.53	81405.00	107167
行政事业性收费收入	10855.64	15392.51	13570.89	16329	7657.27	9094.38	9439

数据来源：历年奉贤统计年鉴。

表2的数据显示，相较于2019年，2020年增值税和企业所得税均出现下滑，其中增值税从91亿元下滑至88亿元，企业所得税从20亿元下滑至18.9亿元。疫情对经济的冲击，造成企业生产停顿，利润下降是2020年税收下滑的主要原因。2021年，随着经济的恢复，情况会有明显改善。另一方面，个人所得税、房产税、印花税、土地增值税以及契税都出现了明显的上涨。个人所得税的主要税源来自工资收入，在企业所得税和增值税均下滑的情况下，个人所得税却能够得到增长，说明疫情对经济的冲击被截留在了企业层面，并未传导至员工层面。这说明政府在稳就业方面的努力取得了成效。房产税涨幅较高，近41%，但总量依旧不高，无法成为地方政府土地财政的收入替代。

（三）分行业税收贡献情况

从分行业的税收贡献来看，2020年奉贤区一产基本与2019年持平，二产税收下滑明显，尤其是工业领域，从2019年的229.9亿元下降至187.8亿元，下降幅度近18.3%。这与工业行业本身的生产经营周期有关，也与贸易战以及世界疫情冲击造成的海外订单流失有关，这一情况在2021年将得到明显改善。

表3 2014~2020年奉贤区分行业税收

单位：万元

	2014年	2015年	2016年	2017年	2018年	2019年	2020年
税收总收入	2251207	2477173	2855609	3808843	4683000	4609800	4627126
第一产业	1181	2126	3329	3161	5851	2866	2857
第二产业	1303261	1405234	1429560	2110225	2632438	2535031	2125069
工业	1146679	1246795	1252807	1924273	2405423	2299211	1877689
建筑业	156582	158439	176752	185953	227015	235821	247380
第三产业	946766	1069813	1422721	1695456	2044711	2071902	2499200
交通运输、仓储及邮政业	51912	67491	64980	74076	94399	87763	91203
信息传输、计算机服务和软件业	14543	19565	22936	24538	43775	45514	85901
批发和零售业	309084	350508	409244	521123	717837	721581	793084
住宿和餐饮业	12370	12470	8221	6341	6435	5978	3323
金融业	18921	24329	23819	25557	30142	33192	62366
房地产业	263955	290965	461706	503335	464909	440599	540168
租赁和商务服务业	179099	196644	252012	320171	398740	443849	625160
科学研究和技术服务业		45416	92279	134160	170292	182272	205483
居民服务和其他服务业	55227	50645	65367	57275	66470	57323	42925
教育	2538	3046	6224	6219	5444	4046	2492
卫生、社会保障和社会福利业	78	123	239	2047	2309	4229	1572
文化、体育和娱乐业	1489	2318	5958	6105	18625	26317	21684
公共管理和社会组织	1226	1691	2397	4320	10255	3295	2519
其他行业	2764	4604	7337	109	13	5494	13664

数据来源：历年奉贤统计年鉴。

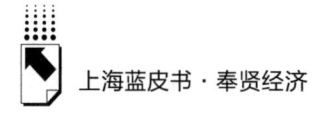

第三产业恢复较快，贡献税收249.9亿元，较2019年增长42.7亿元，基本填补了工业领域的税收缩减。从细分来看，对第三产业税收贡献最大的依旧是传统的批发和零售业，占三产整体税收比重的31.7%，其次为房地产业以及租赁和商务服务业，占比分别为21.6%以及25%。受疫情影响，住宿和餐饮业出现了较大程度的下滑，从5978.3万元下滑至3323万元，跌幅44.4%。金融业，信息传输、计算机服务和软件业以及科学研究和技术服务业则增长较快。其中金融业税收贡献从33191.8万元上涨至62366万元，信息传输、计算机服务和软件业从45513.8万元上涨至85901万元，两者涨幅都几乎翻倍，而科学研究和技术服务业也从182272万元上涨至205483万元，上涨近11.3%。这三个行业在三产税收贡献中所占的比重也从12.6%上涨至14.2%。在产业转型升级的大环境下，这三类产业在未来会得到更大的发展，在奉贤经济中的占比也会进一步得到提升。

（四）财政收入小结

自2018年以来，奉贤区财政收入脱离了原有的上涨趋势，受中美贸易战影响以及新冠肺炎疫情的冲击，企业经营困难，利润下滑导致的税收下降是主要原因。中国经济本身处于转型升级的阵痛期，中美贸易战爆发，出口企业受到较大的冲击。上海作为一个外向型经济体，冲击传导至出口企业的上下游并进一步波及整体经济，而新冠肺炎疫情引发的生产停顿进一步加剧了企业的困境，利润下降引起了企业税收贡献的下滑。之后，由于全球疫情蔓延，国际整体经济生产都受到疫情冲击而停顿，大量订单回流，给国内外贸企业带来了机会。因此，2021年企业的税收贡献将会出现显著增长，并进一步带动财政收入的整体上涨。但从长期来看，疫情突袭而至前，中美贸易战所引发的问题并未得到解决，中美关系依旧处于竞争对抗的态势。在疫苗普及全球经济复苏之后，外贸订单必然回落，届时奉贤经济能否从经济增速下滑的趋势中挣脱出来依旧有待商榷。

在企业税收贡献下滑明显的2020年，个人所得税却能够相较2019年上涨，这是从侧面对政府稳就业工作努力的肯定。从分布来讲，个税的缴纳群体主要来自企业雇员,事业单位以及自由职业等其他类型所占比例相对较少。而企业贡献的税收下滑说明在2020年各企业大体上都处于经营困难的时期,而个税的上涨,说明并未出现大规模减薪裁员现象,疫情对经济造成的冲击被截留在企业层面,并未完全传导至个人。

从产业细分来看,第三产业在疫情冲击之后恢复较快,其中金融业,信息传输、计算机服务和软件业以及科学研究和技术服务业这三大行业发展势头迅猛,虽然在总量上所占比重依旧无法与批发和零售业、房地产业以及租赁和商务服务业等传统领域的规模相比,但得益于产业升级转型的大环境,这些行业规模增长迅速,很快将成为奉贤经济的重要组成部分。

综合来看,得益于外贸订单的回流带动经济回暖,2021年奉贤区财政收入将会出现一次短期的上涨,涨幅可能会高达两位数。长远来看,制约出口贸易的中美关系并未得到实质性的改善,全球能源危机,经济金融问题隐患也时有发生,未来依旧具有较大的不确定性。

二 奉贤区财政支出状况分析

(一)奉贤区财政支出概况

奉贤区2020年财政支出总计427.11亿元,相比2019年增长63.59亿元,涨幅近17.5%。在收入方面,奉贤区财政总收入虽然相比2019年有小幅增长,但仅增长了1.73亿元,远抵不上支出增长的幅度,如图2所示,2020年奉贤区财政盈余被大幅压缩,仅为35.6亿元,这与我们在2019年所做出的研判基本一致。

结合经济形势研判,奉贤区经济在2020年下半年开始恢复,在2021年有较大幅度的反弹,但财政支出相对较为刚性。因此我们预计,财政收支平衡压力会在2021年得到大幅缓解。

但从具体的支出细则去看,2020年的区级各项财政支出中,占比最大的为教育支出以及农林水事务支出,分别占区本级财政支出的18.3%和

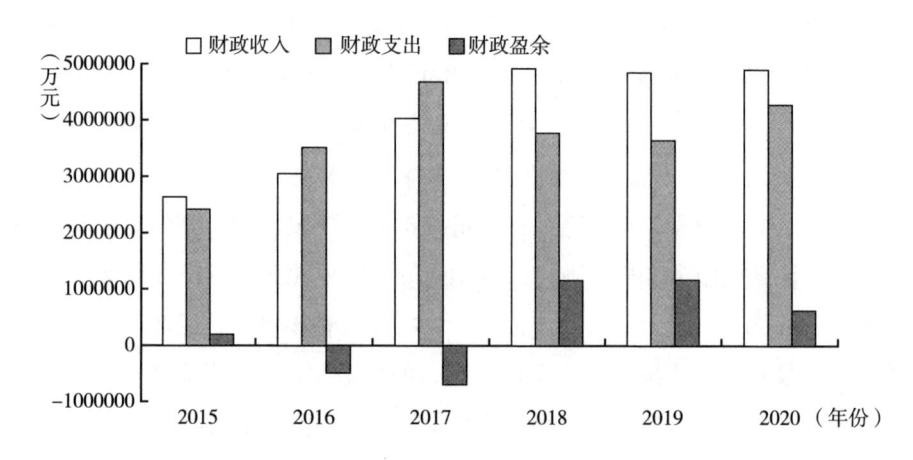

图 2　2015～2020 年奉贤区财政收支情况

数据来源：历年奉贤统计年鉴。

16.5%。其次则为社会保障和就业、城乡社区事务、资源勘探电力信息等事务以及医疗卫生支出。值得一提的是，国债还本付息支出仅占区本级财政支出的5.1%，说明奉贤区地方债务规模较为健康，地方政府偿付能力较强。从同比变化来看，粮油物资管理事务支出增幅最为明显，同比上涨202%，其次为节能环保支出，增幅88%，科学技术支出则位列第三，增幅53.2%。住房保障项目增长40.3%，位居第四。交通运输，城乡社区事务以及社会保障和就业则出现了较大幅的缩减（见表4）。

表 4　2015～2020 年奉贤区财政支出状况

单位：万元

预算科目	2015 年	2016 年	2017 年	2018 年	2019 年	2020 年
支出总计	2427902	3512035	4691562	3756605	3635220	4271144
一般预算支出合计	1681820	2125776	3127152	2728277	2563618	2592170
其中：市专项支出数	328508	371755	1197312	599882	634222	355585
区本级合计	1229112	1604087	2508052	1907614	1834010	1781060
1. 一般公共服务	52507	60897	64605	82993.93	85503	82607
2. 国防	2778	2494	3135	3306	3915	2478

续表

预算科目	2015年	2016年	2017年	2018年	2019年	2020年
3. 公共安全	81647	97068	108887	99129	98246	109359
4. 教育	226826	243549	251257	280588	296858	326710
5. 科学技术	21028	22515	29336	31619	32547	49874
6. 文化体育与传媒	11759	14922	18318	25862	23513	27434
7. 社会保障和就业	85424	238827	161395	163099	219860	175473
8. 医疗卫生支出	92230	147200	118705	107408	125486	132791
9. 节能环保	18436	22330	41903	46511	15881	29867
10. 城乡社区事务	401786	174674	221442	198823	238782	161404
11. 农林水事务	87824	197060	359756	326648	294292	293348
12. 交通运输	33635	183687	884457	254577	123543	59197
13. 资源勘探电力信息等事务	57859	74350	101048	144001	110679	134098
14. 商业服务业等事务	1016	937	1402	1729	207	230
15. 金融监管等事务支出	40	0	0	25	10	0
16. 国土海洋气象等服务	5748	4689	4322	4208	5148	5164
17. 住房保障支出	15998	53965	60433	51254	54202	76026
18. 粮油物资管理事务	5605	2798	3338	2890	3954	11953
19. 国债还本付息支出	19281	53907	74018	82667	90177	91624
20. 其他支出	7686	8219	296	278	411	137
转移性支出	452708	521690	619100	820661	729608	811111
基金预算支出合计	732411	1381175	1539652	1018144	1061552	1671451

数据来源：历年奉贤统计年鉴。

（二）农林水事务支出

奉贤区2020年在农林水事务方面，支出总额29.3亿元，占区本级财政支出总额的16.4%，基本与往年持平。通过一般公共预算支出决算表分析，农林水事务支出中，用于水利事务的支出占56%，其中近60%用于水利工程建设。各项细分栏目下，农产品质量安全和执法监管类支出有较大的提升，而农村综合改革项支出相比2019年有明显减少。

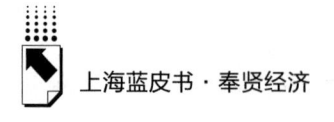

（三）教育支出

教育支出在奉贤财政支出类别中长期保持上涨趋势，即便是在财政收支平衡压力吃紧的年份，教育支出也并未有所缩减。2020年奉贤公共教育支出32.67亿元，占总支出的13.9%，相比2019年的29.69亿元增长10%。

从一般公共预算支出决算表中可以看出，公共教育支出部分，用于中等职业教育的支出增幅最为明显，是2019年决算数的27倍之多，其次是初中教育和高中教育的支出涨幅较大，分别上涨30%和88%，用于成人高等教育的支出有所削减，仅为2019年决算数的90%。

中等职业教育的投入，有利于培养熟练技师和产业工人，更符合制造业发展对劳动力的需求结构。但是由于人口的流动性问题，区级层面的教育投入所培养的高素质劳动力并不一定会留在奉贤发展，其产生的红利具有外溢性。但是高质量的教育保障，尤其是中小学义务教育的供给，是吸引人才定居的一个重要因素。奉贤区作为上海市新兴发展的区块，有着充沛的活力。尤其是低房价优势，可以吸引大批年轻人在奉贤落户定居，配合高质量的医疗和教育公共资源，可以吸引大量人才，为奉贤的持久发展注入活力。

（四）社会保障和就业支出

奉贤区2020年在社会保障和就业支出层面，相比2019年有所削减，2019年该项支出21.99亿元，2020年则下降至17.55亿元。降幅20.2%。因为社会保障和就业支出是被动的财政支出，该项金额不升反降，说明2020年奉贤整体民生尚可，并没有出现大量工人失业现象，在经历了中美贸易战以及新冠肺炎疫情冲击之后，能够在社会保障和就业支出项目不升反降，是对奉贤区政府在稳就业保民生方面所做努力的肯定。

（五）医疗卫生支出

医疗同教育一样，是区域重要的公共资源，对吸引人才扎根落户有着极强的吸引作用。尤其在新冠肺炎疫情突袭而至之后，公共医疗资源的充沛，是控制疫情蔓延、保障区域经济平稳发展的重要前提。2020年，奉贤区医疗卫生支出13.28亿元，相比2019年上涨5.8%。在疫情肆虐的2020年，医疗卫生支出仅出现小幅增长，得益于我国有效的疫情控制。

（六）科学技术支出

科学技术支出在财政总支出中仅占很小的比例，但长期保持了较高的增长幅度。2019年度奉贤区科学技术支出3.25亿元，占区级财政支出的1.7%，2020年该项支出总额达到4.99亿元，同比上涨53.5%，占比也从原先的1.7%上升为2.8%。我国正值产业升级转型的关键时期，也只有实现了关键领域的技术突破，成功转型升级，才能在失去劳动力成本优势的情况下与东南亚国家实现差异化竞争，而技术突破离不开科学研发的投入，政府应该加大该项投入，尤其是真正用于研发的投入，鼓励企业以及机构甚至个人从事技术领域的研究突破。

（七）财政支出小结

2020年奉贤经济形势尚未完全回暖，而支出增加造成奉贤区财政收支承压明显，盈余缩减。这一情形会在2021年得到缓解。而在支出层面，农林水事务支出以及教育支出是区本级财政支出的重头，但通过往年数据可以看到，农林水事务支出方面，虽然占比较大，但支出总额相对稳定，并未出现大幅度上涨，相比而言，教育和医疗，不但占比较大，涨幅也较大，尤其是教育支出的涨幅。随着新城建设规划的落实发展，奉贤区需要进一步扩大公共基础设施，届时教育支出以及医疗卫生支出会进一步增长。如果奉贤区财政收入无法回到长期的增长轨迹，大概率在未来一到两年内，奉贤区财政收支会再次承压。

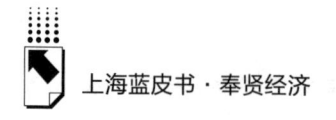

三 未来奉贤区财政所面临的问题和可行建议

（一）奉贤区财政所面临的潜在问题

1. 经济和政策的不确定性

财政收支的稳定离不开地区经济的繁荣发展，从2020年末开始，奉贤区的经济正处于快速回暖阶段，相比2019~2020年上半年，各项经济指标都出现了较为明显的反弹。但地区经济无法脱离大环境而独立发展。从大环境来看，宏观经济层面依旧存在一些不乐观因素，可能会成为奉贤区经济健康发展的阻碍。

首先是世界疫情和经济局势，在2020年末至2021年初，受到新冠肺炎疫情冲击，许多经济体陷入停顿状态，需求增大，生产不足造成了大量的供给缺口，而此时中国已基本走出疫情冲击，虽在各地小有起伏，但整体经济生产已经恢复，国际的供需缺口为国内企业创造了大量的外贸订单。在财政收入部分已经提及，在奉贤经济的恢复过程中，表现为外需大于内需。奉贤经济能够得到较快的恢复和发展，一部分得益于外部环境带来的机遇。但随着疫苗的普及世界经济的重新开放，不仅供需缺口会消失，而且其他经济体为了刺激本土经济发展，极有可能形成地区贸易保护政策，加大贸易壁垒。而国际贸易所依赖的国际关系，并未在本质上得到缓解，中美作为全球最大的经济体和贸易伙伴，两者依旧处于竞争对立状态。这一系列因素，有可能在未来造成外贸局势逆转，届时如果内需无法填补外需下降所形成的缺口，回暖的地区经济将再次陷入困顿。

另一方面，疫情冲击也给世界能源局势带来了严重挑战，一方面日益恶化的气候问题使得节能减排绿色经济成为国际议题，另一方面，疫情冲击造成的生产停顿，使得传统的能源供应出现不足。近日山西暴雨引发的洪水也对全球的煤炭产业供应造成了影响。全球能源供应都受到了冲击，并进一步波及电力供应。2021年9月底，中国大面积省份出现电力供应缺口，许多地方出台限电停产的政策。即便随着政策调整，用电缺口得以填补，但是煤炭价格飙升引发的电价上浮是可以预期的。虽说现在还未传导至居民用电，也并没有冲击到 CPI 指数，但是电力供应作为经济生产活动的源头，一定会对企业的发展造成影响，并最终传导至居民生活层面。

在政策层面，地方财政的收支还要依托中央财政的转移支付。虽说上海经济活力较强，对中央财政的依赖程度较弱，但两者依旧不可能脱离开来。从 2021 年上半年的情形看，除上海外，全国各省市自治区的地方财政都面临不同程度的缺口，只有上海处于盈余状态。这一方面证明上海经济活力较强，能够很快从冲击中走出来。另一方面，中央面对这一情形，在中央财政二次分配的过程中，势必会向财政赤字较大的地区倾斜，甚至重新划分中央与地方的财税分成比例，以期从富裕省份抽调更多的资源支援困难省份，那么对于被抽调地区，势必会增加财政压力。

恒大债务问题引发了一系列社会担忧，这本是市场与企业自身的问题，与地方财政关联不大。但我国是社会主义国家，而房产又是大多数家庭的主要财富，恒大问题牵涉千万家庭的利益，为了维持稳定，政府的各种救助措施都是有可能的，其中不排除地方政府托底，帮助恒大完成未竣工项目以保障民生。目前来看，恒大的问题得到了控制，对社会经济的影响正在缓慢释放，并未形成大的冲击。但是恒大只是目前暴露问题的一家企业。在社会经济高速发展的过程中，中国经济积累了一些泡沫，一旦这些泡沫破裂，为了保障民生，地方财政可能要做好为这些泡沫托底的准备。

2. 新城建设和乡村振兴需要资金敞口较大

五个新城建设，以及乡村振兴建设是上海市制定的长期发展规划，奉贤区作为上海郊区，在新城建设和乡村振兴建设中有极大的参与热情。由于基础设施落后，很难吸引到优秀的企业和高端的人才入驻，为此需要新建道路，铺设管道等公共基础设施，也需要大量投资学校、医院等教育卫生领域，这就需要极大的财政投入。乡村振兴方面亦是如此，光是落实农村集中居住政策就需要动员补贴农民每户近 250 万元，而这 250 万元之中，市级财政只负担其中的 60 万元，这给区镇级财政带来了较大的压力。新城建设规

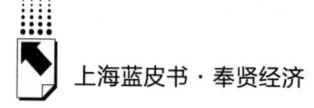

划和乡村振兴规划增加了财政支出需求,在财政收入增长缓慢的可能情境下,对奉贤区财政收支平衡带来了压力。

3. 土地财政的不可持续

土地财政从长期看是不可持续的。相比于其他地方政府,奉贤区并没有完全依赖土地财政,但土地转让收入依旧在区级财政收入中占有较大的比重。2020年,奉贤区级收入中,来自财政和税务的总和是161.6亿元,另外来自区级基金的收入是134.2亿元,总和为295.8亿元,而2020年奉贤区土地出让总价款为105亿元,相比2019年提升11.9%,占区级基金收入的78.2%,占奉贤区政府总收入的35.5%。房产税长期以来被考虑作为土地财政的替代,但是2020年奉贤区房产税总额1.4亿元,与土地出让总价款相差甚远,要想让房产税作为土地出让的替代填补地方财政空缺尚需时间。但是恒大债务问题对房地产市场的冲击,造成房地产开发遇冷,土地流拍,以及未来出台土地出让总价款地方与中央按比例分配的政策可能,都给地方财政带来了土地出让收入骤降的可能,成为未来财政发展的一个风险点。

(二)可行的建议和呼吁

1. 放宽地方政府发债限制

地方财政收入的主要来源一是税收,二是土地出让,但是在这两方面,地方政府都是一个被动接受者,地方政府无法左右经济发展,当企业经营困难,土地出现流拍,地方政府只能被动减少收入。面临未来可能出现的财政缺口,地方政府只能通过发债来平衡收支。但中央为了规范地方财政稳定,对地方政府发债做出了较为严格的限制,对每个地区做出了发债规模上的限制,而且近几年,额度有向中西部地区倾斜的迹象。2020年上半年全国地方财政收支状况表明,相比于内陆地区,上海经济发展活力旺盛,地方财政也更为健康,偿债能力较强,信誉较高。如果按照市场定价,上海市地方政府债券应该利率更低,发行规模也更大。上海人口多,经济体量大,又恰值新城建设规划,资金需求加大。在上海政府有能力支撑自身债务的情况下,希望中央适当放宽发债规模限制，不要"一刀切"，给上海以及奉贤经济发展注入活力。

此外，在已发行债务的支配时限上，也需要做出适当放宽。地方政府发行债务的申请审批是行政性的，而债券发行以及发债所得款项的使用却是市场性的，两者往往在时间上步调无法衔接一致，如果硬性规定一年的使用期限，往往造成真正可以使用款项的窗口期只有几个月，这限制了资金的使用效率。建议将资金的使用期限放宽至两年。

2.加大财政转移支付，市区反哺郊区

在上海的城市发展过程中，奉贤作为郊区，为市区的优先建设发展做出了重要贡献，如今奉贤区财政收支面临新城建设和乡村振兴资金支出的双重压力，而新城建设和乡村振兴建设本身，不单单是为了发展郊区，也是在为中心城区分担人口压力以及土地压力，缓解中心城区密度，帮助中心城区更好的发展。市级财政可以通过加大转移支付的方式，反哺郊区发展，尤其是在基础设施建设以及农村集中居住问题上，帮助奉贤分担部分财政压力，帮助奉贤区更好的发展，这也是在为上海本身建设一块活力的后花园。

3.适当放宽房地产市场限制，让房地产市场得到健康有序的发展

虽说奉贤区政府并未完全依赖土地财政，但土地出让所得依旧占据奉贤区政府收入中很大的一部分，这部分资金收入很难在短时间内找到替代，一旦土地出让因为经济或者政策原因出现骤降，会极大地冲击奉贤区财政收支的稳定。尤其在房地产市场遇冷，开发商土地竞拍减少的情况下，适当放松对房地产市场的限制，盘活房地产企业，让房地产得以健康有序的发展，也让地方财政能够有时间从土地财政中缓慢地抽离适应。

参考文献

上海市奉贤区人民政府：《奉贤区2020年全区及区本级财政决算情况表》.https：//xxgk.fengxian.gov.cn/art/info/569/i20210903－1yij5v7nehyki6k2xm，最后访问日

期：2021年10月10日。张兆安、朱平芳：《上海奉贤经济发展分析与研判（2017～2018）》，社会科学文献出版社。

张兆安、朱平芳：《上海奉贤经济发展分析与研判（2018～2019）》，社会科学文献出版社。

张兆安、朱平芳：《上海奉贤经济发展分析与研判（2019～2020）》，社会科学文献出版社。

B.9 2021~2022年奉贤房地产发展形势分析与研判

谢姤青[*]

摘　要： 2021年是"十四五"规划的开局之年，在开启全面建设社会主义现代化国家新征程、向第二个百年奋斗目标进军的交汇点上，上海加快推进五个新城的规划建设工作。奉贤区作为五个新城中的南上海门户，围绕"临港新片区的西部门户、南上海的城市中心和长三角的活力新城"三大发展定位，奉贤新城进入了快速发展的通道，在"十三五"期间，奉贤区在重点城市项目、空间布局、基础设施建设等方面都取得了重要的成绩。奉贤区房地产市场与新城建设息息相关，2020年受落户新政放开的影响，奉贤区房地产市场表现活跃，在"十四五"的开局之年，奉贤区房地产市场放量上涨。随着房地产健康发展的新政出台，2021年奉贤区房地产销售市场逐渐趋于理性，不断加快配套设施建设，打造上海未来发展的战略空间和重要增长极，从而发挥奉贤的节点性链接作用。

关键词： 房地产市场　五个新城　长三角一体化

---

[*] 谢姤青，上海社会科学院经济研究所西方经济学博士研究生，主要研究领域包括：计量经济建模与经济决策分析、金融统计与风险管理、科技统计。

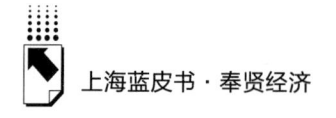

一 2021年奉贤区房地产市场发展概况

（一）2021年上海市及各区县房地产市场发展概况比较

2021年1月21日，上海市八部门联合发文《关于促进本市房地产市场平稳健康发展的意见》，牢牢坚持"房子是用来住的、不是用来炒的"定位，稳地价、稳房价、稳预期，在销售、土地、资金等层面，增加住房供给，调节住房需求，强化市场监管，促进上海房地产市场平稳健康发展。在土地供应方面，特别增加在郊区轨道交通站点周边、五个新城（嘉定、青浦、松江、奉贤、南汇五个新城）的土地供应力度，这一政策释放出奉贤区房地产市场土地供应增长的信号。

2020年上海市新房住宅成交139408万套，同比增长2.08%，尽管受疫情影响上半年成交同比降低，但自6月单月首度转正后，下半年单月成交同比维持两位数增长，其中9月和12月分别实现同比50.32%和49.87%的增长，楼市成交火热。结合2020年上海发布的落户新政，放宽对优秀应届本硕博人才的落户限制，并在2021年提出优先满足"家庭无房"自住购房需求，刚需购房充裕，2021年上海房地产市场出现回暖的态势。但是，新政明确提出严防信用贷、消费贷、经营贷等资金违规流入房地产市场，相较2016年政策仅提出"购房人在申请贷款时，应承诺首付款为自有资金"，对资金入市限制力度加大、针对性明显，从资金端控制炒房的行为。

2021年上半年，上海房地产业增加值1812.18亿元，同比增长13.6%，两年平均增长6.2%。相较于去年疫情的房地产低迷，2021年1~3月上海房地产市场回暖态势明显。上海市1~3月房屋建筑销售面积达396.27万平方米，同比增长72.0%，其中住宅销售面积同比增长63.5%；在房地产开发投资方面，1~3月全市房地产开发投资同比增长24.7%，其中住宅增长32.5%，商业营业用房同比增长18.5%；在房屋建筑施工方面，1~3月全市新开工面积444.74万平方米，同比增长92.3%，其中，住宅新开工面积

197.35万平方米，同比增长78.6%；施工面积12751.07万平方米，同比增长5.5%；但是竣工面积仅有331.03万平方米，同比下降22.6%，相较于去年疫情期间，竣工面积仍出现下降趋势，主要原因是建筑竣工周期较长，具有较强的滞后性，随着施工面积、开工面积的同比增长，竣工面积逐渐扩大。

随着2020年第二季度上海复工复产的深入推进，房地产市场逐渐回暖，2021年1~9月较去年同期相比在一定范围内增长（见表1）。2021年1~9月，上海全市房地产开发投资同比增长9.4%，其中住宅开发投资同比增长13.6%，办公楼同比下降5.1%，商业营业用房同比下降2.2%，可以看到，上海房地产开发投资的增长主要由住宅拉动，这也是今年新政出台后的影响作用。2021年6月25日，上海首批集中供地收官，总共出让55宗地块，其中涉宅地块31宗，成交规划建面为586万平方米，占2020年全年的29.3%；成交楼面均价为14549元/平方米，同比下降6.3%；土地出让金达到852亿元，占2020年全年的37%。在房屋建筑施工方面，2021年1~9月上海全市施工面积15316.58万平方米，同比增长4.7%，其中住宅施工面积同比下降3.9%；全市新开工面积2743.94万平方米，同比增长10.7%，其中住宅新开工面积同比下降10.8%；全市竣工面积1870.92万平方米，同比增长16.1%，其中住宅竣工面积同比增长21.0%。全市施工面积和新开工面积同比都有增长，但是住宅方面都有所下降，可以看到，2021年前三个季度，上海全市的建筑施工增速放缓；竣工面积以及住宅竣工面积都有两位数的增长，可见房屋竣工面积在前期一段时间的负增长后得到滞后性增长，增加全市房屋供应。

表1 上海市2021年1~9月房地产开发和经营概况

指标	1~9月	同比增长(%)
房地产开发投资(亿元)		9.4
#住宅		13.6
办公楼		-5.1

续表

指标	1～9月	同比增长（%）
商业营业用房		-2.2
房屋建筑、销售面积（万平方米）		
施工面积	15316.58	4.7
#住宅	6997.02	-3.9
新开工面积	2743.94	10.7
#住宅	1185.36	-10.8
竣工面积	1870.92	16.1
#住宅	1030.44	21.0
销售面积	1291.01	14.1
#住宅	1052.62	15.0

数据来源：上海市统计局。

表2是上海市各区2019年房地产经营建设和房屋情况。在房屋建筑和施工方面，上海全市房屋施工面积和竣工面积都有不同程度的增长，这与2018年的趋势不同。2019年全市房屋施工面积50918.88万平方米，同比增长7.34%，房屋竣工面积9231.95万平方米，同比增长17.06%，其中住宅4201.30万平方米，同比下降1.71%。在房屋存量方面，2019年全市房屋总计141207万平方米，同比增长3.16%，其中居住房屋69991万平方米，同比增长1.95%，非居住房屋71216万平方米，同比增长4.37%。整体来看，上海房屋建设面积和居住房屋存量呈现逐年增长的趋势。随着新城建设的逐年推进，奉贤区的房屋施工面积已成为郊区前列，在上海全市各区中排名位列第九，前八位分别是浦东新区、闵行区、宝山区、普陀区、长宁区、虹口区、静安区、嘉定区，在五个新城中仅次于嘉定区。而奉贤区的房屋总量也处于前列，2019年奉贤区全部房屋总量7409万平方米，在全市各区中排名第七，在五个新城中次于松江、嘉定和青浦，说明奉贤区的房屋总量还有增长的空间。可以预测，奉贤区在新城进程不断加快的背景下，房地产投资在长期会持续加大，房屋建筑施工也会有一定程度的增长，房屋总量持续稳步增加。

表2　上海市各区2019年房地产经营建设和房屋情况

单位：万平方米

地区	房屋施工面积	房屋竣工面积	其中 #住宅房屋	全部房屋合计	其中 居住房屋	其中 非居住房屋
总计	50918.88	9231.95	4201.30	141207	69991	71216
浦东新区	17397.56	2816.34	646.94	32507	16347	16160
黄浦区	264.69	77.70	52.39	3785	1626	2159
徐汇区	679.76	197.76	164.89	6446	3562	2884
长宁区	4024.98	552.90	333.70	4285	2427	1858
静安区	1803.92	357.64	271.66	5986	3126	2859
普陀区	4320.46	1106.37	838.63	6200	3741	2459
虹口区	3871.92	717.30	446.57	3729	2147	1582
杨浦区	595.04	172.25	115.91	6152	3408	2744
闵行区	8078.34	1217.15	639.21	15774	8169	7605
宝山区	6416.57	1158.78	289.35	11008	6306	4701
嘉定区	1003.73	287.09	227.01	10236	4511	5726
金山区	326.44	32.37	16.25	5524	1992	3532
松江区	852.19	348.08	92.50	11597	5143	6454
青浦区	222.93	76.49	5.97	7601	2936	4666
奉贤区	995.63	95.14	55.88	7409	2890	4519
崇明区	64.74	18.61	4.40	2968	1661	1306

数据来源：《2019年上海市统计年鉴》。

（二）2021年1~9月奉贤区房地产市场主要指标分析

随着新城规划的逐步落实和自贸区新片区的加快建设，奉贤区房地产市场逐渐放量上涨，奉贤区按照"产城融合、功能完备、职住平衡、生态宜居、交通便利"的要求和独立的综合性节点城市定位，加快配套设施建设，建设优质一流的综合环境，打造上海未来发展的战略空间和重要增长极，结合长三角城市群的建设，发挥奉贤的节点性链接作用。

2021年全区纳入促投范围的房地产项目共106个，比2020年增加32个，全年计划总投资额261.1亿元，同比增长16.6%，上半年，已经完成投资额126.03亿元，占全年目标任务的48.27%。从表3第一季度与前三季度的比较中看到，奉贤区第一季度累计完成投资54.12亿元，同比增长36.8%，房屋施工面积1100万平方米，同比增长0.2%，这主要是因为2020年第一季度受疫情的影响，完成投资额和房屋施工面积基数较低。前三季度，奉贤区房地产开发经营情况逐渐步入正轨，完成投资额同比下降8.7%，房屋施工面积同比下降8.2%。

表3 2021年1~9月奉贤区房地产开发和经营情况

	1~3月累计	同比增长（%）	1~9月累计	同比增长（%）
房地产开发企业（户）	150	—	162	—
自开始建设累计完成投资（万元）	8770914	9.2	10724922	6.9
本年完成投资（万元）	541203	36.8	2178334	-8.7
房屋施工面积（平方米）	11008547	0.2	12481331	-8.2
#新开工面积（平方米）	0	—	1134906	-58.0
房屋竣工面积（平方米）	0	-100.0	582348	-49.7
#住宅（平方米）	0	-100.0	208361	-76.8

数据来源：《奉贤区统计月报》。

奉贤区2021年在建续建项目共62个，占地面积约364.7万平方米，计划投资额约223.5亿元，占计划总投资额的85.6%，上半年完成投资额109.1亿，占目标任务的48.8%。其中商品住宅28个，计划投资额约143.7亿元，占全年投资额的64.3%，住宅完成投资额73.9亿元，占目标任务的51.4%；商业办公楼项目共12个，计划投资额约26.7亿元，占全年投资额的12%，上半年完成投资额10.7亿元，占目标任务的40.3%。住宅是在建房地产项目的主要组成部分，并且上半年完成速度较快。

在保障房建设项目方面，奉贤区保障房建设项目以区属保障房项目为主，以公共租赁住房项目为辅，再以市属保障房项目和共有产权保障房为补充，从而构建较为完整的保障房项目体系。奉贤区2021年区属保障房项目共12个，计划投资额约28.5亿元，占全年投资额的12.8%，完成投资额11.7亿元，占目标任务的41%；市属保障房项目共3个，计划投资额约

2.06亿，占全年投资额的0.9%，完成投资额0.3亿元，占目标任务的16%；共有产权保障房共5个，计划投资额约6.5亿元，占全年投资额的2.9%，完成投资额1.8亿元，占目标任务的28.5%；公共租赁住房项目共2个，计划投资额约16亿元，占全年投资额的7.2%，完成投资额10.6亿元，占目标任务的66.3%。

在房地产建设经营方面，奉贤区2021年计划开工项目11个，占地面积约41.7万平方米，计划投资额约37.5亿元，占计划总投资额的14.4%，其中，商品住宅共5个，商业办公项目3个，区属保障房项目2个和租赁住房1个。上半年，已开工项目9个，其中实际产生投资额的项目有4个，包括3个商品住宅和1个商业办公楼项目。已完成投资额7.2亿元，占目标任务的19.1%，未产生投资额的项目有5个，包括2个商品住宅、1个商业办公楼项目、1个区属保障房、1个租赁住房；另外，还有两个未开工项目，即1个区属保障房、1个商业办公楼项目。

供地方面，奉贤区坚持"房子是用来住的，不是用来炒的"定位，主要提供住房供地，2021年计划供地33块，占地面积约151.9万平方米，其中租赁及保障性住房18块，商品住宅8块，商住和办公类7块。上半年，已经完成10个地块的土地出让，其中包括3个商品住宅，3个征收安置房，2个商业，1个商住办公楼和1个租赁住房，共出让面积约43.18万平方米，同比下降31.4%，占计划总供地面积的28.4%。

表4是2021年上半年奉贤区房地产销售情况，2020年疫情以来，上海房地产市场逐渐回暖，尤其在2020年落户新政以后，刚需房需求迅速增加，尤其是新房市场出现过热的情况，奉贤区亦是如此。从表中可以看到，第一季度奉贤区现房销售面积46.99万平方米，同比增长62.9%，其中住宅增长率达到32.8%。期房销售面积22.48万平方米，同比增长47.1%，其中住宅增长率41.9%，期房销售主要在新房市场，期房销售额76.29亿元，同比增长126.1%。随着2021年房地产健康发展新政出台，房地产销售市场逐渐趋于理性，前三个季度，奉贤区现房销售面积同比下降21.9%，其中住宅销售面积下降34.0%，而由于奉贤区的新城建设速度

加快，落户新政推动人口导入，期房市场的刚需房销售高速增长。可以看到，前三个季度，期房销售面积是74.19万平方米，同比增长15.5%，其中住宅销售面积70.60万平方米，同比增长13.1%，期房销售额253.28亿元，同比增长74.7%。

表4 2021年1~9月奉贤区房地产销售情况

	1~3月累计	同比增长（%）	1~9月累计	同比增长（%）
现房销售面积（平方米）	469910	62.9	560739	-21.9
#住宅（平方米）	381134	32.8	467291	-34.0
期房销售面积（平方米）	224789	47.1	741876	15.5
#住宅（平方米）	213599	41.9	705973	13.1
现房销售额（万元）	223887	-28.2	459805	-56.6
期房销售额（万元）	762920	126.1	2532838	74.7
商品房空置面积（平方米）	2020667	28.0	1893454	17.7

数据来源：《奉贤区统计月报》。

二 奉贤区房地产市场主要指标动态趋势分析

（一）2020~2021年奉贤区房地产市场

2020年奉贤区房地产市场表现活跃。根据2021年4月发布的《2020年上海市奉贤区国民经济和社会发展统计公报》，2020年全年，奉贤全区全年实现房地产增加值73.54亿元，可比增长10.9%，占当年地区生产总值的6.18%，同比增长0.66个百分点，房地产增加值在奉贤地区生产总值的比重逐渐增加。2020年全年奉贤区房地产增加值占第三产业增加值的17.10%，与2019年的占比15.76%相比，同比增长1.34个百分点。2020年，全年奉贤区房地产开发投资300.2亿元，比上年增长7.7%，占当年固定资产投资完成额的56.93%，占第三产业固定资产投资的76.11%。2020

年奉贤区房地产市场自2017年以来实现连续四年增长,主要依托奉贤新城、奉浦地区的基础设施建设和居住环境改善,奉贤承接上海的人口溢出效应和临港新片区的政策红利,打造"东方美谷"和"未来空间"两大增长点,吸引大量优秀人才和高质量投资落地奉贤,从而推动近年来奉贤区房地产市场的活跃发展。

(二)2020~2021年奉贤区房地产开发经营

2020年,奉贤区全区房屋施工面积1356.0万平方米,同比增长1.38%,其中新开工面积309.1万平方米,同比增长17.8%。从图1可以看出,奉贤区房屋施工面积从2015年开始连续六年保持正向增长,近两年增长速度逐渐放缓。2020年,奉贤区房地产开发计划投资额1743.68亿元,同比增长14.09%,从2014年开始连续七年保持两位数的增长速度,其中2018年增长速度最快,高达292.16%。2020年虽然经历新冠肺炎疫情,但复工复产的效益显著,房地产施工面积仍未受太大影响。

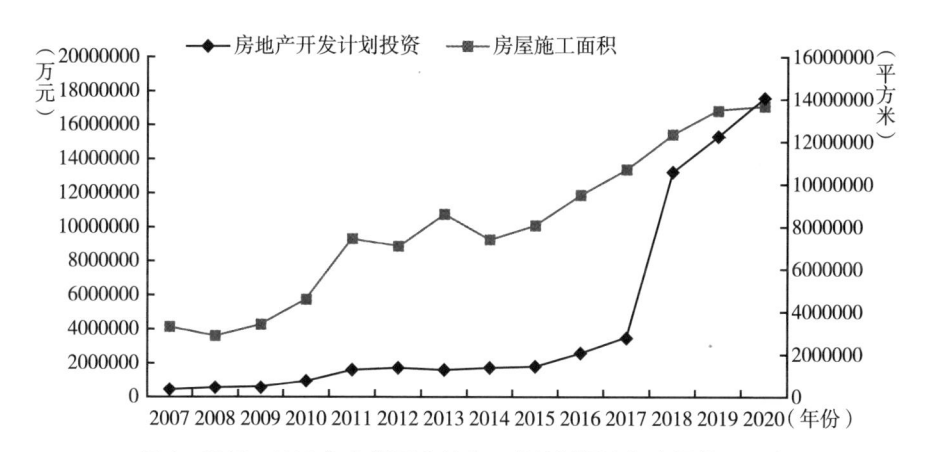

图1 2007~2020年奉贤区房地产开发计划投资与房屋施工面积

数据来源:历年《奉贤区统计年鉴》。

2020年,奉贤区房地产开发完成投资额300.21亿元,同比增长7.72%,从图2可以看出,从2014年开始连续七年保持正向增长率,2020年的增长速度与前三年相比放缓明显。

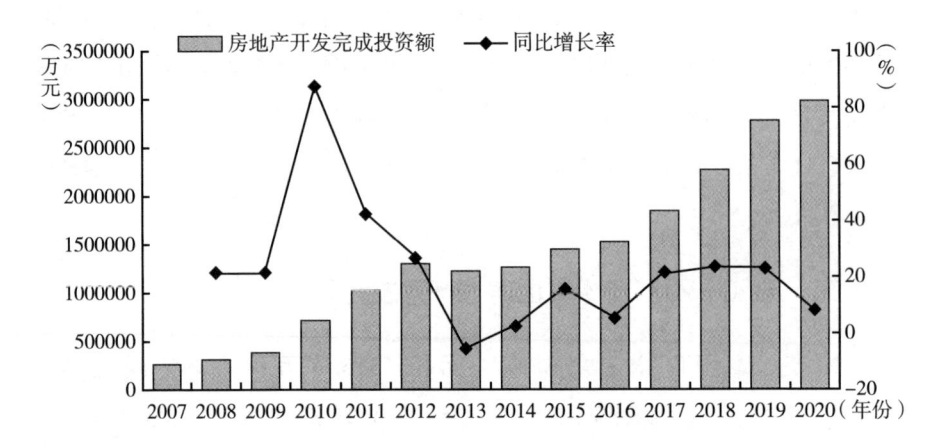

图2 2007～2020年奉贤区房地产开发完成投资额及增长情况

数据来源：历年《奉贤区统计年鉴》。

从房地产开发完成投资额的结构分布来看，住宅完成投资额216.93亿元，占完成投资额的72.26%；办公楼完成投资额10.92亿元，占比3.64%；商业营业用房完成投资额23.29亿元，占比7.76%；其他完成投资额49.07亿元，占比16.35%。其中住宅、商业营业用房占完成投资额比重较上年同期相比分别增长0.1个百分点和0.85个百分点，办公楼占比下降0.29个百分点。

2020年，奉贤区全年房地产开发新增固定资产134.21亿元，同比增长21.69%，从图3中看到，房地产开发新增固定资产近两年呈现较快速度的增长，尤其是2019年增长高达154.02%。2020年，奉贤区房屋竣工面积196.96万平方米，同比下降6.64%，相较于2019年的快速增长有少许下降，一方面是受新冠肺炎疫情的影响，第一季度的房屋建设速度放缓。另一方面受上年度高速增长的影响，房屋竣工有周期性特征，同比下降是正常的。

（三）2020~2021年奉贤区房地产销售

2020年，奉贤区全区商品房销售面积144.67万平方米，同比增长39.95%，其中住宅销售面积为137.39万平方米，同比增长39.87%，住宅

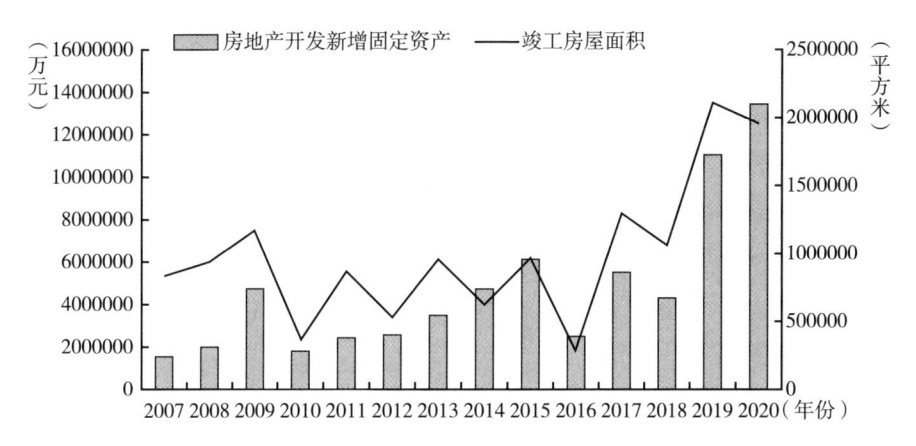

图3　2007～2020年奉贤区房地产新增固定资产增长率与竣工房屋面积

数据来源：历年《奉贤区统计年鉴》。

销售面积占商品房销售面积的94.97%，比上年同期相比降低0.33个百分点。从图4中看到，近三年来，奉贤区全区商品房销售面积呈现两位数的高速增长趋势。住宅销售面积中，90平方米及以下商品房销售面积为76.23万平方米，同比增长46.60%，144平方米以上商品房销售面积5.24万平方米，同比下降21.48%。因此，商品房销售面积的增长速度主要由小户型商品房住宅拉动，大户型商品房住宅反而呈现下降的态势。

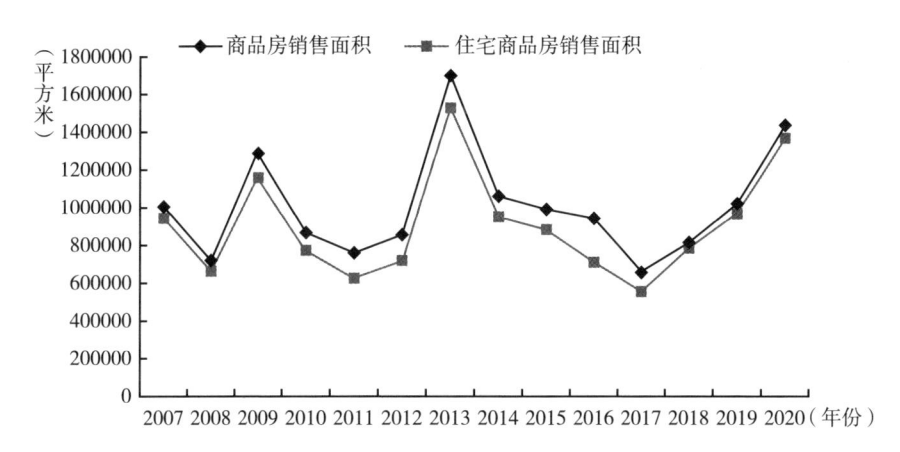

图4　2007～2020年奉贤区房地产商品房及住宅商品房销售面积

数据来源：历年《奉贤区统计年鉴》。

2020年，奉贤区全区房地产待售面积为195.29万平方米，同比增长99.15%，其中待售住宅94.41万平方米，同比增长88.19%，占全区房地产待售面积的48.35%。从待售面积的结构上来看，待售1年以内的面积有138.70万平方米，同比增长193.31%，接近两倍，待售面积是未来几年奉贤区房地产的供给量，可以看到，在2020~2021年，奉贤区房地产市场的供给比较充裕；待售1~3年的面积有19.41万平方米，同比增长11.55%；待售3年以上的面积有39.29万平方米，同比增长17.74%（见表5）。

表5 2020年奉贤区房地产市场待售面积情况

单位：平方米

指标	合计	住宅	办公楼	商业营业用房	其他
待售面积	1952819	944124	99699	278795	630201
其中:待售1年以内	1387043	736796	21500	139574	489173
待售1~3年(含1年)	194096	70353	13916	33520	76307
待售3年以上(含3年)	392880	136975	84283	106901	64721

数据来源：《奉贤区统计年鉴》。

2020年，奉贤区全区商品房销售额300.92亿元，同比增长26.7%，其中住宅商品房销售额295.25亿元，同比增长28.62%，占全区商品房销售额的98.12%。从图5可以看出，近三年来，奉贤区商品房销售额都有较高的增长速度，即使在2020年新冠肺炎疫情期间，商品房销售额也出现了26.73%的高速增长。从销售额的结构上看，现房销售额78.31亿元，期房销售额222.61亿元，分别占全区商品房销售额的26.02%和73.98%，因此，奉贤区不同于上海城区，商品房销售额以期房为主，主要是因为奉贤地处南上海郊区，有较多的期房供给量和大量的新增导入人口，这是奉贤区房地产市场的主要特点之一。

（四）2020~2021年奉贤区融资环境

2020年，奉贤区全区资金来源总计602.08亿元，同比增长14.57%，

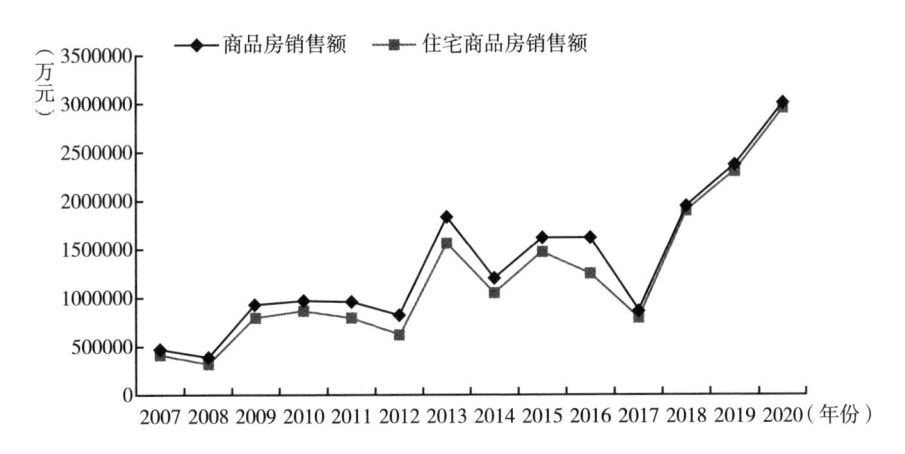

图5 2007~2020年奉贤区房地产商品房及住宅商品房销售额

数据来源：历年《奉贤区统计年鉴》。

其中，上年末结余资金327.96亿元，同比增长22.52%，本年资金来源274.12亿元，同比增长6.32%。可以看到，2020年奉贤区全区房地产的融资环境有稍许放松。

从资金来源结构看，国内贷款68.88亿元，同比增长14.56%，占全区本年资金来源总额的25.13%，与上年同期相比增长1.81个百分点；自筹资金109.76亿元，同比下降4.35%，占全区本年资金来源总额的40.04%，与上年同期相比下降4.47个百分点；其他资金来源14.05亿元，同比增长41.52%，占全区本年资金来源总额的5.13%，与上年同期相比上涨1.28个百分点（见图6）。

从贷款角度看，2020年，奉贤区全区银行贷款67.18亿元，同比增长53.99%，占全年资金来源总额的24.51%，与上年同期相比增长7.59个百分点；个人按揭贷款6.81亿元，同比下降41.26%，占全年资金来源总额的2.48%，与上年同期相比下降2.01个百分点。从图7中可以看到，2020年奉贤区房地产市场的资金来源中银行贷款数额增加，个人按揭贷款数额减少，显示出房地产市场中普通居民购房的资金比较紧张，这是值得关注的问题。

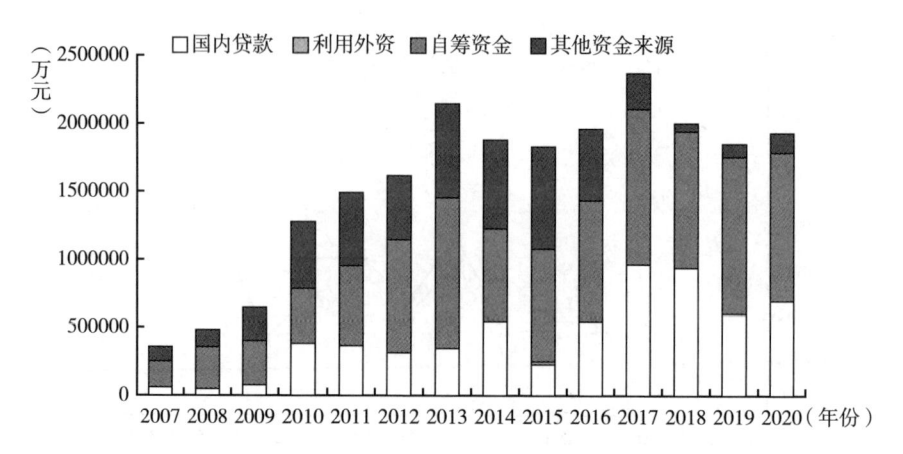

图6 2007~2020年奉贤区房地产资金来源结构分布

数据来源：历年《奉贤区统计年鉴》。

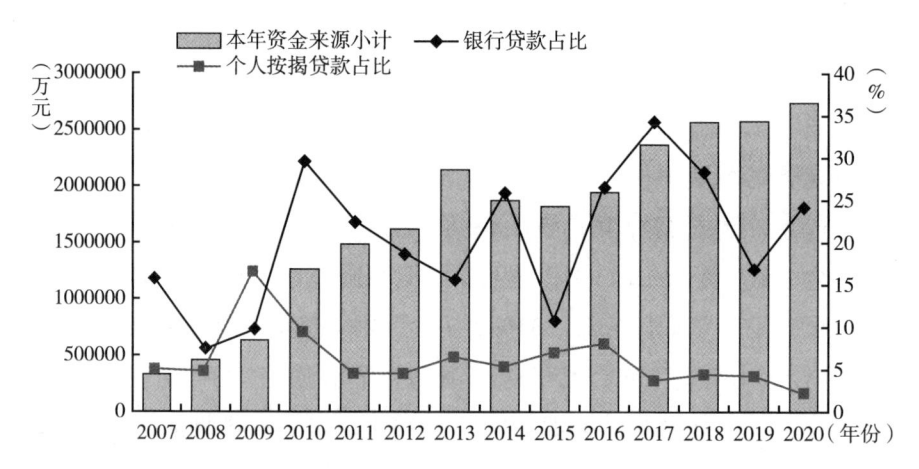

图7 2007~2020年奉贤区房地产银行贷款与个人按揭贷款占比

数据来源：历年《奉贤区统计年鉴》。

三 奉贤区保障房建设和基础设施建设概况

（一）2020~2021年奉贤区保障房建设概况

奉贤区积极推进保障房建设工作，2021年全年计划推进动迁安置房项目 18 个，共计 1.59 万套，面积达到 172.02 万平方米，其中，计划新开工项目 7 个，计划竣工项目 3 个，计划交付使用项目 3 个，续建项目 5 个。上半年，已完成推进新开工项目 1 个，即庄行镇 11—01 地块，建设面积为 5.2 万平方米，共计 552 套房屋；完成交付使用项目 1 个，即金汇镇泰日城中村改造安置房 11—03 项目，建设面积为 8.08 万平方米，共计 960 套房屋，其余项目有序推进。2021 年奉贤区计划推进储备项目 7 个，其中 1 个项目已完成动迁安置房基地认定工作，柘林镇 06—02 地块作为储备项目可能在 2021 年内提前开工。

租赁住房建设方面，奉贤全区社会租赁住房共有 50 个项目，合计 16169 套房屋，总建筑面积达到 91.14 万平方米。按交付时间区分，2020 年底前已交付 23 个项目，共计 4393 套房屋，其中有 17 个项目是园区配建的宿舍类租赁房，3616 套房屋已入住。6 个项目是商品房按照 15% 的比例配建，共 777 套，已经完成交付，但是因为位置、定位、价格等因素还未完成入住。计划在 2021 年交付 7 个项目，共计 1752 套，在 2022~2023 年再交付 20 个项目，共计 10024 套房屋。按房屋性质区分，由奉发集团开发，集中配建的有 3 个项目，共计 4730 套，规划建筑面积达到 28.15 万平方米；商品房按 15% 的比例配建的有 28 个项目，共计 6682 套，规划建筑面积达到 44.89 万平方米；园区配套转化有 19 个项目，共计 4756 套，规划建筑面积达到 18.1 万平方米。

随着五个新城建设的加快推进，奉贤新城的保障房建设进入快车道。奉贤新城范围内的租赁住房项目共有 17 个，总计 5851 套，规划建筑面积达到 34.78 万平方米。2020 年底前已经交付 7 个项目，有 1414 套房屋，计划 2021 年交付 2 个项目，共 617 套房屋，并计划在 2022~2023 年交付 8 个项目，共 3820 套房屋。园区配建的宿舍类租赁房有 6 个项目，目前的 1245 套房屋已全部入住，配建的项目已经交付 1 个项目，共计 169 套，目前在装修过程中，等待入住。

公共租赁房方面，奉贤全区由区公租房公司持有的公租房房源有 3766 套，建筑面积达到 29.09 万平方米，可对外供应的住房有 3121 套，建筑面积24.93万平方米，已经对外供应的房屋有2847套，建筑面积22.57万平方米。2021年奉贤区计划供应公共租赁房项目7个，共计796套，建筑面积52950平方米，其中新城范围内的公租房项目有3个，分别是保利象屿公园悦府、光语著和馨雅名庭，共计243套、189784平方米。2021年上半年，保利玲玥轩的52套和怡庭欣苑的74套已对外供应，其余项目将在第三、第四季度供应。

2021年保障性租赁住房项目在建共计29个，包含1890套房源，其中9个项目的640套房源今年可以完成交付，6个项目的458套房源2022年可进行交付，12个项目的685套房源在2023年可进行交付，2个项目77套房源在2024年可交付。预计整个"十四五"期间将有2500套公租房对外供应。

奉贤全区经住房保障部门认定的园区或企业自建的租赁住房共有4127套，建筑面积达20万平方米。其中，在奉贤新城范围内的租赁住房共有2405套，建筑面积为12万平方米。

此外，奉贤区还有漕河泾先租后售的公租房，分为两期建设，均在奉贤新城范围内，共有4948套房源，建筑面积41.5万平方米。其中一期2660套，建筑面积21.2万平方米；1332套房源可售，建筑面积10.6万平方米；816套房源已售，建筑面积6.5万平方米，均价是14200元每平方米；1328套房源可租，建筑面积10.6万平方米；已出租450套房源，建筑面积3.5万平方米，出租均价约20.2元每平方米每月。二期有2288套房源，建筑面积20.3万平方米，计划在2023年底前完成交付。

（二）2020~2021年奉贤区基础设施建设情况

2020年，面对突袭而至的新冠肺炎疫情和复杂严峻的国内外形势，奉贤坚持"人民城市人民建，人民城市为人民"的重要理念，紧紧围绕"奉贤美、奉贤强"的战略目标，统筹推进疫情防控和经济社会发展工作，2020~2021年，全区经济健康运行，社会民生在建设中持续改善，城市功能品质稳步提升。

2020年，奉贤区十字水街的22公里岸线公共空间基本贯通开放，进一步完善上海之鱼的配套功能，提升城市居住环境。加大重大基础设施建设，闵浦三桥建成通车、奉浦东桥实现开工、大叶公路改扩建工程（东段）、浦卫公路G1503跨线桥、S4南桥远东路出入口、金庄公路金汇港大桥建成通车，大大提高了奉贤区的交通便利性。即使在疫情影响的背景下，东风路、贤浦路当年开工当年完工，充分体现奉贤区加快新城建设，推动城市基础设施完善的决心。此外，S3、G228、浦星公路改扩建等重大市政项目推进有力，航塘港南延伸、220千伏输变电泰日改造线、500千伏奉贤换流站、公共消防站等在建项目也在抓紧建设，三甲医院新华医院签约落地奉贤，国妇婴奉贤院区、金光路初中和小学等项目加快建设。为缓解静态交通的压力，奉贤区2020年完成停车共享泊位350个，这对奉贤区完善民生基础建设具有重要推动作用，也促进更多优秀的人才落户奉贤。

四 奉贤区房地产市场发展面临的机遇与挑战

奉贤区位于南上海，南临杭州湾，东与自贸区临港新片区接壤，因此，奉贤的地理优势使得其发展正拥抱两大机遇，即临港新片区和五个新城建设，这将推动一系列的基础设施建设，及产业和人才的导入与发展，从而促进奉贤区房地产市场健康发展。

（一）发展的机遇

1. 奉贤新城加快推进建设，着力打造独立综合性节点城市

2021年1月，面向"十四五"，上海加快五个新城的建设，其中奉贤新城便布局在南上海。奉贤区坚持独立的综合性节点城市定位，落实"产城融合、功能完备、职住平衡、生态宜居、交通便利、治理高效"的要求，以"围棋式"布局，"动车式"推进，于2021年4月发布《奉贤新城"十四五"规划建设行动方案》，方案立足打造更多增长点、新亮点、爆发点，形成新空间、新名片、新超越。

新城建设的目标是到2035年，集聚100万左右常住人口，基本建成长三角地区具有辐射带动作用的综合性节点城市。可以看到，吸纳人口成为新城的主要功能。通过打造独立的产业生态圈，探索"商务+居住"的新模式，在产城融合中实现职住平衡，工作生活"零通勤""零切换"，实现城市产业能级的大幅提升、公共服务品质的显著提高以及人居环境质量的不断优化。因此，在"十四五"期间，奉贤区房地产市场即将面临人口导入带来的刚需机遇，推动房地产市场与经济发展的相互融通。

2. 立足临港新片区西部门户，加速南上海中心城市建设

2019年8月，自由贸易试验区临港新片区挂牌，奉贤区金汇港以东区域成为临港新片区的一部分，临港新片区的目标是打造更具国际市场影响力和竞争力的特殊经济功能区，奉贤区与临港新片区的联动发展也从2019年开启。奉贤以此为契机，充分发挥自身的优势，聚焦东方美谷、未来空间，呈现新空间、亮出新名片、实现新的跨越。

在临港新片区挂牌后，奉贤区便在四团镇组建"未来空间"推进办公室，在服务自贸区新片区的过程中，加速打造奉贤的区域经济增长极。未来空间聚焦5G通讯、人工智能、物联网、新能源汽车等战略性新兴产业，结合奉贤区本身的"东方美谷"生物医药、美丽健康产业优势，实现"东方美谷+未来空间"双引擎驱动战略，打造世界级产业集群。产业的发展推动企业落户奉贤，人才汇聚奉贤，促进"生产、生活、生态"融合发展，这将推动奉贤房地产市场的健康发展。

（二）面临的挑战

随着新城建设越来越完善，人口逐渐增加，对房地产的刚需也会逐渐放量，奉贤房地产市场逐渐面临需求增长和房价过快上涨的挑战。

第七次全国人口普查数据显示，奉贤区全区常住人口为1140872人，与第六次全国人口普查相比，增长近6万人，增长5.3%，全区常住人口中，外省市来奉常住人口为589306人，占比51.7%，与第六次普查相比增长11.8%。在全区常住人口中，15~59岁人口占比71.4%，60岁及以上人口占比19.3%，0~14岁人口占比9.3%。奉贤区人口基数的增加，以及外来常住人口的增加，意味着在住房需求量以及购房需求量方面具有巨大的空间，15～59岁人口占绝大多数，意味着刚性购房需求和改善性购房需求较大。因此，从人口总量和人口结构来看，奉贤区房地产市场的需求面向好。

但是，从过去土地供应数据来看，住宅房屋的供地量是有限的，能解决的住房需求也有限。从住房的供求关系来看，新房市场需求大于供应。居民购房积极容易导致房价上涨，在购房需求得不到解决的时候，部分需求还将转移至二手房市场，带动二手房市场成交的活跃。尤其在疫情突袭而至之后，上海放宽落户政策，增加了大量购房需求，已经出现奉贤区房价上涨的现象，但房价过快上涨是不健康的，会造成居民债务的增加，抑制消费需求，产生社会不稳定的因素。因此，需要在发展的过程中重点考虑所面临的挑战。

五 总结和政策建议

（一）总结

2020～2021年，奉贤区在"十四五"规划的开局之年加快推进新城规划建设工作，立足临港新片区西部门户，加速南上海中心城市建设，着力打造独立综合性节点城市，坚持"房子是用来住的，不是用来炒的"调控总基调，加大保障房及相应配套建设稳步推进。受2020年疫情后落户新政放开的影响，奉贤区房地产需求量有明显增加，房价上涨压力逐渐增加，由于上海大力推行房地产市场平稳健康发展的政策，稳地价、稳房价、稳预期，在销售、土地、资金等层面，增加住房供给，调节住房需求，强化市场监管。一方面，增加奉贤区土地供应力度，释放房地产市场的供给；另一方面，在资金端加强监管，控制炒房的行为，推动奉贤区房地产市场平稳健康发展。可以预测，2022年，随着自贸区新片区、奉贤新城建设的加快推进，奉贤区产业、人口、企业的逐渐导入，房地产市场的供需将逐渐增加，销售规模，尤其是新房的刚需市场，将有一个长期的稳步增长。

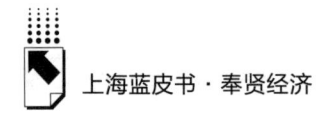

（二）政策建议

奉贤区面临房地产市场需求增长和房价过快上涨的挑战，现提出以下三点政策建议，供相关政府部门参考。

一是加快重大项目开工建设，增加土地供给力度。奉贤新城发挥上海南部滨江沿海发展走廊上的综合节点作用，以产兴城、以城促产，产城融合，发挥"东方美谷＋未来空间"双引擎作用，依托新城建设和服务自贸区新片区建设，加快重大项目开工，增加奉贤新城的土地供给力度，才能更进一步完善城市功能、提升城市品位，汇聚天下英才，将人、企业吸引到奉贤，促进"生产、生活、生态"的融合发展。

二是加快完善保障房建设，优化房屋供应结构。"房子是人住的"，随着奉贤新城的建设，吸纳人口成为新城建设的目标之一，多样结构的人才到奉贤首先面临住房的问题。除了商品房的供给，还需要加快制定"租购并举、租售衔接"的人才住房政策，完善保障房建设制度，优化房屋供应的结构。增加公共租赁房、共有产权房等各类保障房房源，为暂时无法购买商品房的群体提供住房补充。

三是监管房地产资金流入，严格控制炒房行为。由于奉贤区未来若干年住房需求量的增加，将面临房价过快上涨的挑战，奉贤区应当防患于未然，监管产业发展的相关资金流向房地产。否则，造成市场的紊乱，这不利于奉贤新城与"东方美谷＋未来空间"产城融合发展。奉贤区应当严格控制炒房的行为，让房地产的刚需得到释放和满足，让房屋供给真正给需要住房的群体，实现房地产市场和经济社会的健康平稳发展。

参考文献

白鹤祥、刘社芳、罗小伟、刘蕾蕾、郝威亚：《基于房地产市场的我国系统性金融风险测度与预警研究》，《金融研究》2020年第8期。

郭克莎：《中国房地产市场的需求和调控机制——一个处理政府与市场关系的分析框架》，《管理世界》2017年第2期。

黄燕芬、张志开、张超：《"稳"字当先 加快推进房地产健康发展长效机制建设——2018年房地产政策回顾与2019展望》，《价格理论与实践》2018年第12期。

蒋彧、陈鹏：《中国股票市场与房地产市场的动态相关性及其驱动因素研究》，《上海经济研究》2020年第11期。

荆中博、王乐仪、方意：《风险溢出、周期性与中国房地产市场系统性风险》，《当代经济科学》2019年第5期。

刘锋：《我国房地产调控政策的特点及趋势研究》，《当代经济》2017年第16期。

王京滨、夏贝贝：《中国房地产改革40年：市场与政策》，《宏观经济研究》2019年第10期。

王文、芦哲：《房地产泡沫与系统性金融风险防范——基于国际比较的视角》，《国际金融研究》2021年第1期。

王振坡、郁曼、王丽艳：《住房消费需求、投资需求与租买选择差异研究》，《上海经济研究》2017年第8期。

专题研究篇
Special Topics

B.10
奉贤"东方美谷"产业集聚中心发展研究

谢越姑[*]

摘　要： 近年来，奉贤东方美谷核心区深耕美丽健康产业，推进引领上海美丽健康产业迅速发展。东方美谷核心区已吸引百雀羚、伽蓝、资生堂、莹特丽、科丝美诗为代表的一批优秀的化妆品企业，以及上生所、莱士血液、和黄药业、凯宝药业等一批生物医药行业龙头企业。优质的高校资源、数字经济的高速发展、全新零售平台为东方美谷化妆品行业发展提供了科技支撑和发展新思路，但仍然面临外资品牌竞争激烈、龙头企业号召不足、核心技术较弱等发展中的挑战。东方美谷核心区中的生物医药产业则在新冠肺炎疫情的冲击中迎面而上，上海莱士等血制品企业更是重回景气上升期。产学研深度融合为东方美谷生物医药产业集聚提供助力，上海科技创新之城的建设也高度赋能东方美谷生物医药产业的健

---

[*] 谢越姑，上海社会科学院数量经济中心数量经济学博士研究生，主要研究领域为计量经济学。

康发展。推动奉贤东方美谷产业集聚中心快速发展，仍需促进构建产学研创一体的千亿级美丽健康产业链，持续扩大"东方美谷"区域品牌影响力，加强引入高能级、国际化公共服务设施，深入优化营商环境，全方位助力东方美谷产业集聚中心吸引优质企业、打造科技创新良好环境，为东方美谷提供核心竞争优势。

关键词： 产业集聚 科技创新 品牌影响力 美丽健康产业链

一 奉贤"东方美谷"产业集聚中心发展现状

（一）"东方美谷"产业集聚中心发展现状

上海市美丽健康产业核心承载区已在美丽健康产业空间上形成"一核两片五联动"发展布局，其中，"一核"指奉贤"东方美谷"，东方美谷已成为全国唯一的"中国化妆品产业之都"、全国和全球美丽大健康产业的先行先试核心承载区。

东方美谷核心区——上海奉贤经济开发区生物科技园区成立于2001年，园区占地18.49平方公里，地处上海奉贤区中部，东方美谷核心区地理位置优越，交通条件便捷，是上海重要的"品牌园区"。

2016年，"东方美谷"产值超200亿，增速达40%。2018年，奉贤东方美谷核心区中73家美丽健康企业共完成221.9亿产值，产值增长7.8%，占奉贤生产总值23.6%。2020年，东方美谷核心区实现工业总产值397亿元。2021年1—8月，东方美谷核心区实现规模以上工业企业总产值317亿元，同比增长21.1%（见图1）。

至2021年9月，东方美谷核心区已入驻167家企业，包含商标13829个，其中第三类商标约占13%，专利总数达5838个，东方美谷将引领上海美丽健康产业发展，建成全国甚至全球美丽健康产业标杆。

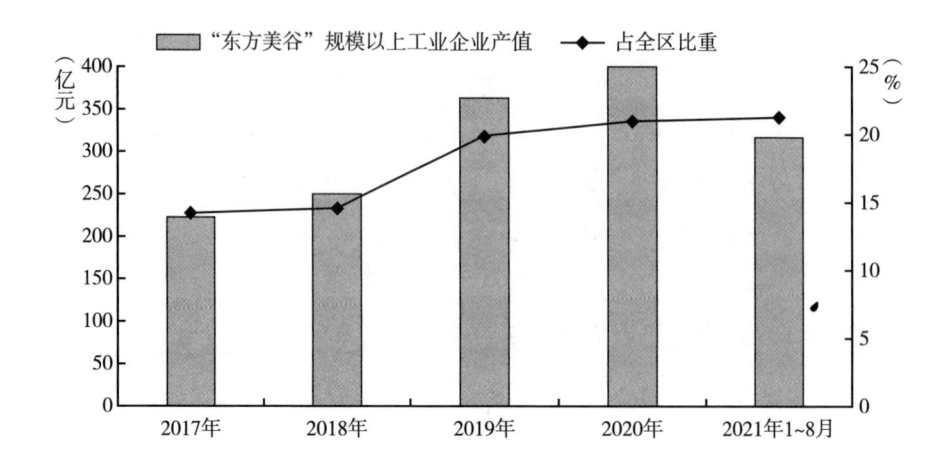

图 1　2017～2021 年 8 月"东方美谷"产业发展情况

数据来源：历年《奉贤区统计年鉴》。

（二）深耕美丽健康产业，"东方美谷"稳步发展

随着我国经济飞速发展，美丽健康产业消费不断升级，座落在上海奉贤的东方美谷，以其美丽大健康产业链的完整布局的优越性以及品牌影响力，聚焦美丽健康产业打造城市名片。

2008 年，根据奉贤新城建设需要以及产业发展趋势，核心区主动谋求转型，建设生物科技园区，明确以生物科技产业和生产性服务业为主导产业，先后获评"上海国家生物产业基地"以及"国家科技兴贸创新基地（生物医药）"，并成功引进漕河泾南桥园区、上海石油化工交易中心、上海农业要素交易所等一批行业领先的生产性服务业企业。2011 年，"东方美谷"产业园区通过 ISO 9001 质量管理体系认证和 ISO 14001 环境管理体系认证，成为我国重要的生物医药发展基地，并获得"上海国家生物产业基地""国家科技兴贸创新基地""上海市知名品牌创建示范区"等荣誉称号。

2015 年底，根据区委、区政府打造"东方美谷"的战略要求，园区被确定为东方美谷核心区，重点发展美丽健康产业、生产性服务业和跨界产业，即确定园区两大主导产业为化妆品生产、生物医药等美丽健康产业和生产性服务业，通过结合智能制造产业和时尚产业，依托在线新经济等跨界产业和"四新经济"发展，致力于打造产城融合发展的国际化高端产业社区。2017年，"东方美谷"被正式授牌"中国化妆品之都"，"美"成为东方美谷特色产业。

至2021年，园区已吸引本土品牌百雀羚、伽蓝，外资巨头资生堂、莹特丽、科丝美诗等为代表的一批优秀的化妆品企业，以及上生所、莱士血液、和黄药业、凯宝药业等一批生物医药行业龙头企业。自成立20年来，"东方美谷"产业区深耕美丽健康产业，推进引领上海美丽健康产业发展，致力于建成全国甚至全球美丽健康产业标杆。

二 聚焦化妆品产业发展，打造"东方美谷"产业生态圈

（一）化妆品行业发展现状

随着我国经济不断攀升发展，人民生活水平不断提升，对于时尚和美妆的消费也不断增加。近年来，我国化妆品消费群体呈现大幅上升的趋势，2012~2018年国内大众市场规模由1758亿增长到2619亿。过去五年，中国化妆品行业年复合增长率达到9.1%，高于全球4.1%的增长率。2019年，我国护肤品市场规模高达2995.9亿元，2021年化妆品产业规模达3500亿元（见图2），增速居全球之首。随着经济水平提升和颜值经济时代到来，化妆品行业的销售规模以及市场份额都在不断扩大，美丽健康产业还有更大的增长空间，具有很大的发展潜力。

东方美谷作为中国化妆品之都，致力于打造美丽健康产业集聚区。2018年，东方美谷化妆品行业零售额约28.8亿元，同比增长22.9%。2019年，东方美谷化妆品行业零售额为58.5亿元，同比增长-3.1%。2020年，受新冠肺炎疫情的影响，化妆品行业发展受阻，东方美谷化妆品行业零售额为86.2亿元，同比增长-5.2%。这一下降态势在2021年得到缓解，截至

2021年8月底,东方美谷化妆品行业零售额已超过75.1亿元,相当于2020年全年零售额的87%（见图3）。

东方美谷产业集聚中心一直致力于发展美丽健康产业,其中,化妆品行业已成为东方美谷的特色品牌,吸引了大批海内外优质企业入驻园区。2020年,资生堂正式成为入驻上海东方美谷的首家世界级化妆品企业,不仅如此,

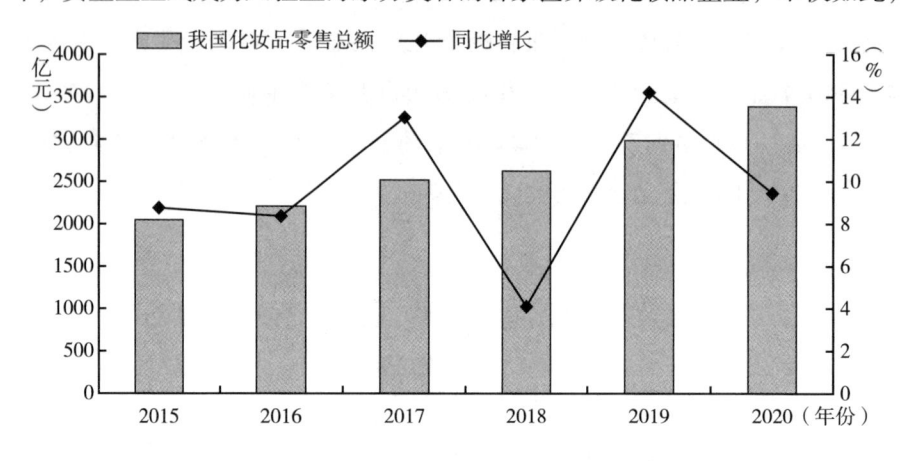

图2 我国化妆品行业发展概况

数据来源：历年《奉贤区统计年鉴》。

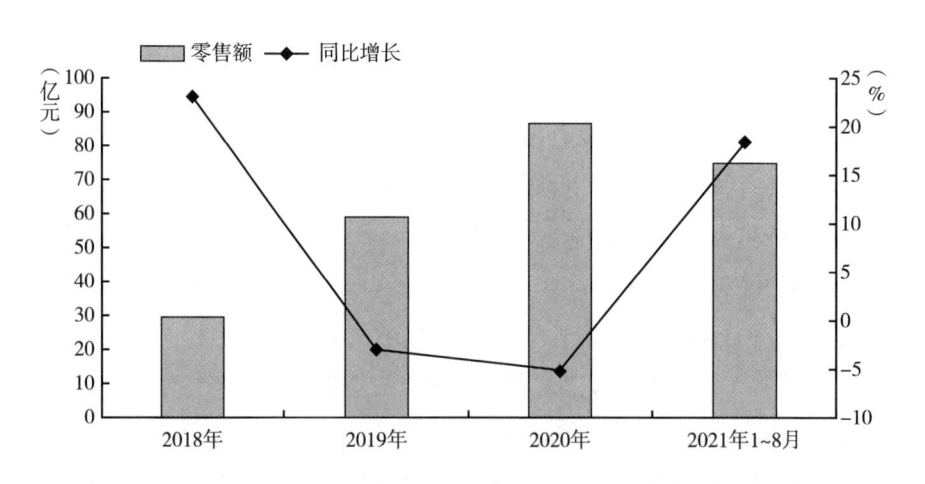

图3 2017~2021年8月"东方美谷"化妆品行业零售额

数据来源：历年《奉贤区统计年鉴》。

东方美谷还齐聚资生堂、科丝美诗以及珈蓝、百雀羚等化妆品企业。伽蓝集团2020年在园区实现产值14亿元,利用3D打印技术打印出全球第一个亚洲人皮肤,是中国化妆品界科技创新的头部企业。

东方美谷公司作为推动美丽健康产业发展的市场化主体,围绕东方美谷"四大功能"和"八大平台"建设,不断整合资源,全力构建有利于推动美丽健康产业快速集聚发展的功能体系,先后投建了东方美谷研究院、研发创新中心、展览展示、检验检测、商品追溯、人力资源、营销体验、电子商务、文化传媒、药妆技术等一系列服务全区美丽健康产业的功能型服务平台,为园区美丽健康产业提供技术和人才支持,为打造美丽健康产业特色提供全方位的支持与动力。

(二)"东方美谷"化妆品产业发展优势

第一,上海优质的高校资源为化妆品产业提供原动力。化妆品产业发展离不开科学研发,因此,高校成为化妆品行业的稀缺资源。"东方美谷"坐落于上海奉贤,而上海拥有着众多优质的高校资源,如复旦大学、华东理工大学、上海应用技术大学等。珀莱雅、百雀羚、隆力奇、林清轩等多家企业都与上海应用技术大学展开合作,上美集团与复旦大学、华东理工大学等多所国内知名高校共建教学实习基地,建立定向人才培养机制,其旗下"一叶子""韩束"等美妆品牌早已占领国内化妆品行业一席之地。依托上海的高校资源,"东方美谷"与华东理工大学、上海应用技术大学等高校开展了广泛合作,更成立了"东方美谷产业研究院",为东方美谷化妆品产业蓬勃发展提供了强劲动力源。

第二,数字经济带动升级,赋能化妆品产业高质量发展。经济数字化转型是上海面向未来打造发展新动能的必由之路,鼓励线上线下场景融合,发展多种平台经济,提升规模链接能力和流量运营能级是上海数字经济产业化发展的重要手段。完善就业保障体系,开展在线新经济平台灵活就业人员申办个体工商户试点是上海数字经济产业化发展的重要途径。聚焦数字文创、新零售、在线设计,提升在线新经济品牌影响力。创新数字内容服务,加速发展短视频、网络直播等在线文娱，探索云上博物馆等文化服务新模式是上海数字经济产业化发展的重要创新。

目前，上海市数字产业化发展已经走在了全国前列，依托上海数字经济发展态势，"东方美谷"开展线上销售、网络直播等销售方式。2020年，新冠肺炎疫情突袭而至，化妆品行业受到严重影响。3月21~26日，东方美谷推出"首届东方美谷321网红直播购物节"，本次推介活动涵盖范围广，共覆盖311个城市，引入多名知名主播和多家知名企业参与，总订单近3万单。5月1日，上海"五五购物节"期间，奉贤区又举办了"美谷美购Go购够"，并与字节跳动在短视频平台达成合作，字节跳动旗下今日头条、抖音（国内）、Tiktok（国外）日均活跃用户规模远超所有同行。聚焦数字经济产业发展，东方美谷产业集聚中心通过采用线上直播销售方式，在新冠肺炎疫情期间助力企业复工复产。目前，东方美谷的直播经济已居全市领先地位，促进东方美谷园区及奉贤区数字经济高质量发展。

第三，打造引领人民美好生活的新零售平台，助力东方美谷产业集聚。以建设引领高品质生活的未来之城为方向，重点依托美谷美购广场、东方美谷品牌集成店·虹桥机场店、南京路店等商业载体，丰富展示展销。基于商业旗舰、首发经济等产业功能配套，构建以东方美谷、美谷美购品牌矩阵为引领的消费经济体系，进一步增强人民群众对"美谷制造"的体验感和获得感。美谷美购广场作为集团重点打造的美业综合体，已于2020年11月13日正式开业。美谷美购新零售平台的打造，重点是将化妆品原料、研发、设计、生产、销售等产业链的各个节点企业进行整合，并配套餐饮、休闲、娱乐、公共活动等综合功能，打造化妆品产业的集成综合体。依托数字经济的高质量发展，东方美谷集团进一步深化与阿里巴巴等第三方优质资源平台的合作，深耕发展在线新经济，打造集网红培训、艺人经济、直播运营、新零售等于一体的直播综合体，全力打造促进经济发展的新增长极，探索促进美丽健康产业与新兴行业包括网络直播平台、文化创意产业、新媒体等联动，延伸产业价值链。

(三)"东方美谷"化妆品产业发展面临的挑战

第一,外资品牌优势不减,本土品牌夹缝求生。2004年,由于进口化妆品进入国内的关税下调,一时间,众多国外知名化妆品品牌迅速涌入中国市场。近几年,消费者对化妆品的质量要求变高,我国商场上原有的化妆品品牌在不断优化中优胜劣汰。随着国门的敞开,很多国外化妆品品牌涌入国内商场,本土化妆品的价格优势在进口货的冲击下显得无力。目前,我国化妆品消费品牌中,外资品牌占据明显市场优势,市场综合占有率居前十。东方美谷集聚了一大批优质化妆品企业,本土品牌比重加大,如珈蓝、百雀羚等国产品牌,珈蓝集团先后创立了美素、自然堂、植物智慧等知名品牌,但仍然无法与外资品牌抗衡。

第二,龙头企业号召不足,产业集聚效应缺乏。龙头企业可以带动先导产业增长,形成由点到面、由局部到整体依次递进,有机联系的系统。产业集聚则要求同一产业在某个特定地理区域内高度集中,产业资本要素在空间范围内不断汇聚。东方美谷化妆品产业虽已吸引了众多品牌,但缺少有号召力、引领作用的龙头企业。缺少龙头企业,则无法形成由点到面的有机联系系统,产业增长受阻,产业集聚效应缺乏,则难以为园区创新发展提供助力。

第三,核心技术有待提高。推动化妆品产业蓬勃发展,自然离不开研发投入与科学技术,目前,东方美谷化妆品产业获得的科研投入还有待提高,阻碍了化妆品行业引进高素质人才,这也从根本上制约了化妆品行业的发展。虽然东方美谷园区已经与华东理工大学、上海应用技术大学展开深入合作,但各大高校真正符合化妆品行业发展的专业还比较欠缺,这也是导致化妆品行业发展人才短缺、核心技术较弱的重要原因。

三 推动生物医药产业发展,打通"东方美谷"产业链

(一)生物医药产业发展现状

近年来,随着人民生活水平不断提高,以及老龄化情况不断加剧,生物

医药行业开始迅速发展。2013至2016年，我国规模以上生物医药行业主营业务收入不断攀升，从2381.4亿元上升到3350.17亿元，增长超过40%。2018年，生物医药行业受到疫苗签发下降影响，主营业务收入有所下降。2019年我国规模以上生物医药企业实现主营业务收入2479.2亿元，同比上升10.3%，截至2020上半年，生物制药行业主营业务收入达到1192.6亿元。我国生物医药行业发展态势迅猛，是近年来中国成长性最好、发展最为活跃的经济领域之一，发展空间和潜力巨大。

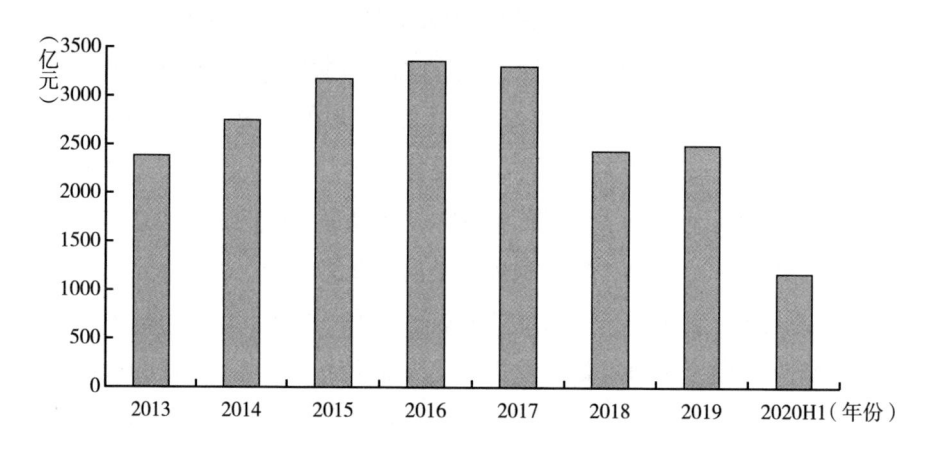

图4 2015~2020H1我国生物医药行业规模以上企业主营业务收入

数据来源：历年《奉贤区统计年鉴》。

上海东方美谷生物科技园区，一直以生物医药、美丽健康为产业发展导向，不仅是国家生物产业基地，还是国际科技兴贸创新基地，东方美谷生物科技园区运用专业化、现代化、国际化的产业扶持体系，培育了国内规模较大的生物医药产业集群和具有行业引领作用的发展高地。

2017年东方美谷规模以上生物医药企业产值为120.5亿元，占全区产值的78%，2018年东方美谷规模以上生物医药企业产值上升不明显，为125亿元，占全区产值比重有所下降。然而，2019~2020年，东方美谷规模以上生物医药企业产值上升趋势明显，占全区产值比重迅速上升，2020年，东方美谷规模以上生物医药企业产值占全区产值比重已经高达87%。截至

2021年8月，东方美谷规模以上生物医药企业产值已超122亿元，东方美谷生物医药行业正迅速发展，已成为东方美谷产业集聚中心的中坚力量。

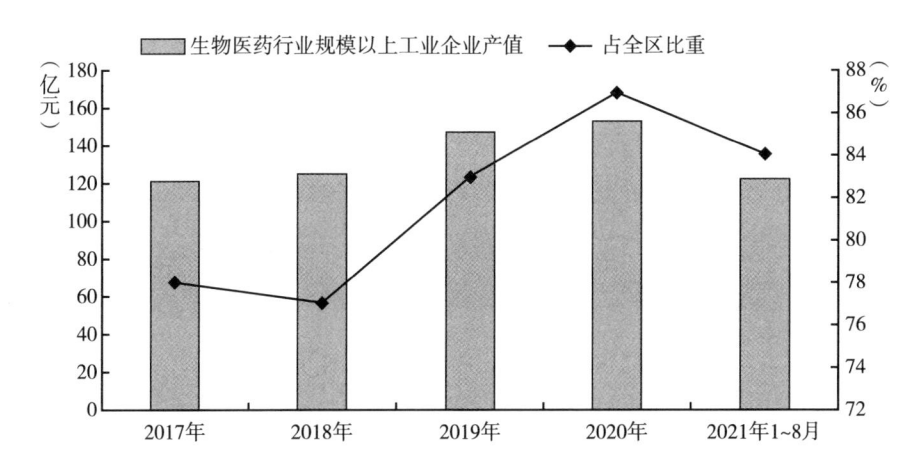

图5　2017~2021年8月"东方美谷"规模以上生物医药企业产值

数据来源：历年《奉贤区统计年鉴》。

（二）"东方美谷"生物医药产业发展优势

第一，新冠肺炎疫情反复，生物医药成为重要支撑。2020年，新冠肺炎疫情突袭而至，多数产业受到疫情影响，短期内停工停产，对行业造成较大影响。而生物医药行业在对抗新冠肺炎疫情的过程中，成为全社会的重要需求。新冠肺炎疫情加大了全社会对疫苗、血制品及相关试剂的需求，而东方美谷园区齐聚和黄药业、凯宝药业、上海莱士等优质生物医药企业，其中，上海莱士企业是亚洲知名的血液制品企业。上海莱士拥有单采血浆站41家，2020年公司全年采浆量1200余吨，打造了涵盖血液制品人血蛋白、人免疫球蛋白和凝血因子三类别的11项产品，是我国最大的血制品生产企业之一。在全球新冠肺炎疫情的大背景下，我国生物医药行业将为中国及全世界的疫情平复提供强大支撑。

第二，推动产学研深度融合，打造东方美谷生物医药产业集群。人才与科技是生物医药行业发展的核心资源。目前，中科院上海巴斯德研究所已入驻东方美谷园区，复旦大学生命科学学院类器官创新平台和校友创业中心也已经落地奉贤，华东理工大学、上海中医药大学等知名高校也与东方美谷核心区建立深度合作。不仅如此，奉贤新城与华东理工大学已共建生物医药产教融合项目，与上海中医药大学共建东方美谷中医药产业基地。通过与各大高校通力合作、深度交流，东方美谷核心区获得人才与科技的强大后备力量。目前，奉贤区已汇聚了102家获批高新技术企业的生物医药企业，18家市级科技小巨人（含培育），2家国家级企业技术中心，拥有2个国家级孵化器，生物医药产业的集聚将助力东方美谷生物科技区成为我国生物医药行业的标杆。

第三，推动上海科技创新之城建设，助力生物医药行业健康发展。2021年9月29日，《上海市建设具有全球影响力的科技创新中心"十四五"规划》发布，强调推动上海科创中心的全面建设，强化科技创新策源功能，从而提升上海的核心竞争力。上海科技创新进程将推动上海的技术发明产生，为上海产业指出新方向，以及为产业发展提供新理念，从而全面赋能上海高质量发展、高品质生活、高效能治理。东方美谷核心区位于上海奉贤，是上海国家生物产业基地以及国际科技兴贸创新基地，推动上海的科技创新发展建设步伐，将为上海市生物医药行业发展提供助力，并赋能东方美谷核心区生物医药产业高质量发展。

（三）"东方美谷"生物医药产业发展面临的挑战

一是产业层次与企业综合实力仍需提升。生物医药企业以制造生产、研发类为主体，科技创新综合能力水平还需提升，高端核心产品攻关能力还有待加强。产业集中度偏低，产业集聚和集群发展水平还需进一步提升。在企业梯队上，东方美谷园区广大中小企业成长速度有待加快，园区企业梯队缺少具有核心竞争力的中坚成长力量。部分企业占地面积大、产税能力弱，导致园区整体产业能级相对偏低。

二是空间发展资源受到紧约束。园区可开发的工业用地4206亩，已出让3896.2亩，剩余309.8亩。产业用地资源紧缺将成为未来很长一段时间内必须面临的现实问题，产业用地的紧张，将导致制造业类的项目落地难。在拓展园区产业发展空间方面，园区产业结构调整又缺少有效的抓手和充足的资金来源，工业用地"二次开发"难度较高，园区只有管理权而无所有权，无法依靠行政强制力去推动，目前也缺乏具体的法律依据和约束惩罚机制来推动企业履行开发义务。土地回购方面，部分企业要价非常高，如果没有强大的外力，单靠园区目前自身的经济实力，难以解决如此巨大的资金需求。

三是公共配套服务有待进一步提升。生产成本对产业发展有较大影响，随着全市产业结构的深入调整，土地成本不断上升，劳动力工资水平也逐步攀升，物业租金等问题也不断成为产业发展的阻碍，与周边地区相比，园区在生产成本方面的竞争优势并不明显。不仅如此，生物医药行业是高知识密集型行业，需要吸引高技术、高知识型人才，但当前园区的商务配套、社区配套等公共服务仍存在短板，对企业招引高层次、高技术人才会产生一定影响。

四 提升"东方美谷"产业集聚中心区域竞争力的对策建议

（一）促进培育产学研创一体的千亿级美丽健康产业链

依托东方美谷，围绕化妆品、健康食品、生物医药等重点领域，构建具有鲜明奉贤特色的"全球生命健康产业创新高地"。不断深化与复旦复容、绿脉建设、斐塔拉云、马珂博逻等20个优质平台的交流合作，加快推进西安艾尔菲生物、太和生技、广州邓老凉茶药业、汉方宸科技、启美生物、合九堂等一批优质项目的建设与落地。

以东方美谷国际化妆品大会等重大节事活动为切入点，聚焦化妆品头部企业，深化与资生堂、欧莱雅等国际一线品牌的合作，加强与丸美等国内知名品牌项目的接洽，从研发、生产、营销等方面全方位集成资源、形成合力，助力一批国产优质企业加大研发投入，促进相关研发机构、企业技术中

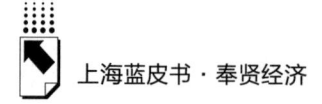

心、重点实验室在园区内的集聚，不断巩固提升东方美谷产业集群行业主导性、影响力，从而推动东方美谷核心区建设有中国特色的化妆品产业体系。探索发展新思路，如直播电商、品牌营销和展示体验等新的销售思路，推动由生产制造向生产性服务业延伸，带动研发总部和生产性服务业总部在东方美谷核心区形成集聚，目标至2025年基本形成产学研创一体的美丽健康产业生态链。

（二）持续扩大"东方美谷"区域品牌影响力

依托上海和奉贤的优质发展资源，在保持产业发展优势的基础上，突出产业发展特色，并在品牌树立上下功夫，从多层面和不同维度强化具有奉贤特色"美丽健康"产业品牌。强化东方美谷全域概念辐射上海，强化南上海中心卡位，提出产业化、平台化、市场化、时尚化、国际化重塑品牌价值。构建东方美谷产业化、平台化和市场化产业聚集地平台打造，强化时尚化基因属性，面向国际市场和国际品牌。

全力打造知识产权保护高地，形成完整的美丽健康产业商标体系，切实强化品牌管理，提升品牌形象。深入探索东方美谷品牌与企业自主品牌的有机融合，进一步丰富品牌合作形式和内容。不断加强对"东方美谷"系列商标的运营维护，目前，东方美谷核心区已累计申请注册"东方美谷"文字商标、图形商标、英文商标、组合商标和马德里国际商标共计443件，已成功取得商标证书337件，经中国商标品牌研究院评估，东方美谷品牌价值已达108.42亿元。

（三）加强引入高能级、国际化公共服务设施

加快城区公建配套中小幼学校建设，不断引进品牌教育资源，依托高校资源提升办学品质，全面优化新城教育资源配置，深化产教城融合发展，建设南上海品质教育区。其次，加强一流医疗资源布局，推动市级医院下沉资源，建立紧密型医联体，加快国妇婴奉贤院区、复旦儿科医院奉贤院区、新华医院奉贤院区落地建设，打造亚洲妇幼医学新中心。依托浦南运河、金汇

港和上海之鱼，引入更多国际国内多种水上运动赛事和主题活动，高水平建设南上海体育中心和极限运动公园，建设城市体育服务综合体。以优质的教育资源、便利的医疗环境、丰富多彩的文娱活动等公共服务吸引人才、留住人才，为东方美谷产业集聚中心蓬勃发展提供原动力。

（四）深入优化营商环境

随着东方美谷品牌影响力的不断提升，东方美谷集团需集中人力、物力、财力，全面加强品牌推广力度，重点宣传园区营商环境，从而提升园区在生物科技领域的影响力，为吸引优质生物科技企业奠定基础。

首先需切实以企业和项目为中心，帮助生物科技企业和项目在产前、产中、产后的全过程解决困难和问题。其次，园区存量资源仍有富足，应力争提高东方美谷产业园区存量资源利用效率，即全面梳理区域内尚未开发的产业用地，若存在意向性拿地推进缓慢的，可考虑积极收储自持，紧抓通用性强、适用性广，建设标准化厂房和总部研发物业，进一步掌握转型发展主动权。同时，还应深化"放管服"改革，加快东方美谷核心区营造国际化和法治化的良好的营商环境，促进东方美谷核心区知识产权制度建立和要素流动发展，争取为企业提供全方位营商服务，聚焦东方美谷核心区的重大项目，积极为企业发展开通项目审批绿色通道，并不断优化企业和项目全过程监管，树立我国监管标准和规范制度新标杆，打造一流营商环境新高地。

参考文献

《东方美谷：8年从0到1000亿的美妆神话能实现吗？》，https：//www.jiemian.com/article/3814676.html，最后访问日期：2021年10月10日。

李胜男、许乾鹏、胡超：《中国化妆品行业发展现状及策略》，《当代经济》2011年第10期。

上海市人民政府：《上海市建设具有全球影响力的科技创新中心"十四五"规划》，https：//www.shanghai.gov.cn/nw12344/20210928/。

5020e5fdf5ac4c6fb4b219da6bb4b889.html，最后访问日期，2021年11月1日。

上海市人民政府：《上海市人民政府印发〈关于本市"十四五"加快推进新城规划建设工作的实施意见〉的通知》，https：//www.shanghai.gov.cn/nw12344/20210302/6c8561a91a67478899a5eb51aa612d78.html，最后访问日期，2021年11月1日。

王岚：《我国化妆品品牌营销策略研究——以薇妮化妆品品牌为例》，硕士学位论文，苏州大学，2016年。

朱嘉梅：《上海美丽健康产业发展态势及对策思考——基于上海市奉贤区的实证研究》，《上海农村经济》2018年第8期。

B.11 "未来空间"在奉贤新城建设中的功能研究

马艺瑷 张 淼*

摘　要： 进入"十四五"时期,"未来空间"的发展适逢上海城市规划中"五个新城"建设的蓬勃发展。奉贤是上海极具发展空间和潜力的区块,而"未来空间"又是承载着奉贤跨越式发展的希望之地,将在奉贤建设创新之城、数字之城的过程中扮演重点角色。奉贤新城的建设将给"未来空间"带来软硬件条件升级、知名度和吸引力的提升等机遇,也将带来探索阶段的诸多不确定性、与其他新城之间存在竞争、内部资源配置的差距等挑战。"未来空间"只有借力奉贤新城的基础设施和公共服务建设,助力奉贤新城技术创新承载区的形成,与奉贤新城建设合力构建产城融合典范区,才能通过"未来空间"与奉贤新城建设的有机结合来实现高效的发展。

关键词： "未来空间" 奉贤新城 技术创新承载区 产城融合

一 引言

在已经过去的"十三五"期间,奉贤实现了经济发展水平和城市功能

---

* 马艺瑷,上海社会科学院经济研究所西方经济学博士研究生,主要研究领域包括计量经济学、劳动经济学;张淼,上海奉贤区委党校经济与区域发展研究中心副主任,副教授,主要研究方向为区域经济学、金融学。

的显著提升，逐步明晰了"1+1+X"的产业体系和"五型经济"布局，着力打造了"东方美谷+未来空间"两大千亿级产业集群的新经济驱动引擎，奉贤新城作为五个新城之一被列入《上海市城市总体规划（2017～2035年）》。在这五年当中，"未来空间"一直是奉贤所关注的重点。"未来空间"目前主要集聚汽车产业链，不仅成为上海汽车产业的"第三极"，而且担当着奉贤未来经济亮点的增长极，更搭上了自贸区新片区发展的快车道，将"自贸区新片区联动的新高地、长三角协同发展的新舞台、世界级前沿产业集群的新载体和南上海'三生融合'的新样式"作为发展目标。

进入"十四五"时期，"未来空间"的发展适逢上海城市规划中的"五个新城"建设的蓬勃发展，作为新城之一的奉贤，将被打造成为滨江沿海发展廊道上的节点城市和杭州湾北岸辐射服务长三角的综合性服务型核心城市。新城建设是一个综合性的广义概念，在产业这一环节，可以预见，"十三五"时期崭露锋芒的"东方美谷"与"未来空间"两大引擎，将成为奉贤新城产业版图中最为耀眼的名片，在下一个五年持续发力、大放异彩。立足于新的历史起点，适应于新的发展阶段，迎接新的机遇，应对新的挑战，奉贤新城建设将给"未来空间"的发展带来什么样新的历史机遇？"未来空间"的发展将给奉贤新城的建设带来怎样的亮点？"未来空间"和新城的建设如何互相促进、协同共进？这些都是值得讨论并提前谋划的议题。

二 新城建设的时代背景

上海是面向世界的国际化大都市，奉贤是上海极具发展空间和潜力的区块，而"未来空间"又是承载奉贤跨越式发展的希望之地。因此，只有将视野从国际国内的局势变化拉近到长三角、上海的发展格局，再聚焦到奉贤以及"未来空间"，即经过从宏观到中观再到微观的分析过程，才能将奉贤新城的定位以及"未来空间"在奉贤新城建设中的功能阐述清楚。

从国际范围来看，当今世界仍处于"百年未有之大变局"，全球经济增长放缓、贸易保护主义抬头，世界呈现竞争优势重塑、经贸规则重建、力量格局重构的叠加态势，新冠肺炎疫情的影响仍在全球持续，给全球经济增长和公共卫生安全带来严峻挑战。面对较大的外部不确定性，引进外资和国外先进技术、发展外向型经济将面临诸多困难和风险，以内循环为主体、促进国际国内双循环的新发展格局势在必行，在内部优化区域空间布局、优化资源配置效率显得十分必要和紧迫。

从全国范围来看，中华民族正处于实现伟大复兴的战略全局之中，中国经济进入高质量发展的新阶段。尤其在应对新冠肺炎疫情过程中，中国取得了"疫情阻击战"和"经济保卫战"的双重胜利。2020年，在世界主要经济体中，中国一枝独秀，成为唯一经济正增长的主要经济体和推动全球经济复苏的主要力量。虽然中国经济的增长速度在世界范围内依然显著，但是中国正处在转变发展方式、优化结构、转换动能的攻坚时期，由重视经济增长速度的阶段转向重视经济增长质量的阶段。在这一新的历史阶段，中国将以培育新技术产业生态为核心，以加强科技资源的集中高效配置为重点，以科技创新催生新发展动能，发挥制度优势打好关键核心技术攻坚战。

从区域范围来看，在"4+X"区域发展总体战略中，东部地区在"4"中起着"率先"作用，即在高质量发展中主要起到引领、示范和带动作用，努力建设成为高质量发展先行区、科技创新引领区和现代化建设示范区。"X"主要为重点带区发展战略，其中，长江经济带建设、长江三角洲区域一体化发展均占据一席之地。在"一带一路"、长江经济带、长江三角洲城市群协同发展等国家战略中，上海是关键性的一环。作为长江三角洲世界级城市群的核心城市，上海正充分发挥服务长江经济带的龙头城市和"一带一路"建设桥头堡的作用，带动形成具有全球竞争力的长三角世界级城市群。

从上海范围来看，上海不仅仅是中国的上海，也是世界的上海，不仅是国际经济、金融、贸易、航运、科创新中心，也正在努力建设成为卓越的全球城市、具有世界影响力的社会主义现代化国际大都市。上海自开埠以来，在城市建设方面积累了上百年的经验，在改革开放之后，更是成为对外开放的桥头堡，在中国的城市发展中走在前沿。进入新发展阶段，上海作为国家中心城市，进一步跨越发展需要开拓新的空间。目前这一时期是上海城市发展实现跨越、遏制城市病、突破瓶颈的关键时期。一方面，创新驱动发展仍然是上海城市发展全局的核心。另一方面，在城市向生态化、人文化、区域一体化发展的趋势下，上海在人口增长和老龄化、环境约束、功能转型、品质升级等方面依然面临很大压力。

正是基于对外面对较大不确定性和对内进入高质量发展阶段的现状，全国、区域和城市层面有必要进一步提升内部产业的硬核实力，大力培育战略性新兴产业，强化内部的市场作用。正是由于上海是引领长三角和东部地区、示范全国、面向世界的全球城市，上海有必要优化空间布局、突破城市发展瓶颈、挖掘城市发展潜力。基于以上背景，"新城"作为上海未来发展最具活力的重要增长极和发动机，在"十四五"时期被提升到了前所未有的战略高度。

三 奉贤新城的定位

（一）新城建设的提出

关于上海市域发展的空间结构，上海市人民政府于2018年1月发布的《上海市城市总体规划（2017～2035年）》指出：要基于差异化的空间发展策略，构建开放紧凑的市域空间格局，形成"网络化、多中心、组团式、集约型"的空间体系。其中，在"主城区—新城区—新市镇—乡村"的市域城乡体系中，"新城"作为城乡一体化发展中的新亮点，被赋予"综合性节点城市功能"的定位。奉贤区与嘉定、青浦、松江、南汇其他四个位于重要区域廊道、发展基础较好的城区，被选定为"五个新城"，将力争培育成在全球城市区域中具有综合性辐射带动能力的节点城市。

上海"十四五"规划中，主城区和新城是在优化上海城市功能布局、塑造市域空间新格局上着重提到的环节。主城区将主要推动综合功能的升级，新城则将发力建设独立综合性节点城市。新城主要承接主城核心功能，按照产城融合、功能完备、职住平衡、生态宜居、交通便利的新一轮新城建设要求，融入长三角区域城市网络。由此可见，新城的战略高度空前提升，不再是以往城市郊区定位，而是上升到"承接主城区"核心功能，与长三角其他城市并列形成网络的战略高度。

（二）奉贤新城的定位

在力争培育成为在长三角城市群中具有辐射带动能力的综合性节点城市的"五个新城"当中，奉贤新城在《上海市城市总体规划（2017～2035年)》中被定位为滨江沿海发展廊道上的节点城市和杭州湾北岸辐射长三角的综合性服务型核心城市，具有独特生态禀赋、科技创新能力的智慧、宜居、低碳、健康城市，规划人口约75万人。

《奉贤新城"十四五"规划建设行动方案》指出，立足"新片区西部门户、南上海城市中心、长三角活力新城"，到"十四五"期末，奉贤新城将打造成为环杭州湾发展廊道上具有鲜明产业特色和独特生态禀赋的综合性节点城市，形成创新之城、公园之城、数字之城、消费之城、文化创意之都的"四城一都"。

"五个新城"围绕主区有各自优势和分工。在上海"十四五"规划中，嘉定新城定位为具有创新活力、人文魅力、综合实力的科技教化之城和沪苏合作桥头堡；青浦新城定位为承载长三角一体化发展和进博会战略功能，引领绿色创新发展和江南文化传承的生态宜居之城；松江新城定位为依托长三角G60科创走廊、高铁时代产城融合的科创人文生态之城；南汇新城定位为与临港新片区功能相契合的高能级、智慧型、现代化未来之城。

在上海市"十四五"规划当中，奉贤新城则被定位为上海南部滨江沿海发展走廊上具有鲜明产业特色和独特生态禀赋的节点城市。在产业上已有"东方美谷"美丽健康产业的基础，未来仍将在美丽健康产业放大优势。而且，身处杭州湾北岸，以沪乍杭等铁路为基础，可以实现与杭州、嘉兴等地合作进行环杭州湾地区产业带建设，与金山、平湖等沿湾地区协作发展，形成集产业、城镇和休闲功能于一体的战略空间，在杭州湾北岸战略协同区中有所作为。此外，以奉贤新城南枫线为纽带，形成了与临港和金山联动的地理优势，尤其是"未来空间"属于奉贤区政府与临港集团联合共建的板块，将有利于奉贤以中国（上海）自由贸易试验区为引领，在东部沿海战略协同区发挥一定的作用。

四 "未来空间"在奉贤新城建设中的主要功能

在奉贤新城"四城一都"的规划布局中，"未来空间"将起到关键作用、扮演重点角色。

首先，作为自贸区临港新片区的重要承载区，"未来空间"是奉贤服务新片区的"奉贤方案"，"未来空间"的建设关系到奉贤新城是否能抓住临港新片区建设重大机遇，充分利用自贸区新片区的制度优势和政策红利，提升创新浓度、厚度、高度。此外，作为主要着眼于引进5G通信、人工智能、物联网、新材料、新能源汽车等先进智能制造产业的产业创新高地，"未来空间"为数字经济发展提供了充分发展的新载体、新平台和新空间，"未来空间"的建设关系到奉贤新城能否有效引入头部企业，充分发展数字经济，实现数字产业化和产业数字化。

此外，在奉贤新城规划建设的重点地区中，"数字江海"板块探索自动驾驶应用场景等最新科技应用，建设智能网联汽车应用示范区，这更有赖于"未来空间"在其中的绝对主力作用。经过最近几年的精心打造，奉贤全域智能网联新能源汽车核心零部件"一廊四区多点"的"未来空间"产业走廊已初见成效、初露锋芒。

临港集团与奉贤区"区区合作、品牌联动"战略合作下，共同推动了临港南桥智行生态谷这一智能网联产业发展的重要平台，作为"未来空间"产业集群发展战略的重要承载区，成为上海市首批26个特色产业园区中唯一一个以"智能网联汽车"为主导产业的园区。回望2020年，5月19日，奉贤区自动驾驶汽车开放检测区建设项目正式启动；5月31日上海"未来空间"智能网联汽车技术中心前瞻研究所在临港南桥智行生态谷揭牌成立；11月17日，奉贤区自动驾驶汽车开放测试场景（第一批）顺利通过上海市智能网联汽车道路测试推进工作小组的评审验收；11月18日，上海智能网联汽车技术中心有限公司专家工作站正式获批建立。"未来空间"在智能网联汽车领域稳步发展、多点开花，这将为"数字江海"的形成铺垫最扎实、最肥沃的土壤。

五 奉贤新城建设给"未来空间"发展带来的机遇和挑战

（一）机遇层面

1. 定位升级带来软硬件条件升级

新城不是依托中心城区的卫星城/子城，而是具有独立的城市地位，使得上海"多中心"的布局拓展到更远的城市版图。新城也不是单纯的城市郊区，而是突破以往"市中心+郊区"的二元空间结构，有了综合性的功能。"独立综合性节点城市"的新城定位将带来与之定位相匹配的交通网络体系、市政基础设施、公共服务、生态环境，也将提升与之功能相适应的城市现代化管理水平、文化符号和软实力。

"未来空间"是奉贤东部的一块区域，交通决定了与其他地区的互联程度，是"未来空间"与上下游形成产业链的必要条件；市政基础设施、生态环境和公共服务的品质决定了奉贤居民的生活品质，"未来空间"除了在新兴产业的布局上为人才预留岗位，同时也需要在生活配套上有足够保障，才能够合力招揽人才。城市管理水平、文化底蕴决定了城市的软实力，"未来空间"需要通过城市软实力培养人的归属感和对城市的黏性，在吸引人才的同时留住人才。总而言之，"未来空间"的建设和发展将很大程度上受益于奉贤整体的软、硬件条件的升级。

2.新城名片带来知名度和吸引力的提升

"五个新城"的理念和规划一经提出,便在全社会引起了广泛的关注和反响。"新城"一方面对标最高标准、最高理念将被打造为"未来之城",另一方面在产业布局上关注战略性新兴产业和先导产业、在空间和成本上较主城区更具优势、在各项政策上享受到优惠和扶持,在得到社会广泛关注的同时,也势必引起投资者、企业家、求职者、毕业生、专业人才的关注,吸引资本和劳动力要素的流入。尤其是对于很多向往上海、希望落户上海,但对于主城区较高的生活成本望而生畏的企业和人才而言,"新城"作为高性价比的选择被映入眼帘。

"未来空间"作为奉贤东部着眼未来的产业区块,在利用临港自贸区新片区制度优势、政策优势、产业协同和溢出优势的同时,还可以利用新城名片带来的知名度,尤其是生产、生活、生态相融合的"未来之城",极具吸引力,自贸区新片区建设与新城建设的优势有望在"未来空间"这一区域叠加发力,促进其发展所需的各项要素的加快导入。

(二)挑战层面

1.探索阶段的诸多不确定性

新城建设除了充分吸收上海百年的城市建设的经验,也将直面城市发展瓶颈、开拓城市发展新思路,对标最高标准、展现最新理念,探索"网络化、多中心、组团式、集约型"的空间布局。城市发展是动态的过程,虽然以往的经验能给现在的规划发展以借鉴和指导,但随着国内外环境的变化、时代的发展、科技和产业的更新迭代,很多的新问题将在新城建设过程当中产生。此外,根据目前的情况所制定的战略和对人力物力进行的配置,在未来外部环境、内部实力发生变化的时候,并不一定还能是最佳选择。因此,新城建设在不同阶段需要进行不同的规划和布局,政策制定者需要一定的局势敏感性和政策灵活度,及时调整规划策略、优化资源配置效率,避免政府和社会资源浪费。

"未来空间"作为奉贤整体建设中的一个环节,不仅受益于新城的软硬件条件，而且要适应于新城的功能和布局的变化，新城建设探索期的不确定性将给"未来空间"带来一定的挑战。目前奉贤新城和"未来空间"的建设同时处于初期的探索阶段，高定位势必带来高投入，而高投入所伴随的风险也客观存在，对自身定位的准确性、对人才的吸引力、公众的接受度也尚处于未知状态，这些客观存在的风险和不确定性有待时间给出答案。

2. 新城之间存在竞争

由于各大新城统一受到上海产业发展规划，尤其是战略新兴产业和先导性产业规划的引领，在接受主城区所疏导的产业和定位未来发展的主导产业时难免有交叉的情况。各大新城在承接主城区功能和资源疏解时，以及在自身产业的独立规划发展时，新城之间也面临着竞争，谁能够提前做足准备、抢占先机，谁就能够在大力发展新城的战略机遇期享受到更大的红利。比如嘉定新城致力建设世界级汽车产业中心承载区，发展新能源和智能网联汽车、智能传感器、健康医疗等产业；青浦新城将聚焦氢能等重点产业；松江新城将依托长三角G60科创走廊，着力做大做强电子信息、集成电路、人工智能、生物医药等战略性新兴产业集群；南汇新城将主要契合临港新片区的功能，聚焦前沿产业。新城在产业上也都力争"新"，都想在充满前景的赛道提前占据一席之地。"未来空间"正是选择了这一方向，并已经在智能网联汽车、人工智能、生物医药等领域多点开花、初见成绩。其他新城在产业上的选择，一方面体现了战略新兴产业是值得投入和坚持的大方向，另一方面也给"未来空间"的发展敲响了警钟，竞争的压力无时不在。

3. 奉贤内部存在资源配置的差距

奉贤以往在内部空间的发展上存在一定不平等的现象，城市功能主要集中在金汇港以西的新城核心区，尤其是教育、医疗、文化等公共资源，以及商务配套和商业服务资源，主要位于南桥镇。而东部五镇的资源配置显得不足，尤其是优质教育、医疗、文化资源和高端商务商业资源十分匮乏，这使得奉贤东部在生活便利性、人才吸引力、对产业的支撑度上都略显不足，与

"综合性节点城市"的定位不够匹配，与发挥杭州湾北岸"综合性服务型核心区"的功能也不匹配。为了服务于"未来空间"各项目，更好地对接自贸区新片区的各向溢出和示范效应，奉贤应该重视和补强东部相对薄弱的公共资源，尤其是在金汇港以东区域，通过增加国际化高等级公共服务设施和公共空间，打造高标准打造知名的国际社区，成为新片区西部门户，吸引高端人才集聚。

六 "未来空间"建设如何与奉贤新城建设有机结合

在未来奉贤区的发展过程中，新城建设任务将是一项综合性的工作，其中心议题是"城"，而"未来空间"建设相比城市整体综合建设而言有更直接的中心议题"产"。这二者之间既有重合之处，又有各自侧重。"未来空间"的发展如何借力、助力以及合力新城建设，在同时符合新城建设蓝图和"未来空间"建设目标的情况下，最大程度地促进土地合理开发、发挥人才引领作用、提升资源利用效率、避免工作的重叠、资源的浪费，是在发展起步阶段需要思考的问题。

（一）"未来空间"借力奉贤新城的基础设施和公共服务建设

在上海的16个区中，奉贤区行政区域面积733.38平方千米，在所有区中排在第三位。根据国家统计局公布的第七次人口普数据，奉贤区常住人口总数约114万人，在所有区中排名第九。在上海的各个区中，奉贤区的人口密度较低，对疏解主城区人口有一定的承接能力，体现出较大的发展空间。此外，奉贤区东联自贸区新片区、西接长三角一体化示范区、北临虹桥商务区、南倚国家海洋战略，对于成为"综合性节点城市"有区位上的先天优势。但奉贤区内的交通基础设施条件，并不能匹配人口发展的潜力、区位的优势。

奉贤目前区域的基础设施配套尤其是交通能级略显不足，就轨道交通而言，仅有5号线的部分站点位于区域内运营，交通便利性上的不足成为奉贤吸引人才、联动其他区域的严重制约。作为高端产业板块的"未来空间",位于奉贤的地区环境之中,其发展潜力也将受制于奉贤基础设施和公共服务水平的硬件条件。随着新城的定位升级,在打造区域独立综合性节点城市的过程当中,新城在交通网中起着连接主城区与新市镇、乡村,提升交通网辐射力和运行效率的关键作用,交通基础设施的互联互通将是保证"节点城市"的首要因素和基础的环节,将得到较大的投入倾斜,这也将给"未来空间"的发展带来重大契机。

《上海市城市总体规划(2017~2035年)》指出,构筑"安全、便捷、绿色、高效、经济"的综合交通体系,实现交通服务能力的不断优化。关于新城的交通设施建设方面,强化新城与主城区快速联系,规划9条主城区联系新城、核心镇、中心镇及近沪城镇的射线。强化新城与核心镇、中心镇之间的联系,基本实现10万人以上新市镇轨道交通站点全覆盖。确保主城副中心至少有2条轨道交通线路直接服务。在城市交通基础设施方面,轨道交通是现代化城市中大幅提升市民通勤效率的关键环节,也是奉贤公共交通中的薄弱环节,在"十四五"规划中,轨交15号线将向南延伸至奉贤区,拟设置3个站点,给奉贤带来"双轨交"。除了交通基础设施的硬件保障,在公共服务方面,《上海市城市总体规划(2017~2035年)》指出,构建多元融合的15分钟社区生活圈,社区公共服务设施15分钟步行可达覆盖率达到99%左右,公共开放空间(400平方米以上的公园和广场)的5分钟步行可达率达到90%左右。在生态环境方面,营造绿色开放的生态网络,生态用地(含绿化广场用地)占陆域面积的比例不低于60%,森林覆盖率达到23%左右,人均公园绿地面积力争达到13平方米。

新城建设中综合性的基础设施投入将有望大力改善奉贤交通网络不够完善、公共服务功能薄弱的局面,通过提升整个区块城市基础功能和生活便利性的方式,给"未来空间"的发展创造良好的地区环境。

(二)"未来空间"助力奉贤新城技术创新承载区的形成

上海要打造一座创新之城,建设一座具有全球影响力的科技创新中心,

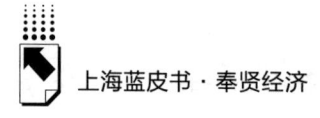

人才在其中将起到基础性和决定性的作用，而产业则是吸引人才的重要载体。

首先，科技创新需要凝聚高端人才。只有不断淘汰劳动密集型的低端制造业、持续进行产业的优化升级、着眼战略新兴产业，才能逐步增加高技术就业岗位、强化现代服务业的就业吸引力、提升新兴产业就业岗位，进一步实现拓展高端人才就业规模、以人才激发创新活力的目标，这一产业发展方向与"未来空间"的产业规划不谋而合。

其次，对于上海这样的高密度超大城市，不仅要做到吸引人才，更要做到留住人才，这就需要引导就业岗位的均衡布局。只有加快主城区非核心功能及相应的就业岗位的疏解、强化郊区城镇就业的集聚度，才能更大程度降低生活成本、时间成本，避免吸引了人才但留不住人才的问题，进一步实现创新和经济的可持续发展。新城作为城市副中心，也是主城区的下一层级，有着空间上的比较优势，将作为主城区疏解非核心功能及就业的主要首选，各大新城在承接资源、承接功能上将展开激烈竞争。新城中谁先打造较为成熟的职住平衡的产业社区，形成二、三产融合发展、配套功能完善、环境景观宜人的产业社区，谁就将在下一轮新城的人才之争中抢占先机，而"未来空间"正是适应这一均衡布局的极佳产业承载区。

总而言之，从就业岗位的结构和布局来看，"未来空间"的定位和规划与上海人才和创新战略发展思路十分契合，将助力奉贤新城的建设，成为技术创新承载区的靓丽名片，在新城承接主城区功能和就业中成为重要的空间载体，在与其他新城以及市镇的竞争中抢占先机。

（三）"未来空间"与奉贤新城建设合力构建产城融合典范区

上海肩负着引领国家发展、参与国际竞争、建设卓越的全球城市等诸多使命，正努力当好新时代改革开放的排头兵、创新发展的先行者，建设令人向往的创新之城、人文之城、生态之城。更高的使命给城市建设带来了更高的要求，"未来空间"和奉贤新城建设要抓住"十四五"关键窗口期，结合重点领域发展，因地制宜对新城"赋能"，以人民城市为人民的理念，坚持产城融合，以产兴城、以业引人、以城留人，以公共服务和文化赋能增强特色，以交通赋能深化联动，以产业赋能集聚人口，以空间赋能提高品质，以城市治理赋能推动转型，强化奉贤新城特色培育和功能独立。

首先，继续加快"未来空间"智能网联汽车及核心零部件产业集聚。全力支持工业综合开发区内现有汽车零部件企业特别是奥托立夫等一批龙头型企业以智能网联新能源为方向，通过科技创新、产品创新、业态创新，实现产业的整体转型升级。探索建立智能网联汽车行业应用体系，打造智能网联全出行链。创新商业模式，推动智能网联产业与共享出行、智慧城市建设等融合发展。

其次，强化绩效导向提升"未来空间"产业能级。按照"四个论英雄"要求，强化资源节约集约利用，优化用地结构，提升资源利用效率。按照优于全市平均水平制定新城产业准入标准，用好新增产业空间。

最后，综合调动区域内各方面资源，加快形成产城融合发展示范。推动生产、生活、生态三生融合，科学布局，实现生产空间创新高效、生活空间舒适宜人、生态空间自然和谐。强化产、学、研协同联动和深度融合，促进产业园区、大学校区和城镇生活区的设施共享、空间联动和功能融合。加强功能复合和空间复合，打造高水平通用空间、特色园区、园中园等跨界空间。结合老旧商务楼宇改造，为创新企业和创业人才提供一批服务完善、环境宜人、宽松灵活的低成本、嵌入式产业空间和创新空间。

参考文献

上海奉贤发展和改革委员会：《上海市奉贤区国民经济和社会发展第十四个五年规划和二〇三五年远景目标纲要》，https：//www.fengxian.gov.cn/fgw/ggl/20210312/008_d4edfe8c-8136-4d6b-a72c-92cd248ec38c.htm，最后访问日期，2021年11月1日。

上海市人民政府：《奉贤新城"十四五"规划建设行动方案》，https：//www.shanghai.gov.cn/nw12344/20210409/13b71e3e3590408d80182276cafbc007.html，最后访问日期，

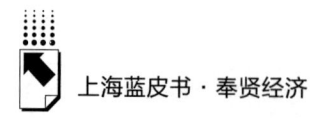

2021年11月1日。

上海市人民政府：《上海市城市总体规划（2017～2035年）》，https：//www.shanghai.gov.cn/nw42806/，最后访问日期，2021年11月1日。

上海市人民政府：《上海市国民经济和社会发展第十四个五年规划和二〇三五年远景目标纲要》。https：//www.shanghai.gov.cn/cmsres/8c/8c8fa1641d9f4807a6897a8c243d96ec/c70c2c6673ae425efd7c11f0502c3ee9.pdf，最后访问日期，2021年11月1日。

《我区召开专题会议　就打造南上海"未来空间"征求专家意见》，https：//www.sohu.com/a/321161770_170632，最后访问日期，2021年11月1日。

B.12
国有资本助力奉贤乡村振兴研究

吴康军　冯树辉*

摘　要： 奉贤新城作为上海市规划中的五个新城之一，在独特的新城定位下，奉贤实施乡村振兴战略需要探索新的道路。国有企业助力奉贤乡村振兴是乡村振兴战略的重要实践，它要求区政府的坚强领导和统一部署、国有企业和涉农区需求的有效对接、财税政策的支持引导、金融保障服务的保驾护航和专业人才的强力支撑。国有资本助力奉贤乡村振兴能充分发挥国有企业专业优势、人才优势和资源优势带动乡村振兴，提高农民收入。本报告分析了国有资本在乡村振兴中的意义，通过总结全国其他地区国有资本助力乡村振兴的实践经验，梳理奉贤现有的国有资本助力乡村振兴的经验，同时剖析了现存的问题，并对国有资本进一步助力奉贤乡村振兴提出了相应的政策建议。

关键词： 国有资本　乡村振兴　新城建设　上海奉贤

实施全面脱贫的乡村振兴战略，是我们党的十九大做出的重大决策部署，是新时期"三农"工作的总抓手。把嘉定、青浦、松江、奉贤、南汇五个新城打造成独立的综合性节点城市，这是今后上海工作的重点。作为规划中的新城之一，奉贤新城规划承载人口75万。新城定位为杭州湾北岸辐

---

* 吴康军，讲师，中共上海市奉贤区委党校经济与区域发展研究中心主任，主要研究方向为区域经济与农村经济；冯树辉，上海社会科学院经济研究所西方经济学博士研究生，主要研究方向为计量模型构建与分析、科技统计及科技政策评价。

射长三角的综合性服务型核心城市，具有独特生态禀赋、科技型创新能力的智慧、宜居、低碳、健康城市。在独特的新城定位下，奉贤实施乡村振兴战略需要在现有的基础上探索新的道路。作为我国社会主义经济发展的重要支柱，国有企业积极参与支持乡村振兴是其应尽之义务。国有企业是贯彻落实党和国家发展战略、引领产业发展导向和经济资源整合的主体，有能力推进城乡融合发展来助力乡村振兴。国有企业能充分利用其专业优势和人才优势，依靠产业扶持等一系列的措施带动乡村振兴。在品牌管理与品牌输出、乡村休闲旅游产业及其配套产业的发展、平台建设和专业人才培养等方面参与乡村振兴战略。研究国有资本助力奉贤乡村振兴一方面有助于理解奉贤国有资本与乡村振兴的内在逻辑关系，另一方面也为促进国有企业深度参与乡村振兴战略、进一步以更为有效的路径实现乡村振兴、建设有奉贤特色的新城具有重要的现实意义。

一 国有资本在奉贤乡村振兴中的意义

（一）市场与渠道优势助力农业产业价值链的提升

农业产业是乡村发展的基础，产业振兴是乡村振兴的核心内容。乡村发展是依托产业带动的，乡村经济的活力也主要从产业发展中产生。国有企业参与乡村振兴，有能力深度参与农业产业的发展，还可以利用自身的销售渠道和市场规模的优势，打通农商供应链，充分延伸农业产业的全价值链，从而提升农业产业价值。国有企业的渠道优势为农业产业结构的调整提供了保证，在国有企业的引领下，奉贤能大力推进绿色农业、休闲农业、食品原产地加工、农村电商等新业态乡村产业的发展，既提高了农业发展中产业的附加值，又使农民高质量的致富增收。在应对需求端不断变化的市场上，国有企业更有能力应对产业结构的调整以及对农产品消费习惯的变化，国有企业能利用技术优势提供精细化管理，不断创新农业产业的发展，培育具有奉贤特色的农业产业品牌，建立上海乃自全国层面的国资助力乡村振兴的标杆。

这样便可以在提升农业产业价值链的基础上，提高奉贤地区农村产业的核心竞争力。

（二）产业资源优势促进城乡产业融合发展

奉贤区在区位上紧邻上海这座国际化大都市的核心区域，是长三角区域一体化的核心区域。作为上海重要的产业基地，产业融合发展有助于奉贤高质量的发挥"五个新城"建设中的重要功能，能有力地助推乡村振兴。产业融合发展需要政府的统筹安排，结合奉贤的自身特点，因地制宜的发挥乡村的主体作用。奉贤国有资本利用产业资源优势，明确其在乡村振兴中的主攻方向，促进城乡产业融合发展。国有企业利用产业资源优势，采用投资成立子公司的形式或者参股经营建设农产品原材料生产基地，参与整合各行业优质资源，乡村投资运营平台的搭建，能使国有企业在城乡产业融合中的引领带动作用得到更为充分的展现。国有企业充分发挥其本身经营产业类别特别丰富、经营主体众多的优势，完成由国有企业支撑的产业融合体系的逐层构建，打造奉贤区产业融合、城乡融合发展的新载体和新模式。国有资本更有能力立足奉贤优势，参与到引导带动农村发展特色农业，推进城乡农业发展和教育、文娱、旅游、健康等产业的深度融合。

（三）金融类国企为农业现代化提供了资本支撑

在乡村振兴中，资金问题是制约乡村产业发展的一大因素。对于引导国有企业、金融资本等社会各类资本参与乡村振兴实践给予政策上的支持方面，除了争取市农业厅、国资委等政府部门的支持，设立投资基金之外，还在国有资本系统内企业加强合作，为农业基金的投资及时落地。此外金融类国有企业可以加大涉农保险、信贷等产品的创新，为乡村振兴提供金融上的支持。涉农保险可以推动农户有动力优化种植结构，使农业生产形成从量变到质变的转变。金融类国有企业为乡村振兴示范村提供建设综合保险，特别是在涉及合同履行和社会治理等方面设计综合保险，有助于化解"美丽乡村"建设上的矛盾和消除不同参与者的纠纷。在国家保障的基础上，在试点区内为农村特殊人群提供健康保险，有助于"美丽乡村"示范村的建设。农商银行利用网点布局优势，建设支农惠农金融服务体系，创新贷款保障业务，保障乡村振兴中农业发展上的融资需求。国有商业银行履行乡村振兴中的责任，建立诸如"家园贷"类型的银村联动机制，与农民相对集中居住的行政村的乡村振兴业务对接，加快乡村建设的项目启动效率。金融类国有资本扩大惠农业务和规模，为农业现代化提供资本支撑，能更有效地助推奉贤农业高质量发展。

（四）人才优势引领乡村振兴的人才队伍建设

乡村振兴战略的实施需要一大批人才来推动，专业人才的缺乏始终制约着乡村振兴的发展。在参与乡村振兴工作中，国有企业通过鼓励专业人才下乡，可以使专业人才把乡村振兴中的党建工作、产业振兴和创业创新串联起来形成合力。采取驻村帮扶的方式，选拔优秀的国有企业人才到乡镇基层锻炼，建立考评机制，形成科学并且常态化的人才交流机制。国企参与乡村振兴的过程中，除了能发挥自身的人才优势外，也带动了其他部分的资金、人才和先进理念持续地投入乡村建设中，能充分调动本地人才等一批社会力量参与到乡村的发展中，也能给农户带来更多的就业机会，通过他们的学识、先进理念和资源等优势共同参与到乡村振兴中，为乡村振兴提供全面的人才支撑。

（五）国企的乡村公共服务项目建设提升了公共服务水平

相对于城市，乡村的公共服务水平和质量较为落后，这将成为广大乡村群众日益增长的对美好生活的需要和其本身发展不平衡不充分之间的主要矛盾，这也成为乡村高质量发展的桎梏。在乡村基础设施建设中，交通基础设施、基础服务的配套设施、教育与医疗基础设施、文化娱乐基础设施等的高质量供给是乡村振兴的必要条件。基础设施项目和一些公益性服务的项目不能给企业带来即刻的利润，项目建成后的维护成本也很高，除了政府的财政补贴外，在参与乡村振兴的过程中，国有企业积极参与农村公共服务设施项目的招标中，积极参与软件和硬件建设，这能够在很大程度上提升乡村公共服务水平。在硬件建设中，环保类国企积极参与"美丽乡村"建设，结合自身优势参与乡村污水处理工程，带动污水处理产业的发展；在软件建设中，依托国有广播电视网络，在农村开发信息发布和后台管理系统，利用可视化管理方式提高农村政务效率。总之，国有企业积极参与公共服务项目建设，为农村公共服务建设水平的提升提供了坚实的支撑。

（六）国有经济与集体经济产生了良性互动

一方面，国有企业在性质上是公有制经济的重要组织形式，国有企业集中优势力量参与乡村振兴中的脱贫攻坚工作，既能解决贫困乡镇集体经济发展中的人力、物力、财力等挑战，也在农村的土地流转、集体经济产业化和市场化发展方面产生积极而深远的影响。国有企业在社会属性上对脱贫攻坚任务拥有相当的政治任务和应尽的责任。国有企业在参与农村公共服务基础设施建设中，为集体经济的发展开辟了良好的外部环境，而且国有资本的社会属性决定了其能保护农民的财产安全，为农村集体经济抵御市场风险、助推集体经济蓬勃健康发展。另一方面，集体经济的繁荣也为国有经济的发展创造了积极而必要的条件，反过来国有资本在集体经济上的投资实现了国有资产的保值增值基本任务，也为国有企业产生稳定收益创造了条件。国有资本参与集体经济发展也能为其他行业和企业发展带来良好的示范效应，是国有企业做优做强、扩大市场规模的重要催化剂。

二 国有资本助力乡村振兴的典型案例

（一）中交集团怒江扶贫模式

怒江傈僳族自治州位于云南省的西北部，处在中缅边境区域，因怒江由

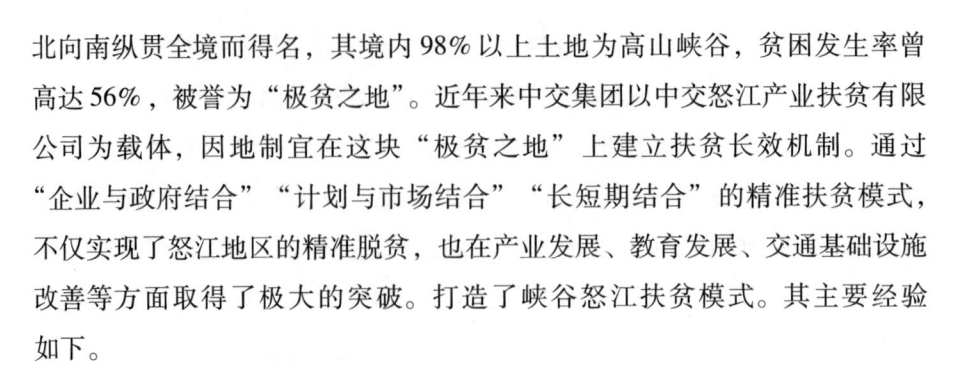

北向南纵贯全境而得名,其境内98%以上土地为高山峡谷,贫困发生率曾高达56%,被誉为"极贫之地"。近年来中交集团以中交怒江产业扶贫有限公司为载体,因地制宜在这块"极贫之地"上建立扶贫长效机制。通过"企业与政府结合""计划与市场结合""长短期结合"的精准扶贫模式,不仅实现了怒江地区的精准脱贫,也在产业发展、教育发展、交通基础设施改善等方面取得了极大的突破。打造了峡谷怒江扶贫模式。其主要经验如下。

1. 大力提高项目落实力度,促进农民增收

中交集团充分利用自身在基础设施建设上全产业链和一体化服务的优势,以基础设施为载体对接贫困地区基础设施建设,通过铺筑公路,提升贫困地区交通互联水平。改变了贫困地区溜索过河的历史,利用基础设施建设提供就业机会,增加农户收入。为搬迁安置点修建公路,解决安置点交通出行问题。在项目实施过程中,中交集团始终坚持避免国有资产流失,同时也调动当地群众参与项目建设的积极性。出资在乡镇建设农业种植合作社,打造"专业合作社+村集体经济+建档立卡贫困户+致富带头人"的"3+1"经营模式,以分红的形式将收益反馈给集体和建卡贫困户,为建卡贫困户创造稳定的就业岗位和收入来源。农业种植合作社的种植和养殖合作社产生的肥料形成产业链闭环,不仅解决了环境问题,也为扶贫注入了持续造血的能力。

2. 夯实物质扶贫基础,强化人才队伍建设

中交集团详细安排工作步骤,制定三年行动计划,通过与下属36家单位签署《定点扶贫责任书》明确职责和任务。与州政府共建中交怒江产业扶贫开发公司,以公司运营的模式加快产业落地、增强就业帮扶力度,给贫困地区传授自我造血的能力。斥资35亿元建成了怒江绿色香料产业园,该项目不仅仅提供了数千个就业岗位,而且有望成为怒江快速发展的产业高地。在丙中洛打造了多功能一体的旅游示范项目,将美丽乡村建设、生态旅游开发和生态环境保护有机结合。中交集团选择优秀的党员干部担任驻村"第一书记",成为国有企业内嵌式精准扶贫战略的抓手。驻村书记通过开展手工艺品农民合作社和特色养殖项目,激发了群众脱贫的动力,进一步强化"集体经济+致富能手"模式推进产业扶贫工作的效力。中交集团不仅设立扶贫开发公司,通过开发项目为怒江发展注入长久动力,也选派精兵强将,结对共建、定点帮扶,把政策红利和企业管理优势有机融合,充分发挥国有企业在参与乡村振兴中的物资优势和人才优势。

3. 扶智扶志双轮驱动,推进区域融合

教育扶贫是中交集团参与乡村振兴的重要举措。通过援建希望小学,中交集团极大改善了当地教育资源贫乏的现状;通过设立希望工程助学金,中交集团为困难家庭减轻了繁重的就学负担;通过承办农民讲习所和职业教育帮扶基金,精准技术培训和资金扶持相结合,帮助农户就业。中交集团怒江扶贫也推动了其他领域的发展。在参与脱贫的过程中,坚定了各民族对党的坚定信念,保障了民族团结。中交集团挖掘当地非物质遗产,提升了当地的知名度,实现了对传统文化的保护和文化产业的发展。循环经济的发展思路也在生态领域方面实现了产业的相互融合。扶智扶志增强了农户的"造血能力",充分发挥了农户的主体功能。

(二)民生集团扶贫模式

2018年以来,在助力乡村振兴工作中,民生集团坚持以自身相关产业为基础,以金融产业为杠杆,坚持科技引领,依托山东高速公路设施的优势和物流优势,打造了农产品上下游企业间的供应链服务体系,带动农户收入显著增加,其主要做法如下。

1. 发挥区位优势,推进产业优化升级

利用烟台栖霞苹果核心产区的优势,民生集团设立"天下果仓"项目,建立了栖霞苹果销售平台。在平台建设中,充分利用大数据和智能化信息管理系统的功能,采用"公司+基地+农户"的模式解决苹果销售难和价格波动大的问题,带动农户脱贫致富。积极和贫困村签订帮扶协议,通过自身能力聘请农业专家对农户开展技术指导,提高农户科学种植的能力。通过对苹果种植、保鲜、仓储、物流和销售各个环节进行帮扶,充分发挥了当地的区位优势。除此以外，在基础设施建设上给予当地大力支持，面对贫困村医疗条件差和道路交通基础设施建设不足的问题，在涉及村民医疗条件和出行保障的基础设施建设上积极投入财力物力。同时，民生集团充分发掘烟台市丰富的旅游资源，出资建设了具备当地产业特色的苹果文化博物馆，建成现代化农业种植园，创新性地打造苹果小镇旅游度假村新业态，以苹果产业为基础，拓宽了其在乡村旅游、文化传承等方面的功能，助推贫困地区产业的优化升级。

2. 发挥企业人才优势，助力科技兴农

与中国农业大学展开合作，民生集团成立了博士后工作站，并且在山东当地与青岛大学展开密切合作，成立苹果研究院，邀请省内外农业专家对贫困农户进行实地指导，极大提高了农业种植的科技含量。民生集团在2009年率先搭建了农业物联网平台，在2011年建设全国首家苹果可追溯物联网体系，在2015年建设了节本增效农业物联网生产管理系统，在2020年研发了全国首套苹果产业ERP系统，从种植到销售到售后服务，实现了全过程可追溯的精细化管理。针对果农，民生集团组织邀请山东省农科院等科研院所专家对其开展技术扶贫活动100余次，技术指导培训5000多人次，通过对农户劳动技能和致富本领精准化的传授和培训，将科技含量高、新技术成果丰富、新成果可落地的技能在贫困村推广转化。以"组织建在产业链，党员聚在产业链，农民富在产业链"为新的工作思路，进一步提高有组织保证的农业生产效率。

（三）广东省国企参与乡村振兴的实践经验

广东省作为经济大省，其城市与乡村之间的经济发展存在不平衡的短板，农村经济发展尚不充分，2016年以前，其地区发展差异系数显著高于山东、江苏和浙江。近年来，在省委省政府的科学统筹规划下，省属国有企业认真贯彻落实"乡村振兴战略"的要求以及省委省政府的决策精神，认真履行应尽的社会责任，省属国有企业积极参与乡村振兴的实践，积极推动乡村经济社会的健康发展，创新扶贫方式。

1. 加强党建帮扶，推进新农村建设

从2016年开始，广东省国有企业按照《中共广东省委、广东省人民政府关于新时期精准扶贫三年攻坚的实施意见》的总体要求，将扶贫攻坚纳入企业长远工作计划和企业发展战略安排。从定点扶贫、对口帮扶中找到扶贫工作的突破口，加强驻点农村的党建工作，把党建帮扶贯穿于帮扶工作的全过程。通过加强党建工作引领经济帮扶，锻炼了党员干部积极带领群众推动新农村建设的能力、坚定了困难农户实现全面脱贫的信念。广东省国企的党建帮扶，主要有以下两点内容。

（1）高标准、高质量遴选驻村党员干部团队，全面贯彻落实省属国企的党建帮扶的要求。严格驻村党员干部选拔条件，保证选拔的精兵强将能高效能的履行定点帮扶工作职责，充分发挥参与乡村振兴个体的积极能动性，给驻点农村党员干部塑造先进模板。

（2）深入宣传国企党建成果，提高农村党建工作实践水平。国有企业较为先进的党建经验通过宣传传播到定点村庄，提升基层党员的综合素养。转变基层党员的工作作风，采用新思想、新理念将党建工作和经济发展实践、脱贫工作有机结合，实现定点帮扶乡村的脱贫致富。

2. 强化资本支持，助力农业供给侧结构性改革

广东省农业发展结构存在不合理、不优化的问题，全省农业发展水平相对滞后。针对现有的短板和问题，国有资本以农业供给侧结构性改革为努力方向，紧紧围绕资本运营以求服务农村经济发展大局，有力强化了发展现代化农业的资本支撑。第一，国有资本负责农业供给侧结构性改革基金的管理和运作。2017年，广东省政府设立了总规模为400亿元的农业供给侧结构性改革专项基金，并委托国有企业负责管理和运营。被委托的国有企业充分发挥自身丰富的资本运营经验、庞大的专业人才队伍和广泛的社会影响力等优势，强化了资金运用的整体效率。众多的农业基金已经成为全省农业高质量发展不可或缺的助推器；第二，国有企业积极争取农业和国资相关部门的支持，广泛动员地方农业部门配合农业投资项目的遴选入库，优化了农业项目的选择和调研程序。农业管理部门在行业分析、政策研究以及项目资源的评审方面的专业

性能够降低农业基金的投资风险,并且保证了投资项目的有效性。在国资部门的指导下,资源整合利用的工作进度得到了提升。

3. 赋能农村产业发展,为乡村振兴开辟新路径

产业振兴是乡村振兴的抓手。产业不发展,乡村的发展就没有依托,乡村整体经济就缺乏活力。广东省国有企业利用其规模大、经营范围丰富的优势,在带动乡村产业发展方面取得了较好的效果。第一,打造闭环农业产业链,扩大产业链内产业的开发利用,打造农业全产业链运营平台,以科技引领农业产业发展,最终实现农民脱贫致富和美丽乡村建设;第二,广东省盐业集团引进先进技术规模化生产高品质海盐,并利用规模化生产节约下的土地打造海盐产业集群和特色小镇,带动了海洋产业的发展和海洋资源的深度开发和利用;第三,省属广业集团以加快农村人居环境综合整治建设美丽乡村的总体目标为工作任务,积极参与农村人居环境的整治工作,建设了数个农村环境综合治理示范项目,也为广东省农业环保产业的发展提供了很好的范本;第四,省属旅游控股集团在农村推广"互联网+",依托电商平台实现了农业产品与外部市场的连接,通过电商平台,更有助于连接市场信息、行业信息,从而能够调控生产规模。农村电商的推广,畅通了农产品的销售路径、拓宽了乡村的商业模式。

4. 改善公共服务水平,助力乡村高质量发展

乡村落后的公共服务对乡村高质量发展是一个极大的挑战,乡村群众对乡村交通基础设施、配套服务设施和能源设施的需求越来越迫切。广东省属国有企业积极配合增加基础设施的有效供给,例如在高速公路的建设运营、现代物流和运输体系的发展方面。此外,开发建设符合当地实际的风电和生物质电力发电项目,实现了公共服务设施高质量发展,解决了乡村群众对美好生活需求和不平衡不充分的公共服务之间的矛盾。

(四)浙江省引导国企参与乡村振兴的实践经验

近年来,浙江省国有企业在"三农"发展和乡村建设中进行了成效显著的实践,其主要经验如下。

1. 资金支持和实物帮助相结合，充分发挥国有企业的力量

2015~2017年，浙江省为期三年的省级扶贫工作中，参与的63家省级国有企业结对帮扶了400余个村庄，每年按时拨付资金到村庄。浙江省国资委党委不断加强对国有企业结对帮扶工作的指导，帮助其解决帮扶过程中遇到的困难，保证企村结对中结一个成一个、帮一个"消薄"一个。省属金融企业为结对村经济发展与贫困人民脱困提供了有力的资金保障。以浙商银行、财通证券、浙江省金控公司等国资金融类企业为例，它们通过颁布实施各项惠农政策，有力地为"摘帽消薄"提供资金上的支持。在与政府的扶贫项目相配套的实践中，国有企业根据自身优势，支持结对村的道路、饮用水、居民用电、排污、广播电视等多项基础设施建设，极大改善了结对村居民生活的基础条件，这些配套实践成为政府扶贫的有效补充。

2. 搭建产业发展平台，走可持续扶贫之路

结对村一直存在产品不精、定位不明、管理不善、销路不畅等短板，这就抑制了其造血能力，不利于扶贫工作的可持续性。浙江各省属企业充分发挥自身产业、管理、营销等优势，在结对帮扶的实践中探索了多种方式，实施了产业乡村项目，完善产业平台的建设，在产业扶持中联手经营，同时发掘线上线下资源，打通了从产品到产业的"最后一公里"。一些国企在当地成立了农特产品展销公司，积极与电商平台完成对接，同时在贫困户中开展了电子商务方面的专业技能培训，着力塑造一批具有本地特色的农产品品牌。不断整合农业合作社和龙头企业，拓宽了农民的致富道路，增强了农村自我造血的能力，使浙江省的扶贫工作可持续性得到了有力的保证。

三 奉贤国有企业参与乡村振兴的实践及不利因素

（一）奉贤国有资本助力乡村振兴的实践

奉贤区委区政府表示，在未来，将牢牢把握新城建设、自贸区新片区和乡村振兴三大机遇，把"产城融合、功能完备、职住平衡、生态宜居、交通便利、治理高效"六大目标作为奋斗的愿景，进一步深化国企对接乡村振兴的坚实基础，全力优化整体营商环境，从政策上为广大企业参与到奉贤新城建设和助力乡村振兴提供最优厚、最实际的支持。在国有企业助力乡村振兴的实践中，奉贤取得了卓有成效的进展。

1．"百村"品牌提供乡村振兴的奉贤方案

上海奉贤投资集团是承载奉贤重要功能的国有企业，它以增强乡村"造血"能力为重要抓手，不断推进贫困乡村"三资"和"三化"的改革，探索出了符合奉贤实际情况、具有奉贤特色的国有资本助力乡村振兴新路径。

（1）构建农村综合帮扶新机制，有效摆脱经济薄弱状况

近几年，奉贤着力打造"百村"品牌作为推动乡村振兴、解决农村综合帮扶工作的重要平台。发动全区100个经济薄弱村组建上海百村实业有限公司，这是全国首个农村综合帮扶"造血"平台。每个村出资10万元作为组建公司的股本，由上海市政府委托上海奉贤投资集团运营管理，将项目运营的红利运用到乡村的公共服务、经济和合作社社员的分红、对困难群众的扶贫帮困等方面。百村实业将一次性"输血"转化为可持续的"造血"，把经济相对薄弱的乡村集体经济统筹到区级层面，开辟了一条村集体经济综合帮扶的新路子。

百村实业采用新的理念，积极投入人力、物力、财力打造共建、共育、共享的发展平台，对优质物业项目完成收购，以此来保证集体资产的保值增值。确保托底保障，委托上海奉贤投资集团运营管理，一来能够最小化公司的运营成本从而最大化收益，二来结合实际调整分红比例从而将帮扶基金盘做大做强。经过6年多的运营，百村实业共收购物业14.2万平方米，累积纳税额超过19亿元，累积分红超过4亿元，取得了理想的经济和社会双重效益。通过租金和税金的方式，每个经济薄弱村累积分红415万元，平均每村增加经营性资产超过1200万元。截止到2017年底，作为股东的100个村全面完成了脱贫工作，有力地摆脱

了以往经济薄弱的状态。

(2) 创新升级建立百村科技，形成"造血"新机制

2018年7月，为促进村级集体经济平衡迅速发展，上海百村科技股份有限公司成立，这是继百村实业后创新升级的更大的"造血"平台，有效地加快了奉贤乡村振兴战略的推进。百村科技覆盖了全区176个行政村集体组织。与百村实业不同，百村科技采用"国集联动"的市场化运作方式，独立承担市场风险，按照现代股份制企业制度要求，各方股东同股同权、同股同利。在2亿元的注册资本中，村集体资本占比88%，奉投集团占比12%。在具体的运作中，村、镇两级帮扶资金按照1∶1配套对百村科技配资，最终形成了集体资产、帮扶资金、国有资本在内的6亿元总规模，配套资金所得收益由村集体组织享有。通过市场化运作，这种"国集联动"的投资平台形成了增收"造血"的新机制。

2. 安信农保参与奉贤乡村振兴的实践

奉贤区和安信农业保险有限公司的战略合作，构建了"三农"风险保障的新体系，为农民带来了实惠的保障。奉安双方搭建合作平台，通过政府引导和市场运作，规范了区域性农业保险的制度安排，实现了长期稳定的合作。奉贤农业保险充分发挥了服务"三农"和保障生产的作用，基本满足了奉贤主要农业产业的保障需求。有效覆盖了粮油、畜禽、果蔬、水产、林木和农业设施工具等涉农产业，与市民生活密切相关的保险覆盖率达到了100%，农业保险的细分品种达到了60多个。

通过"保险+"信贷、土地和集体资产等不同部分相互合作的模式，奉贤农业保险发挥着现代保险的优势和作用。首先，保险的覆盖面广，使得农业抗风险能力得到提升，农民增收增效得到了强有力的保障；其次，在农业保险的不断发展中，新型经营主体的服务功能不断完善，小额信贷保险体系不断加强；再次，通过加大农业保险品种的创新力度，保险已经不仅保障自然风险，还不断向保障市场风险转变。双方以乡村振兴战略作为总抓手，不断发挥农业金融领域的专业优势，不断优化和创新适合都市现代农业的"三农"涉农保险品种，探索和实现了具有奉贤特色的双赢合作模式，提高

了农业产业化水平,保障农民增加收入实现脱贫。

3. 上海国盛集团在吴房村的实践经验

在参与乡村振兴的过程中,上海国盛集团明确了党建引领、主线明确、产业集聚、资本赋能、试点突破的战略部署。国盛集团参与建设了奉贤区青村镇吴房村市级乡村振兴示范村,在吴房村打造了三产融合、三区联动的产业一体化样板。国盛集团充分评估了吴房村三产融合、三区联动实际情况和未来的发展潜力,不以"乡村旅游"为主导产业,突出"产业社区"作用,打造了乡村产业的孵化器和加速器,为吴房村的关键产业提供了发源地和生产"温床"。在三产融合的基础上,国盛集团将农创文旅、亲子研学、智能制造、医疗健康等行业引入吴房村,目前在产业社区中已入驻20多家企业,新注册84家,2018~2020两年累积税收近1亿元,带动吴房村农户户均增收超过10万元。

为解决奉贤乡村村庄规模小、分布散和产业园区产业转型的问题,国盛集团将吴房村"产业社区"的模式辐射至青村镇全镇。青村镇的农业区、产业园和镇区被产业运营串联起来,总体经济的增量支撑起了乡村发展中自身难以解决的短板问题。农业区内,打造了2.1万亩国家级现代农业示范园,建设了农业产业化的实验基地。产业园区内,3.14平方公里的青港工业园使低效的存量资本高效地流动起来。镇区内,与政府合力招商引资,加强生产和生活配套设施建设,加快城市更新。

(二)影响奉贤国有资本助力乡村振兴的因素

结合国有资本助力乡村振兴的优秀实践,以及奉贤区国有企业参与乡村振兴的实践,相比较可以发现:当前奉贤乡村振兴处于关键阶段,国有资本在奉贤乡村振兴中扮演着重要的角色,也取得了可喜的成绩,但在下一阶段,需求对接机制、支持引导政策落地、服务保障水平和考核机制等方面仍需进一步完善。

1. 需求对接机制有待进一步完善

一方面,国有企业和涉农部门需求对接需进一步完善。国有企业自身具备资源、资金、产业等方面的优势,能够带动乡村的产业、生态、文化等方面的振兴。国有企业当前对"三农"发展现状了解不充分,对"三农"关键问题的理解也不是很充分。因此,国有企业需要对奉贤各乡镇的优势和需求信息进一步了解,并且,官方涉农需求发布平台建设稍显缺乏,相关涉农部门对于各类国企的业务特长熟悉度尚显不足,国有企业和涉农部门之间信息存在不对称。政企之间对于区官方信息发布共享平台建设具有一致的期盼,提高国企和涉农部门信息共享度有助于双方的供需问题。另一方面,乡村振兴实践中,各涉农部门的供需统筹仍需加强。乡村振兴战略涉及多个部门,需要各方协调,区政府需加强牵头组织交流互动,促使各涉农部门达成合作,统筹各方参与引导国有企业助力乡村振兴的各项工作。

2. 支持引导政策落地有待深化

政府如何为国有企业参与乡村振兴营造良好的政策环境,官方做出的政策安排尤其重要。奉贤目前在财政支持政策、金融服务支持政策、国有企业参与乡村振兴项目政策和人才支持政策上仍有进一步深化的空间。

一是引导性财政支持政策需深化。乡村振兴项目涉及许多产业类别,一些公共服务型项目不能为企业产生利润,后期的维护成本进一步压缩国有企业的利润空间。涉及产业融合的"互联网+"新业态重点项目和公益性设施建设项目,相应的税收减免和税收抵扣政策需进一步完善、财政支持政策需进一步加大。

二是金融服务支持政策需进一步创新。我国经济进入转型期,经济转型的阵痛难免会波及乡村振兴战略的实施,涉农保险除了要保障自然风险,还需往市场风险保障方面延伸,对有利于助力农民相对集中的相关融资产品需予以支持,加大推广多元金融,对土地承包经营的过程中涉及抵押贷款业务及各涉农企业面临的多层次资本市场,需加强培训辅导、政策宣传。

三是国企参与乡村振兴项目的途径须有条件的放宽。政策需进一步支持国有企业参与乡村振兴项目的进入形式,通过支持投资、入股、成立子公司等多种形式，灵活支持建立国企、农村集体经济组织和农户之间利益共享分配机制，助力乡村自我"造血"机制的建立。

四是人才支持政策仍需进一步强化。目前乡村振兴面临各类人才的紧缺，国有企业的人才优势需进一步放大。国企驻村干部任免和提拔机制、国有企业利用优势培训各类人才的鼓励政策、国有企业引进高水平乡村振兴人才政策方面均需要进一步的强化。

3. 服务保障水平有待提高，考核机制有待完善

服务保障水平效率不足直接影响到乡村振兴项目落地的效率，各类服务保障项目均需要进一步提高。一是乡村振兴项目审批绿色通道和项目库的建立、服务和保障水平有待进一步提高，二是各类用地需求保障需进一步完善，实行政府统筹招标，减轻国有企业的工作量，以此加快推进农民相对集中的进程。奉贤国有企业参与乡村振兴的考核机制也需要进一步优化与完善。对国企参与实施运营的乡村振兴项目需更客观公正的考核，对于企业参与乡村振兴项目各类核心指标的核算上，需充分考虑其公益性质，给予合理的计算，对于干部的考核需进一步加大，以此来达到调动国企员工参与乡村振兴项目的积极性的目标。

四 奉贤进一步促进国有资本助力乡村振兴的对策建议

截至2021年，奉贤已有交能集团、开伦集团、杭州湾公司以及前文提到的奉投集团、安信农保和国盛集团等众多国有企业参与乡村振兴的实践，有力地推动了乡村振兴战略。在新的阶段，奉贤需要结合本地特色、国有资本助力乡村振兴的积极意义、自身的优势和不利因素，不断鼓励支持国有企业助力乡村振兴。奉贤国有资本助力乡村振兴的主要思路如下。

（一）强化党建工作，明确党的领导是保障

党的领导是做好一切工作的根本，在乡村振兴战略的实施过程中，坚持党的领导尤为重要，国有企业加强党建工作是贯彻落实党的领导的迫切要求。国有企业的党建工作是获得政府部门和广大乡村群众大力支持的前提条件和重要保障，加强其党建工作有利于进一步夯实国有企业参与乡村振兴的群众基础，实现国有企业投资利益和乡村振兴具有一致性。最终在乡村振兴的浪潮中，国有企业和乡村都将是最终的获益者，实现进一步推进乡村振兴的美好愿景。

（二）统筹国企参与新城建设、乡村振兴的战略部署

"五个新城"建设是上海市启动的重大民生工程，奉贤新城建设是"五个新城"建设的排头兵，市委明确表述要强化核心功能和节点地位，加强新城"产业发力"和"枢纽锚固"，接下来的一段时间，奉贤将大力投资人力、物力、财力参与到新城建设中，国有企业将在这个过程中发挥极其重要的作用。在乡村振兴的攻坚阶段，区政府需要统筹好国有企业参与新城建设和乡村振兴的战略部署，实现新城建设和乡村振兴的高度融合，以国企为纽带，在新城建设中推动乡村振兴，同时以乡村振兴加速新城建设。

（三）完善国有企业参与乡村振兴的需求对接平台

在推进乡村振兴的实践中，需要明确政策导向，激励国有企业牵头，整合各类国有企业的优势，有关部门需进一步完善需求对接平台的搭建，提高国有企业参与乡村振兴的效率，实现线上线下互动、区属各涉农部门联动的机制。需求对接平台主要有以下几个方面的作用：一是定期发布乡村振兴和支持国有企业助力乡村振兴的相关配套政策，通过政策引导国有企业参与乡村振兴；二是汇集国有企业的发展需求和涉农部门建设需求清单，让二者需求相互匹配，充分发挥国有企业的优势，并定期做好信息更新；三是汇集各涉农部门的需求，区政府定期线上线下通过洽谈会、研讨会、交流会等形式组织各部门交流互动，促使各涉农部门达成协作，更好地统筹各部门国有企业合作，为国有企业发挥带动作用创造有利条件。

（四）落实一系列政策支持和保障措施

1. 落实土地政策，保障各类用地需求

强化落实土地周转和土地使用政策，鼓励和支持国有企业在参与乡村振兴时，与农村集体经济组织采取出让、作价入股、联营等形式的合作，盘活农村集体经营性建设用地来支持发展创新型农业，壮大集体经济成分。鼓励乡村建设项目分类使用建设用地和非建设用地，结合各乡镇实际情况，有效地放宽绿地率、装配式建筑等规划指标要求，通过提高容积率来促进土地的集约化、合理化利用。建立农村发展用地保障机制，通过村落的土地整治，稳妥推进农村宅基地整理和确权登记，将新增建设用地指标用于国有企业参与乡村产业的发展。

2. 深化财政支持政策，鼓励国有企业参与乡村振兴

一是出台相应的税收政策。允许国有企业用于乡村振兴战略实施的税收进行有条件的税前抵扣，对参与乡村振兴重大项目的国有企业实施税收优惠政策，以此来减轻企业经营上的压力；二是强化财政支持政策。引领性强、标杆性突出、市场前景好、产出效益高、营利性不足的乡村振兴重点项目可以享受财政上的支持，各涉农部门结合实际情况制定相应的配套财政政策措施。

3. 强化金融服务，发挥金融服务项目的优势

鼓励涉农保险的创新延伸，并结合实际积极的给予支持。建立综合农业保险体系。发挥奉贤区市属证券类国有企业的作用，引导和支持涉农国有企业在主办、新三板上市，并对管理者加强金融业务培训。鼓励国有资本吸引各方成立乡村振兴发展基金，以此加大对乡村振兴各类建设的投资，从资金和实物两个方面支持国有企业助力乡村振兴。

（五）加强人才队伍建设

专业人才缺乏是乡村落后的重要因素。鼓励国有企业参与乡村振兴中引进高水平人才，鼓励人才下乡，通过人才下乡将国有企业的党建工作、专业管理水平和专业技能扩散到基层队伍。支持国有企业建立人才库，根据实际需要采取多种形式培训下乡人才，提升其经营和管理水平。

（六）提高服务保障水平，完善对国企的考核评价制度

提升服务保障水平，一是建立乡村振兴项目审批绿色通道和项目库，做好牵线搭桥工作，提高服务和保障水平；二是要做好宣传服务，不仅要对国有企业及时做好政策宣传工作，还需要对参与乡村振兴的国有企业进行宣传和推介。完善考核评价标准，一是对国有企业参与乡村振兴项目的运营情况、效益和后续管理建立长期跟踪评价机制；二是进一步完善国有企业参与乡村振兴纳入企业绩效考核内容，考核优异的给予奖励，实现正向激励；三是把参与乡村振兴的国企驻村干部在乡村振兴工作中的表现作为评优评先、提拔任用的重要依据之一，激励人尽其用。

参考文献

《为打造"百村"品牌提供乡村振兴的奉贤方案》，https：//www.fx361.com/page/2020/0907/7009980.shtml，最后访问日期，2021年11月1日。

方志权：《发挥上海国有企业对乡村振兴的带动作用》，《科学发展》2020第3期。

傅德荣：《引导国企参与乡村振兴的机制创新》，《浙江经济》2019年第2期。

《探索乡村振兴新模式——上海国盛集团"塑形"与"铸魂"的创新实践》，http：//www.jjckb.cn/2021-03/09/c_139797059.htm，最后访问日期，2021年11月1日。

李奇宇：《国有企业"内嵌"精准扶贫战略的模式分析——以中交怒江扶贫模式为依据》，《农村实用技术》2021第5期。

林鹭鸣：《产业振兴带动乡村振兴 国有企业尽显社会责任》，《厦门科技》2020年第5期。

上海市奉贤区人民政府：《奉贤区举行"新城—乡村 空间蝶化"奉贤投资信息发布会暨市属国企助力奉贤新城、乡村振兴专题对接会》，https：//www.fengxian.gov.cn/shfx/subywzx/20210331/002002_a887befc-963f-4de2-a864-55574f8c6bde.htm，最后访问日期，2021年11月1日。

上海市农业农村委员会：《关于印发〈关于引导市属国有企业助力乡村振兴的指导意见〉的通知》，http：//nyncw.sh.gov.cn/ncshfz/20200313/915c327ce1c94f4b98c610ddcc59e69a.html，最后访问日期，2021年11月1日。

吴昌泽：《国有企业在乡村振兴中的实践路径选择——基于广东省属国企支持乡村发展的思考》，《广东经济》2019年第8期。

《奉贤与安信农保牵手助力乡村振兴》，http：//www.agri.cn/V20/ZX/qgxxlb_1/qg/201905/t20190516_6393682.htm，最后访问日期，2021年11月1日。

B.13
持续优化奉贤营商环境，向"合作型政府"迈进研究

张美星 沈鹏远*

摘　要： 2020年，奉贤区在坚决打赢疫情防控阻击战的同时，持续推动营商环境优化。2021年，奉贤区立足自身发展定位，深入推进"放管服"改革，营商环境优化工作取得阶段性成效，尤其在"一网通办"、服务企业、项目帮办等方面快速推进，走在全市前列。持续优化营商环境，建设"合作型政府"是奉贤区立足新发展阶段，贯彻新发展理念，全面提升地区核心竞争力，促进产业集聚，激发市场主体活力，提升企业感受度的新要求、新路径、新定位。本章通过梳理上海市及奉贤区2021年优化营商环境的主要工作及成果，发现工作推进中存在的问题，探索新形势下奉贤区持续优化营商环境的路径，为建设"合作型政府"提出对策建议。

关键词： 营商环境　合作型政府　政务服务　一网通办

营商环境是城市软实力和核心竞争力的重要内容，是各类市场主体近悦远来的关键因素，也是"放管服"改革成效最直接的体现。2021年奉贤区

---

* 张美星，上海社会科学院信息研究所助理研究员，主要研究方向为宏观经济计量模型构建与分析；沈鹏远，副教授，中共上海市奉贤区委党校教师，主要研究方向包括经济体制改革、创新经济学、国有企业改革。

立足"新片区西部门户、南上海城市中心、长三角活力新城"的发展定位，大力实施乡村振兴、东方美谷、未来空间、奉贤新城"3+1"工程，深入推进"放管服"改革，优化营商环境工作取得阶段性成效，企业和群众获得感提升，经济发展水平持续增长。未来，奉贤区将从深化简政放权，加强事中事后监管，优化政府服务，聚焦企业全生命周期及调动各方面积极性五大方面全面发力，持续深化"放管服"改革，进一步优化营商环境。

一 上海营商环境优化概况

作为立足新发展阶段、贯彻新发展理念、服务构建新发展格局的内在要求，以及实现城市高质量发展的重要举措，更加市场化、法治化、国际化的营商环境成为推动现阶段经济平稳快速发展的基石和根本。2021年上海有效提升服务企业办事效率，为各类市场主体发展创造了良好的政策环境、法治环境和市场环境，大力激发市场活力，对标国际先进水平，进一步深化"放管服"改革，持续优化提升营商环境。

（一）营商环境持续优化提升，迎来4.0时代

2021年1至7月，上海新设外商投资企业3917家，同比增长33.8%；上海新增跨国公司地区总部36家、外资研发中心15家，累计分别达到807家和496家。《中国营商环境指数蓝皮书（2021）》显示，上海、北京、浙江、江苏、广东位列营商环境排行榜省级前五。其中，上海市公共服务指标排名全国榜首。2017年以来，上海已连续三年制定实施了优化营商环境1.0版到3.0版，在三轮对标改革之后，"上海实践"成为世界各国营商环境改革的标杆，各方面改革成果显著，助力我国在世行营商环境排名中达到世界前沿水平。

2021年3月1日，《上海市加强改革系统集成 持续深化国际一流营商环境建设行动方案》，即上海优化营商环境4.0版正式公布，围绕优化政务环境、提升企业全生命周期管理服务、营造公平竞争市场环境等5方面提出

31项任务，共207条举措。根据行动方案，上海未来将全面实现政务服务可网办程度达95%以上，推广在线身份认证、电子印章等技术，推进一批（不少于100项）基于企业专属网页的精准化服务应用场景等。全面覆盖企业经营过程中的高频事项，对于部分高频事项，上海还将实行"无人干预自动审批"，即对于符合系统设置的高频事项，直接由系统进行自动审批，无须通过人工介入，大幅提高企业高频事项审批效率。与之相匹配，上海同时探索建立"窗口事务官"制度，高频事项通过授权窗口直接完成业务办理，提高政务服务事项当场办结率。与前面三版方案相比，4.0版优化营商环境行动方案在前三年改革经验的基础上，继续深化各领域改革，覆盖面更大，涉及领域更广。全力推进营商环境4.0版方案和全方位体系工作方案，将大幅度增强改革综合效应，激发市场主体活力。

（二）多方面提升营商环境水平，成效显著

在政务服务便利化方面。上海"一网通办"平台功能持续提升，行政权力事项全部接入。开通国际版，上线长者版，"随申码"累计使用超42亿次。"高效办成一件事"进一步扩围，今年新增支持资金申请、挖掘路施工、社会救助、公共信用信息修复、居住证办理等12项"一件事"已全部上线。[①] 现已形成统筹协调有力、落地执行高效、政企沟通顺畅的营商工作机制。积极推出多种举措，以优化营商环境为中心，先后实施377项改革措施，营商环境优化成效显著。

在提升企业全生命周期管理服务方面。上海对具备条件的各类企业使用无纸全程电子化方式办理设立登记，市场环境开放性、规范化进一步显现。通过证照分离和"一业一证"改革复制推广，523项涉企经营许可事项的证照分离改革在全市推开，"一业一证"改革在全市推广。全市推广实施企业名称告知承诺和住所、经营范围自主申报，实现符合条件的企业设立登记

---

① 陈颖婷：《市人大常委会昨天听取和审议优化营商环境情况报告更高水平推进营商环境数字化转型》，《上海法治报》2021年9月29日。

"即报即办",加强企业开办服务与银行开户之间业务协同和信息共享,优化企业开办"一表申请"和"一窗发放"措施,进一步优化企业注销"一窗通"平台等。①

在强化企业服务、安商稳商方面。上海着力建设"一窗通办"系统平台,加快市、区两级平台建设。目前"一窗通"网上服务市级平台已上线运行,区级平台也将实现全覆盖。同时上海还将建立企业需求与企业服务专员线上匹配制度,依托政务服务"一网通办"建立帮办服务平台,加强帮办服务平台与各行政审批平台系统对接,审批信息同步推送给企业和服务专员,支持企业服务专员及时协调帮办。

在营造公平竞争的市场环境方面。上海围绕市场准入、包容审慎监管、信用监管、"双随机、一公开"监管、综合执法、政府采购和招投标6个方面深化改革。持续扩大包容审慎监管范围,免罚清单涉及市场监管、文化市场、生态环境、民防、城管和消防6个领域,包括94项轻微违法免罚事项。

在营商环境法治化保障方面。2020年《上海市优化营商环境条例》发布实施后,《上海市促进中小企业发展条例》《上海市外商投资条例》《上海市知识产权保护条例》等地方法规及《关于加强浦东新区高水平改革开放法治保障制定浦东新区法规的决定》相继出台,营商环境法治体系逐步充实健全。2021年1~8月,全市非诉讼争议解决中心受理纠纷申请8.9万件,调解成功率77.6%。在进一步提升市场主体自主便利的同时,聚焦事中事后监管,坚持宽进与严管相结合,规范市场秩序,维护市场公平竞争。

(三)聚焦市场主体和群众关切,开展营商环境试点

2021年9月8日,国务院总理李克强在国务院常务会议中提出要贯彻落实《优化营商环境条例》,稳定市场预期,激发市场主体活力和社会创造力,保持经济平稳运行,推动在全国打造市场化、法治化、国际化的营商环

---

① 《上海发布优化营商环境4.0版方案》,《解放日报》2021年3月3日。

境,将上海等六个市场主体数量较多的城市设为营商环境创新试点,突出系统集成,聚焦市场主体和群众关切,对标国际先进水平,支持地方深化改革先行先试,更大力度利企便民。开展营商环境试点,进一步深化"放管服"改革,聚焦破除区域分割和地方保护、进一步方便市场主体准入和退出、提升投资和建设便利度、提升对外开放水平、创新和完善监管及优化涉企服务6个方面的改革创新。通过简政放权和"放水养鱼",提高市场主体经营自由,激活企业理性自律机能,提高行政服务质量,促进市场主体高质量发展。开展创新试点将加快营商环境优化速度,充分展现因地制宜的改革智慧,大力激发市场主体活力,提升上海城市竞争力与吸引力。

二 奉贤区优化营商环境主要成果

2021年,奉贤区持续打造包容开放的营商环境,积极运用有效市场作用,显示有为政府风采,聚焦重点领域和目标任务,由"命令—服从"到"服务—赋能"转变,从理论、实践两方面突破创新,打造属于奉贤营商环境的主题和品牌,助力政府角色从"审批型政府"向"合作型政府"迈进。今年,根据市委办公厅优化营商环境4.0版方案、市政府办公厅"放管服"改革要点的精神和要求,奉贤区研究制定了《2021年奉贤区深化"放管服"改革优化营商环境工作要点》,深入推进简政放权、放管结合、优化服务,从放、管、服、营商环境、保障措施5个板块提出35项改革任务148条具体举措。

作为中小企业创新发展的沃土,在多项惠企政策、改革措施推动下,奉贤区市场主体实力日益雄厚、活力更加充沛。2021年1~8月,奉贤区新设企业数为75480户,同比增长7.4%,其中新增私营注册企业73135户,占比96.9%,同比增长5.2%。中国网中国商务频道联合有关单位于2021年6月9日发布的《2021年长三角企业动态分析报告》显示,奉贤区从2021年1月起,每月新增企业数连续3个月夺得第一,成为第一季度长三角27城新增企业数的冠军。与此同时,奉贤还拥有良好的外商投资基础,先后集聚了超过3600家外商投资企业入驻，对推动奉贤经济转型、实现高质量发展发挥了至关重要的作用。

奉贤围绕"独立、无边界、遇见未见"，深入推进安居、人才、生态、文化教育医疗"四个新基础设施建设"，实现有限资源数字化提升无限发展，无限资源网络化链接无限发展。在营商环境建设方面，找到"有效市场"和"有为政府"最佳结合点，用"妈妈式"的服务，营造"一网通办、一网情深、一网统管、一网打尽"。实行"X+1"，措施要比人家增加一份，实行"X-1"，麻烦要比人家减少一份。奉贤让企业与城市同频共振，共同奔跑追梦，共同分享成果与成就，共同让城市更美好、更有活力、更便捷。

（一）线上线下同步发展，推进"一网通办"建设

2021年奉贤区持续做好"高效办成一件事"改革，瞄准涉及面广、办件量大的重点领域和高频事项，继续梳理一批涉及跨部门、跨层级、跨区域的"一件事"。奉贤区政务自助终端项目作为奉贤区推进"一网通办"的创新载体、延伸平台，以"区—街镇—村居"三级政务服务体系为规划原则，重点选取人流量大、居住相对集中、自助服务需求高的公共服务场所，以及一些较为偏远的村居布设了80台66点位自助服务终端，打造"15分钟政务服务圈"。同时创新引入"奉贤政务自助终端网点"定位小程序，让市民群众找政务服务像找共享单车一样方便，真正实现企业群众政务服务就近办、方便办。2021年还将增加20台自助终端机，计划重点向村居生活驿站倾斜，结合目前80台终端机的后台使用数据和目前各街镇下设的村居点位情况，在有布设条件的20余个生活驿站中选取居住人员密集、办事需求高的点位继续布设新的自助终端点。

积极探索"好办""快办""政务智能办"服务。搭建"贤智办"智能审批系统，不断提升'AI+一网通办'赋能水平。线上，针对《城镇污水排入排水管网许可》（延续）等相对复杂的依申请行政权力事项，推出为用户提供以"个性指南+智能申报"为特征的全过程智能办事辅助的"好办"

服务。线下，完成"政务智能办"上线工作。重点对市场监管局"内资企业变更"窗口高频办件，通过智能帮办系统进行智能填表功能定制开发，实现申请表单智能预填、预审功能，方便企业和窗口办理业务。

推进"随申办"建设。"随申办"政务服务移动端整合及运营是2021年奉贤区优化营商环境重点工作之一。通过建立"随申办"街镇旗舰店例会制度，汇编奉贤区"随申办"区/街镇旗舰店月度运营报告，汇总区旗舰店、街镇旗舰店以及各接入应用的访问量，资讯转发量、点赞量等。同时完成奉贤随申办旗舰店、12个街镇旗舰店建设。完成政务服务移动端整合，将区水务局、交能集团等15个单位的24个政务服务应用整合至随申办奉贤旗舰店。推动应用上新，"城管非现场处罚"等"随申办"新应用均在建设推进中。截至2021年6月底，奉贤旗舰店累计访问数54万多人次，排名全市第五。

开启"政银合作"新模式。奉贤区通过与市"一网通办"平台的深度对接，"一网通办"服务事项分批入驻银行智能柜台，便于市民及企业就近选择相关银行网点自助办理服务事项，第一批将上线包括人证合一东方美谷、对话贤商、政务通知公告、企业专属政策等五大公共服务内容。"政银合作"模式解决了"一网通办"推广和普及过程中遇到的场地、设备、人力、资金投入等问题。借助银行网点使政务服务得到有效的延伸，银行业务和政务服务亦产生更为紧密的连接，实现政府、银行和市民的三方共赢。

深化"跨省通办"工作。长三角内，深化"跨省通办"工作内涵，组织"一网通办"考察组赴江苏苏州、南通等地考察，学习先进经验。与南通等地达成共识，谋求深度合作，加强事项拓展以及市长三角平台的使用，加强长三角电子证照的调用。长三角外，寻求更多跨省通办合作地区，与佛山、东莞等地进行对接，已完成"跨省通办"网络连通工作，目前正在进行调试工作。

迭代升级智能化设备和再造业务流程后，目前已上线共1278项事项，其中155项实现"全自助"办理，121项实现奉贤、江阴、惠城三地跨省通办，为企业市民提供更加贴心的服务。升级智能文件柜，终端与智能文件柜信息实时共享、实时传输，实现"收""放"自如，业务人员轻松收件，证件立等可取。目前个人办理"护士执业注册""身份证""户口簿""护照",企业办理"排水许可证""食品经营许可证"等事项,均可通过个人身份证或"随申码"调取个人或企业名下证照等信息,实现终端智能审核、证件自动打印。

(二)创新政务服务模式,畅通政企沟通渠道

奉贤区充分利用网上政务平台、"两微一端""圆桌早餐会""企业直通车""对话贤商"等政企沟通平台,健全畅通便捷的政企互动机制。完善定点联系、定期走访、"驻企店小二"、常态化"大调研"、营商环境大使等常态化制度化的政企沟通机制,推动营商环境改革精准施策。创新打造"对话贤商"平台,通过"线上互动引导、线下全程服务"的互联互动模式,利用大数据确定企业需求,提供全程管家式服务对接,为企业提供更具针对性、更智能、更有感受度的服务。线下形成'链长群主早餐圆桌对话贤商'平台,由区委区政府领导面对面倾听企业诉求,打造"链长"、"群主",打破条块分割,降低行政成本。相关政府职能部门与企业面对面、点对点为企业排忧解难,通过早餐会的形式了解企业需求,及时提供帮助,积极给予回应。截至2021年6月30日,全区各单位已累计举办"早餐会"45场,服务生物医药、文创、制造、金融、房产等各类企业140余家,收集具体问题164个,已解决122个,正在抓紧协调解决42个。线上"对话贤商"政企互动平台于2021年1月8日上线,社会关注度持续提高。线上线下平台同步发展,打通政务服务"最后一公里",营造更具感受度、更温暖的营商环境。

同时完善区级惠企政策"一窗通办"平台建设。强化涉企政策统一发布,新出台涉企政策一个月内在企业服务云100%归集发布。对现有惠企政策实行分类梳理和标签化管理,加强企业与政策匹配对应,依托企业专属网页、惠企政策专窗、企业服务云等,主动精准推送政策。抓好惠企政策兑现,简化税费优惠政策适用程序。加强非税收入退付管理,推进退付无纸化,加快退付速度。

（三）创新帮办机制，打造"首席店小二"品牌

奉贤区聚焦重大建设项目、重点产业项目、重要民生项目，依托区审批审查中心的各成员单位，推行项目联合帮办服务，打造"首席店小二"品牌，为建设项目提前对接、超前谋划、顺利推进，确保社会投资项目早开工、早竣工投产。帮办服务项目包括奉贤区公共服务租赁性配套用房项目、上海奉贤富力万达广场项目、上海凯宝药业股份有限公司项目等，打造"金牌店小二创造梦之队"的奉贤案例。同时，在原有的帮办基础上，探索"线上不好办、线下担当办"机制，研究政策瓶颈、分析具体案例，逐步推进线下绿色通道，为企业破解痛点、难点、堵点，助推建设项目早日落地投产。

（四）发挥功能优势，促进跨境贸易高质量发展

作为市商务委认定同意设立的上海市跨境电子商务示范园区，奉贤综保区制定了《关于促进奉贤综合保税区高质量发展的实施意见》，为跨境贸易总部、美妆及宠物经济类跨境电商产业发展、"东方美谷"主导产业发展等10方面给予政策扶持，为跨境贸易发展提供支持。以"美谷美购·跨境购"系列活动为例，奉贤综保区围绕"品牌孵化、产品展示、消费体验、文化旅游、直播销售、网红实训"的六大核心功能，不断提升"美谷美购·跨境购"的品牌影响力和美誉度，力争将其建设为更具国际化、规范化、多元化特点的综合性平台，打造成开发区一张靓丽的"名片"。未来综保区将继续通过积极探索政策，先行先试，高质量建设全市乃至全国具有吸引力的跨境电商示范园区。

（五）多措并举，优化法治化营商环境

作为区委全面依法治区委员会2021年的工作要点，奉贤区持续推进一流法治化营商环境建设，全面加强法治化营商环境建设，抓好顶层谋划设计。发布优化法治化营商环境十项举措，包括构建优化营商环境法治保障共

同体，研究解决市场主体反映的突出问题；发挥区检察院、青村镇作为基层立法联系点的基层属性、立法属性和联通属性，让立法机构听到最接地气的市场主体呼声；深入推进"无科层"审批改革，压缩审批层级，全面推行行政审批"独任制"和"一审一核"制；"法企直通车"提升涉企公共法律服务能级等。[1] 制定印发《奉贤区优化法治化营商环境十项举措责任分工》，明确责任单位，整理推进情况，确保政策落地，取得实际效果。开展法治化营商环境制度和案例汇编工作。

（六）复制推广"一业一证"改革经验，建立配套监管制度

"一业一证"就是将一个行业准入涉及的多张许可证整合为一张"行业综合许可证"，大幅压减审批环节和时限，简化审批手续，有效提升行政效能和办事效率。[2] 2020年浦东新区已对31个行业试点开展"一业一证"改革。2021年4月28日，奉贤区举行"一业一证"改革试点首批颁证仪式，为药店、便利店、小餐饮等3个行业8家市场主体颁发了行业综合许可证，研究制定"一业一证"工作方案，10月底前涉及地方事权的25个行业要全面落地。

（七）着力规范审批中介服务

审批中介服务是近年来企业群众反映比较集中的一个问题，2021年要全面清理规范中介服务项目，一律取消无法律、法规、规章依据的中介服务事项，对合法、合规的中介服务事项一律实行清单式管理。奉贤区政务服务办牵头建立了网上中介服务平台，中介服务机构采取自主入驻的方式，经过各行业主管部门审核确认后，向社会公开展示中介服务机构相关信息，给市场主体选

---

[1]《奉贤区优化法治化营商环境十项举措》，https://baijiahao.baidu.com/s?id=1681069157186326962&wfr=spider&for=pc，最后访问日期：2021年11月1日。
[2]《上海市浦东新区积极推进"一业一证"改革，探索实行"一证准营"》，https://baike.baidu.com/reference/54721910/8208CHNwL22FvLwUQbODk1kl-wl_FfT7GHEKDhpfTya9h-EMTXcFyAC8GChEJCZaWhBP_nmAALxFHd1fK_GXrWMaWaHQSJoOe78krkRvKr4G22J_，最后访问日期：2021年11月1日。

择中介服务的自由，平台已于2021年6月上线。同时要探索建立中介服务机构诚信档案，努力打造管理规范、公平竞争、运行有序的中介服务市场。

三 奉贤区优化营商环境面临的问题

在奉贤区推进营商环境优化工作中，存在以下四个方面的问题。

（一）协调沟通不够到位

各职能部门对营商环境测评指标的研究不足，与对应市级部门的协调沟通不到位，对营商环境测评考核内容不够了解，导致在自查过程中对自身短板问题认识不足，也未向市级部门咨询具体失分项目，因而无法确定未来整改提高、优化营商环境水平的方向。

（二）统筹力量比较薄弱

营商环境涉及面广量大，需要进行大量的协调、沟通、督促、推进工作，实际工作需求与目前的人员配备有相当大的差距。奉贤区政务服务办设"行政审批制度改革科（营商环境建设科）"，编制2人，从事营商环境建设工作的只有1名同志，而区发改委则没有专职从事营商环境工作的同志。

（三）部分指标有劣势

对于综合营商指数测评中的部分指标，郊区存在天然的短板，并且区位劣势短期内难以弥补。比如"高素质劳动力供给""独角兽企业和瞪羚企业占比""PCT申请量""授权专利数中发明专利占比"等指标，都需要较长时间的发展及产业结构的升级才有希望扭转现状。

（四）改革宣传不够有效

很多部门都存在"只做不说"的情况，实施了改革举措，创新效果也逐步显现，但是不善于对外宣传。奉贤优化营商环境的案例和故事在全市范围内影响力较小，酒香也怕巷子深，导致评审专家对奉贤营商环境的主观印象不够深，进而影响对营商环境水平的评价。

四 优化营商环境，迈向合作型政府的对策及建议

站在"十四五"开局之年，奉贤区围绕奉贤新城建设，按照"产城融合、功能完备、职住平衡、生态宜居、交通便利、治理高效"总要求，完善城市功能，提升城市品质，以一流的营商环境、一流的人文环境、一流的数字化转型，吸引一流的人才，建设一流的产业，让更多企业在奉贤成长、发展，共享奉贤改革发展的红利。2021年，奉贤区持续打造包容开放的营商环境，积极发挥政府作用，逐渐由"命令—服从"向"服务—赋能"转变，力争打响属于奉贤营商环境的主题和品牌，推动政府角色从"审批型政府"向"合作型政府"迈进。

合作型政府，指政府致力于通过与非政府主体（社会组织、企业、公民等）合作，共同治理公共事务以实现公共利益的治理形态。[1] 作为一种形成政府、社会间新状态的治理模式，建设合作型政府的重点在于提升政府治理能力，构建政府治理能力整体框架。合作型政府模式提倡社会各方面加入公共治理中，即政府、企业、社会组织、公民皆以平等的地位参与其中，实现政府与非政府主体的平等地位，协同发展、形成互补、共生共强，达到治理的最高境界。通过政府构建合作网络，治理过程中充分发挥市场机制、科层机制及自治机制的比较优势，多种制度相结合，形成互相促进、互相协调、互惠共赢的整体治理机制。建设合作型政府，是奉贤区立足新发展阶段，贯彻新发展理念，全面提升地区核心竞争力，促进产业集聚，激发市场主体活力，提升企业感受度的新要求、新路径、新定位。为持续优化奉贤区营商环境，建设合作型政府，本文提出以下对策建议，供读者参考。

---

[1] 谭英俊：《走向合作型政府：21世纪政府治理的新趋势》，《中共天津市委党校学报》2015年第3期。

（1）优化营商环境没有终点。全国乃至全球各大城市已纷纷加入营商环境的竞争中，营商环境水平成为衡量城市核心竞争力的重要考核指标，良好营商环境也将持续吸引着全球范围内的人才、商品、资金。优化营商环境的各类举措需具有较强针对性，聚焦实际，药到病除，政策设计进行"超前一公里"谋划不难，难的是政策落实的"最后一公里"，坚决杜绝"上热、中温、下凉"的局面。一方面，要以企业需求为中心，坚持"用户思维"，准确掌握市场主体和人民群众的切实需求，力争将优化营商环境工作做到不留"死角"，利企便民，大幅度提高企业和人民群众感受度和认可度。另一方面，对于营商环境绩效考核的指标也应从企业和人民的满意度及收益程度出发，合理的考核指标才能产生更多改革经验，为未来解决更多问题，为适应营商环境新需求、新变化提供合理的思路及举措。

（2）优化营商环境，需要以系统性的视角，将各部门上下联动、统筹协调、形成合力；建设合作型政府，也需要协调政府、企业、社会组织、公民等各方，实现政府与非政府主体的平等地位，互相促进，互惠共赢。因而应将改善优化营商环境作为综合性工作，针对奉贤区目前面临的统筹力量不足的问题，充实人员配备，设立营商环境长期工作专班，抽调各部门工作骨干力量，将营商环境作为"一把手工程"来抓，当成"一盘棋"来打，组织各部门精干力量，形成"一股合力"，长期连续推进营商环境持续优化提升。通过设立工作专班，在统筹推进工作的同时，还可以疏通区级、市级部门间沟通渠道，加强职能部门对营商环境测评指标的认识，进而自查自身短板问题，确定整改方向，在未来更加有效地提高工作效能。

（3）提升营商环境的本质，就是为了让更多市场资源、要素禀赋集中到奉贤，参与到奉贤区产业转型与经济持续较快发展的进程中。而只有通过提升制度环境软实力，降低制度性交易成本，提高制度稳定度，才能更快打造具有国际化、法治化、市场化特点的营商环境，从而提升创业环境质量和城市吸引力，让更多市场资源集中到更有利于发展的地方。在提升软实力的过程中，要兼容并包，对标国际最高标准，学习其他地区的先进经验，不断自审自省，主动找差距、找不足，补齐短板，增强服务意识，敢于"啃硬

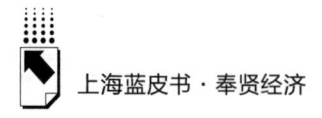

骨头"，持续推动制度创新建设，提高群众的感受度和企业的获得感，从而增强奉贤区地区竞争力，把握社会经济发展内在动力的先机。

参考文献

李文钊：《论合作型政府：一个政府改革的新理论》，《河南社会科学》2017年第1期。

《上海发布优化营商环境4.0版方案》，《解放日报》2021年3月3日。

宋林霖，何成祥：《优化营商环境视阈下放管服改革的逻辑与推进路径——基于世界银行营商环境指标体系的分析》，《中国行政管理》2018年第4期。

谭英俊：《走向合作型政府：21世纪政府治理的新趋势》，《中共天津市委党校学报》2015年第3期。

夏后学、谭清美、白俊红：《营商环境、企业寻租与市场创新——来自中国企业营商环境调查的经验证据》，《经济研究》2019年第4期。

杨岚凯：《从回应型政府到合作型政府：我国服务型政府构建的理性路径论析》，《河南师范大学学报（哲学社会科学版）》2013年第5期。

于文超、梁平汉：《不确定性、营商环境与民营企业经营活力》，《中国工业经济》2019年第11期。

B.14 奉贤农业数字化转型发展的研究

张鹏飞[*]

摘 要： 农业数字化转型成为现代农业的重要发展方向，欧洲国家在数字化转型方面积累了丰富的经验，为奉贤农业数字化转型提供了经验借鉴。目前，奉贤正在建设以农用地 GIS 系统为基础的农业数据资源库和管理系统，打造"上海·奉贤数字乡村和数字农业云平台"。但是在数据治理方面存在诸多问题。未来奉贤农业数字化转型需要加快构建基础数据资源体系，推进农业产业、管理服务的数字化转型。

关键词： 数字农业　数字平台　供应链　基础数据

农业数字化转型不仅是农业生产技术的进步，更是经营理念和消费观念的革新，将会极大地促进农业生产流程、产业生态和市场格局的再造。国家"十四五"规划更是明确提出，要强化农业科技和装备支撑，提高农业良种化水平，建设智慧农业。奉贤作为上海市本地农产品供应的重要区域之一，农业数字化转型不仅直接关系奉贤农业可持续发展问题，更将直接关系上海市的粮食安全问题。

---

[*] 张鹏飞，上海社会科学院世界经济研究所助理研究员，研究方向为区域经济学。

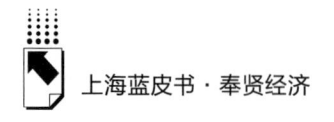

一 全球农业数字化转型的最新趋势及具体做法

目前,欧洲等区域的农业数字化转型走在全球前列,代表着全球农业数字化转型的最新发展趋势。农业数字化转型涉及农业生产价值链,具体包括咨询、投资、采购和销售等环节的数字化,将全面促进农业高质量发展。

(一)数字咨询服务驱动农业智能化,帮助农民做出更好的生产决策

目前咨询服务主要是为了解决农民在数字化方面知识欠缺的问题,能够及时为农民提供农艺、市场价格、天气预报等方面的信息。而具体信息的提供主体既可以是国家的农业推广机构,也可以是专业服务提供商,如农业增值服务提供商、非政府组织等,尤其是在移动互联网和智能手机普及的推动下,由应用程序作为提供数字咨询服务的载体,变得越来越普遍,如加纳的Esoko数字农民服务、印度的IFFCO Kisan等。目前农业数字咨询服务主要分为四种类型:B2C(企业对消费者)、B2B(企业对企业)和两者的混合模式,及B2G模式(企业对政府),所提供的服务既包括专业的咨询业务,也包括对农业数据进行收集和农民调查等,最终是为农民的科学决策提供信息依据。具有如下趋势。

一是咨询服务主要由数据驱动,且更加智能化,提升农业信息供给的质量。人工智能、机器学习和大数据分析使得基于农田的条件向农业提供定制信息成为可能,如通过卫星得到气候的遥感数据、通过无人机得到图像信息、通过传感器得到土壤的测量数据等,最终为农民提供智能咨询服务,帮助农民在特定农田种植最合适的农作物,优化土地利用率,提高亩均农作物产量。例如,乌干达通过建立点对点、参与式的数字农业咨询服务,并以短信等方式为农民提供相关的定制信息,向农民传播农业技术、防治病虫害知识等。在肯尼亚,通过Farm.ink平台,通过在线论坛和聊天机器人等来提供咨询服务,帮助解决农业问题,并将答案发送到农民手机里,如奶农的有

关动物健康问题、当地牛奶价格和当地待售奶牛的信息等。

二是数字咨询服务更加复杂，更加注重个性化服务。目前数字咨询服务主要针对农业发展具体需要提供相应的解决方案。在解决农业投入品真实性方面，各种追溯技术被广泛应用，如肯尼亚等国农民通过从产品包装上刮下代码，并发送到指定号码来检查购买的农业投入品的真实性。南非等地区还建立在线种子标签检验系统，来确保种子、肥料和农产品的质量。在畜牧业领域，为了减少牲畜的疾病并及时进行繁育，促生了用于牲畜管理的数字记录保存技术，如加纳的 CowTribe 等，将每头牲畜的关键指标如健康记录、喂养和牛奶生产等信息进行记录和分析，不仅可以动态监控牲畜的健康状况，还能通过将数据及时发送给兽医，制定健康护理计划。此外，在天气预报方面，目前已经可以为农民提供精准的信息服务，具体包括每天的天气、温度、降水和阳光等信息。

（二）数字金融服务提升了金融包容性，农业融资生态不断优化

农业数字金融服务是指直接向农民提供的金融服务，包括数字农业支付、农业信贷、农业储蓄和农业保险，以及通过数据分析所提供的衍生服务，如第三方信用评级等。目前，农业数字金融服务主要是由银行、小额信贷机构、金融科技公司、政府和非政府组织等提供。农业数字金融服务具有如下趋势。

一是农业数字金融的生态系统迅速发展，并不断优化。越来越多的数字方案提供商利用数据、技术等向农民开放金融服务，尤其是大量的农业交易数据，为农民获得金融服务提供了基础。与此同时，数字信用评级和众筹工具在 2014 年以来快速增长，主要是通过收集的农民和农场数据来评估农民的信誉，使得金融机构能够据此（而不是抵押物等）以较低成本为农民提供金融服务。例如，在哥伦比亚，IncluirTec 公司通过移动应用程序收集移动人口统计信息、作物生产数据和预期销售价格等，来帮助评估农民的信誉，并提供金融贷款等。此外，还包括根据农业电子商务的交易数据，来为农民提供点对点借贷服务。

二是数字储蓄尚在发展初期，能够有效帮助农民消费的平滑性。由于农作物的季节性，农民通常每年只有一次或两次的一次性付款，而随着农产品的销售获得大量的收入，而传统金融市场很少有金融产品来保证农民消费的平滑性，主要是由于传统农业受气候等条件影响将为明显，不确定性极高。而数字金融产品为平滑家庭消费与收入的季节性提供了可能。比如，目前MyAgro、AgriWallet等已经开发出移动预售产品等，其中AgriWallet允许农民将出售的农产品资金全部或部分存储在M-PESA（数字钱包），并以代币形式支付给农民。而这些代币可以被用来从获得许可证的供应商那里购买下一季度农作物所需要的种子等投入品，类似于凭证。此外，由于信贷采用代币而非货币的形式，贷方更愿意向农民提供贷款。

三是数字信贷产品越来越被广泛使用，来满足农民的长期农业和非农业需求。主要是通过卫星数据、机器学习等技术，来帮助其定制信贷包来优化其信贷决策。比如，在印度，farMart允许农民从特定的平台购买农业投入品，并为其提供信贷，还提供共享农业设备等服务。此外，全球咖啡采购商Neymann Kaffee Gruppe旗下的Ibero Uganda设立了农民融资机构，主要是通过移动设备向农民提供农业投入的预付款和满足家庭消费需求的季节性预付款。

四是数字保险正在成为降低农业风险的新方式，已被广泛采用。数字保险旨在保护农民免受一系列外部不利冲击，具体包括病虫害爆发、市场价格波动和非农业相关费用等。相比传统农业保险的极低的渗透率，基于指数的数字保险替代了传统的基于赔偿的保险。数字保险主要是基于卫星遥感数据等来现实风险预测并进行自动赔付，比如，EcoNet公司开发的EcoFarmer系统，主要提供天气指数保险产品，与农业咨询服务捆绑。

（三）数字采购能够全面提升农业价值链的效率，增加了农民的收入

数字采购在全球食品供应链中发挥着重要的作用，使得运营更加高效和透明，并降低了农业企业和合作社的成本，极大地提升了农业企业、合作社和农民之间的合作效率。其中对农业企业和合作社而言，数字采购能够通过建设预警系统，来很好地控制价值链活动，并会为农民提供更优惠的价格。对农民而言，数字采购能够帮助他们洞察农业发展趋势，不断提高农产品的质量，赚取更多的收入。具体有如下趋势。

一是数字采购大多以 SaaS 方式提供，但是大型农业企业注重开发内部解决方案。目前，基于数字采购较高的维护和构建成本的考虑，大多数数字采购主要是通过 SaaS 方式提供，比如 TaroWorks 平台为农业企业和服务提供商与偏远的农业地区建立联系，通过提供移动表单来记录农场数据、作物产量等的最新进展，并建立一个反馈循环系统。与此同时，越来越多的大型农产品贸易商、加工商倾向于自建内部采购解决方案，如 Olam Direct 提供了一个包含数字采购功能、数字仓储、条码可追溯性的应用程序 Olam Farmer Information System。目前 Olam Farmer Information System 已在 20 个国家注册超过 43 万农民，不仅收集了大量的农业交易数据，还为农民提供定价、天气、咨询和安全指导等信息，并为农民提供数字支付服务等。

二是农场数字基础设施建设是数字采购的基础，移动支付服务快速增长。在农场中数字记录非常重要，能够增加农业企业与农民交易的透明度，还可以提高信任度，并通过数字支付来提高运营效率。对农民而言，数字支付减少了收取现金货款的时间和成本，以及相关的安全风险。对农业企业而言，数字支付能够最大限度减少欺诈风险及现金交易的其他成本。目前，乌干达的 Kyagalanyi 公司在咖啡商和贸易商之间试行数字支付，结果是节省了 27% 的成本。

三是市场对"农场到餐桌"的可见性需求增加，刺激可追溯的数字采购新模式的快速成长。随着全球中产阶级的不断壮大，更加注重食品的质量和安全，使得市场对"农场到餐桌"的可视性需求快速增长，具体主要依赖智能手机等通过 RFID 来记录和传递农产品信息。比如印度尼西亚的 Koltiva 等农业科技公司正在帮助农业企业实现整个农产品供应链的可视性，总部位于新加坡的 Fishcoin 公司通过使用区块链技术来提高海鲜产品的可追溯性，等等。

（四）农业电子商务平台越来越受欢迎，极大地扩展了市场空间

农业电子商务平台为消费者和农民提供了更加紧密联系的机会。一方面，平台能够直接将农产品销售给个人或企业，比如南非的 Vitak Farm Fresh 平台。另一方面，平台可以把农业投入品销售给农民，比如赞比亚的 Lima Links 平台，为合作社、农民等提供耕作所需要的种子等农业投入品。这些电子商务平台需要数字基础设施作为支撑，其中移动互联网的普及最为重要，移动支付和物流网络也非常关键。此外，这些平台还承担了质量控制、客户服务和监管等功能。

（五）智慧农业在新兴市场中快速发展

智慧农业主要是依赖物联网来优化农产品的生产流程、生产条件等，同时可以最大限度降低成本和节省资源。目前主要有三个趋势：（1）设备和运营的数字化，例如智能灌溉系统、智能温控系统等。（2）牲畜和水产养殖的数字化，包括用于跟踪和传输动物数据的智能项圈等组件如鱼塘中检测鱼运动的传感器等，来确定所需的饲料量并实现饲养过程的自动化。（3）智能共享资产，使得农民能够通过数字预订系统访问农业设备，该设备配备了支持物联网的跟踪设备，可以进行远程监控。其中移动物联网是智慧农业的关键，但是可能会因为安装成本较高而难以推广。例如，数字拖拉机、无人机等推动智能共享的快速发展，其中数字拖拉机主要是在拖拉机上安装监控设备，并链接到云上，进行数据分析和线上监控。

二 奉贤农业数字化转型的现状及主要问题

2020年以来，中央开始全面部署数字化转型，农业农村部在全国范围内推进农业农村数字化转型。目前，奉贤加快了农业农村数字化转型进程，以建设上海·奉贤数字乡村和数字农业云平台，探索农业农村管理新路径，实现转型升级，但是依然存在诸多问题。

（一）数字化转型的主要成效

目前，奉贤农业数字化转型，主要体现在数字平台建设方面，具体概括为"1+10+X"，即1个区级云平台——"上海·奉贤数字乡村和数字农业云平台"，10个镇级云平台——"奉贤·XX镇（街道、集团、开发区）数字乡村和数字农业云平台"，X个涉农工作及行业管理应用场景，通过"一图"掌控全区数据，通过"一屏"可视全区动态。平台的核心内容是12个基础图层和12个应用场景，其中12个图层为GIS、三区划定、永久基本农田、设施农用地、高标准农田、"二品一标"、土地流转、"顶天立地·沃野千里·精细极致"、美丽乡村、生态商务区（"三园一总部"）、乡愁印迹、农村综合帮扶等。12个应用场景为安全监管、农业生产环境、农机服务、农经管理、经营主体、美丽乡村建设、农旅文创、生态商务区、乡村产业招商、产品营销、综合帮扶、农民增收等。

奉贤农业数字平台建设具有如下特征：一是整合已建信息化平台。主要是整合了已建成应用的奉贤区农用地信息综合管理系统、奉贤区从业人员管理系统、奉贤区移动执法系统等信息化系统，提高资源利用水平，减少系统建设时间，使平台和框架快速建成。二是归集三农数据。主要是紧密结合奉贤实际，在平台建设中体现统一性与多样性、共性与个性兼顾，把GIS、三区划定、高标准农田、"二品一标"、土地流转、美丽乡村、"三园一总部"、乡愁印迹、农村综合帮扶等12个基础图层纳入系统，同步设置生态商务区、三园一总部、农经管理、农旅文创等12个应用场景，汇集农业生产环境、农机服务等12大类、36小类涉农数据，突出过程监管、闭环可控，为农业大数据分析应用提供基础资源。三是实现区、镇、村多级联动。目前平台已同步建设8个镇级农业和农村数字化平台，功能与架构与区级平台保持一致，同时体现各镇特色，并融合村级信息管理化系统，实现区、镇、村三级数据共享共治，同时建设区、镇二级管理后台，为后续平台数据管理提供技术支持。

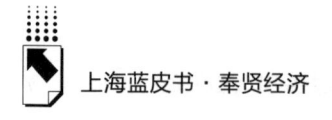

（二）数字化转型中的主要问题

与全球数字化转型的最新趋势相比，奉贤农业数字化转型具有如下问题。

一是农业数字化转型尚处于起步阶段。目前奉贤主要是数字平台建设，尚未建立起生产、采购、销售、金融一体化的数字生态，尤其是数字农业的前沿生态如供应链可视化、可追溯性等建设方面也是相对比较滞后。

二是数据量大、整理分类困难。平台汇聚了近三年涉农数据，文件数据达100G，数据存储1.2T，数量条数达500万条左右。数据类型涉及图层数据（农用地地块、三区划定地块、永久基本农田、高标准农田、绿色认证、设施农用地、土地确权确地），资源数据（农业投入品数据库、农业政策、法律法规、执法体系、农业监管服务队伍体系、特色农产品及品牌农业、农旅文创等），监测数据（地力监测、水质监测、示范基地物联环境监测、视频监控、农事档案直播），监管数据（网格化监管数据、农机监管、农药监管、执法监管、三资监管、补贴资金），服务数据（农技服务等）。

三是数据类型多，不统一，整合难度大。在整合过程中，地图资源标准不统一（多种不同坐标系），在地图叠加分析中存在较大问题。另外，部分关键节点数据缺失，不能完成闭环式分析和管理。

三 奉贤数字化转型的思路与政策建议

对标国际农业数字化的最新发展趋势，结合奉贤农业数字化转型中遇到的现实问题。未来奉贤农业数字化转型需要以数字技术与农业加速融合为手段，加速推进农业全产业链的数字化转型，重点发展可视化农业等新业态，不断提升奉贤农业发展的质量水平。

（一）加快构建基础数据资源体系

重点是强化农业数据采集，构建奉贤农业大数据库。一是构建集土地权属、空间分布、面积、种植类型等于一体的农田数据库。可以重点基于农村土地承包经营权确权登记、粮食生产功能区和重要农产品生产保护区划定、耕地质量调查监测、建设耕地基本信息数据库、永久基本农田划定、设施农用地备案等数据，高标准实现奉贤基本农田数据上图入库。二是推进种植资源数字化动态监管，探索构建种植物的基因数据库，主要是通过传感器、视频监控等对农作物、水产、畜禽、微生物等种质资源进行信息化监督管理，同步开展动植物表型和基因型的精准测序，构建分子指纹图谱库，为培育优良新品种等提供大数据支持。三是建设奉贤农村集体资产数据库，主要是采集农村集体资产清产核资、集体经济组织登记赋码、集体资产财务管理等数据，为推进奉贤农垦资产管理数字化提供支撑，为国有农业资产占有、使用、收益和处置等提供监管便利。四是健全农户和新型农业经营主体大数据库，主要是依托农村土地承包经营权确权登记数据库，结合新型农业经营主体信息直报、农业补贴发放、家庭农场名录等系统，完善经营主体身份、补贴发放、监管检查、培训营销、生产管理等多种信息为一体的基础数据，便于对生产经营信息进行动态化监测。

（二）加快农业生产经营的数字化转型

一是在种植业方面，重点是发展数字农情，需要利用航空遥感、地面传感器等手段，对种植类型、作物长势、种植面积、灾情虫情、土壤墒情等进行动态监测，并及时发布预警信息，通过 App、短信等形式发送给农民，提升种植业生产管理信息化水平。其次，需要加快建设农业病虫害测报监测网络和数字植保防御体系，并与气候系统对接，来提升对重大病虫害、气候变化的智能化识别和数字化防控的能力，降低种植业所面临的病虫害和气候等风险。此外，还需加快推进数字田园建设，主要是推动智能感知、智能分析、智能控制技术与装备在农田和园艺等的集成应用，实现水肥药精准施用、精准种植、农机智能作业等，推进"智能农场"建设，提升种植业生产经营的管理水平。

二是在种业培植方面，大力推进种业与大数据技术的深度结合与应用，建立信息抓取、多维度分析、智能评价模型，搭建涵盖科研、生产、经营等种业全链条的智能服务平台。重点针对黄桃、蜜梨等奉贤特色品牌农产品，进一步完善表型数据库和品种资源基因数据库，为新品种培育开发提供支撑。此外，还需要深度挖掘基因组学、蛋白组学、表型组学等数据，探索定向目标育种技术，实现"精确育种"，并逐步向设计育种等高端环节延伸。

三是在新业态方面，需要大力发展定制农业、众筹农业等基于互联网的新业态，创新发展云农场、共享农业等网络经营新模式。还需要深化发展电子商务与农业合作社之间的合作，大力推动人工智能、大数据赋能农村实体店，全力打通农产品线上线下营销通道，为农产品出村进城提供便利。此外，还需要充分利用数字技术，并通过跨行业、跨领域数据融合和服务拓展，基于农业生产和市场交易等数据资源，探索基于大数据的农业授信、保险和供应链金融等业务新模式，为奉行农业新业态发展提供资金支持。

四是在质量安全方面，大力推动构建全产业链的农产品信息化的标准体系，需要重点推进上市农产品的质量认证、品名产地、商标品牌等标准化认证。还需要利用区块链等新技术，建立覆盖长三角区域的农产品数字平台，推进绿色农产品可溯化，并协同农产品质量安全信息化监管体系，通过追溯管理、应急召回联动机制等，来保障提升奉贤农产品的安全与质量水平，促使奉贤农业走高端绿色的现代化都市农业之路。

（三）推进管理服务数字化转型

主要是依托农业农村基础数据资源体系，利用大数据分析、挖掘和可视化等技术，提升政府农业决策的科学化水平。需要依托相关知识库、模型库对奉贤农业进行模块化管理，重点开发种植业、畜牧业、渔业渔政、政务管理、统计填报等功能模块，为市场预警、政策评估、资源管理、乡村治理等决策提供专业的咨询服务。此外，还需要加强对黄桃、蜜梨及优质大米等重要农产品生产和市场监测，引导鼓励田头市场、批发市场采用电子结算方式开展交易，便于对农产品销售平台的关键信息进行实时采集，促进农贸市场、商场等平台信息的互联互通，通过对交易主体、交易品种、交易量、交易价格大数据分析，为农业科学决策提供支撑。

参考文献

柯敏：《数字化农业产业链构建探究》，《广东蚕业》2021 年第 9 期。

李启秀：《5G 时代下的农业数字化发展研究》，《山西农经》2021 年第 12 期。

刘盈含：《农业供应链金融的数字化转型思路》，《商业经济》2021 年第 9 期。

魏霖静：《数字化转型赋能农业高质量发展》，《甘肃日报》2021 年 9 月 3 日，第 5 版。

许竹青、周海川：《数字化转型为农企"换道超车"提供可能》，《农产品市场》2021 年第 14 期。

姚明峰、姜波、沈小晓、龚鸣：《多国加快农业数字化转型》，《人民日报》2021 年 9 月 23 日，第 17 版。

张鸿：《数字化引领驱动农业农村现代化》，《人民邮电》2021 年 8 月 11 日，第 3 版。

左彬彬：《农业无人机向数字化转型》，《江苏农业科技报》2021 年 9 月 22 日，第 4 版。

International Telecommunication Union Development Sector, "Status of Digital Agriculture in 18 countries of Europe and Central Asia," https：//www. fao. org/3/ca9578en/CA9578EN. pdf, accessed on October 10th, 2021.

B.15
以"数字江海"为引领
加快奉贤城市数字化转型研究

丁波涛 申昊舒*

摘 要: "数字江海"是奉贤区推进城市数字化转型、带动全区实现高质量发展的重要工程,也是奉贤加快提升智慧城市发展水平、赶超先进城区的重要抓手。自立项以来,奉贤区已对"数字江海"进行了详细规划,计划建设以"生活+产业+治理"为核心模式,打造国内首个产城融合的国际产业社区样板,具有产城融合发展、政企深化合作、"三T"协调规划等特色。面向未来,"数字江海"既面临着五个新城建设等重大机遇,也面临着上海各区激烈竞争的严峻挑战。借鉴国内其它智慧产业社区的发展经验,本报告认为"数字江海"需要进一步充实主导产业内涵,提升对外合作层级,推动产城深度融合,并在产业政策和发展要素上提供更有力的保障。

关键词: 上海奉贤 智慧城市 数字化转型 数字江海 数字产业

作为上海市奉贤新城十四五规划中重点打造的"十大名片"之一、五个新城规划确立后首个落地的数字产城融合造城计划,"数字江海"规划于

---

* 丁波涛,上海社会科学院信息研究所副所长、副研究员,主要研究方向:城市信息化、信息资源管理;申昊舒,上海社会科学院信息研究所情报学硕士研究生,主要研究方向为智慧城市、信息管理。

2021年4月9日正式立项，立足奉贤新城核心区域，计划占地三平方公里，获投资400亿元，以建成数字化国际产业社区为目标，全面融入上海具有世界影响力的"国际数字之都"建设计划。在上海全面推进城市数字化转型、全力打造具有世界影响力的"国际数字之都"的背景下，"数字江海"将是奉贤新城首个数字产城融合的未来社区样板，成为城市实现数字化转型、迈向智慧城市的重要起点。

一 "数字江海"的建设背景

奉贤区委区政府一直高度重视智慧城市和数字化转型工作，把智慧城市建设作为事关经济社会发展全局的重要举措，作为建设"新片区西部门户、南上海城市中心、长三角活力新城"的有效支撑。在奉贤政府和社会的共同努力下，近年来奉贤智慧城市建设取得了一系列重要成就。

（1）基础设施加快升级。截至2020年底（下同），全区城市光网累计覆盖111.28万户，其中千兆光纤接入覆盖262个小区、100个商务楼宇，完成1800余个5G基站建设，有线电视用户数18.03万户，高清IPTV22.4万户。

（2）"一网通办"深化应用。平台共接入上线3267项政务服务事项，行政审批类381项事项100%在线办理；建成区信息资源云服务平台，法人库等基础数据库总数据量超过2800万条；电子证照库归集市级证照521类，区级证照48类，调用53万余次；投放政务自助终端80台，实现24项事项"全自助"办理。

（3）"一网统管"全面推进。建设区城运管理平台，聚焦"高效处置一件事"，解决城市治理突出问题；建设区食品追溯管理和公众查询系统，完成食品生产、流通、餐饮服务9大类20项全环节全覆盖；建设"互联网＋"环境监测与管理平台，实现114家重点企业在线监控设备联网；推进"雪亮工程""社会面智能安防"等智慧公安项目建设，为城市管理精细化治理提供基础支撑。

（4）民生服务不断优化。在智慧健康领域，建设"互联网+智慧健康"服务平台、智慧健康驿站；在教育领域，打造智慧教育、智慧校园、智慧课堂；养老领域，搭建智慧居家养老服务平台；在交通领域，搭建智慧停车系统，在南桥城区和奉浦地区实现全覆盖。

（5）数字产业提速发展。启动两化融合贯标企业92家，38家取得证书；打造"未来空间"，建设智能网联汽车自动驾驶测试开放区，推进智能网联汽车产业升级与集聚；东方美谷数字赋能美丽健康产业，构建产业支撑体系，打造"五大平台"和"八大中心"。

综上，近年来奉贤智慧城市建设取得了一系列重要进展，特别是在城市数字底座、智慧政务、数字惠民和车联网产业等领域取得了较为突出的成效，推动奉贤智慧城市发展水平不断迈上新台阶。然而从全市来看，奉贤智慧城市总体水平仍然落后且有掉队风险，同时在数字经济、数据共享、信息化效益等方面仍存在较多短板。根据上海市经济和信息化研究中心发布的《上海市智慧城市发展水平评估报告（2020）》，奉贤在全市16个区中排名倒数第2位，仅高于崇明区。同时从指数绝对值来看，奉贤与先进城区的差距呈现不断扩大的趋势。观察奉贤与排位第一区的智慧城市发展水平指数得分比例，2018年（最高为徐汇）为82.2%，2019年（最高为徐汇）为70.7%，2020（最高为浦东新区）为67%，呈现不断下降的趋势。因此奉贤必须奋起直追，对城市数字化转型按下快进键、跑出加速度，尽快缩短与先进城区的差距并力争实现反超。

奉贤作为一个智慧城市水平相对较低、经济实力相对较弱的远郊区，建设智慧城市、推动城市数字化转型应当采取重点突破的路径，建立智慧化增长极，通过增长极的集聚效应、扩散效应和溢出效应带动区域整体提升。"数字江海"无疑就是未来奉贤的智慧化增长极，其形成的未来数字国际产业城区将带动周边区域产业发展和城区数字化变革，并向奉贤新城、上海甚至全国辐射，成为上海和全国的数字化转型地标之一。

二 "数字江海"发展规划

(一)"数字江海"规划核心及功能实现

"数字江海"以"生活+产业+治理"为核心模式,既是具有城市功能配套的产业园区,也是可以入驻产业的微型城市。其核心产业以高端智造为目标,围绕数字经济、生物医药和智能网联汽车,发展新型智慧型数字产业。在此定位下,"数字江海"规划将实现几大创新功能。

首先是用地和片区土地功能的高度复合。在服务入驻企业的同时,周边社区居民也是社区的服务对象。以横向视角看,区域内集聚了生产、研发、商业、住宅、办公和学校等多样城市功能和产业功能,打通了传统产业园区与生活、商业区的分割局面。从纵向视角看,也体现在单栋建筑的垂直功能的复合之上,打破了工作和生活的物理边界,为居民与员工同时创造了更为弹性的空间。

其次是城市层面上数字孪生技术的高度应用。通过数字孪生技术在虚拟世界中模拟现实,利用人工智能算法形成开放、融合、共享、增长的城市神经中枢,为"数字江海"产城融合社区提供先进的生产力和生活方式,也为智慧城市提供了稳固的运行框架。

最后是实现绿色低碳和可持续发展。"数字江海"计划由多种新能源与清洁能源综合循环利用,布置示范性零碳超低能耗建筑,将前沿的科技元素与自然生态进行有机结合,打造循环再生的绿色生态体系。

综合来看,"数字江海"将成为实现城市数字化转型,迈入智慧城市的综合试点。当前,"数字江海"开发正按照计划逐步进行,即将完成项目居住户签约任务、招商展示中心主体建筑群建设和中心布展等任务。在开发过程中也需汲取其他案例经验,打造以技术驱动,集数字化、智能化、绿色化等为一体的综合性产业社区。

（二）"数字江海"的主要特色

1. 产城融合发展，推动数字应用场景落地

"数字江海"是未来智慧城市的缩影，其规划目标为建设成一个全新可感知、可参与，科技、生活、城市等各类创新要素集成的未来数字城市示范区，也是上海市首个城市力全渗透的数字国际产业城区与数字力强渗透的综合产城融合示范区。作为奉贤新城十大名片之一，"数字江海"规划以美丽健康生物医药和智能网联汽车产业为主导，建设形成环境优美、产业引领、高能级、高科技的产业社区打造样板。"数字江海"在继承智能网联核心技术、无人驾驶等世界领先的产业应用场景，具备与汽车相关的国家级实验室等功能平台的优势基础之上，未来将继续加强高能级、高科技产业的引入，探索自动驾驶应用场景等最新科技应用，建设包含智能网联汽车、智慧健康医疗、数字美丽消费等领域的数字应用场景示范区。

2. 政企深度合作，共建国际数字产业社区

奉贤区政府分别与中国电信上海公司、上海临港经济发展（集团）有限公司签订战略框架协议，聚焦城市数字化转型重点区域和产业，以"有限资源数字化提升无限发展，有限资源网络化链接无限发展"为发展理念，合力打造集数字化、智慧化、绿色化，高复合、高强度、高能级为一体的"数字江海"产城融合发展示范区，以此为试点，推动城市数字化转型实践。另外，随着网易创新创业大赛的举办，众多创新创业项目也逐渐加入"数字江海"，通过产业项目的落地和运营发展，也推动了"数字江海"自身的建设，催生出典型数字化应用场景，稳固"数字江海"发展底座，赋能产业发展。

3. "三T"协调规划，打造国际产业平台

"数字江海"项目位于奉贤新城16单元，整体可区分为绿色、产业和城市三大T字型板块。三大板块交叉而过，将绿色环境、水系与产业园区、城市区域贯穿融合在一起。其中，绿色T台的中央绸带公园贯穿数字江海

核心区域,与海绵城市公园、滨河公园和城市公园三大主题公园一并构成了数字江海的绿色生态基础。产业T台则汇聚产学研创为一体,主打高端智造,计划引进企业1000家,提供就业岗位20000个。当前"数字江海"围绕智能网联产业、生物医药产业和数字经济已签约一批优质创新项目,如新石器、联奥生物、国信优易等,成为"数字江海"源源不断的发展动能。城市T台建设方向主要为国际产业社区,创建数字可视化互动展示中心、数字教育中心、优选购物平台等围绕"美丽消费"的数字应用场景与无人驾驶、BRT站等多样化数字生活应用场景,通过数字管理技术带动产业与社区的数字化升级。

三 "数字江海"建设的SWOT分析

数字江海作为上海市奉贤区重点打造的产城融合示范区项目,正在逐步形成以科技创新为核心驱动力,智慧生活、产业发展和数字治理三足并重的优势发展模式,但同时也面临着外部竞争日趋激烈和内部规划尚未完善,发展势头落后等风险。

(一)"数字江海"发展优势分析

1. 各级政府高度重视,政策导向利于"数字江海"发展。"数字江海"的规划建设贴合国家"十四五"规划纲要提出的数字经济发展战略,也符合上海市政府政策主导方向。《关于本市"十四五"加快推进新城规划和建设工作的实施意见》《奉贤区智慧城市建设十四五规划》中,明确提出要加快产城融合发展和示范标杆建设,推动产业数字赋能,促进生产、生态、生活和谐统一;《上海市全面推进城市数字化转型"十四五"规划》也提出"推动数字赋能绿色人居,将数字技术用于城市更新、绿化布局、生态环境和绿色生活等领域,打造虚实融合的未来空间""围绕未来出行、智慧生活等特色功能,支持各区创建数字应用标杆示范区"。《奉贤新城"十四五"规划建设行动方案》将"数字江海"列为五大重点发力地区,引入高能级、高科技产业,推动无人驾驶等数字应用场景及智能网联汽车等数字应用示范区建设。

2. 具备一定产业基础。在智能网联产业方面,"数字江海"区域规划出台前,所在区域已于2019年定位为智能网联核心技术的产业承载区,承载着上海无人驾驶测试场景和汽车相关产业国家级实验室等一批功能平台,其产业应用场景的复杂程度处于世界领先地位。在生物医药产业方面,奉贤新城东方美谷以生物科技产业和生产性服务业为主导产业,具备高端生物科技企业资源和技术研发实力。"数字江海"规划在继承智能网联产业的基础之上,结合生物医药与数字经济技术,成为"数字江海"发展的三大核心产业。

3. 科创资源相对密集。奉贤区拥有华东理工大学、上海师范大学、上海应用技术大学校区,同时"数字江海"区域毗邻上海交通大学、华东师范大学等知名学府的闵行校区,与这些高校有较为紧密的合作关系,数字创新项目繁多,科研基础雄厚,能够为"数字江海"的发展建设提供源源不断的科研及创新动能。

4. 区位优势较为明显。"数字江海"位于长江三角洲东南端,距离上海自贸新片区、紫竹科技园较近,整体环境优美,道路宽阔,交通方面由地铁5号线延伸而过,尤其居住及开发成本较市区低廉,利于人才的引入及生活条件的保障,同时也有助于吸引科技创新企业入驻,从而驱动地区整体数字化进程。

(二)"数字江海"发展劣势分析

1. 产业发展生态不完整。一是新兴产业较为单一,"数字江海"在主导产业上仍存在明显短板,除智能网联产业及生物医药产业外,其他新兴科技如人工智能、量子通信、区块链等技术短期内仍缺乏布局;二是产业链不完整,虽然奉贤具有一定基础的智能网联产业及生物医药产业,但主要集中在智能网联汽车、化妆品制造等环节,未形成具有一定规模的新型产业体系;三是产业发展生态不完备,新型产品发展并未与当地经济发展和社会生活紧密融合，阻碍新兴技术发展与以技术驱动为核心的产城融合生态体系的构建。

2. 创新要素吸引力不足。"数字江海"地理位置距城区较远，虽然近年来开通了 5 号线南延伸段，同时生活成本和物价水平相对较低，但在通勤时间、生活配套设施、公共服务水平等方面并不占据优势，对优势资源的吸引力还不够强。此外，"数字江海"园区在数字产业已有及潜在规模、产业代表性企业落户数量等方面还有较大的提升空间，并且当前"数字江海"计划仍处于开发建设过程中，对未来建设成果存在一定的不确定性，从而影响"数字江海"各方面的吸引力。

（三）"数字江海"发展机遇分析

1. 产业变革机遇。随着数字经济、人工智能、量子通信技术、元宇宙带新兴技术的飞速发展，已为全球产业链由上到下、行业由内至外带来新一轮技术变革，对产业结构转型升级和城市智慧化、数字化进程有着深远的影响。我国"十四五"规划中明确提出要促进数字技术与实体经济深度融合，赋能传统产业转型升级，催生新产业新业态。为顺应及引领数字化浪潮，奉贤区应抓住数字化产业变革机遇，继续大力支持"数字江海"建设，补齐产业基础和技术短板，将其打造为核心主导产业强势和产城融合特色鲜明的数字化"名片"，反哺奉贤区数字化转型进程。

2. 新城建设机遇。作为倾力打造的五个新城"十大名片"之一，"数字江海"获得了政府及科创企业的重点聚焦，在政策导向、资金及人才等方面均给予了极大支持。与临港集团、中国电信集团的签约合作为"数字江海"注入了强劲的研发和建设力量。网易创新创业大赛的举办为"数字江海"汇集了众多专业数字人才及优质创新创业项目，续航长远发展。集合众多资源，成为"数字江海"建设及发展的独特机遇。

（四）"数字江海"发展风险分析

从上海内部来看，老牌强区如浦东、徐汇等在人工智能技术发展和产业融合领域、智慧产品应用场景、数字经济集群发展已经具备了一定的规模，积攒了众多企业及人才资源，具备更好的发展基础，且地理位置相比奉贤区更具优势，对外来引进人才、新进科创企业更有吸引力。另外长宁区北新泾街道首批人工智能智慧社区应用试点、嘉定区与上汽、华为、中国移动合作打造的国家智能网联汽车试点示范区、金山区5G智慧医疗应用场景等项目的建设对"数字江海"来说会产生较大的同质竞争，且相比而言"数字江海"在商业、人口、交通、医疗、科创企业数量及质量等方面并不占据优势。

从全国范围来看，重庆两江数字经济产业园、福建数字生命产业园、杭州科技城人工智能小镇等案例对"数字江海"起到经验借鉴作用的同时，也表明其已领先一步建设智慧化融合产业园区，实现更为充分的资源集聚，对"数字江海"项目数字技术的研发和数字应用场景的落地、人才及投资的引入、产城融合建设等形成激烈竞争，增加了发展风险。

四 国内智能化城区建设经验借鉴

近年来，国内各个地区都大力推动人工智能等数字技术与城市建设的融合，建立了一批兼有智能产业、智能应用和智能生活的人工智能小镇，例如位于天津市东丽区的"天津人工智能小镇"、位于广东省东莞市的星河（黄江）人工智能小镇等。这些人工智能小镇在区域定位、发展思路、建设内容等方面与"数字江海"有许多类似之处。本篇将介绍两个有代表性的人工智能产城融合项目——上海马桥人工智能创新试验区和杭州人工智能小镇，为"数字江海"规划与发展提供参考借鉴。

（一）上海马桥人工智能创新试验区

上海马桥人工智能创新试验区位于闵行区马桥镇。上海市人民政府于2019年7月发布《推进上海马桥人工智能创新试验区建设工作方案》（以下简称《工作方案》）。根据该方案，上海马桥人工智能创新试验区分为产业创新发展区和应用综合实践区两部分。其中，产业创新发展区规划面积

10.8平方公里，将通过高标准项目准入和存量资源转型，孵化人工智能创新技术，承载人工智能科技成果，重点发展智能运载系统、智能机器人、智能感知系统、智能新硬件系统等"四智"产业，赋能实体经济发展和制造业转型升级，孕育若干人工智能领域独角兽企业，与紫竹创新创业走廊、吴泾地区转型实现东西联动，构建创新资源汇聚地和新兴产业增长极，形成新一代人工智能产业试验区。

1. 发展概况

截至2021年2月，试验区内共有企业851家，世界500强企业27家，外资企业106家。科大讯飞、米其林轮胎、强生等企业"朋友圈"已慢慢集聚。达闼机器人、仙越机器人、鲸鱼机器人、微亿智造等新兴智能制造企业也初具规模。根据马桥镇发布的年报，科研工房创新研发平台和产业发展载体已于2020年底交付使用，仙越机器人、中欧人工智能创新园等重点项目落地。同时多个重大产业项目加快推进，好米动力项目实现竣工投产，金闳科技智能机器人产业基地、金效实业人工智能产业园和智慧健康产业园、益丰大药房、盛普智能新能源、衡山药业等项目已开工建设。

相比于国内其他已建和在建的智能化城区或社区，上海人工智能未来小镇具有以下特色。

一是突出全球首创。作为上海全力打造的人工智能小镇，该项目将突出全球领先、世界首创目标。根据小镇发展规划，世界第一个人工智能广场、第一个人工智能餐饮街、第一个人工智能公园、第一个人工智能定制公交、第一个人工智能城镇中枢塔、第一个人工智能大师湾等应用场景和示范项目，都将在这个人工智能未来小镇中成为现实。

二是突出多元布局。上海人工智能未来小镇将分为"街区""田园""新工坊"三部分，其中"街区"将以新标准、高规格建设人工智能全场景生活设施，打造国际领先的人工智能应用体验示范区；"田园"将基于产城融合和共享生态空间的理念，建设新一代都市智慧农业示范带；"新工坊"将主要承载、集聚、孵化人工智能创新技术成果，形成新一代人工智能产业发展集聚地。

三是突出全面发展。上海人工智能未来小镇不仅只是一个产业园区,也将成为一个产业、生活、人文各方面全面提升的新型城区。未来的人工智能小镇,既是一个人工智能等数字产业高地,会将成为时尚产业、智能制造产业、高端生态产业,历史文化产业的集聚区域。

2. 独特优势

马桥镇之所以能从上海众多乡镇和园区中脱颖而出,成为上海人工智能未来小镇的承载地,在于马桥镇具有许多独特的优势。

(1) 地理位置优越。马桥镇位于上海西南部,距市中心 24 千米,距虹桥机场 18 千米。镇域内有嘉闵高架、S32 申嘉湖高速公路,可直通虹桥、浦东两大国际机场。同时,马桥镇作为近郊区的新兴小镇,拥有较多的土地资源,可为人工智能产业发展和应用示范提供充足的空间载体。

(2) 科创资源丰富。马桥镇位于上海徐汇滨江—漕河泾—闵行紫竹人工智能创新带,其所在的闵行区集国家产城融合示范区、国家科技成果转移转化示范区、上海南部科创中心核心区、军民融合产业发展集聚区于一身,足以支撑人工智能未来小镇的建设和发展。

(3) 产业基础雄厚。马桥镇经济实力较强,2020 年全镇社会总产值达 187.7 亿元,同比增长 1.5%。完成增加值 83.6 亿元(不含闵开发),比上年增长 2.6%。全年完成全社会固定资产投资 52.53 亿元,全年新增高新技术企业 57 家、区级小巨人培育企业 3 家、区级研发机构 1 家,申报"专、精、特、新"企业 20 家。

(4) 生活设施便利。高新技术企业的关键是人才,而要吸引人才,当地必须能提供舒适便利的生活环境。马桥镇是国家体育产业示范基地、国家卫生镇、国家生态镇,具备宜居的城区环境。同时马桥镇还拥有各类生活设施,包括复旦万科实验中学、文来外国语小学等知名学校,著名的上海旗忠花园高尔夫球场以及多个室内外网球场、温水游泳池、保龄球馆、体育场等文化娱乐设施。

(5) 应用场景多元。马桥镇拥有深厚的历史和文化底蕴,同时凭借扎实的工业基础、现代化的园艺场、齐全的文化体育设施、舒适的居民新城以及成熟的生活服务配套设施，可为人工智能技术在经济、生活、治理等各方面的应用提供丰富而多元的场景。

3. 主要经验

尽管目前上海人工智能未来小镇尚处于起步阶段，但从其规划及推进工作来看，上海人工智能未来小镇有以下经验值得"数字江海"借鉴。

兼顾上级支持和自身优势。在推动建设上海人工智能未来小镇的过程中，上海市政府给予了大力支持，专门出台了《工作方案》，明确建立市、区协调推进工作机制，要求市相关部门对试验区的交通基础设施建设、项目引进和审批、产业发展政策等方面给予大力支持。同时闵行区和马桥镇也充分发挥自身优势，加大推进力度。闵行区先行先试，出台人工智能示范应用、研发孵化等支持试验区建设的专项政策。马桥镇也充分发挥了自身科创资源丰富、土地资源充沛、产业基础良好、生活设施便利等优势，以及马桥体育等产业特色，将自身优势与上级支持紧密对接，形成人工智能产业发展和场景创新的强大驱动力。

兼顾产业发展和城区提升。《工作方案》中明确要求坚持高水平城区建设和高质量产业项目并举的原则。一方面试验区承担着发展人工智能产业、孵化创新技术成果、实体经济数字化转型、孕育瞪羚和独角兽企业的产业重任，另一方面试验区还将大力促进人工智能赋能城市发展、社会治理、公共服务，实现基于人工智能应用的"精细化管理、精准化服务、精致化生活"，创建"智生产、智生活、智生态"的共生家园。最终实现"产""城"深度融合，让马桥不仅成为形成新一代人工智能产业发展引领区，也将成为高品质智慧生活的示范区。

兼顾核心突破和区域协作。上海人工智能未来小镇的核心区是马桥，将依托15.7平方公里土地，从产业创新发展和应用综合实践两大维度，打造人工智能创新资源汇聚地和新兴产业增长极。同时，试验区建设将充分发挥试验区地处紫竹创新创业走廊的区位优势，紧密结合周边的上海电气、上海航天及闵行开发区内相关企业的产业实力，重点发展智能运载系统、智能机器人、智能感知系统、智能新硬件系统等"四智"产业，而且未来试验区发展壮大也将反哺周边区域发展，带动闵行以及上海人工智能产业的整体提升。

（二）杭州人工智能小镇

杭州人工智能小镇位于浙江省杭州市余杭区未来科技城（海创园）核心区块，于2017年7月9日正式投入使用，规划面积约为3.43平方公里。人工智能小镇将技术创新发展层面的5G等高精尖技术集聚孵化平台、经济层面的国家级旅游景区建设和生活层面的智能绿色生活城镇融为一体，形成了独具特色的数字创意、人工智能智慧产业园模式，至今已取得了较为成熟的智慧产业园运作发展经验。通过优势科技发展土壤、专业高端人才输入和强势新兴技术企业落地，杭州人工智能小镇至今已吸引了之江实验室、百度创新中心、浙江大学—阿里巴巴前沿技术联合研究中心等17个高端技术研发机构及350余个创新项目，成为浙江省重点打造的杭州城西科创大走廊的核心区，也是杭州市未来人工智能产业引领地之一。

1. 区域规划及基础构造

杭州人工智能小镇主要包含三大区域，分别为特色智能展厅区、产学研中心区和党群服务中心。特色智能展厅开放智能可穿戴设备等研发产品进行对外展示，包含人工智能展厅、强脑科技展厅、浙工大智能制造研究员展厅、赛鲁班智能体验馆、CSHIA智能家具展厅和5G创新园体验中心等。产学研中心则汇聚之江实验室、中国信息通信研究院、浙江大学—阿里巴巴前沿技术联合研究中心、北航VR/AR创新研究院和中国（杭州）5G创新园等顶尖研发机构，探索并攻克5G未来演进技术和新一代芯片设计研发等前沿领域。党群服务中心则涵盖众多党群服务节点和党群人才服务等机构。整个小镇中也分布着众多交通汽车站、餐饮、便利店、医务室等生活服务提供点，配套人才公寓、星巴克咖啡等商业设施，打通科技研发区、产业园和居民生活区的壁垒，实现科技、人才和资源的集中。

2. 主打产业及创新特色

杭州人工智能小镇以"先生态、再生活、后生产"为发展理念,以具备完整产研条件的 5G 创新园为核心,以人工智能为特色,主打人工智能产业发展项目与 5G 未来演进技术,覆盖大数据、云计算、物联网等业态,集中力量招引机器人、智能可穿戴设备、无人机、虚拟/增强现实、新一代芯片设计研发等领域,同时促进业务应用的策源、孵化和集聚。在此基础上,小镇吸引了众多高科技企业落座,围绕其主打产业与创新特色,进一步强化了小镇的产研水平。未来小镇的主要任务为:在政策上,制定适应发展和创业创新的政策;在发展上,找准小镇定位,精确分析和规划小镇发展,集聚投资解决企业融资问题,支持领先的创新研发平台、国内外知名孵化平台入驻,完善周边胚胎服务和基础设施建设;在人才上,以优惠政策引进人工智能领域高技术水平人才,招引优质研发项目,重点建设高水平专业研究院和企业研发中心,致力于将小镇建设为国内顶尖的、国际一流的人工智能产业集聚高地。

此外,在汇集巨量引擎、华坤道威数据科技及小派科技等数字与人工智能领域企业的同时,小镇以游客满意度为指标,专门打造 Caiter's Lab 和 AI Mart 两大游客专属体验空间,提升与游客的互动效果。截至目前,小镇已获批为国家级 3A 旅游景区,从而形成人工智能小镇牢固的发展底座,推动园区生态体系循环。

3. 主要发展经验

一是充分利用自有优势。杭州人工智能小镇具备天然地理位置优势和产业发展基础,杭州数字资源丰富,数字经济实力强劲,小镇处于四大未来科技城之一的杭州未来科技城核心区域和浙江省科技创新"十三五"规划版图上重点打造的城西科创大走廊核心区域,具有丰厚的人工智能等高精尖产业发展资源。同时小镇毗邻以浙江大学为首的高校园区,依靠阿里巴巴集团等专业互联网企业,因此具有人工智能领域专业人才供给优势与优越的技术研发基础。

二是充分争取政策支持。政府通过系列优惠政策的制定,促进了人工智能小镇的产业发展。在人才方面，对急需的高精尖人才予以购房购车、安家落户、创业帮扶等方面的政策支持，并完善市场化引才机制，鼓励企业人才申报。对于众创空间，给予免房租、设备补助、认定奖励以及项目支持。对于初创期企业，经人工智能项目评审通过后，可享受房租补贴、创新券、研发补助、云补贴等政策。另外则以补助、奖金的方式，重点引进人工智能领域成长型企业。在金融方面，则为小镇企业设立创业贷风险池、天使梦想基金和让利性股权投资引导基金。

三是充分实现产业融合。杭州人工智能小镇打通了人工智能产业园区、旅游景区和居民生活区的固有划分，借助人工智能、物联网、区块链、5G等新兴数字技术，实现了人、物、产业、旅游、服务、生活等多维度的融合，成为数字创意园区、智慧产业园区打造样板之一。杭州人工智能小镇明确以5G创意园为核心、以人工智能产业为创新特色的清晰定位，其发展理念及主导产业与杭州市发展基调相符，把握住数字技术发展前沿，在优惠政策及投资资金鼓励下，以科技创新企业赋能园区生产发展，以产品赋能生态景点建设，以绿色智慧生活环境与旅游景区运营反哺园区生态体系与产业集群创新力提升，带动了人工智能小镇产业机构转型升级，形成了良好的正向循环。

五 推进"数字江海"高质量发展的建议

2021年是"十四五"的开局之年，上海自贸新片区的深入发展、上海启动"五大"新城建设都赋予了奉贤区新的战略使命，也为"数字江海"打造提供了重要发展机遇。站在新的发展起点，"数字江海"应抢抓机遇，叠加上海加快推进城市数字化转型带来的外溢效应和拓展效应，在数字产业培育、数字场景创新、数字城区建设等方面进一步探索突破，为"数字江海"建设打开更新更高的局面。

（一）加快"数字江海"项目建设

放眼上海，许多区和园区都在纷纷推进以数字化、网络化和智能化为特征的产城融合型地标建设。在此背景下,"数字江海"应发挥先发优势,加快项目推进,实现跳跃式发展。

进一步充实主导产业内涵。"数字江海"的关键在于培育和引进一大批有成长潜力的新技术、新产业、新业态。虽然"数字江海"提出了数字经济、生物医药和智能网联汽车等主导产业,但也需要看到这些产业也是国内各地以及上海各区所追逐的重点领域,面临极大竞争。因此,奉贤还需要进一步结合已有产业基础、产业竞争态势以及产业发展趋势对主导产业进行细化,明确产业发展的落脚点,实现错位发展。建议"数字江海"从两个方向上进行切入:一是求实,着眼于区域优势产业,推动人工智能等技术与美丽健康、精细化工、汽车配件制造、旅游休闲等产业的深度融合;二是求新,抓住新一轮数字技术革命的机遇,在数字货币、数字孪生、元宇宙、NFT(非同质代币)等全新领域,力争率先突破取得先发优势。

进一步提升对外合作层级。从目前各地人工智能小镇和高端智能化产业社区建设的经验来看,成效较好的项目都是由当地与实力雄厚的大型研究机构、数字企业巨头合作,通过密集而持续的技术和资金投入推动项目建设,例如上述的"天津人工智能小镇"是中国科学院和天津市政府的合作项目,杭州人工智能小镇则吸引了阿里巴巴等机构上百亿的投资。目前"数字江海"虽有奉贤区和上海交大、临港集团等机构的合作背景,但资源投入仍显不足。未来奉贤区应当以"数字江海"项目作为"绣球",加强招商引资,广纳天下英雄,吸引数字领域的行业龙头企业进行大规模投入,成为这些企业打造智能未来社区的试验场,与中科院、复旦大学等重点科研机构建立更广泛和深入的合作,成为这些机构重大科研成果的转化基地。

进一步推动产城深度融合。虽然近年来奉贤新城建设取得了巨大的进展和突破,但相比成熟中心城区而言,奉贤在交通、医疗、教育、购物等方面仍存在不小差距,这也是近年来奉贤人口导入较为困难的原因所在。而"数字江海"距离奉贤新城中心尚有约5公里,配套更不完善,短期内难以对高端人才形成足够吸引力。因此"数字江海"建设应当根据总体规划指引,以深化产城融合为导向、以增加人才吸引力为目标,同步推动数字产业创新发展和生活服务设施完善，加快智慧家居、智能楼宇、智能商务、无人驾驶、VR场馆等先进设施建设和智能服务体系打造，让"数字江海"尽快由"生地"变"熟地"，催生出数字产业和数字社区的参天大树。

（二）加强政策支持和要素保障

建设"数字江海"需要政府、企业、研究机构和社会通力合作，为项目建设提供更有力的政策支持和更优质的要素保障。

1. 以制度创新为引领，营造良好产业发展环境

争取市政府支持，将自贸新片区、奉贤新城等地区的产业优惠政策延伸到"数字江海"区域，形成更有吸引力的政策环境；加快财政专项支持，设立"数字江海"专项资金，重点支持产业发展和综合应用示范项目建设，同时积极吸引社会资本和金融资本参与建设和运营；健全落实鼓励创新、允许试错、宽容失败的激励相容机制，探索新产业、新业态、新模式"沙盒"监管机制，给予新业态萌发壮大和市场检验的观察期；深化数据开放机制，加快数据场景化赋能，依托区大数据中心，优化公共数据采集质量，为数字产业创新发展提供数据要素支撑。

2. 以区域联动为抓手，推动优质数字要素集聚

推动城区联动，加强奉贤区及"数字江海"与邻近的闵行区、徐汇区、浦东新区以及松江区、金山区在产业发展、社会治理、环境保护等领域的合作，促进优势互补，共同营造上海南部数字创新圈；推动区域联动，加强"数字江海"与南桥新城、自贸新片区在产业布局、交通设施建设、生活配套服务体系等方面的协作；加强园区联动，推动"数字江海"与"东方美谷""未来空间"以及区外的紫竹高科等重点园区加强合作，促进产业发展协同、科技创新资源共享，形成多区联动发展格局。

3. 以吸引人才为突破，完善区域创新创业生态

利用奉贤环境优美、交通通畅、生活成本较低的优势，吸引全市特别是浦东、闵行、徐汇等区域的数字化人才到奉贤和"数字江海"发展；建立更具吸引力的人才政策，对于数字化高端人才，在公寓住房补贴、子女教

育、卫生医疗等方面的力度和覆盖面给予更多政策倾斜；实行更加积极、更加开放、更加有效的人才政策，调整和完善创新创业领域人才引进、激励和晋升等方面制度，给予企业更多自由决策权，探索建立以创新、实用为导向的人才管理办法。

4. 以品牌打造为关键，提升知名度和影响力

开展"数字江海"的国内和海外推介或路演等宣传活动，发布《"数字江海"发展白皮书》等，并积极向上海市以及国家工信部、网信办、商务部等部门申请，争取由国家部委或上海市向"数字江海"进行授牌。利用中国国际进口博览会、上海工业博览会、世界人工智能大会等重要国内外交流平台，以及国内外新闻媒体和专业网站，加强对"数字江海"的宣传，塑造数字化领域的高端品牌。

参考文献

陈莉，李文昕，邹叶枫：《产城融合导向下高科技园区规划策略研究——以杭州临平小林高科技园区城市设计为例》，《城市建筑》2021年第19期。

冯烽：《产城融合与国家级新区高质量发展：机理诠释与推进策略》，《经济学家》2021年第9期。

李曾婷：《未来已来——探访中国（杭州）人工智能小镇》，《电器》2018年第2期。

上海市经济和信息化发展研究中心：《上海市智慧城市发展水平评估报告（2020）》，http://www.sheitc.org/，最后访问日期，2021年11月1日。

孙一元：《马桥孕育全新人工智能创新试验区》，《上海国资》2021年第2期。

唐晓宏：《上海产业园区产城融合发展路径研究》，《宏观经济管理》2014年第9期。

章涌：《人工智能小镇：引领未来智能生活的"风向标"》，《杭州（周刊）》2018年第36期。

B.16 奉贤生态商务区建设研究

于云云 纪园园 朱嘉梅*

摘 要： 奉贤区紧抓乡村振兴和长三角一体化战略机遇，全面推广"三园一总部"建设，着力打造生态商务区，将生态优势转化为发展优势，实现生态效益、社会效益、经济效益循环促进、并驾齐驱的良性发展格局。奉贤生态商务区建设应以"三园一总部"建设为基础，打造生态文化品牌，探索一、二、三产融合联动新模式，打造孵化创新空间，不断提升基础设施建设水平和公共服务供给水平，为实现奉贤新城"独立、无边界、遇见未来"的美好发展愿景打下坚实的基础。

关键词： 生态商务区 三园一总部 总部经济 乡村振兴

一 引言

生态商务区也被称为 EBD（Ecology Business District），是一种将人文、生态、产业进行融合与拓展，在考虑科技推动产业和经济发展的同时，也注重生态和文化保护的全新的城市形态。这种城市形态不仅能够充分利用城市的土地资源和配套基础设施，还能为经济发展营造一个更和谐、更舒适、更

---

* 于云云，上海社会科学院数量经济学博士研究生，主要研究领域包括计量经济学、文本分析与机器学习；纪园园，经济学博士，上海社会科学院经济研究所、数量经济研究中心助理研究员，主要研究方向为计量经济学与大数据分析、计量经济理论；朱嘉梅，上海市奉贤区委党校教学部主任，讲师，主要研究方向：区域经济发展和公共管理。

高效的可持续发展环境。生态商务区建设强调区域未来发展的高效性、持续性、和谐性和整体性，既要保证经济发展能够高效利用当地资源，可持续发展循环经济，也要保证当地人文、生态不被破坏，保证社会、生态、经济的整体效益。奉贤生态商务区建设，则更是本着振兴乡村，保护田园生态的同时发展循环经济的理念。因此奉贤区委、区政府在进行奉贤田园生态商务规划建设时，紧紧围绕产业兴旺、生态宜居、乡风文明、治理有效、生活富裕二十字方针，建设独具特色的奉贤田园生态商务区。

为全力打造奉贤新城，实现奉贤新城"独立、无边界、遇见未来"的美好发展愿景，在市委市政府指导下，奉贤区委、区政府2021年4月份制定了《奉贤新城"十四五"规划建设行动方案》。该方案指出要将奉贤建设成兼具生态优势和特色产业的综合性节点城市，形成"四城一都"基本框架。围绕人民性、国际性、生态化、数字化四个亮点，奉贤新城要充分发挥自身的生态资源禀赋，结合前沿数字化技术将闲置的农村土地资源和生态资源转化为发展优势，不断提升人民的生活水平和奉贤的国际化程度。生态化要求奉贤不断探索乡村振兴战略下农村土地资源盘活之路，将城市资本引入美丽乡村，探索城乡融合新路径，建设独具特色的奉贤生态商务区。通过打造"三园一总部"升级版，进一步把特色生态优势转化为发展优势，努力打造"五美五强"的新奉贤。

"十三五"期间，奉贤新城不断进行生态园林空间拓展、文化建设，并初见成效，基本形成了"十字水街、田字绿廊、九宫格"的特色城市空间格局。目前奉贤在生态建设方面已经有了一定的积累，3000平方米以上公园绿地500米覆盖率达到了95%，蓝绿空间占比达35%，人均公园绿地面积14平方米。面对"十四五"，要做的则是如何将生态优势转化为绿色发展优势，探索奉贤"田园生态商务区"的建设发展。持续打造奉贤"三园一总部"（一个庄园一个总部、一个公园一个总部、一个庭院一个总部）这个乡村振兴的品牌，将"三园一总部"作为打通"绿水青山"与"金山银山"的有效路径。

二 奉贤生态商务区建设的基本情况

（一）绿核引领，总部经济不断集聚

聚焦总部经济发展，打响"三园一总部"品牌。通过为"空心村"引入城市工商资本，形成宜商宜农、宜工宜居的特色生态商务经济带。2020年，奉贤区累计落户企业总部565家，并已完成合景泰富、英科中心、弘正新能源等一批重点总部项目建设，合计实现税收约5.09亿元。奉贤区2020年已开工的总部项目达到16个，共建成总部14个。在庄行镇浦秀村落户的"合景泰富"总部项目距黄浦江500米，与750余亩黄浦江涵养林相邻，主要经营业务为团队办公设计和企业形象展示。落户金汇镇的"星传奇"总部经济运营中心，以乡村老房改造办公小楼，赋予当地商务、办公、休闲、教育等多重功能，免费为邻近企业提供前、中、后期商务服务。通过建设乡建书院、森林文教书院等服务配套设施，打造为科研机构、政府、企业、儿童和青少年等团体提供管理合作、技术交流、教育实践、休闲观光各类项目的综合性服务平台。目前"星传奇"已吸引十余家企业入驻，分布于环保、生物医疗、农业科技、人工智能等行业。柘林镇南胜村"莲创智谷"、海湾村"云溪湾里"等多个总部经济项目陆续投入运营，吸引众多商务拓展项目，意向入驻企业纷至沓来，打造集休闲、商务、研发为一体的生态商务圈。"淳之文化"总部项目落户西渡街道五宅村，通过翻建村集体闲置厂房，打造"五鼎院"陶瓷博物馆，实现盘活集体资产，增加村级经济与企业创新创收双赢的目标。"三园一总部"发展模式通过唤醒沉睡的农村"三块地"资源，将奉贤丰富的生态资源与城区的产业资本相融合，在为产业发展注入新动力的同时，也为乡村振兴提供了庞大助力，提高了政府的税收收入和农民的可支配收入，从而形成生态效益、社会效益、经济效益循环促进的发展新格局。

（二）以人为本，生态宜居宜业水平日益提升

一是因地制宜，科学规划郊野单元。为充分高效利用农村土地资源，奉

贤区不断引导农村分散的宅基地向城镇集中或向保留村归并，对户数较少的自然村庄及翻建困难的联排兵营式居民点有序撤并，努力推进农民集中上楼，建设奉贤区农民集中居住示范区，落实农民安置用地。优化新城、镇域、乡村"三个空间"，着力打造集约高效、错落有致、富有特色的南上海新城，有序承接集中居住农户人口进城镇转移。积极探索以"共享宅基"农村社区模式推动实施农民平移集中居住。积极优化城镇集中安置区形态。目前根据"上海2035"总规及区级总规的要求，各镇（街道）已完成了各自的郊野单元规划，形成了具有当地特色的用地空间结构。

二是聚焦优质生活，打造生态宜居宜业区。奉贤区一直以改善乡村居住环境为目标，并且积极探索新模式，敢于尝试，勇于创新，希望能够打造吸引人的优美环境、服务人的良好设施、留住人的优质产业，塑造一个适合居住、旅游、创业的高品质城乡人居环境，提升乡村地区吸引力。金汇镇打造"金汇天下网红基地"，结合当地生态环境设计游泳馆、百鸟园、古建馆、密室逃脱、解压馆等时下新潮的游玩项目，营造园区整体丰富多变的空间和梦幻时尚的氛围，一开业便吸引大量年轻人前来游玩，开拓了集体经营性建设用地改革新思路，创造了乡村旅游新业态。柘林镇依托不同的产业基础，鼓励特色化、差异化发展，重点打造了"广陌田园风貌区""古海文旅休闲风貌区""文创农旅产业风貌区"三大特色生态片区，精心呈现古韵盎然的新江南风采。西渡街道充分发挥当地水、绿、涵养林等生态优势，建设全域农艺公园，逐步形成总部庄园风貌区、第一湾景观风貌区、人文滨江风貌区和城市集聚风貌区等四个引导区，围绕"无违建村"工作、"水天一色"工程、"和美宅基"创建等方面，开展村容村貌综合整治行动，通过统筹规划精品特色示范村，塑造美丽乡村风景线。"明城新月"项目作为"一川烟雨"奉城港的重要功能承载空间，未来在奉贤县委旧址改造工程基础上结合周边万佛阁区域、文化主题公园、滨水公共空间、特色商业街区等项目建设，着力打造集生态保护、休闲观光、消费体验、文化底蕴于一体的古镇田园水乡风貌区。

（三）打破边界，田园综合体不断涌现

以"三园一总部"建设为抓手，打造田园综合体，助推生态商务区建设。通过深化农村"三块地"改革，创新高效利用农村沉睡的土地资源和生态资源，将生态优势转换为发展优势，不断拓展生态商务区建设空间。

1. 全面推动农艺（郊野）公园建设，打造田园经济综合体

庄行镇秉持"农艺公园—田园综合体"的建设理念，通过"宅基地置换+总部经济"模式，将2万平方米"上楼"宅基腾笼换鸟，打造成了总部经济集聚地、诗意人生栖息地、文化创意成长地。目前庄行农艺公园区域范围内总部点位共计18个，规划面积544亩。公园包括滨江产业区、涵养林区、农业示范区、经济园区、居民区等区域，通过吸引城区工商资本投入，融合城市文明与农村生态，打造集生态、生产、生活、文化于一体的生态商务综合体，实现"跨界以至无界"。同期已引入英科中心、合景泰富等多家知名企业落户庄园。2020年税收超过2000万元，成为可提供展览展示、会务交流、商务办公、休闲娱乐多元化复合业态的田园综合体。

2. 多点打造集休闲、商务、研发为一体的镇域生态商务区

柘林镇已初步形成以"两带"为代表的生态商务区，一是沿新塘路建设的柘林新镇T轴生活配套商务带，二是沿平庄公路打造的"金海里"数字经济带。目前已吸引银行、商超、文体设施等一大批知名企业正式签约，科殿电子商务、爱企谷二期均在加紧建设中。南胜村"莲创智谷"、海湾村"云溪湾里"等多个总部经济项目陆续投入运营，吸引众多商务拓展项目，意向入驻企业纷至沓来。以"爱企谷"为核心的数字经济带已吸引74家企业入驻，旭航网络、飞跃鞋业等一批知名企业入驻，2020年实现税收约1500万元。

奉城镇围绕"三园一总部""生态商务区"项目，着力打造八字村谷川庭院、洪西村乐田SOHO村、朱新村Deepwork深度工作室、护民村非遗文创园及奉城中心公园生态商务区等一批项目。其中洪西村联合德国海归博士充分利用自身特点和环境资源，打造田园版SOHO村，吸引城市高端家庭和

企业入住，项目规划约170亩，预算投资2500万，计划吸引400家市民家庭会员和15—20家新乡创企业入驻，目前已启动首幢样板房建设。朱新村Deepwork深度工作室利用农村宅基地＋商服建设用地＋承包地的"三块地"田园综合体模式，计划投资8000万元，因地制宜地打造生态型的深度工作空间，吸引城市脑力工作族。

三 奉贤生态商务区建设工作的亮点

（一）优化政府服务水平，精细化出台政策

首先，奉贤区不断深入优化财税激励措施。通过制定出台《关于"三园一总部"税收结算政策的实施意见》（沪奉乡村振兴办〔2020〕7号），对符合"三园一总部"要求的企业所产生的新增税收区部分，纳入区与镇财力结算。由各街镇财政部门及时拨付至各村经济合作社，一部分用于村级股权分红，提高村民收入水平，一部分用于乡村建设和壮大集体经济。其次，各级政府力争做好服务企业的店小二。区乡村振兴推进办与相关职能部门、街镇政府积极协作，召开多次协调会议，解决"三园一总部"企业办理营业执照的问题等各类跨部门问题。

（二）融合"互联网＋"手段，扩大招商推介效应

政府加强与线上、线下权威媒体合作，在今日头条、腾讯等平台推送"三园一总部"的政策和资讯。疫情期间，为保持经济社会发展工作正常进行，奉贤区创新招商手段，以网络为媒介精准对接企业，举办奉贤区乡村振兴招商专题网络推介会，会上完成签约项目18个，有效投资规模达28亿元。为积极承接进博会溢出效应，抢抓新片区发展机遇，在虹桥举办乡村振兴专题推介活动，宣传关于奉贤区的乡村振兴资源和政策，集中力量加大奉贤乡村优势资源禀赋的宣传。

奉贤区以招大引强为目标，坚持世界眼光、国际标准，通过主动邀约、

积极对接意向企业，如上海强琪华艺影视投资、上海星月投资、上海建舟农业等公司，把那些大的、好的、领跑引擎的项目引进来。

（三）创新合作模式，借力国企推进重点项目

按照市委市政府"要放手让市场参与，鼓励引导国有企业以及各类社会力量在乡村振兴中发挥积极作用"等相关要求，奉贤区积极引导国有企业参与"三园一总部""生态商务区"项目建设。国盛集团在奉贤区青村镇吴房村试点，组建思尔腾公司。通过实践投资运营一体化、打包立项、"就地上楼"、数字科技赋能资产管理、"投贷证债租"金融服务创新等五种创新模式，促进一、二、三产融合发展。目前首期基金主要用于运作奉贤区吴房村乡村振兴示范村建设和青村镇产城乡一体化发展。2017年，庄行镇与国企开伦集团创新合作模式，成立上海庄行农艺公园有限公司，分别占股20%和80%。农艺公园核心区（浦秀村、渔沥村）的四大功能组团（渔沥林盘、桃花廊庑、糖梨花泽、映波原野）通过与区属国企交能集团合作进行开发，由交能集团投资建设，建成后以交能集团为主、镇级辅助进行招商。

四 奉贤生态商务区建设的机遇与挑战

（一）奉贤生态商务区建设的发展机遇

1. 乡村振兴国家战略为奉贤生态商务区建设提供强有力的政策支持

农业是一切产业发展的基础，农村现代化是乡村振兴战略的重点。党的十九大报告指出，"实施乡村振兴战略，按照产业兴旺、生态宜居、乡风文明、治理有效、生活富裕的总要求，建立健全城乡融合发展体制机制和政策体系，加快推进农村现代化"。奉贤区要充分把握乡村振兴的国家战略机遇，以"三园一总部"为抓手，借助乡村振兴战略财政支持打造特色乡村风貌，以生态商务区建设为手段，创新实现农村现代化新模式。奉贤区下辖

8个乡镇，3个街道，整体以乡村居多，乡村振兴战略给奉贤经济发展提供了绝佳的契机。乡村振兴战略和奉贤生态商务建设的总方针完全吻合，奉贤生态商务建设作为乡村振兴的纽带，牢牢把握住乡村发展机遇，通过建设生态商务区打造乡村振兴的奉贤样板。

2. 长三角生态绿色一体化示范区建设为奉贤生态商务区建设树立改革样板

自长三角一体化上升为国家战略以后，长三角生态绿色一体化示范区在青浦区、吴江区、嘉善县如火如荼开展。奉贤新城要打造综合性节点城市，加速推进生态商务区建设，需充分发挥其得天独厚的地理位置，利用其西接长三角一体化示范区、东邻临港新片区、北靠虹桥商务区、南倚国家海洋战略的区位优势，助力生态商务区建设。从长三角一体化示范区土地管理、要素流动、财税共享等方面探索新机制，以生态优势转化新标杆、绿色创新发展新高地、一体化制度创新试验田、人与自然和谐宜居新典范为战略定位，这同样契合奉贤生态商务区以生态优势转化发展优势的建设理念，从而为奉贤区打造生态商务区提供政策经验和改革借鉴。

（二）奉贤生态商务建设的挑战

1. 地理空间有限，工业用地严重不足

随着入驻企业的规模和数量不断增长，"三园一总部""生态商务区（带）"项目在推进工作中出现了原有厂房趋于饱和的现象，部分企业出于扩产需要，对土地的需求增多。部分地区工业用地方面指标出现严重不足，导致部分投资者增值扩产脚步放缓，新项目难以落成，从而导致部分企业出现向外转移发展的苗头。

2. 生活配套不足，教育服务质量有待提升

除了良好的生态居住环境，高端人才和企业家在选择工作地和投资地时还非常注重医疗、子女教育等生活配套。这些软环境因素关系着企业能否不断吸引人才加入，能否持续保持创新动力。除此之外，文化设施建设、社区治理水平等同样与人才及其家属的生活品质息息相关。奉贤区在医疗、教育、文化等公共服务配套方面还存在较大缺口，如何补足自身短板，形成生活服务的比较优势，是吸引更多优质企业和高端人才入驻的关键所在。

3. 缺少支柱企业，经济发展存在瓶颈

要打响"三园一总部"品牌，建设具有吸引力的优质生态商务区（带），奉贤区需要筑造大平台、引进大项目、培育大企业、涵养大产业。目前看来，奉贤区优质的支柱企业还比较稀少，需要进一步锚定更高目标、激发更强干劲，着力引进大项目、积极培育大产业，继续做好"营商环境"这篇大文章，要加强政策支持，促进产业集聚，通过数字赋能补足区域发展短板。

4. 项目资金压力较大，融资模式需要突破

宅基地流转、集中居住工作需要大量资金。以庄行镇农艺公园项目为例，农户户均安置成本为330万/户，其中市、区两级补贴总计约160万/户，剩余部分均由镇级自筹，资金压力较大。村庄清洁行动、农村生活污水处理工程、村庄改造工程、厕所改造等多项农村人居环境整治工程目前缺少资金补贴，财政收支压力较大。乡村振兴示范村创建尽管有市级、区级财政资金补贴，但基层资金压力仍然较大。

5. 招商压力较大，总部点位配套亟待改善

相比城市点位，"三园一总部"、田园综合体、生态商务区等项目周边相应配套设施不够完善，消费商业综合体支持力度较弱，交通出行停车不便，上下游产业链不够健全，仅靠自然环境吸引力有限。目前部分区域企业入户意向不够强烈，使得招商存在一定难度。以庄行农艺公园项目为例，18个总部点位中有4个点位有意向合作，其余都在招商洽谈中，进度较为缓慢。

6. 基础设施供给不足，宅基活力有待激发

为满足企业对相关配套设施的需求（如水、电、煤、电信等），奉贤区乡村基础设施水平急需提升和改造。但由于工程体量大、项目流程烦琐、手续办理时间较长等问题，无法在短时期内实现改善，这为政府在推进宅基地"三园一总部""生态商务区（带）"的工作中带来了不少阻力。此外，目前乡村居民对集中居住、宅基地流转等工作接受度还不够高。宅基地是农民的命脉，农民对宅基地流转利用、置换上楼、平移归并、货币置换、股权置换等多元化政策更是了解较少，做出决策时慎之又慎，这为政府和企业推进"三园一总部"等项目带来一定的阻碍，同时也提高了项目成本。

7. 政策配套需要完善，项目推进存在卡顿

受制于土地制度，目前集体经营性建设用地使用权交易困难。根据区规划资源局目前口径，集体经营性建设用地使用权只能挂在集体经济组织下面，无法过户给"三园一总部"开发公司，目前通过一事一议来办理，但后续或许会成为历史遗留问题。此外，基层招商运营人才缺乏。近几年，村两委班子人员致力于社会治理，对于招商等产业发展意识不强，能力较差。一些文创产业等运行能力和团队缺乏，导致农村活力不足，持续发展难度较大。

五　奉贤生态商务区未来的发展思路

奉贤田园生态商务区建设作为乡村振兴的重要纽带，它未来的发展路径独具特色且多样、开放。各乡镇、街道在进行生态商务区建设时充分利用其现有基础条件，继续扩大"三园一总部"的集聚度、展示度、辐射度。同时打造农艺公园、郊野公园、大地公园复合体、乡村展览展示聚集区等。各乡镇、街道建设生态商务时首先考虑进行产城乡一体化发展。一方面通过优质服务吸引企业总部落户，另一方面助力小微企业成长。同时依托长三角人才发展中心，吸引更多年轻人回归乡村，把乡村打造成为创业成本洼地、人才战略高地、创新创业圣地。用好乡村战略空间，充分发挥奉贤新城中央绿地的核心生态优势，让更多产业、文化、生态功能完美结合，形成功能互补、发展互促的城乡融合发展新格局，促进生态、商务、文化、创新等功能的融合发展。在发展产业的同时考虑产业配套区的发展，在壮大集体经济的同时实现农民增收，比如通过"租金+股金+薪金"的模式帮助村民实现持续稳定增收。未来建设奉贤生态商务区时具体可行的抓手有以下几方面。

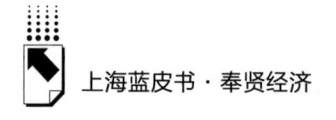

（一）加强"三园一总部"建设，加大招商推介进度

进一步探索乡村振兴区域联动发展机制，通过点上突破、串点呈线、由线及面，进一步加快"三园一总部"建设。明确生态商务区发展目标和功能定位，推动乡村承接二三产业、新兴产业的入驻，产生税收效益"颗粒归仓"。引导城市资源向农村倾斜，通过乡村资源和城市业态的深度融合，完善农村集聚区配套服务设施。鼓励各乡镇、街道以市场化视角，深挖本区域资源优势，加强项目信息与资源的有效嫁接，全面开展农业农村领域招商引资。

积极构建土地优先供应、金融重点倾斜、财政全力保障的多元投入格局。充分发挥政府、总部企业和社会机构共同参与配套服务设施建设的积极性，大力推进服务功能的集中化布局。继续做好"四好农村路建设"、水环境整治、便民服务中心等一系列基础设施建设，改善农业农村生活环境。积极争取财政资金，围绕农业农村的重点项目、重点区域，与参与乡村振兴的市场主体一起集中力量打造精品、打造典型。各街镇找准项目定位，大胆创新，从区域规划到项目规划，和市场主体一起提升项目精准性、可操作性，通过"三园一总部""两个百万""三园工程"等重大项目推进，打造出一个个如南桥镇"良渚江海"此类的特色园区。

1. 集聚发展总部经济

提前做好"三园一总部"的总部建设规划，对各个总部要承接的功能和商业模式进行提前布局，坚持规划引领和农民自愿原则，分类推进、循序渐进，加快闲置宅基地资源盘活，鼓励农户就近签约工作。同步通过实施乡村道路修缮、河道治理、架空线梳理等建设项目，加快乡村空间重塑、空间再造、空间优化，为"三园一总部"腾出更多发展空间。多点推行"租金＋薪金＋股金"模式，将流转的宅基地改造为庭院总部，促进村级经济增收，实现村民收入可持续增长。试点开发数字资产管理平台，实现"乡村资产＋招商运营"数字化闭环构建。

2. 紧抓建设进度

全力推进"三园一总部"的建设工作。对于已经进入建设阶段的总部，督促各责任单位制定好项目的推进计划，对照任务清单、倒排时间节点，加快推进总部落地。对于尚未开工的项目，督促相关职能部门和属地政府加快推进前期手续办理事宜，确保早日开工。落实挂图作战，以月报形式，统计上报各项目的推进进度。

3. 增强招商推介力度

一是做实宣传造势。利用媒体网络推广"三园一总部"的建设理念和政策优惠，同时从已落户项目中遴选优质企业总部，通过网络推广，扩大示范效应，带动优质项目齐聚。二是做好精准对接。围绕总部经济建设和产业集群打造，聚焦世界500强企业、高端总部、高端研发机构等，根据各街镇的重点建设区域，重点梳理可用点位，抓好前期摸底工作，撮合供需对接，提高招商引资效率，会同相关部门，对项目进行可行性分析，不断加强项目对接，持续做好密切追踪服务，努力促使优质项目顺利落地。三是做到多措并举。坚持"引进来"和"走出去"相结合的招商模式，召开各类招商推介会，进一步发挥市场主体能动性，让市场主体反客为主，在招商引资过程中发挥对土地资源与财政资源的配置作用。

（二）合理配置产业结构，探索一、二、三产融合联动

合理配置生态商务区内产业结构，结合当地生态条件、人文条件，以商务发展为基点，做到生态、人文、建筑与土地使用相互兼顾。结合奉贤当地乡村特点，利用已有资本条件大力发展特色产业，比如乡村旅游业，乡镇之间协同统筹，共同发展的同时追求差异化。优先发展大数据、人工智能、新能源、生物医药等新兴产业，同时积极发展高新技术产业和金融服务业，鼓励高新技术产业创业，引入总部商务和研发型机构，保证商务区内产业结构的高度集约化和智能化，尽量减少对生态环境的影响。

结合本地基础配套条件，探索一二三产融合发展。遵循农业产业发展规律，推动农业产业化、现代化、规模化经营。重视乡村旅游业发展，加大资金投入，充分发挥本地优质的生态资源和文化资源禀赋，打造独具奉贤特色的现代化乡村旅游风貌，打响奉贤旅游品牌，全面提升乡村旅游运营管理水

平。招商引资时一方面鼓励当地居民就近签约，一方面吸引新型科技人才及相关专业人士，做到产城乡一体化发展。

（三）打造孵化创新空间，促进产融蝶变升级

围绕"乡村孵化产业、产业振兴乡村"理念，突出产业孵化"庄园基地"作用，以租税联动方式吸引企业入驻办公。分等级引入村级、商贸型、实体型、总部型企业，打造良好的产业孵化氛围，完善创新孵化政策，鼓励产业孵化。

不断改革创新，引入新产业，探索新模式，打造一个农创文旅各类企业的集聚群。加强生活性设施的建设，提供居住、餐饮、购物、娱乐和休闲等功能，构建完善的服务体系，营造良好的产业社区氛围。同时，通过"育智、引智、用智"鼓励青年返乡创业，为乡村产业经济发展注入源源不竭的动力。抓住青年创业主要诉求，营造低成本、低起点的有利环境，引导、激发年轻人创业的主观能动性，集聚乡村创业智慧。

（四）打造生态文化品牌，赋能生态商务建设

文化是创建生态商务区的必要条件，商务区只有拥有浓厚的文化氛围才能吸引更多的人才精英推动商务区的发展。奉贤生态商务区一是充分利用其乡村田园生态优势，打造独具特色的田园生态商务区。引进现代农业与实验性、示范性种植基地，提高生态商务区农业品质与可观赏性，打造特色产品，赋能文旅、亲子等高产值功能。二是以本地浦南运河为轴，打造"冷江雨巷""南桥源""水韵青春""明城新月"等一系列江南古镇文化遗址带，形成兼具文化娱、休闲旅游功能的生态商务综合体。以"都市古镇、田园牧歌"为愿景，结合古镇、乡村各自特点进行差别化定位，打造传统与现代交汇、科技与艺术相融的新型集聚区，形成自己的品牌特色，与其他生态商务集聚区区别开来，并在其中提炼出"生态文化"的特质，重点发展资源性优势文化产业群。

（五）构建评价指标体系，监控生态商务建设质量

目前已经在构建涵盖空间保护、生态环境、农民收入指标体系的"奉贤指数"，进一步完善生态商务建设评价指标体系。首先，分别构建用地评价指标、建设指标、生态指标、文创指标、增收指标等，全方位监测生态商务区建设情况，并根据监测指标绘制雷达图，精准定位建设中存在的缺陷。其次，结合大数据分析方法、空间分布分析等分析方法和可视化工具，对奉贤生态商务建设情况进行量化分析及可视化展示。再次，使用机器学习和深度学习算法，对各个指标的发展趋势进行预测，及时发现问题并设置预警机制，同时也对生态商务建设的各个模块的发展趋势进行研判。

六 奉贤生态商务区建设的保障措施

（一）政府主导开发，加大扶持和投入力度

首先，进行商区规划时单凭市场本身无法完成，必须由政府牵头或主导规划，先规划再设计。其次，政策聚焦。鼓励国内外企业入驻园区，推出一系列创业优惠政策和人才引进政策，鼓励不同等级、不同类型的人才和企业进入园区创业。落实金融政策扶持工作，落实各项补助、贷款贴息、以奖代补等农业扶持政策。最后，资本聚焦。目前奉贤商务区建设存在配套设置不足、公共服务不够的问题，必须由政府出面汇聚多方资本投入园区建设，增加配套设施和基础公共服务设施的建设资金。具体地，整合教育资源，形成完整的优质教育链，加强交通和停车配套建设，保证区域内交通顺畅便捷，保证医疗条件等。在进行商务区建设时，政府部门的资金、政策和服务发挥了关键的引导和保障作用。

（二）保证多部门无障碍协同，提高服务效能

生态商务区建设过程中可能需要涉及生态环境局、环保局、商务委、发

改委、经信委、区委区政府以及各乡镇、街道政府等多个部门，为保证多个部门之间协同工作无障碍，在执行建设工作中首先必须完善工作制度，明确具体牵头部门和工作推进部门。其次，严格制定项目计划表，责任到部门，责任到人，明确项目进度时间，明确具体抓手，在工作机制上保障商务区建设的顺利进行。再次，建立监管考核机制，搭建监管评价体系，对建设过程中的所有部门和工作人员进行考核监督，提高服务质量和服务效率。

（三）引入数字化管理平台，加强园区建设监管

基于云存储、云计算技术，搭建智能监管平台，需包涵数据服务、智能监管系统、环境综合查询、综合业务数字化管理、移动App等应用。同时做好各项数据积累和存储工作，积累数据资本。利用数字化管理平台进行科学管理、在线监督，发现问题及时预警。

（四）加强生态环境监测，进行生态影响评估

在进行产业商业发展的同时，继续进行生态建设和保护，构建可持续的循环经济体系。在进行商务规划时就要重点考虑生态环境的可持续性，引入低碳生态理念，探索低碳生态商务建设路径，建立完善的污染监测系统和环境监测系统，完善评价机制，对商务区内的生态环境进行定期评价公布，每进入一个企业时，评估其生态影响程度等。

参考文献

上海市人民政府：《奉贤新城"十四五"规划建设行动方案》，https://www.shanghai.gov.cn/nw12344/20210409/13b71e3e3590408d80182276cafbc007.html，最后访问日期，2021年11月1日。

郑毅：《布局十四五，启航新征程—谱写金汇镇乡村振兴新篇章》，《上海农村经济》2021年第7期。

王劲：《上海市生态商务区建设技术经济案例分析》，《住宅科技》2012年第8期。

B.17 数字时代奉贤打造文化创意之都研究

廖 辉 杜学峰[*]

摘 要： 当下正处于百年未有的科技大变局之中，数字技术蓬勃发展，新冠肺炎疫情的冲击进一步加速了数字技术与文化创意产业的结合。在多项政策支持、金融服务支持和活动合作支持下，文创企业云集贤城，文创载体、文化空间如雨后春笋般地成长起来，文化品牌群星闪耀、熠熠生辉，南上海文化创意产业集聚区初具形态。数字技术通过效率提升和结构升级从创作、生产、消费和流通各方面赋能文化创意产业。数字时代，奉贤要进一步加强政策支持、提升服务能级和扩大品牌影响，立足奉贤文化创意产业发展基础，做大做强既有的优势产业，积极拥抱数字化时代，以"数字江海·文耀新城"为牵引，推进文创产业"上云、用数、赋智"，推动线上线下相互融合，打造文化创意之都。

关键词： 数字技术 南上海文化创意产业集聚区 数字时代 文化创意之都

一 前言

习近平总书记指出，当今世界正经历百年未有之大变局，这其中包括

---

[*] 廖辉，上海社会科学院数量经济研究中心博士生，研究方向为科技统计分析、时间序列分析、文本挖掘与大数据分析；杜学峰，上海市奉贤区委党校科研室主任，主要研究方向为城市化与基层社会治理。

大数据、量子信息等数字技术突破的科技大变局，也包括国际经济政治力量格局演变的大变局。中国经过多年的改革开放，经济实力迅速提升，综合国力稳步向前，但文化软实力在国际对比中仍是较弱的一项。突袭而至的新冠肺炎疫情对传统形态的文化产生了巨大冲击，也进一步促进数字技术和在线经济与文化创意产业的结合，对稳步增长的文化创意产业结构进一步优化。

上海进一步明确建设具有全球影响力的文化创意产业中心的目标，借力数字化转型进一步激活文创主体的创新活力，打造更大的"上海文化"品牌影响力。"十三五"期间，"上海文创50条"明确要在奉贤建设南上海文化创意产业集聚区。奉贤立足文化让城市高大，着力打造"文化美、文化强"城市意象、人文格调，以文化软实力塑造奉贤新城核心竞争力，以文创产业硬实力培育区域经济增长极。"十四五"规划中，奉贤明确了"四城一都"发展目标。强调建设文化创意产业之都，通过九棵树未来艺术中心，建设文化创意产业高地，打造演艺新殿堂和新地标。破解文化缺失难题，弘扬"贤美文化"，深化"全域美育"工程，从"言偃青溪讲学"到总书记"奉贤之问"，深入实施"文化追问"工程，打响"奉信、奉贤、奉献"城市品牌和城市精神。

那么，在未来数字技术蓬勃爆发的时代，奉贤如何借着数字化转型的快车道打造文化创意之都？本文通过梳理上海和奉贤文化创意产业发展，分析数字技术赋能文化创意产业的特征，得出数字时代奉贤建设文化创意之都的策略。

二 上海文化创意产业概览

（一）高质量发展历程

20世纪中期以前，文化更多是作为一种精神需求，更多被认定为是一种传统服务业，而不是创造财富的产业。从20世纪中期开始，技术逐步助力文化，产生以文化创意为核心、数字技术赋能的数字文化创意产业。1997年，英国发布了全球第一个"创意产业图录"，标志着"创意产业"作为政府发展战略正式提出，而上海则在1998年拉开了文化创意产业发展的序幕。此后20余年，上海出台各种政策支持文化创意产业发展，文化创意产业在空间上逐步集聚，在规模上已经成为支撑上海经济高质量发展的支柱产业。

从空间上来说，目前上海有400多家文化创意产业园区，其中100多家为市级园区，这些园区是上海文化创意产业发展的重要载体。其发展历程大概有以下三个阶段：1998~2008年，通过旧厂房改造，上海文化创意产业集聚区初步形成，如南苏州河路1305号的旧仓库改造、田子坊的保留升级。截至2008年，政府授牌的文化创意产业集聚区建筑面积为207.2万平方米；2009~2013年，在规模扩张后通过赋予文化内涵来升级，文化产业园区与创意产业集聚区并存，2010年上海世博会的举办，上海获得"设计之都"称号；2014年以后，文化产业园区与创意产业集聚区融合，文创产业空间布局呈现"一轴两带"："一轴"是指"延安路城市发展轴"，"两带"是指"黄浦江滨江集聚带"和"苏州河滨河集聚带"。

从产业来看，2005年韩正同志在视察上海创意产业园时，肯定了上海创意产业的发展成就，自此上海市政府开始引导文化创意产业发展。至今，上海文创产业经历了三个五年规划，大概可以分为以下三个阶段："十一五"期间，上海文创产业处于起步探索阶段，这个时候主要开展产业发展的基础性工作，文创产业规模不断增长，研发设计创意占据半壁江山；"十二五"期间，文创产业体系逐步完善，明确了上海文创产业的十大产业范畴，文创产业逐渐成为上海高质量发展的支柱产业，创意设计产业优势显著，休闲娱乐和网络文化等文化消费市场潜力凸显；"十三五"期间，数字文化创意产业逐渐崛起，2017年上海文创产业增加值达到3718亿元，占GDP比重为12.3%，而其中一半为文化创意和设计服务业增加值，以阅文集团、喜马拉雅和哔哩哔哩为代表，数字文化创意产业发展迅速。

从政策来看，上海文化创意产业政策的体系构建和创新供给基于三种产

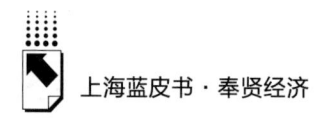

业发展观：一是促进城市空间转型发展；二是推动城市产业融合，聚焦突破和开放合作；三是构建城市产业核心优势并提升能级。

（二）后疫情时代的发展

2020年初，突袭而至的新冠肺炎疫情对世界各国经济与社会发展带来巨大冲击，国内外的文化产业也遭受了前所未有的损失。但是国家大力推动文化产业发展，上海打造具有国际影响力的文化创意产业中心的目标未变，文创产业增加值占GDP的比重仍然处于稳步递增态势。疫情在对传统文化产业门类产生冲击的同时，也进一步激发了数字文化创意产业的增长潜力，传统文化产业通过"互联网+"进行升级，文化产品内容品质不断提升，文化创作进一步多元化发展，文化产业结构不断优化调整，在线文化消费快速增长。

"十四五"期间，上海要大力发展因疫情催生的文化创意产业新业态，如文创直播带货和云体验等，推动线下成熟产业模型向线上转移，形成线下线上、现场在线相结合的态势，把转型中的创新模式发展壮大，如数字音乐、数字出版等，发挥上海在文化传播和创意设计上的规模优势，培育文创产业领域与在线经济高度结合的创新企业，推出更多与在线经济相结合的应用场景，打造更多品牌产品，推动数字文化创意产品市场化和产业化。

三 奉贤文化创意产业发展

（一）多项政策支持文创产业发展

1. 顶层政策支持。上海市出台《上海市奉贤区文化创意产业发展三年行动计划（2018~2020）》《关于加快奉贤区文化创意产业创新发展的实施意见》《奉贤区文化创意产业发展专项资金管理办法（试行）》《关于"文化基因工程"的实施意见（试行）》等政策对文创产业发展提供支持。编制奉贤文创产业"十四五"规划，重点聚焦"九棵树"艺术文化、"东方美谷"时尚文化、"南上海出版园"数字出版三大产业,落实"五个空间布局""七项重点任务",全面推动奉贤文化创意产业有序发展。

2. 金融服务扶持。疫情期间向企业宣传惠企信贷政策,帮助企业复工复产,减轻负担,37家企业得到授信支持,总额3957.7万元。2020年,奉贤有15个项目获得市级文创扶持资金1059万元,带动社会资本投资约1.2亿元,认定奉贤区文化创意产业示范楼宇2家、示范空间1家、重点企业6家、扶持重点活动1个、展位费补贴2家。2020年12月,奉贤成立上海九棵树艺术基金会,首批企业与个人意向捐赠近1亿元,资助各类公益演出、教育熏陶、文艺创评等。

3. 多项合作支持。积极与高校开展合作。2020年5月、7月、12月分别与上海音乐学院、上海交通大学创新设计研究院、上海戏剧学院等高校签署战略合作协议,在艺术人才培养、文化艺术交流实践、文化产业融合发展等领域开展全面合作。积极与专家人才开展合作。聘请国际著名设计师韩秉华、上海交通大学设计学院常务副院长胡洁、上海视觉艺术学院时尚设计学院院长吴俊3位专家人才为区文化产业专家。成立九棵树艺术家委员会,叶小钢、郎朗、廖昌永、谭元元、汤沐海、冯巩等近30位国内外艺术领域顶尖大师加盟。积极参与多项活动。依托市文旅局"建筑可阅读"工作组织区内文化企业参与"建筑可阅读"文创市集,组织区内重点文创企业参加长三角文博会,展示奉贤文创企业风采。承办"共赢新文创·筑梦南上海"奉贤区文创产业网络招商推介,"海国夜市"、术界创e园、利智文创等企业做了线上推介。

(二)传统文化焕发新生

1. 城市更新传承江南记忆。完成全国文物重点保护单位华亭海塘奉贤段规划并报批,进一步加强海塘本体保护修缮,同步推动"海国长城"文化遗址公园建设。实施"南桥源"城市更新项目,结合沈家花园等历史保护建筑修缮开放、鼎丰酱园提升改造等项目,打造老城区域文化核心。

2. 文物保护延续历史文脉。健全文物三级网络管理体系,建设不可移动文物保护信息管理系统，通过视频监控、物联感知等技术手段实现对奉贤重点野外文物全过程、全天候的精细化管理。深入挖掘历史文脉，配合完成柘林遗址（良渚文化）第二次考古发掘工作，在条件允许的情况下将启动对江海遗址的勘探工作。加大古镇、古村、古建筑保护力度，部门合力、整体规划，鼓励出台有针对性的保护管理举措和办法，适时建成专家数据库。传承乡村文脉，建成青村李窑村、庄行存古村、金汇明星村等30余个村史馆。

3. 非遗保护推动活态传承。推进传统文化走出去，赴比利时、波罗的海三国等参加文化交流活动，举办"长三角滚灯艺术节"，"奉贤滚灯"两次登陆央视。"非遗在社区"试点工作成效显著，成功承接文旅部非遗司"非遗在社区"全国现场会。对"滚灯""江南孙氏二胡艺术"等国家级非遗代表性项目进行深度品牌打造和推介，培育具有奉贤元素、海派韵味、江南风情的非遗文化作品，促进开展对外文化交流。积极创意设计非遗工艺产品，推动非物质文化遗产与现代生活融合、活态传承、科技赋能，让非遗保护见人、见物、见生活。

（三）重点项目改造持续推进

1. 南桥源二号院更新改造工程。为奉贤南桥老城及其附近地区的居民提供图书展览、艺术展示、文化展览、博物纪念及配套公益性的公共活动空间。一期工程对主楼沈家花园的修缮、改建工程已经完工，已通过市文保以及相关主管部门验收，移交工作已于2021年7月底前完成。二期工程包含楼宇景观休闲厅、城市书屋、文化艺术馆，项目建议书已批复，工程预计于9月开工建设。

2. 言子书院。加强奉贤多层次公共文化设施供给，打造标志性景观文化区域，满足居民群众精神文化生活需求，建设"人性化、人文化、人情味"的奉贤新城。言子书院项目的建成，将在奉贤区域内增加一座充满艺术和现代化气息的建筑，一座充满诗意的水庭文院，提供一处文化学习和升华体验的场所，极大提升人民群众的精神生活品质。目前项目建议书已批复，开工前的程序正在有条不紊地进行中，项目于2021年10月开工建设。

3. 碧海金沙景区提升改造升级。碧海金沙景区是国家 AAAA 级旅游景区，总面积 2.81 平方公里，是沪上最大的海上游乐中心，有 6 万平方米游泳区，能够同时容纳 1 万人游泳戏水。因海域使用证问题自 2019 年 1 月以来一直处于闭园状态，在市领导的大力支持下，于 2020 年 12 月获得自然资源部用海批复，并于 2021 年 4 月获批部分减免海域使用金。后续奉贤将致力推进景区的提级改造，全面梳理园区情况，推进景区重新开园运营。

（四）文化活动层出不穷

1. 举办"创意上海 心意奉贤"文创大赛。2020 年举办了第一届"心意奉贤"文创大赛，评选出了一批优秀的奉贤本地特色文创设计作品并举办作品展。2021 年第二届大赛已经发布征稿启事，包括东方美谷产品包装设计专项赛和奉贤文化遗产文创设计专项赛。举办国际纸艺术双年展，2019 年举办"纸尚世界"上海国际纸艺术双年展，2020 年举办"纸尚世界"国际纸艺术研讨会，2021 年国际纸艺术双年展将以世界疫情为大背景策划"大爱守望"主题。

2. "花海美妆"音乐嘉年华。2021 年 5 月 22、23 日在上海之鱼青年艺术公园举办，邀请薛之谦、李荣浩等音乐人助阵，推出了国内首个美妆音乐节的概念，吸引了全国各地慕名而来的游客和粉丝近 7000 人。"古蜀之光"三星堆·金沙遗址出土文物大展，2021 年 6 月 8 日，该展由四川广汉三星堆博物馆、成都金沙遗址博物馆、奉贤博物馆联合主办。

3. 与龙泉市文化产业资源深化合作。与龙泉市联合举办 2020 龙泉青瓷与宝剑专题展览，与龙泉市委宣传部、国资办共同研讨龙泉文创工作室项目在奉落地方案。营造文创演艺产业集聚新生态。加快上海舞美码头文旅科技产业园园区培育建设，引入国内外知名品牌机构入驻和优质运营内容。11 家行业龙头和重点文创企业已落地，中国风景名胜区协会微视频创作（培训）基地和南上海戏剧艺术中心（创排空间）将于年内正式落户舞美码头。

4. 打造电竞助力乡村振兴示范基地。积极扶持苏州钛度教育科技有限公司在青村发展壮大，把电竞产业做成青村镇李窑村的特色产业、优势产业。目前钛度公司已入驻李窑村并将带来六大业务：电竞俱乐部专业训练、天王杯电竞赛事、电竞艺考集训+选秀、上海师范大学电竞师资培训+电竞人才培养研讨会、电竞技能培训+选秀和电竞经纪公会+MCN机构。

5. 打响"环九棵树""环上海之鱼"文化品牌。聚焦"上海之鱼—九棵树"片区，花海美妆音乐节、上海国际花展、东方卫视跨年晚会九棵树分会场活动等持续集聚城市名片人气。承办人民优选直播大赛，聚焦在线经济，在厂商与消费者之间搭建新桥梁，培养直播人才，助推企业数字化转型。提升文旅活动品牌内涵。打造"奉贤的日子·花开的样子"奉贤人民自己的节日，创设"东方美谷"艺术节品牌，涵盖国际交流演出、国家级文物展览、高水平学术研讨等多方面的系列活动，开展"言子杯"学生书法、钢琴、二胡、故事大王等系列赛事。

（五）南上海文化创意产业集聚区初具形态

1. 文创企业云集贤城。上海笑果文化传媒和上海恒润文化集团有限公司荣获"上海十佳文化企业"称号，龙利得包装印刷（上海）有限公司获评"国家印刷示范企业"，美迪科包装印刷荣获"全国抗疫先进集体"称号；晨光文具、泛微网络、猎鹰网络等一批文创企业相继挂牌上市。时尚创意方面集聚了百雀羚、伽蓝、玛丽黛佳、贞格格等一批时尚美妆企业。创意设计方面，晨光文具、水星家纺、英科实业、冠生园、邑通道具等骨干文创类企业不断推进产业的文创化转型。艺术品制造方面培育了紫顶艺术、汉光陶瓷、大伦琉璃等一批具有行业影响力的企业。影视及演艺方面，钗头凤影业、原际画传媒、祺天文化等一批优质企业活跃在奉贤区的文化市场，促进粉丝经济、"网红"经济、直播经济等新兴业态发展。2020年上半年169家美丽健康产业规上企业完成产值182.0亿元，占规模以上工业总产值的比重达22.0%。"美丽世界·全球共享"东方美谷化妆品大会于2020年11月14日在奉贤召开，欧莱雅"BIG BANG"美妆科技训练营、资生堂可持续发展研究中心等项目签约落地。

2. 文创载体、文化空间如雨后春笋般地成长起来。这几年，奉贤共培育了市、区两级文创载体 14 家,包括文创园区、文创楼宇、文创空间等,各级文创载体功能日趋完善。同时,精心打造了一批独具匠心和品质的文化地标,包括九棵树(上海)未来艺术中心,围绕九棵树艺术生态圈建立了九棵树艺术基金会、九棵树艺术家委员会,建成了奉贤博物馆、城市规划展示馆、青年艺术公园、雕塑艺术公园、泡泡公园等文化空间,联合市属国企、央企开发了一批文创产业综合体,比如上报传悦坊、山金中澳城等,已基本建成并在招商策展过程中。

3. 文化品牌群星闪耀、熠熠生辉。通过持续推进"文化基因"工程,聚集了一批各层次、各门类的文化创意人才,厚实区域文化事业、文化产业根基。"东方美谷文创基地"结合美丽健康产业发展创意设计业,持续推动"东方美谷"系列活动举办和相关平台建设,不断提升"东方美谷"品牌竞争力和影响力,文创基地作为上海市首批十个项目之首,被纳入国家文化产业发展项目库,先后策划举办上海之鱼国际公共艺术双年展、世界摩托车越野锦标赛中国上海站等赛事活动,打造出了一批具有奉贤地域特点的品牌性文化项目。

四 数字时代的文创产业

(一)数字文创产业现状

信息技术的快速发展极大地便利了数据的生产和传输。由于网络和数字技术的赋能与渗透,文化设计、创作、生产和消费各方面的产业快速发展,数字技术与文创产业的关系也从技术未赋能、技术加持到技术赋能文化。

18 世纪工业革命以来到 20 世纪中期,技术迅速运用于制造业和运输业,极大地提升了经济效率,而此时的文化更多在于精神层面,文化因其非生产性特征并不能应用技术来扩大财富,文化产业作为传统服务业,无法产生规模经济、技术含量低,因而生产创作低效率。20 世纪中期以后,文创产业得到技术支持逐渐兴起,一是印刷机技术提升和电影制作技术发展,使得文化内容的生产和传播效率极大提升；二是信息技术的发展、电子媒介的接入使得文化创意产业的供给端突破传统限制，创作出多种丰富多彩的休闲娱乐节目；三是教育的普及和人民生活水平的提升扩大了文创消费需求。

21世纪以来，数字技术赋能文化元素的创作、生产、存储和处理，从线下传统音乐会到光盘磁盘服务，从网上电子音乐播放到线上直播。数字图像技术赋能传统手绘到摄像摄影，当前一部手机就能拍摄一部电影，电影行业的发展使得更多具有文化创意的产品层出不穷，传统文化IP在数字技术赋能下生机勃勃。数字文创产业便是数字技术赋能的文化创意产业，数字技术赋能文化创作、生产和消费全产业链，赋能文字、图像、语音和影像各种文化表达方式。

（二）数字赋能文创产业

数字技术赋能文创产业主要从效率提升和结构升级中体现。

数字技术使得文化创作、生产、消费和流通效率极大提升。首先是创作多元化，如"抖音"的发展使得普通人随意拍摄记录的生活点滴变成一个文创产品传播，"微信朋友圈"的发展让许多人成为潜在的文学作者，这种文化创作模式使得网红不仅分享自己的产品和服务，更是分享其生活、情感和价值观等。其次是智能化定制，数字技术让消费者在获取海量文化资源的同时，也根据消费者的阅读习惯定制化推荐相关文创产品，如腾讯视频和音乐根据个人喜好推荐相关影视和音乐作品，京东和当当根据个人消费习惯推荐相应的文创产品，此外还催生了"书籍盲盒"和"文具盲盒"等产品。再次是消费规模扩大，传统线下的影视以及文字产品的消费，不仅对消费者财力有要求，更要求消费者的教育水平，当下的短视频让未接受教育的人都能欣赏各种文化产品，在线直播让大家能消费全世界各地的文化产品，电子产品让大家随时随地可以创新和欣赏文化，搜索技术让大家能从海量产品中挑出自己喜好的文化产品。最后是连接的规模效应，大数据的存在让智能推荐算法更加聪明，数字压缩和5G技术让文化即时传输，手机在线转发让大家可以实时共同欣赏点赞文化产品，文化产品的消费者体验也得到及时反馈，这使得文化传播在社交网络中不断溢出和反馈提升。

数字文化逐渐成为主流，文化消费、生产、市场结构不断升级。文化消费时间占比不断提升，数字技术使得文化产品获取成本极低，智能手机的发展提升了大家获取各项信息的能力，人们花费更多的时间进行文化消费，如阅读微信公众号推文、微博新闻和观看抖音短视频等。生产结构改变，一个巨大平台传播和众多小微企业创作相互合作的模式成为典型。市场中少数平台并存和竞争，数字文化的发展使得文化呈现易模仿、快迭代和即时反馈的特点，原本分散的市场在网络中联合，大平台在文化生产和传播中具备规模优势，因此更容易活下来，而快迭代等特点又使得单一平台无法操纵价格只能与几个平台进行竞争。

（三）数字文创产业优势

数字文化的发展也让数字文创产业相比过去更具优势，这主要体现在大市场优势和传统文化资源挖掘。智能手机、宽带下乡和5G技术使得中国巨大消费市场优势得以体现，海量手机网民成为文化消费者，多个平台在市场中竞争发展，不仅推动文创产品质量提升，同时文化创新与创意更加多元化。中国具有海量的传统文化资源，数字技术让传统文化IP焕发新生，如"哪吒""姜子牙"等电影，各种文化IP也生产出盲盒等各种文创衍生产品，使得文化价值和审美得到更好传承与传播。数字技术的发展也让我国文化资源迅速向国际传播，智能翻译的提升使得多部网络文学和武侠小说出现英译本，《延禧攻略》电视剧得到海外网民的热捧，李子柒短视频在油管上广泛传播。

五　数字时代奉贤打造文化创意之都的策略

（一）可行路径

1. 立足奉贤文创产业发展基础，做大做强既有的优势产业。在文化装备生产方面，呼应临港新片区先进制业产业定位，以建设"南上海文化装备研发集成高地"为目标，进一步提升科技在文化创意领域的应用转化。在文化消费终端生产方面，继续发挥好文具用品、视听设备等制造业传统优势，融入文化、创新、科技等要素，打通文创产品从创意设计到生产销售的各个环节。利用奉贤深厚的历史文脉资源，加大奉贤特色文创产品的开发运用，为城市品牌建设注入更多文化内涵。在创意设计服务方面，加快创意设计与传统产业的融合发展，提升创意链与产业链的结合度，特别是要立足"东方美谷"产业优势和品牌效应，加强产品外观和包装创新设计，进一步提升产品的附加值。在内容创作生产方面，以"奉贤出品"为导引，推进优质文创产品的原创输出，特别是通过动漫游戏、网络音乐、短视频传播等新兴媒介，培育塑造一批"奉贤出品"原创文化IP。

2. 积极拥抱数字化时代，以"数字江海、文耀新城"为牵引，推进文创产业"上云、用数、赋智"，推动线上线下相互融合。一是大力发展影视产业。结合乡村振兴、三园一总部、城市更新，布局影视产业相关产业链，打通影视创作、影视取景、影视拍摄、后期制作、影视发行等关键环节。二是大力发展电竞、游戏产业。利用"东方美谷+"产业集聚中心、三园一总部等优质空间，将电竞游戏产业和文化、旅游、科技融合，打造电竞游戏产业聚集地。推动电竞产业相关平台的建设，完善上海"电竞之都"后端产业链生态建设。三是大力发展数字出版产业。被誉为中国印刷出版行业"黄埔军校"的上海出版印刷高等专科学校将迁址奉贤，以此为契机同步规划建设"南上海数字出版园"，推动形成"环版专"数字出版产业带。四是大力发展在线直播产业。抢抓在线经济新机遇，布局网络直播相关基地和平台，整合流量资源、明星资源、品牌资源，推动直播产业与传统产业的嫁接，助推传统产业腾飞。

（二）主要思路

1. 进一步提升服务能级。针对前文阐述的四大新兴产业建立专项工作推进和服务机制，当好服务企业的"金牌店小二"，加大协调力度，提高服务效率，提升服务品质，增强产业生态圈场效应。进一步拓展文创空间。充分利用闲置厂房、仓库，特别是结合三园一总部、乡村振兴腾挪出来的优质空间资源，吸引国内外高端文化企业和人才入驻，打造文化"众创空间"，以文化创意助力美丽乡村、东方美谷、未来空间建设。园区建设上加强专业化、品牌化的管理思想。针对园区管理、运营等薄弱环节，培育引进成熟管理团队，通过品牌化运营，提升文创园区服务能级，推动园区补强已有产业链，延伸新产业链。赋能公共文化数字化转型，开展智慧场馆建设，推进"文旅云"二期，倾力打造"指尖上的文旅"。

2. 进一步加强政策支撑。根据文创"十四五"规划产业布局，研究完善产业政策，强化文化装备、演艺娱乐、出版印刷等重点产业的专项培育扶持政策。根据《上海市促进文化创意产业发展财政扶持资金管理办法》《打造文化绿洲　书写文化传奇　加快南上海文化创意产业集聚区创新发展的意见》等文件精神，不断完善创新相关支持政策或措施。在文创企业落户方面，对符合条件的新落户文创类品牌公司给予落户奖励，支持企业发展。在文创载体培育方面，对符合条件的文创园区、楼宇、空间、特色文化街区给予扶持，加强载体的公共服务功能和引领示范效应。在内容制作方面，鼓励"奉贤出品"，对符合条件的原创作品、原创团队给予扶持，强化文化品牌竞争力。在人才扶持方面，继续实施"文化基因工程"和"1+10"人才系列政策，在名人工作室落户、人才优先优惠购房、人才医疗服务和子女就学、人才薪酬激励等方面给予专门扶持。在文创金融扶持方面，推出"东方美谷贷"批次担保金融政策，建立起"政府+担保+银行"中小企业政策性融资贷款联动服务机制，首期规模50亿元，首批7家银行参与合作，预计首批400余家企业可从中受益。

3. 进一步扩大品牌影响。进一步打响"九棵树"文化艺术品牌，将东方美谷艺术节向九棵树未来艺术中心集聚，组织开展国际合唱节、诗歌节系列活动，筹办第四届国际数字音乐大赛、上海国际音乐周、中欧国际插画展等活动，强化活动载体。落实上海戏剧学院艺术表演、戏剧创排、舞美设计、艺术教育工作室、谭元元工作室、国际芭蕾舞大赛、钢琴大赛等项目，打造"九棵树"戏剧演艺品牌，构建场馆、演艺、创意周边、培训、经纪等一体化的产业链生态，助力奉贤区打造南上海文化新高地。打造特色文旅线路，围绕"景城同建"理念，推动《奉贤区全域旅游发展总体规划（2020～2035）》落地，打造滨海休闲、城市名片、乡村旅游、产业旅游等线路。此外，策划开展新媒体营销，与微信、抖音、今日头条、小红书等自媒体平台加强合作，打造区域文旅新名片。

六 总结

当前我国正处于百年未有的科技大变局中，数字技术蓬勃发展。经过20多年的发展，上海文化创意产业在空间集聚和产业规模上逐渐完善，"十三五"期间数字文化创意产业逐渐崛起，新冠肺炎疫情的冲击进一步加速了数字技术与文化创意产业的结合。在多项政策支持、金融服务支持和活动合作支持下，奉贤传统文化焕发新生，文化创意领域重点项目改造升级不断推进，文创活动层出不穷，文创企业云集贤城，文创载体、文化空间如雨后春笋般地成长起来，文化品牌群星闪耀、熠熠生辉，南上海文化创意产业集聚区初具形态。数字技术通过效率提升和结构升级从创作、生产、消费和流通各方面赋能文化创意产业，挖掘我国数字文化创意产业大市场和传统文化资源丰富的优势。奉贤要进一步加强政策支持、提升服务能级和扩大品牌影响力，立足奉贤文创产业发展基础，做大做强既有的优势产业，积极拥抱数字化时代，以"数字江海、文耀新城"为牵引，推进文创产业"上云、用数、赋智"，推动线上线下相互融合。

参考文献

江小涓：《数字时代的技术与文化》，《中国社会科学》2021年第8期。

厉无畏、王慧敏：《创意产业促进经济增长方式转变——机理·模式·路径》，《中国工业经济》2006 年第 11 期。

上海市奉贤区人民政府：《南上海文化创意产业集聚区》，https：//www.fengxian.gov.cn/shfx/whcycy/，最后访问日期：2021 年 10 月 10 日。

王慧敏、王兴全、曹祎遐：《上海文化创意产业发展报告（2017～2018）》，社会科学文献出版社，2018。

徐锦江、花建：《上海文化产业发展报告（2021）》，上海社会科学院出版社，2021。

Abstract

The year 2020 will be the decisive year for completing the building of a moderately prosperous society in all respects and the final year for completing the 13th Five-Year Plan. Since 2020, the COVID-19 epidemic has brought profound changes to the international situation and the world is undergoing profound changes unseen in a century. Fengxian adheres to the new development concept, and under the new development pattern, closely focuses on the strategic goal of "the beautiful and powerful Fengxian", and endeavors to create "Four Fengxian". This book deconstructs Fengxian's economy from the perspectives of agriculture, industry, service industry, fixed assets investment, consumer goods market, foreign economic situation, financial situation and real estate development situation. At the same time, it makes a detailed thematic analysis on the characteristic industries of Fengxian District, such as optimization of Fengxian business environment under the normalization and prevention of epidemic, the high quality development of Oriental Beauty Valley and Future Space which is twin-engine of Fengxian, the construction of Fengxian technological innovation zone for small and medium-sized enterprises, the integration development of Fengxian suburban and rural area, building Shanghai pension industry agglomeration area, construction of Fengxian wisdom city and ecological garden city, the development of culture creative industry. The whole book is divided into one general report, eight analysis, research and judgment, and nine thematic studies. It reviews and summarizes the economic operation of Fengxian District from different angles, and puts forward corresponding analysis and judgment.

First of all, this book gives an interpretation of the overall economic performance of Fengxian District in the first three quarters of 2020. Since the

Abstract

outbreak of the epidemic, Fengxian District has been actively promoting epidemic prevention as well as economic and social development, and its economy has been steadily recovering. The region's economy hit the bottom at the beginning of the first quarter, and showed obvious signs of recovery in the second quarter. In the third quarter, production and life order were further restored on the basis of the first half of the year, and economic activity continued to increase. In 2020, fengxian's economic development shows three characteristics: the overall economic recovery is accelerating and show resilient economic growth; Industrial investment is growing against the impact of pandemic, and online consumption leads new trend. Financial funds are relatively tight, housing security gradually improved. Based on the international and domestic economic situation, Fengxian's economic development will enter a key stage of high-quality development in 2021 and the 14th five-year periods. In the long run, with the development of Yangtze River Delta integration and the accelerated development of Lin-Gang Special Area, it can be expected that Fengxian's tourism, culture, health, pension and other industries still have a large space for development.

Secondly, this book analyses and judges the economic development of Fengxian District from the angles of production, expenditure and income. The research shows that from the production point of view, the adjustment of industrial structure is gradually accelerated, the output value of agriculture is further narrowed, the development of modern agriculture is accelerated, the negative impact of industrial economy needs to be digested, the strategic emerging industry takes the lead to resume growth, the service industry maintains a rapid development trend, and the tax revenue from service industry exceeds that from manufacturing industry for the first time. From the perspective of expenditure, fixed asset investment gives full play to the role of "six stabilizes and six guarantees", industrial investment grows rapidly against the trend, the decline in consumption continues to narrow, online retail rebounded quickly, the impact of the epidemic on foreign trade increases, import performance is relatively bright, and the real estate market generally operates smoothly and is less affected by the epidemic.

Finally, this book reviews and forecasts the highlights and characteristics of

Fengxian District's economic development. Fengxian is actively connecting with the Special Area of Free Trade Zone and seizing new opportunities for the development of "future space" of South Shanghai. The driving force of "Oriental Beauty Valley" has been constantly strengthened, creating a new plateau of "pet economy", continuous upgrading of industrial policies, and accelerating development of the biomedical industry. Notable achievements have been made in building Fengxian technological innovation zone for small and medium-sized enterprises, and the leading role of enterprises in innovation has been constantly strengthened. COVID-19 prevention and control has been normalized, and the business environment has entered a new stage of development. Focusing on the combination of medical care and nursing care, it will strive to become Shanghai's pension industry cluster. Great progress has been made in all fields of smart city construction, with its own development characteristics formed in infrastructure construction, digital benefiting people, intelligent internet-connected automobile industry and other aspects. Fengxian ecological space pattern has been continuously expanded, and new progress has been made in ecological civilization construction. Fengxian strives to promote the integrated development of business and travel culture and strives to build the Shanghai cultural brand.

Keywords: Fengxian Economy; High-quality Development; Rural Revitalization

Contents

I General Report

B.1 Economy of Shanghai Fenxian: Analysis and
Forecast (2022) *Zhu Pingfang, Di Junpeng* / 001

Abstract: 2021 is the first year of the 14th five year plan. Fengxian District has seized the important opportunity of international and domestic double circulation, actively responded to the repeated impact of the global epidemic, sustained economic recovery and gradually consolidated economic fundamentals. Specifically, agricultural development continues to improve quality and efficiency, and is making every effort to promote rural revitalization; The industrial economy rebounded rapidly and the profit level rebounded significantly; The proportion of service industry in the regional economy continued to rise, and the consumer goods market accelerated its recovery; Net exports rebounded for the first time in nearly seven years, and cross-border e-commerce developed rapidly; Fiscal revenue rebounded and real estate sales tended to be rational. Combined with the international and domestic economic situation and the economic development trend of Fengxian District, it is expected that the total economic volume of Fengxian District will continue to recover in 2022, which is expected to exceed the average level of the whole city. However, affected by the repeated global epidemic, there is a shortage crisis in the global supply chain, and the uncertain factors in the economic operation change one after another, which has brought many uncertainties to the sustainable and good economic development of Fengxian District in the future. It is suggested that Fengxian seize the opportunity of urban digital transformation to build a cultural and creative capital in the digital age; Continue to expand the influence of Oriental beauty Valley and help the construction of Shanghai international consumption center city; Solidly promote the construction of Rural Revitalization and build an ecological and cultural brand; Continue to optimize the business environment and create a good development environment for the high-quality development of Fengxian economy.

Keywords: Fengxian Economy; Rebound; High-quality Development

Ⅱ Analytical Study

B.2 Analysis and Judgement of Agricultural Economic Situation in Fengxian District (2021 - 2022)

Zhang Pengfei, Sun Yan / 019

Abstract: As of 2021, the quality of Fengxian's agricultural development has been significantly improved, achieving a leap from variety, quality to brand. Based on Fengxian agricultural data analysis, although Fengxian's agricultural scale will drop by 5.4% in 2020, agricultural production and the rural environment will be more friendly. Both wage income and family business income have maintained steady growth. Projects such as "Beautiful Home" and "Green Pastoral" promote agriculture to improve quality and efficiency in an all-round way. However, Fengxian still faces many shortcomings in the construction of agricultural talent team and the integration of primary, secondary and tertiary industries. During the "14th Five-Year Plan" period, Fengxian Agriculture will take digitalization, green and low-carbon as the main direction, to accelerate the establishment of regional characteristic brands, to focus on the development of high-quality agriculture, smart agriculture, circular agriculture, etc., to vigorously develop characteristic headquarters economy and create an ecological business district, to promote The integrated development of industries. They will comprehensively enhance the competitiveness of Fengxian's agriculture.

Keywords: Modern Urban Agriculture; Improving Quality and Efficiency; Digital Transformation; Low-Carbon and Green

B.3 Industrial Economy of Shanghai Fengxian: Analysis and Forecast (2021－2022)

Wang Yongshui, Xing Ziyi / 033

Abstract: The sudden outbreak of COVID－19 in 2020 has had a great impact on China's economic and social development. China's macro environment has undergone major changes, and economic and social development is facing pressures and challenges brought by internal and external environmental changes. Fengxian district grasping hard work, economy has achieved continuous development. This chapter first analyzes the basic situation of industrial economy in Fengxian since 2021 and the general situation of industrial economy in Fengxian District in 2020. The research data show that: In 2020, there were 1063 industrial enterprises above designated size in the region, with 201 loss-making units. Compared with 2019, the loss-making ratio increased to 18.91%, but the total loss of 201 loss-making units gradually decreased from 3.083 billion yuan in 2018 to 2.178 billion yuan in 2020. Total output value of industries above designated size will increase by 1.68% in 2020. It is noteworthy that the industrial output value of strategic emerging industries reached 63.5 billion yuan, accounting for 34% of the industrial output value above the designated scale in the whole region. The total industrial output value of Oriental Meigu beauty and health industry has increased to 40 billion yuan, accounting for 21% of the total industrial output value of the whole region. Further, this chapter makes a detailed analysis and judgment on the development of "industrial enterprises above scale by town", "industrial enterprises above scale by industry" and "industrial enterprises above scale by registration type" in Fengxian District.

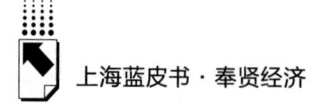

Keywords: Shanghai Fengxian; Industrial economy; Oriental Beauty Valley; Future Space Innovation Area

B.4 Service Industry of Shanghai Fengxian: Analysis and Forecast (2021−2022)
　　　　　　　　　　　　　　　　　　　　　　　　Ma Pengqing / 071

Abstract: In 2021, the service industry of Fengxian will continue to maintain its advantages, and its advantages in the tertiary industry will become more and more obvious, which will play a pivotal role in the economic development of Fengxian. From January to June 2021, the added value of the service industry in Fengxian was 21.398 billion yuan, a year-on-year increase of 8.4%, accounting for 35.2% of the added value of the entire district. From January to September 2021, the tax revenue of the service industry rose sharply, and its contribution to the tertiary industry continued to rise. The tax revenue reached 31.240 billion yuan, an increase of 51.4% over the previous year, accounting for 58.08% of the entire industry. The highest contribution rate in the industry; fixed asset investment in the service industry was 28.788 billion yuan, a decrease of 4.2% year-on-year, accounting for 74.37% of the industry's fixed asset investment. From the perspective of the service industry, the wholesale and retail industry continues to pick up, the real estate industry is active, and the financial industry is rising steadily. It is expected that in 2022, the consumer goods market in Fengxian will continue to pick up, the real estate market will continue to remain active, and the financial market will maintain steady development.

Keywords: Service Industry; Fixed Assets Investment; Tax Revenue

B.5 Analysis and Forecast of Fengxian's Fixed Assets Investment
in 2021 −2022 *He Xiongjiu, Fu Kaibao* / 093

Abstract: The chapter researches on the Fengxian's fixed assets investment from different aspects. It is found that the total investment in fixed assets in Fengxian District has increased greatly, especially during the 13th Five Year Plan period, the industrial structure is also continuously optimized. At the same time, the industrial structure is also continuously optimized. Further, this report analyzes the fixed asset investment situation in Fengxian District from January to September 2021, and presents the current situation of fixed asset investment in Fengxian District from multiple angles by using the methods of structural analysis and horizontal comparison. At the same time, through the comparative study between Fengxian District and some counties (districts) near Shanghai, this report finds that the total fixed asset investment in Fengxian District during the 13th Five Year Plan period is not only the leading area in the suburbs of Shanghai, but also faster than the growth of some county-level areas near Shanghai. According to the report, although the investment in real estate in the region has decreased, the industrial investment in Fengxian is still relatively active, and the urban infrastructure has also maintained stable investment. It is expected that the investment in fixed assets will reach 60 billion yuan, an increase of more than 13%, including 13 billion yuan of industrial investment, an increase of more than 18%. In the medium and long term, under the influence of a number of favorable policies, the region will continue to maintain steady fixed asset investment to support high-quality economic development.

Keywords: Fixed Asset Investment; Industrial Investment; Industrial Structure

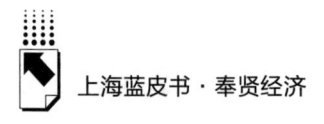

B.6 Consumer Markets of Shanghai Fengxian: Analysis and Forecast
（2021－2022） *Di Junpeng，Song Minlan* / 119

Abstract: Based on the historical data of Fengxian District consumer goods market in recent five years, we analyze the development and operation characteristics of Fengxian District consumer goods market. Combined with the policy background of building an international consumption center city, promoting commercial digital transformation and launching the brand of "Shanghai Shopping", this paper puts forward countermeasures and suggestions. The results show that the overall recovery trace of the consumer goods market in Fengxian District in 2021 is significant, and the enterprises above the quota recover rapidly. Online consumption showed a steady and positive development trend, the pace of consumption upgrading was accelerated, and the consumption of high-end products increased significantly. Regional coordination, online and offline integrated development lead the new consumption trend. The first store landing, brand launch and commercial complex signing have brought new impetus to Fengxian's future commercial development. In the future, Fengxian District also needs to actively promote the digital transformation in the commercial field and develop the live broadcasting economy, cross-border e-commerce and first store economy. Fengxian District can also cooperate with business, culture, tourism, sports, pension and other fields to continuously promote the innovation of consumption mode, create new consumption hotspots and help the construction of Shanghai international consumption center city.

Keywords: Consumer Goods Market; International Consumption Center City; Digital Transformation

B.7 External Economy of Shanghai Fengxian: Analysis and Forecast
(2021-2022) *Li Shiqi, Xie Junming* / 142

Abstract: In 2021, foreign trade in Fengxian fully seized the important opportunity of international and domestic double circulation and actively responded to the impact of repeated global epidemic. In the first seven months, the total value of imports and exports in Fengxian was 59.43 billion yuan, up 23.1% compared with down 1.0% in the same period of last year, the export value was 31.96 billion yuan, up 32.6%, and the import value was 27.49 billion yuan, up13.7%, the imported scale has been larger than the exported. Export has become the main force of foreign trade growth in Fengxian again. Relying on the policy dividend, Fengxian Comprehensive Bonded Zone has witnessed the rapid development of cross-border e-commerce and successfully opened a new situation of cross-border trade in Fengxian. Fengxian performed well in attracting foreign investment. In the first eight months of 2021, the contract amount of FDI attracted by Fengxian was $1.02 billion, up 23.1%, the actual amount in place of FDI was $257 million, down 2.0%. Overall, with the rapid growth of digital trade, the in-depth promotion of the integration of Yangtze River Delta and the leap-forward development of Lin-Gang Special Area, the comprehensive strength and energy level of Fengxian's foreign economy will continue to increase.

Keywords: External Economy; Trade in Goods; FDI

B.8 Government Finance of Shanghai Fengxian: Analysis and
Forecast (2021-2022) *Ma Pengqing* / 162

Abstract: After the Covid-19 epidemic, China's economy recovered quickly. The impact caused by the Covid-19 has been fade away since July 2020. With the reboot of FengXian economy in 2021, the pressure of financial balance

331

will be significantly improved. There is significant growth in Fengxian's fiscal revenue, however, the increase of Fiscal expenditure is gentle. In the first three quarters of 2021, the cumulative total fiscal revenue of Fengxian District was 57.47 billion yuan, 35.5% YoY. Fiscal (budget) expenditure is 21.64 billion yuan, cumulative growth of 5.4%. Tax revenue is 53.70 billion yuan, 34.2% YoY, takes 93.4% of fiscal revenue. District-level local fiscal revenue also ushered in rapid growth. Personal income taxes have grown the most rapidly among tax revenues. Value added tax (VAT) remains the main contributor to tax revenues. The tertiary industry contributes the most to tax revenue growth. The financial sector was the most prominent performer with 180.2 per cent growthHowever the long term adverse factors of economy still will Restrict economy developing. There is still uncertainty in FengXian's future financial balance.

Keywords: Fiscal Revenue; Fiscal Expenditure; Macroeconomic

B.9 Real Estate of Shanghai Fengxian: Analysis and Forecast
(2021－2022) *Xie Ruoqing* / 179

Abstract: 2021 is the first year of the 14th five-year plan. At the intersection of starting a new journey of building a socialist modern country and marching towards the second Centennial goal, Shanghai will accelerate the construction of five new cities. As the gateway of South Shanghai among the five new cities, Fengxian District has entered a channel of rapid development around the three development orientations of "the Western Gateway of Lingang New Area, the urban center of South Shanghai and the dynamic new city of the Yangtze River Delta". During the 13th Five Year Plan period, Fengxian District has made important achievements on key urban projects, spatial layout and infrastructure construction. The property market of Fengxian District is closely related to the construction of the new city. In 2020, the property market of Fengxian District was active. In the opening year of the 14th five-year plan, the property market of Fengxian District increased in volume. With the introduction of the new policy for the healthy development of property market, the property market of Fengxian District gradually become rational in 2021. With continuously accelerating the construction of supporting facilities, Fengxian creates a strategic space and important growth pole for Shanghai's future development, so as to give play to the important node link role.

Keywords: Property Market; Five New Cities; Yangtze River Delta Integration

Ⅲ Special Topics

B.10 Fengxian "The Oriental Beauty Valley" Industrial Cluster Development Research *Xie Yuegu / 200*

Abstract: In recent years, the core area of The Oriental Beauty Valley in Fengxian has deeply cultivated the beautiful health industry, and promoted and led the rapid development of Shanghai's beautiful health industry. The core area of The Oriental Beauty Valley has attracted a number of outstanding cosmetics enterprises represented by Pechoin, JALA, Shiseido, Coamax, etc., and a number of leading enterprises in the biomedical industry such as Shanghai RAAS Blood Products Co., Ltd, Hutchmed and Kaibao Pharmaceutical. High-quality university resources, rapid development of digital economy and brand-new retail platform have provided scientific and technological support and new ideas for the development of The Oriental Beauty Valley cosmetics industry, but they still face the adjustment in development such as fierce competition from foreign brands, insufficient call from leading enterprises and weak core technologies. In the core area of The Oriental Beauty Valley, the biomedical industry is facing the impact of "COVID-19 epidemic", and blood products enterprises such as Shanghai RAAS are returning to the boom. Industry-University-Research's deep integration has helped The Oriental Beauty Valley's biomedical industry to gather, and the construction of Shanghai Science and Technology Innovation City has highly empowered The Oriental Beauty Valley's biomedical industry to develop healthily. To promote the rapid development of The Oriental Beauty Valley Industrial Cluster Center, it is still necessary to promote the construction of a billion-dollar beautiful and healthy industrial chain in Industry-University-Research, continuously expand the regional brand influence of The Oriental Beauty Valley, strengthen the introduction of high-energy and international public service facilities, and further optimize the business environment, so as to help The Oriental Beauty Valley Industrial Cluster Center attract high-quality enterprises and create a good environment for scientific and technological innovation in an all-round way, thus providing The Oriental Beauty Valley with core competitive advantages.

Keywords: Industrial Agglomeration; Technological Innovation; Brand Influence; Beautiful and Healthy Industrial Chain

B.11 Research on the Function of "Future Space" in the Construction of Fengxian New City

Ma Yiyuan, Zhang Miao / 215

Abstract: Entering Chinese "14th Five-year Planning" period, the development of "future space" coincides with the vigorous development of the construction of "five new cities" in Shanghai's urban planning. Fengxian is a district with great development potential in Shanghai, and "future space" is a place of hope for Fengxian's leapfrog development and will play a key role in building an innovative city and a digital city. The construction of Fengxian New City will bring opportunities such as upgrading software and hardware conditions, increasing popularity and attraction, as well as challenges such as many uncertainties in the exploration stage, competition with other new towns and the gap in internal resource allocation to "future space". Only by taking advantage of the infrastructure and public service construction of Fengxian New City, helping to form the technical innovation bearing area, and building a model area of industry city integration with the construction of Fengxian New City, can "future space" achieve efficient development.

Keywords: "Future Space"; Fengxian New City; Technological Innovation Bearing Area; City-Industry Integration

B.12 Research on State-owned Capital Assisting Fengxian Rural Revitalization

Wu Kangjun, Feng Shuhui / 229

Abstract: Fengxian new town is one of the planned new towns in Shanghai. Under the unique new town positioning, Fengxian needs to explore a new road to implement the Rural Revitalization Strategy. State owned enterprises helping Fengxian Rural Revitalization is an important practice of the Rural Revitalization Strategy. It requires the strong leadership and unified deployment of the district government, the effective connection between the needs of state-owned enterprises and agriculture related areas, the support and guidance of fiscal and tax policies, the escort of financial security services and the strong support of professionals. State owned capital helps Fengxian rural revitalization, which can give full play to the professional advantages, talent advantages and resource advantages of state-owned enterprises, drive rural revitalization and improve farmers' income. This report analyzes the significance of Fengxian state-owned capital in rural revitalization, summarizes the typical cases of state-owned capital helping Rural Revitalization in other regions, combs Fengxian's existing experience of state-owned capital helping rural revitalization, analyzes the existing problems, and puts forward corresponding policy suggestions for state-owned capital further helping Fengxian Rural Revitalization.

Keywords: State Owned Capital; Rural Revitalization; New Town Construction; Shanghai Fengxian

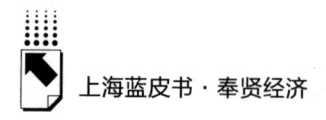

B.13 Research on Continuously Optimizing Fengxian's Business Environment and Moving Forward to a "Cooperative Government" *Zhang Meixing, Shen Pengyuan* / 249

Abstract: In 2020, Fengxian District will continue to promote the continuous optimization of the business environment while resolutely winning the battle of epidemic prevention and control. In 2021, based on its own development orientation, Fengxian District will further promote the reform of "release, management and service", and achieve phased results in the optimization of business environment. Especially in the aspects of "one network", serving the enterprises and project assistance, where Fengxian takes the lead in the city. Continuously optimizing the business environment and building a "cooperative government" is a new requirement, new path and new position for Fengxian District to base itself on the new development stage, implement the new development concept, comprehensively improve the regional core competitiveness, promote industrial agglomeration, stimulate the vitality of market subjects and enhance the perception of enterprises. This chapter combs the main work and achievements of optimizing the business environment in Shanghai and Fengxian District in 2021, finds the problems existing in the promotion of the work, explores the path of continuously optimizing the business environment in Fengxian District under the new situation, and puts forward countermeasures and suggestions for building a "cooperative government".

Keywords: Business Environment; Cooperative Government; Government Services; One Network

B.14 Research on the Development and the Digital Transformation
of Agriculture in Fengxian　　　　　　　*Zhang Pengfei* / 263

Abstract: Agricultural digital transformation has become an important development direction of modern agriculture. At present, Europe and other regions have accumulated rich experience in digital transformation, which provides experience for Fengxian's agricultural digital transformation. At present, Fengxian is building an agricultural data resource database and management system based on the agricultural land GIS system to create the "Shanghai Fengxian Digital Village and Digital Agriculture Cloud Platform". But there are many problems in data governance. The future digital transformation of Fengxian's agriculture needs to accelerate the construction of a basic data resource system and promote the digital transformation of agricultural industry and management services.

Keywords: Digital Agriculture; Digital Platform; Supply Chain; Basic Data

B.15 Research on Accelerating the Urban Digital Transformation of
Fengxian Under the Guidance of "Digital Jianghai"
　　　　　　　　　　　　　　　　Ding Botao, Shen Haoshu / 274

Abstract: "Digital Jianghai" is an important project for Fengxian District to promote urban digital transformation and drive the region to achieve high-quality development. It is also an important starting point for Fengxian to accelerate the development level of smart city and catch up with and surpass advanced urban areas. Since the establishment of the project, Fengxian District has made a detailed plan for the "Digital Jianghai". It plans to build the first international industrial community model of industry city integration in China with the core mode of "life +industry + governance", which has the characteristics of industry city integration development, deepening cooperation between government and enterprises, and

"3T" Coordination Planning. In the future, "Digital Jianghai" is facing not only major opportunities such as the construction of five new towns, but also severe challenges from fierce competition in various districts of Shanghai. Drawing on the development experience of other domestic smart industry communities, this report proposes that the "Digital Jianghai" needs to further enrich the connotation of leading industries, improve the level of cooperation with ICT giant, promote the deep integration of industry and city, and provide more powerful guarantee in industrial policies and development elements.

Keywords: Shanghai Fengxian; Smart City; Smart City; Digital Transformation; Digital Jianghai; Digital Industry

B.16 Research on the Construction of Fengxian Ecological Business District *Yu Yunyun, Ji Yuanyuan and Zhu Jiamei* / 292

Abstract: Fengxian district has seized the strategic opportunity of rural revitalization and the integration of the Yangtze River Delta, comprehensively promoted the construction of "Three Parks and One Headquarters", and focused on building an ecological business district, transforming ecological advantages into development advantages, and realizing a benign development pattern of cyclic promotion of ecological benefits, social benefits and economic benefits. The construction of Fengxian Ecological Business District should be based on "Three Parks and One Headquarters" construction, to build ecological culture brand, and exploring new models of integration of one, two and three industries, creating a space for incubation and innovation, and continuously improving the level of infrastructure construction and public service supply. To lay a solid foundation for the realization of Fengxian New City's beautiful development vision of "independence, borderless, and meeting the future".

Keywords: Ecological Business District; "Three Parks and One Headquarters"; Headquarters Economy; Rural revitalization

B.17 Research on FengXian Building Cultural and Creative Capital in the Digital Age   *Liao Hui, Du Xuefeng* / 307

Abstract: At present, digital technology is booming in the great change of science and technology that has not been seen in a century. The impact of the COVID-19 epidemic further accelerated the integration of digital technology and cultural and creative industries. With the support of a number of policies, financial services and activity cooperation, cultural and creative enterprises gathered in Fengxian, cultural and creative carriers and cultural space mushroomed, cultural brands glittered and glittered, and the cultural and creative industry cluster in South Shanghai began to take shape. Digital technology enables cultural and creative industries from the aspects of creation, production, consumption and circulation through efficiency improvement and structural upgrading. In the digital age, Fengxian should further strengthen policy support, improve service level and expand brand influence, based on the development foundation of Fengxian cultural and creative industry, expand and strengthen existing advantageous industries, actively embrace the digital age, take the "digital Jianghai Wenyao new city" as the traction, promote the "cloud, digital and intellectual" of cultural and creative industry, and promote the integration of online and offline, build the cultural and creative capital.

Keywords: Digital Technology; South Shanghai Cultural and Creative Industry Cluster; Digital Age; Cultural and Creative Capital

社会科学文献出版社

皮 书

智库报告的主要形式
同一主题智库报告的聚合

❖ 皮书定义 ❖

皮书是对中国与世界发展状况和热点问题进行年度监测,以专业的角度、专家的视野和实证研究方法,针对某一领域或区域现状与发展态势展开分析和预测,具备前沿性、原创性、实证性、连续性、时效性等特点的公开出版物,由一系列权威研究报告组成。

❖ 皮书作者 ❖

皮书系列报告作者以国内外一流研究机构、知名高校等重点智库的研究人员为主,多为相关领域一流专家学者,他们的观点代表了当下学界对中国与世界的现实和未来最高水平的解读与分析。截至2021年,皮书研创机构有近千家,报告作者累计超过7万人。

❖ 皮书荣誉 ❖

皮书系列已成为社会科学文献出版社的著名图书品牌和中国社会科学院的知名学术品牌。2016年皮书系列正式列入"十三五"国家重点出版规划项目;2013~2021年,重点皮书列入中国社会科学院承担的国家哲学社会科学创新工程项目。

权威报告·一手数据·特色资源

皮书数据库
ANNUAL REPORT(YEARBOOK) DATABASE

分析解读当下中国发展变迁的高端智库平台

所获荣誉

- 2019年，入围国家新闻出版署数字出版精品遴选推荐计划项目
- 2016年，入选"'十三五'国家重点电子出版物出版规划骨干工程"
- 2015年，荣获"搜索中国正能量 点赞2015""创新中国科技创新奖"
- 2013年，荣获"中国出版政府奖·网络出版物奖"提名奖
- 连续多年荣获中国数字出版博览会"数字出版·优秀品牌"奖

成为会员

通过网址www.pishu.com.cn访问皮书数据库网站或下载皮书数据库APP，进行手机号码验证或邮箱验证即可成为皮书数据库会员。

会员福利

- 已注册用户购书后可免费获赠100元皮书数据库充值卡。刮开充值卡涂层获取充值密码，登录并进入"会员中心"—"在线充值"—"充值卡充值"，充值成功即可购买和查看数据库内容。
- 会员福利最终解释权归社会科学文献出版社所有。

数据库服务热线：400-008-6695
数据库服务QQ：2475522410
数据库服务邮箱：database@ssap.cn
图书销售热线：010-59367070/7028
图书服务QQ：1265056568
图书服务邮箱：duzhe@ssap.cn

卡号：299288358251
密码：

S 基本子库
SUB DATABASE

中国社会发展数据库（下设 12 个子库）

　　整合国内外中国社会发展研究成果，汇聚独家统计数据、深度分析报告，涉及社会、人口、政治、教育、法律等 12 个领域，为了解中国社会发展动态、跟踪社会核心热点、分析社会发展趋势提供一站式资源搜索和数据服务。

中国经济发展数据库（下设 12 个子库）

　　围绕国内外中国经济发展主题研究报告、学术资讯、基础数据等资料构建，内容涵盖宏观经济、农业经济、工业经济、产业经济等 12 个重点经济领域，为实时掌控经济运行态势、把握经济发展规律、洞察经济形势、进行经济决策提供参考和依据。

中国行业发展数据库（下设 17 个子库）

　　以中国国民经济行业分类为依据，覆盖金融业、旅游、医疗卫生、交通运输、能源矿产等 100 多个行业，跟踪分析国民经济相关行业市场运行状况和政策导向，汇集行业发展前沿资讯，为投资、从业及各种经济决策提供理论基础和实践指导。

中国区域发展数据库（下设 6 个子库）

　　对中国特定区域内的经济、社会、文化等领域现状与发展情况进行深度分析和预测，研究层级至县及县以下行政区，涉及省份、区域经济体、城市、农村等不同维度，为地方经济社会宏观态势研究、发展经验研究、案例分析提供数据服务。

中国文化传媒数据库（下设 18 个子库）

　　汇聚文化传媒领域专家观点、热点资讯，梳理国内外中国文化发展相关学术研究成果、一手统计数据，涵盖文化产业、新闻传播、电影娱乐、文学艺术、群众文化等 18 个重点研究领域。为文化传媒研究提供相关数据、研究报告和综合分析服务。

世界经济与国际关系数据库（下设 6 个子库）

　　立足"皮书系列"世界经济、国际关系相关学术资源，整合世界经济、国际政治、世界文化与科技、全球性问题、国际组织与国际法、区域研究 6 大领域研究成果，为世界经济与国际关系研究提供全方位数据分析，为决策和形势研判提供参考。

法律声明

"皮书系列"（含蓝皮书、绿皮书、黄皮书）之品牌由社会科学文献出版社最早使用并持续至今，现已被中国图书市场所熟知。"皮书系列"的相关商标已在中华人民共和国国家工商行政管理总局商标局注册，如LOGO（ ）、皮书、Pishu、经济蓝皮书、社会蓝皮书等。"皮书系列"图书的注册商标专用权及封面设计、版式设计的著作权均为社会科学文献出版社所有。未经社会科学文献出版社书面授权许可，任何使用与"皮书系列"图书注册商标、封面设计、版式设计相同或者近似的文字、图形或其组合的行为均系侵权行为。

经作者授权，本书的专有出版权及信息网络传播权等为社会科学文献出版社享有。未经社会科学文献出版社书面授权许可，任何就本书内容的复制、发行或以数字形式进行网络传播的行为均系侵权行为。

社会科学文献出版社将通过法律途径追究上述侵权行为的法律责任，维护自身合法权益。

欢迎社会各界人士对侵犯社会科学文献出版社上述权利的侵权行为进行举报。电话：010-59367121，电子邮箱：fawubu@ssap.cn。

社会科学文献出版社